BEATE RYGIERT

GEORGE
SAND
und
die Sprache der Liebe

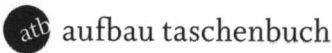

aufbau taschenbuch

BEATE RYGIERT

GEORGE SAND
und
die Sprache der Liebe

ROMAN

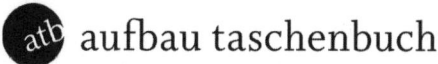

MIX
Papier aus verantwor-
tungsvollen Quellen
FSC® C083411

ISBN 978-3-7466-3623-8

Aufbau Taschenbuch ist eine Marke der Aufbau Verlag GmbH & Co. KG

2. Auflage 2020
© Aufbau Verlag GmbH & Co. KG, Berlin 2019
© Beate Rygiert, 2019
Gesetzt aus der Bembo durch Greiner & Reichel, Köln
Druck und Binden CPI books GmbH, Leck, Germany
Printed in Germany

www.aufbau-verlag.de

Die wahre Liebe, das ist, wenn Herz,
Verstand und Körper miteinander in Einklang sind.
Das geschieht nur einmal in tausend Fällen.

GEORGE SAND

I. TEIL

»AURORE DUDEVANT IST TOT –
ES LEBE GEORGE SAND«

1831–1833

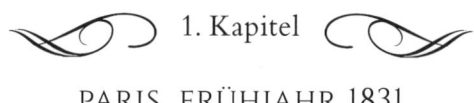# 1. Kapitel

PARIS, FRÜHJAHR 1831

Aurore betrachtete sich kritisch im Spiegel. Die Mühe hatte sich gelohnt, Herrenhose und Weste aus grobem Wollstoff saßen perfekt. Zufrieden stellte sie fest, dass die Wölbung ihrer Brüste kaum ins Auge fiel. An einem der obersten Westenknöpfe hing noch ein Faden, rasch biss sie ihn ab, so, wie damals in der Klosterschule, wenn Schwester Madeleine gerade nicht hergesehen hatte. Was die Nonne wohl sagen würde, könnte sie ihre ehemalige Schülerin jetzt sehen?

Die junge Frau lachte leise in sich hinein. Dann schob sie ihr schwarzes Haar unter die *faluche* der Pariser Studentenschaft. Das Samtbarett war ein Geschenk von Jules und, wie sie fand, eines der schönsten, das man ihr je gemacht hatte.

Verschwörerisch grinste ihr völlig verwandeltes Spiegelbild sie an. War das wirklich sie, Baronesse Aurore Dudevant, sechsundzwanzig Jahre alt, Mutter eines siebenjährigen Jungen und einer zweijährigen Tochter, von den Kindern und ihrem Mann Casimir getrennt lebend, der auf ihrem Landsitz in der Provinz wahrscheinlich gerade einem der Dienstmädchen nachstellte? Aurore Dudevant, voller Träume und Ideale, die trotz oder vielleicht wegen der vielen Enttäuschungen, die sie hinter sich hatte, noch immer an die ganz große Liebe glaubte?

Sie hatte sich nie für schön gehalten, trotz ihrer prächtigen schwarzen Locken und der großen dunklen Augen mit dem intensiven Blick unter den schweren Lidern, trotz ihres makellosen Teints und der schön geschwungenen Augenbrauen. Ihre lange schmale Nase konnte man bestenfalls charaktervoll nennen. Und wenn ihre Lippen auch voll waren, so war ihr Mund im Vergleich zum Rest des Gesichts einfach zu klein.

Nein, niemand hatte sie bislang als schön bezeichnet. Das kam ihr jetzt zugute, sie sah tatsächlich aus wie ein Mann in diesen Kleidern. Oder eher wie ein ganz junger Student. Jetzt noch die Lederstiefel, Gott, wie sie sich darauf freute, in ihnen Paris zu erobern, denn ihre zarten Stoffballerinas, die die gegenwärtige Mode Frauen aufzwang, waren schon nach wenigen Wochen auf dem Pariser Pflaster zerrissen und verschmutzt gewesen. Mit großen Schritten ging sie im Zimmer auf und ab. So fühlte sich Freiheit an.

Es klopfte.

»Herein«, rief Aurore und versteckte noch rasch eine vorwitzige Locke unter dem Barett. Dann wandte sie sich um, gespannt, was Madame Bonnet sagen würde, die Concierge, mit der sie sich angefreundet hatte und die ihr und Jules den bescheidenen Haushalt machte.

»*Bonjour,* Ma…«, begann die Hausmeisterin, stockte aber mitten im Satz und starrte Aurore überrascht an. »Monsieur«, sagte sie verwundert und runzelte die Stirn. »Ich hab sie überhaupt nicht ins Haus kommen sehen! Ist Madame Dudevant … ähm … Ist sie nicht da?«

»Aber Madame Bonnet«, antwortete Aurore lachend. »Erkennen Sie mich wirklich nicht?«

»*Mon dieu«,* entfuhr es der Frau. Sie musterte Aurore von Kopf bis Fuß. »Sie wollen doch so nicht etwa auf die Straße gehen?«

Aurore konnte sich ein Grinsen nicht verkneifen. »Es bleibt unser Geheimnis, nicht wahr?« Sie nahm den Überrock vom Bügel, den sie sich aus demselben Stoff genäht hatte wie Hose und Weste. »Sie werden das doch für sich behalten?«

»Natürlich!«, antwortete Madame Bonnet. »Ich schweige wie ein Grab. Aber hören Sie doch, man wird Sie ins Gefängnis werfen!«

Aurores Lächeln vertiefte sich, ihre schwarzen Augen blitzten.

»Vielleicht«, sagte sie, zog die Redingote über, den knielangen Herrenmantel und nahm Jules grauen Wollschal vom Haken. »Vielleicht aber auch nicht.«

Im Treppenhaus wickelte sie sich den Schal gleich dreimal um den Hals. Er roch vertraut nach Tabak und Sandelholz. Ob einer der Nachbarn sie erkennen würde, wenn sie ihm jetzt begegnete? Ihr Zimmerchen lag unter dem Dach. Früher oder später würde sie zwangsläufig einem Mitbewohner über den Weg laufen. Und was Madame Bonnet gesagt hatte, stimmte. Seit 1799 gab es ein Gesetz, das Frauen das Tragen von Männerkleidung bei Gefängnisstrafe verbot.

Sie hatte gerade die vierte Etage erreicht, als sie das wohlbekannte Dröhnen vernahm, mit dem die schwere Eingangstür ins Schloss fiel, dann entschlossene Schritte, die sich von unten näherten. Aurores Herz schlug heftiger. Sie beugte sich über das Treppengeländer und erkannte den Zylinder von Monsieur Raymond, der mit Frau und Tochter direkt neben ihr wohnte. Monsieur Raymond arbeitete bei der Stadtverwaltung, es war noch nicht lange her, dass sie sich über die neuesten politischen Ereignisse unterhalten hatten. Sie fühlte, wie ihr die Hitze ins Gesicht stieg und vergrub ihr Kinn noch tiefer in Jules' Schal. Kurz widerstand sie dem Impuls, zurück in ihre Mansarde zu fliehen und zwang sich stattdessen, ruhig weiterzugehen. Mitten auf der Treppe kam es zur Begegnung. Aurores Nachbar sah ihr scharf ins Gesicht, während sie höflich beiseitetrat und »Bonjour, Monsieur« murmelte. Der Mann musterte sie erneut, dann nickte er kurz und wandte sich ab. Aurores Herz machte einen Sprung vor Erleichterung.

Unten auf der Rue de Seine atmete sie tief durch. Wenn Monsieur Raymond sie nicht erkannte, dann brauchte sie sich keine Sorgen zu machen.

Als sie den Fluss erreichte, dämmerte es bereits. Im Palais du Louvre auf der gegenüberliegenden Seite der Seine waren zwei Fensterreihen erleuchtet, das goldene Kerzenlicht aus vielen Lüstern spiegelte sich im Wasser des Flusses und erhellte ihr den Weg über den Pont des Arts. Es war ein kühler Frühlingsabend, den ganzen Tag über hatte es geregnet, und die Haushalte, die es sich leisten konnten, heizten ihre Kamine noch ein. Der Rauch aus den vielen Schloten verpestete die Luft und trieb Aurore Tränen in die Augen. Dennoch war sie erfüllt von einer wilden Freude. Die metallbeschlagenen Absätze ihrer Herrenstiefel knallten auf das Pflaster, keiner beachtete sie, sie war frei, wenn sie wollte, konnte sie an diesem Abend ganz Paris von einem Ende bis zum anderen durchqueren und wieder zurück, ohne fürchten zu müssen, sich ihre teure Garderobe zu ruinieren.

»In Paris braucht eine Dame 25 000 Francs im Jahr nur für Kleidung, Schuhwerk und Kutschen«, hatte Zoe, ihre Freundin aus der Klosterschule nach ihrer Verheiratung geklagt. Exakt dieselbe Summe erhielt Aurore nach der Trennung von ihrem Ehemann nicht nur für Kleidung, sondern auch für Miete und Verpflegung und alles andere, was sie brauchte. Deswegen hatte sie sich Männerkleidung genäht.

Doch ihre finanzielle Situation war nicht der einzige Grund dafür gewesen. Sie wollte tun und lassen können, was ihre männlichen Freunde auch taten. Nachts auf die Straße gehen, ohne belästigt zu werden. Ihrem Bewegungsdrang nachgeben, immerhin war sie auf dem Land aufgewachsen und als kleines Mädchen mit den Bauernkindern über die Felder getollt. Sie wollte jene Clubs frequentieren, die nur Männern vorbehalten waren. Und vor allem wollte sie die Möglichkeit haben, sich die neuesten Stücke auf den günstigen, Studenten vorbehaltenen

Stehplätzen in den Pariser Theatern anzusehen. Und da Frauen der Zugang zur Universität verwehrt war, musste sie sich eben als Mann verkleiden …

Als sie die Tür zum Café de Paris an der Ecke Boulevard des Italiens und Rue Taitbout öffnete, schlug ihr der Lärm einander überbietender Stimmen und Gelächter entgegen. Feuchte Wollmäntel dampften in der Hitze, vermischten ihre Ausdünstung mit dichtem Tabakqualm. Wandspiegel reflektierten das Licht der Petroleumlampen, die pastellfarbenen Garderoben der Damen mit ihren Spitzen und Rüschen kontrastierten zu den dunklen Anzügen der Herren. Die Oper war nur wenige Schritte entfernt, der Montmartre mit seinen unzähligen Varietés nicht weit, und so traf sich hier die sogenannte *demi monde* mit der besseren Gesellschaft, Künstler mit ihren Modellen, Sänger mit Komponisten, Ballettmädchen und Revuetänzerinnen mit ihren reichen Verehrern. Vor allem aber trafen sich hier Schriftsteller und solche, die es werden wollten, so wie sie selbst, Jules Sandeau, sein Freund Émile Regnault, Gustave Papet, Alphonse Fleury, Félix Pyat und der Rest ihrer Clique der südlichen Provinz des Berry, drei Reisetage entfernt, die Aurore jetzt unter den bläulichen Schwaden zu entdecken versuchte. Schließlich fand sie die Studenten in einer der hinteren Ecken um einen Tisch gedrängt, die Köpfe dicht zusammengesteckt. Zuerst nahm keiner von diesen jungen Männern, mit denen sie schon seit ihrer Kindheit befreundet war, von ihr Notiz, zu sehr waren sie in ihre Diskussion vertieft, und Aurore wurde es langsam heiß unter ihrem Mantel und der ungewohnten Mütze.

»Was ist«, fragte sie und drängte sich neben Jules auf die mit rotem Samt bespannte Bank, »gehen wir ins Theater? Ich möchte das neue Stück von Alexandre Dumas sehen, und zwar vom Studentenparkett aus.«

Jules Sandeau, acht Jahre jünger als sie und Jurastudent, sah irritiert auf, dann brach er in schallendes Gelächter aus, legte seinen Arm um sie und zog sie zärtlich an sich.

»Seht sie euch an«, rief er und schlug mit der Hand auf den Tisch, dass die Gläser darauf nur so klirrten. »Schaut doch mal her«, schrie er noch lauter, als die anderen nicht gleich hörten. »Ich will euch unseren neuen Freund vorstellen! Wie heißt du, Kleiner?«, wandte er sich neckend an Aurore.

»Lass den Unsinn«, antwortete sie lächelnd, zog sich das Barett vom Kopf und schüttelte ihre Mähne zurecht. Auf einmal war es mucksmäuschenstill am Tisch geworden. »Mach den Mund zu, Émile«, sagte sie mit einem gutmütigen Grinsen. »Und du, Gustave, pass auf, dass dir die Augen nicht aus dem Kopf fallen. Na, wie gefall ich euch?«

»Himmel«, brachte Félix endlich heraus. »Du siehst verdammt nochmal aus wie ein sechzehnjähriger Schüler, keinen Tag älter. Aber das lange Haar, das solltest du dir abschneiden. Die Leute schauen schon.«

»Kommt nicht infrage«, widersprach Jules und strich zärtlich über ihre schwarzen Locken. »Nur über meine Leiche. Wenn du unbedingt als Student durchgehen willst, meine Liebe, dann musst du eben als Hitzkopf leben. Sollte dir ja nicht gerade neu sein.«

»Na schön«, antwortete Aurore und verstaute ihr Haar wieder unter dem Barett. »Können wir jetzt gehen? In einer halben Stunde beginnt die Vorstellung.«

»Worüber habt ihr denn so heiß diskutiert?«, erkundigte sich Aurore auf dem Boulevard und hakte sich bei Jules unter. Inzwischen brannten die Gaslaternen und erleuchteten schwach die Straße, auf der dichtes Gedränge herrschte.

»Über den *Figaro*«, antwortete er.

»Du meinst, diese schreckliche Zeitung?«

»Es ist eine satirische Zeitung und sie ist ziemlich erfolgreich.« Beinahe wäre Aurore mit einem älteren Herrn zusammengestoßen. Sie musste sich erst noch daran gewöhnen, dass man ihr als Dame nicht auswich. »Der Herausgeber ist der Journalist Henri de Latouche«, berichtete Jules. »Er kommt auch aus dem Berry. Alphonse war schon bei ihm. Er sagt, de Latouche sucht noch Leute. Das wär' doch was für uns, meinst du nicht?«

Sie wichen einem Betrunkenen aus, der unsicher hin- und herschwankte und etwas von Gottes Gericht murmelte.

»Ich weiß nicht«, sagte Aurore schließlich. »Ich hab so gar kein satirisches Talent. Du weißt, wie humorlos ich bin.«

Jules Sandeau lachte.

»Wenn du willst, Aurore, kannst du alles. Du kannst phantastisch malen, Herrenanzüge schneidern, du reitest besser als so mancher Mann, hast einen unfehlbaren Geschmack, das sieht man schon an mir. Also kannst du auch für de Latouche schreiben. Und wenn nicht, dann lernst du es eben.« Er warf ihr von der Seite einen Blick zu, und als er sah, wie sie nachdenklich ihre Unterlippe nach vorn schob, wie sie es immer tat, wenn sie an etwas zweifelte oder ihr irgendetwas nicht passte, fügte er hinzu: »Wir wären nicht die ersten Schriftsteller, die über den Umweg des Journalismus' zum Erfolg kämen.«

»Bezahlt er gut?«, fragte Aurore. Vor ihnen lag das hell erleuchtete Théâtre de la Porte-Saint-Martin. Bettler versuchten ihr Glück bei den Droschken, aus denen elegante Herrschaften ausstiegen. Die Studenten würdigten sie keines Blickes, wussten sie doch, dass bei ihnen nichts zu holen war.

»Was heißt schon gut«, antwortete Jules vage. »Heutzutage müssen wir froh sein, eine solche Gelegenheit zu bekommen.«

»Wirst du hingehen?«

»Auf alle Fälle«, antwortete Sandeau, nahm sie bei der Hand und zog sie die Stufen zum Eingang hinauf. »Komm, mein kleiner Studentenfreund. Heute lade ich dich zur Feier des Tages ein. Aber dass du dich nicht mit den großen Jungs anlegst.«

»Mit wem?«

»Mit den Claqueurs«, erklärte ihr Gustave gutmütig, der an der Kasse direkt vor ihnen in der Schlange stand. »Die kennen nämlich kein Pardon, wenn sie der Meinung sind, du applaudierst den Falschen.«

Aurore hatte das Théâtre de la Porte-Saint-Martin schon oft zuvor besucht und sich notgedrungen teure Karten für einen der kleinen Logensessel kaufen müssen. Auf den billigen Stehplätzen unten im Parkett kam sie sich nun jedoch vor wie in einem Paralleluniversum. Unter den Studenten herrschte ein ihr bislang völlig unbekanntes Gedränge und Gerangel um die beste Sicht zum Bühnengeschehen, und mehr als einmal fühlte sie einen spitzen Ellbogen zwischen ihren Rippen. Ehe sie es sich versah, spuckte ihr ein langer Kerl seinen Kautabak auf die neuen Stiefel und brach in schallendes Gelächter aus, als er ihren empörten Blick auffing. Jules zog sie weiter und bahnte ihnen beiden mit sanftem Nachdruck einen Weg durch die Menge. Aurore war nicht besonders groß und fürchtete bereits, von der Vorstellung nichts weiter als die Rücken abgetragener Studentenjacken zu sehen, doch Émile und Gustave hatten ihnen in der ersten Reihe ein wenig Raum freigehalten.

»Der Kleine sieht doch sonst überhaupt nichts«, wehrte Jules den Protest derjenigen ab, vor die sie sich nun platzierten. »Er ist zum ersten Mal dabei. Gönnt ihm die Freude.«

Es gab noch einige Widerworte und Schubsereien, dann hob sich der Vorhang, und Aurore vergaß alles um sich herum.

Denn auf der Bühne entfaltete sich ein Liebesdrama, das sie zu ihrer Bestürzung mehr und mehr an ihre eigene Situation erinnerte. Sie wusste nicht, was sie mehr berührte: Antonys Leidenschaft, der nicht bereit war, aufgrund seiner Herkunft auf die Liebe seines Lebens zu verzichten, oder Adèles Zerrissenheit, die genau wie sie selbst in einer unglücklichen, kalten Ehe gefangen war. Leidenschaftliche Gefühle prallten gegen die Barrieren einer sinnentleerten Konvention, ein tragisches Ende war unvermeidlich. Als Antony, um die Ehre seiner Geliebten wiederherzustellen, sie auf ihren eigenen Wunsch hin tötete und Adèles Ehemann den blutigen Dolch mit den Worten: *Elle me résistait, je l'ai assassinée!* vor die Füße schleuderte, war sie nicht die Einzige, die sich die Tränen vom Gesicht wischen musste. »Sie hat mich zurückgewiesen! Ich habe sie getötet« würde noch wochenlang als geflügeltes Wort in allen Kreisen der Gesellschaft zitiert, so sehr bewegte dieses Drama die Menschen. Und während das Premierenpublikum um sie herum tobte vor Begeisterung, wurde Aurore schmerzhaft bewusst, dass es genau das war, was ihr noch immer fehlte, trotz Jules fröhlicher und zärtlicher Zuneigung, trotz der wenigen kurzen Affären, die sie sich nach jahrelangem Leiden an der Seite von Casimir endlich erlaubt hatte: Die eine, große, leidenschaftliche Liebe, für die es sich zu leben und sogar zu sterben lohnte, hatte sie noch nicht erlebt.

Der Applaus dauerte endlos, zwölf Mal mussten die Akteure vor den Vorhang treten, und Aurore konnte sich nicht entscheiden, welchem der beiden Hauptdarsteller sie den Vorzug geben sollte – Marie Dorval als Adèle oder diesem hinreißenden Schauspieler mit dem Künstlernamen Bocage, der den Antony mit unfassbarem Furor gegeben hatte. Als sich endlich der wirre Rotschopf von Alexandre Dumas auf der Bühne zeigte, trampelten die Studenten um sie her mit ihren Stiefeln derart auf das Holzparkett, dass das gesamte Theater erbebte.

»Ich finde, Bocage hat ein bisschen zu dick aufgetragen«, meinte Gustave, als sie sich schließlich zum Ausgang durchdrängten.

»Für Dumas war es zweifellos ein Triumph«, warf Alphonse ein. »Ganz schön mutig, ein Prosastück zu schreiben.«

»Wahrscheinlich sind ihm die Reime ausgegangen«, spottete Gustave, doch Félix gab ihm einen freundschaftlichen Klaps auf die Schulter.

»Die Verse haben ausgedient, Herr Medizinstudent«, sagte er. »Sprichst du etwa in Versen, wenn du es deiner kleinen Manon besorgst?«

Aurore schwieg zu alldem, noch immer war sie völlig benommen von der Wucht der Worte und der Leidenschaft. Einmal so schreiben zu können wie dieser Dumas, dachte sie. Ausdrücken, was in ihrer Seele brannte. Die unerträgliche Doppelmoral ihrer verkrusteten Gesellschaft in ein Liebesdrama zu packen und die Menschen derart aufzuwühlen, dass sie beinahe ein Theater zerlegten. Wenn sie das einmal könnte …

Ein feiner Regen setzte ein, und alle waren sie froh, als sie das Café de Paris wieder erreichten. Sie hatten Glück und eroberten einen der letzten Tische. Aurore nahm mutig ihr Barett ab und fasste ihr Haar mit einem Band fest im Nacken zusammen, in der Hoffnung, auch so von niemandem erkannt zu werden. Es war einfach viel zu heiß unter dieser Samtmütze.

»Was ist denn deine Meinung?«, riss Jules sie aus ihren Gedanken. »Wie hat dir das Stück gefallen?«

»Ich fand es großartig«, sagte sie schlicht und blickte in die Runde. Sie war die Älteste mit ihren sechsundzwanzig Jahren, die meisten ihrer Freunde waren gerade mal zwanzig, Jules war erst neunzehn. »Und was diesen Bocage anbelangt«, fügte sie hinzu, »hab ich nie einen besseren Schauspieler gesehen.«

»Er gefällt dir, was?«, warf Jules sanft ein.

»Und ob er das tut. Und die Dorval gefällt mir ebenso. Eine großartige Frau.«

In diesem Moment betrat ein elegant gekleideter Herr mit modischem Oberlippen- und Backenbart das Café. Während er dem herbeigeeilten Kellner Mantel und Zylinder übergab, ließ er seinen Blick über die Anwesenden gleiten.

»Das ist er«, raunte Alphonse den Freunden zu, »de Latouche«, und hob grüßend die Hand. Der Verleger erkannte ihn, nickte gnädig in seine Richtung und wandte sich dann einem anderen Tisch zu.

»Man hat ihn vom Konservatorium geworfen, diesen Bocage«, nahm Gustave den Faden wieder auf, und bestellte für sie alle eine Runde Absinth. Er stammte als Einziger der Clique aus einer reichen Familie und gab seinen Freunden gerne etwas aus.

»Ja, weil er aus armen Verhältnissen stammt«, ergänzte Jules. »Sein Vater war Leinenweber in Rouen. Er konnte sich die Gebühren nicht leisten und musste deshalb die Schauspielklasse verlassen.«

»Das ist eine Schande«, empörte sich Aurore. »Künstler sollten nach Talent beurteilt und gefördert werden. Und nicht nach ihrer Herkunft oder ihrem Vermögen.«

»Hört, hört«, erklang eine spöttische, tiefe Stimme hinter ihr. Henri de Latouche war zu ihnen getreten. »Dann finden Sie also, das *conservatoire* sollte Freiplätze an arme Schlucker vergeben?«

»Wenn die armen Schlucker Talent haben, dann sollte es das unbedingt«, gab Aurore zurück, während sich Alphonse beeilte, einen Stuhl für den Verleger heranzurücken. Tatsächlich ließ sich de Latouche nieder und hörte nicht auf, Aurore aufmerksam zu mustern. »Und nicht nur Freiplätze«, fuhr sie ungerührt fort. »Die Akademien sollten der Begabung ihrer Studenten grundsätzlich mehr Beachtung schenken als ihrem Geldbeutel oder gar den persönlichen Beziehungen. In der Kunst sind wir alle gleich …«

»Nur in der Kunst?«, unterbrach sie der Verleger und machte dem Kellner ein Zeichen, um eine Tischrunde zu bestellen.

»Nein, nicht nur in der Kunst.« Sie entdeckte sich auf einmal schräg gegenüber in einem Spiegel, eine zierliche, schwarzhaarige Gestalt zwischen breiten Männerrücken, und fragte sich, ob de Latouche sie bereits durchschaut hatte. Zu ihrem eigenen Erstaunen war ihr das auf einmal vollkommen gleichgültig. Sie hob den Blick und sah in die wasserblauen Augen des Verlegers. »Alle Menschen sind gleich«, fuhr sie ruhig fort. »Wir kommen nackt auf die Welt, und wenn wir tot sind, tragen wir alle dasselbe letzte Hemd. Es ist nichts weiter als Willkür, die Menschen zu ihren Lebzeiten immerfort zu unterteilen in arme und reiche …«

»… und in Männer und Frauen?«

Aurore lächelte. De Latouches Augen blitzten.

»Sehr wohl«, antwortete sie. »Männer und Frauen sollten dieselben Rechte haben. So wie Bauern und ihre Grundbesitzer, Arbeiter und Fabrikanten, Adelige und das sogenannte gemeine Volk.«

»Das sind kühne Gedanken, Mademoiselle«, erklärte de Latouche mit einem Grinsen.

»Madame«, korrigierte sie ihn und nahm aus den Augenwinkeln wahr, wie Jules kurz zusammenzuckte. Und tatsächlich hob de Latouche interessiert die Augenbrauen. Er wirkte wie ein Angler, der einen besonders leckeren Fisch an seiner Leine vermutet.

»Madame? Aha, soso … Aber Madame haben unrecht«, fuhr er fort. »Männer und Frauen sind nicht gleich, sie weisen beträchtliche Unterschiede auf. Oder wollen Sie das etwa leugnen?«

»In ihrer Biologie unterscheiden sie sich sehr wohl«, entgegnete Aurore gelassen. »Natürlich sind Mann und Frau verschieden. Aber das ist kein Grund, Frauen vor dem Gesetz und dem Ansehen der Gesellschaft den Männern derart unterzuordnen.«

»Die Frau sei dem Manne untertan …«, zitierte de Latouche feixend, er schien außerordentlichen Spaß an der Unterhaltung zu haben.

»Ich bin im Kloster erzogen worden«, gab Aurore ungerührt zurück. »Es hätte nicht viel gefehlt, und ich wäre Nonne geworden.«

»Was sehr schade gewesen wäre.«

»Das finde ich auch. Sich hinter Klostermauern zu verstecken, um sich der Illusion einer geistigen Freiheit hinzugeben, ist keine Lösung. Ich möchte die *ganze* Freiheit mitten in der Gesellschaft, nicht von ihr getrennt. Nicht mehr und nicht weniger als die, die ich hätte, wäre ich ein Mann.«

Der Kellner kam mit einem Tablett voller Gläser, in denen ein goldener Wein funkelte. Während er sie verteilte, versuchte Jules ihr mit den Augen zu bedeuten, es nicht zu weit zu treiben, jedenfalls interpretierte sie seinen Blick so. Doch Aurore fand, dass sie mit ihrer Meinung schon viel zu lange hinter dem Berg gehalten hatte. Und wenn sie tatsächlich für den *Figaro* schreiben wollte, so sollte er wissen, mit wem er es zu tun hatte.

»Nun«, sagte de Latouche und hob sein Glas, »dann wollen wir mal sehen, ob Sie auch zu trinken verstehen wie ein Mann.«

Sie prostete ihm zu und hoffte im Stillen, dass er es nicht auf einen Trinkwettstreit abgesehen hatte, denn sie hasste Alkohol. Schaudernd dachte sie an die Trinkgelage, die ihr Mann und ihr Halbbruder Hippolyte zu Hause in Nohant Abend für Abend veranstaltet hatten und es zweifellos noch immer taten. Die Trunksucht der beiden und der Lärm, den sie dabei veranstaltet hatten, waren nicht auszuhalten gewesen. Sie warf dem Zeitungsverleger unter ihren dichten Wimpern einen forschenden Blick zu, doch der nippte nur an seinem Glas und zog, ohne sie aus den Augen zu lassen, ein silbernes Etui aus der Tasche. Er öffnete es und hielt es Aurore entgegen. Darin lagen, schön in roten Satin gebettet, sechs Zigarren, und zwar von der teuren, zwanzig Zentimeter langen Sorte.

»Gleiche Rechte, gleiche Sitten«, sagte er. Sein blonder Schnurrbart zitterte vor Vergnügen.

Aller Augen ruhten auf Aurore. Das Zigarrenrauchen war eine der neuesten Moden, es gab zwei Größen, die Kurzen und die Langen. Ihr Halbbruder hatte diese extravagante und kostspielige Sitte in Nohant eingeführt, wie so manchen anderen Unsinn auch, und zusammen mit Casimir ihr Haus mit stinkendem Qualm erfüllt. Aus Trotz hatte sie eines Abends kurz vor ihrer Abreise nach Paris mitgeraucht, und nun wählte sie mit der Miene einer Kennerin. Als hätte sie nie etwas anderes getan, biss sie das runde Ende ab, spuckte es auf den Boden, wie es hier alle taten, und wandte sich an de Latouche, der sie fasziniert beobachtete.

»Hätten Sie die Güte, mir Feuer zu geben?«, sagte sie mit dieser samtigen Stimme, von der sie wusste, dass sie die Männer verunsicherte. Sogleich zauberte der Zeitungsverleger aus seiner Jackentasche einen Fidibus, einen in Wachs getränkten Pappstreifen, entzündete ihn an der Kerze und hielt die Flamme an das Ende ihrer Zigarre. Aurore zog sorgsam, paffte, bis der Tabak knisternd zu glühen begann, stieß dabei kleine, kreisrunde Wölkchen aus und musste sich sehr zusammennehmen, um nicht laut loszulachen, so sehr amüsierten sie die erstaunten Gesichter ihrer Freunde. Sie schlug genüsslich ein Bein über das andere, zupfte sich einen Tabakbrösel von der Zungenspitze und blickte dem Verleger in die Augen.

»Gleiche Sitten«, sagte sie zu ihm, »gleiche Rechte. Können wir uns darauf einigen?«

»Madame, sie sind wahrhaft erstaunlich. Was kann ich da noch entgegnen?«

»Sie könnten darauf bestehen, dass es nicht die Sitten sind, die uns zu Gleichen unter Gleichen machen«, fuhr Aurore fort und ihre schwarzen Augen unter den schweren Lidern funkelten. »Sondern die Gabe, zu denken und die richtigen Schlüsse zu ziehen.«

»Und welche Rechte würden sie einfordern, wenn man Ihnen die Gleichheit zugestehen würde?«

»Freiheit«, antwortete Aurore wie aus der Pistole geschossen. »Freiheit der Bewegung, darum diese Kleidung. Freiheit, jeglichen Ort aufzusuchen, wie es mir beliebt. Freiheit, zu denken und mich zu äußern. Und nicht zuletzt die Freiheit, zu lieben, über alle Standesunterschiede hinweg. Da fällt mir ein: Wie fanden Sie die Premiere? Sie waren doch sicherlich auch dort?«

De Latouche nickte.

»Was denken *Sie* darüber?«, fragte er und lehnte sich lauernd auf seinem Stuhl zurück.

»Es hat mich tief bewegt, vielleicht, weil es ein Stück meiner eigenen Familiengeschichte abbildet. Wenn Sie so wollen, Monsieur, dann sind in mir die größten Gegensätze unserer Gesellschaft vereint. Mein Vater war der Urenkel des Königs von Polen, sein Großvater war Moritz von Sachsen, von seiner Seite fließt also königliches Blut in meinen Adern. Meine Mutter hingegen stammt aus einer einfachen Pariser Familie, ihr Vater war Vogelhändler und hatte seine Käfige am Quai des Grands Augustins. Die Mutter meines Vaters, die Gräfin de Saxe de Francueil, war alles andere als einverstanden mit der Wahl ihres Sohnes. Deshalb waren mein Vater und meine Mutter gezwungen, heimlich zu heiraten, und bereits als Kleinkind machte man mich zur Botschafterin zwischen diesen beiden Lagern. Interessanterweise aber entspricht der Stammbaum meiner Mutter vollkommen den sogenannten guten Sitten, ganz im Gegensatz zur adeligen Seite meines Vaters, wo ein Bastard dem nächsten folgte. Und doch erhoben sie alle ihre unehelich geborenen Nasen über das Volk der Straße, nur, weil ihr Blut angeblich mehr wert sein sollte als das der einfachen Bürger. Die Liebe aber, um auf Dumas' Stück zurückzukommen, die Liebe kennt diese menschengemachten Schranken nicht. Die Liebe ist das wahrhaftige Kind der Revolution, denn sie reißt alle Barrikaden nieder. In der Liebe wie im Hass sind wir Menschen uns alle gleich.«

Auf diese Worte folgte Schweigen, und Aurore widmete sich wieder ihrer Zigarre, damit die Glut nicht erlosch. Der scharfe Geschmack brannte auf ihrer Zunge, und doch fühlte es sich gut an, ihre Lippen um die ledrigen Tabakblätter zu legen, den Rauch im Mund zu sammeln und wieder auszustoßen, während sie mit halbgeschlossenen Lidern die verblüfften Gesichter ihrer Gefährten musterte.

Die Liebe, dachte sie und schnippte die Asche auf den Boden. Als ob ich sie bereits wirklich erlebt hätte. Mit Jules erlebte sie einen zarten Liebesfrühling, und der tat ihr gut. Und doch fühlte sie diese Sehnsucht, noch viel leidenschaftlicher zu lieben, wie die Glut der Zigarre, heiß, knisternd, geduldig darauf wartend, sich in hellem Feuer zu entzünden. Wenn es soweit wäre und sie den richtigen Menschen dafür gefunden haben würde …

»Ach, so ist das«, sagte Henri de Latouche und nickte, als wäre ihm nun alles klar.»Nun weiß ich natürlich auch, wer Sie sind, Baronesse Dudevant. Unsere Väter waren ja miteinander befreundet, wir sind uns wohl auch einmal begegnet zu Hause im Berry, doch da waren Sie noch ein ganz junges Ding. Nun ja. Also … Die Gabe der Rede ist bei Ihnen vorhanden«, fügte er nachdenklich hinzu.»Können Sie auch schreiben?«

»Seit meinem vierten Lebensjahr«, gab Aurore zurück.

De Latouche lachte auf und schüttelte halb amüsiert, halb verärgert den Kopf.

»Gewisse Flausen werde ich Ihnen noch austreiben müssen«, sagte er.»Doch das kriegen wir schon hin. Kommen Sie morgen in meine Redaktion. Ihr junger Freund dort weiß, wo Sie mich finden.«

Viele Stunden später lag sie in Jules Armen. Ihr gelungener Auftritt als »Student« hatte ihn geradezu berauscht und seine Leidenschaft entfacht. Sie hatten sich geliebt wie noch nie. Jetzt schlief er längst, doch sie lag wach. Ihre Gedanken kreisten um die Geschichte von Antony und Adèle und die Unmöglichkeit einer glücklichen Lösung. Was Aurore jedoch am meisten beschäftigte, war die Tatsache, dass Adèle ihrer Tochter wegen keinen anderen Ausweg sah, als von der Hand des Geliebten zu sterben, um nicht die Zukunft des Mädchens zu ruinieren. Adèle selbst hätte die gesellschaftliche Ächtung wohl in Kauf genommen. Ihrer Tochter jedoch wollte sie die Schande ersparen.

Und wie stand es um sie selbst? Immerhin hatte auch sie eine Tochter. Ruinierte sie mit ihrem Lebenswandel Solanges Zukunft? War ihr Wunsch, ein selbstbestimmtes Leben als Künstlerin zu führen, gerechtfertigt? Und was war mit Maurice?

Das Herz zog sich ihr zusammen, so sehr vermisste sie ihre Kinder. Auch wenn der Verstand ihr sagte, dass ihr bald achtjähriger Sohn Maurice gut in der Obhut seines Erziehers aufgehoben war, einem freundlichen und klugen Menschen, der ihr fast täglich schrieb. Doch konnte er die Mutterliebe ersetzen? Natürlich nicht. War ihr neues Leben dieses Opfer wert?

So bald wie möglich würde sie wenigstens die kleine Solange nach Paris holen, das hatte sie sich geschworen. Ihrer Tochter sollte es nicht so ergehen wie Aurore im selben Alter. Nur zu gut erinnerte sie sich an die Verzweiflung, von ihrer Mutter verlassen worden zu sein, nachdem ihr Vater tödlich verunglückt war. Zurückgelassen bei ihrer Großmutter auf dem Landgut im Berry, hatte sie jahrelang die Hoffnung gehegt, ihre Mutter würde sie bei einem ihrer viel zu seltenen Besuche endlich mit nach Paris nehmen.

Doch Sophie, die Tochter des Vogelhändlers und leidenschaftliche Liebe ihres Vaters, die schöne Sophie hatte es zwar hunderte Male versprochen, aber doch nie eingelöst. Heute wusste Aurore, dass ihre Mutter nichts dafür konnte, hatte ihre Großmutter sie doch geradezu erpresst und mit der Kürzung des finanziellen Unterhalts gedroht, sollte sie Aurore ihrem Einfluss entziehen. Wenn sie es sich recht überlegte, so hatte ihre Mutter sie einer höheren Jahrespension wegen an die Großmutter verschachert. Und obwohl Aurore tiefe Gefühle für die alte Dame gehegt hatte und sie noch heute, zehn Jahre nach ihrem Tod, sehr vermisste, so ließ sich die Liebe doch nicht kaufen. Ein Kind gehört zu seiner Mutter. Eine Großmutter kann diese Rolle nicht ausfüllen. Und ein Kindermädchen schon gar nicht.

Aurore seufzte tief und löste sich sanft aus Jules Umarmung.

Sie musste unbedingt einen Weg finden, um genügend Geld zu verdienen. Denn sie wollte beides: ihr Kind um sich haben und unabhängig sein. Solange sollte selbstbewusst aufwachsen und von klein auf lernen, dass sie genauso viel wert war wie ihr Bruder. Aurore war es ernst mit der Gleichheit zwischen Mann und Frau, sie wusste, dass dazu nicht nur Rechte, sondern auch Pflichten gehörten. Sie hatte ihren Mann und das Gut, das sie nach dem Tod ihrer Großmutter geerbt hatte, aus freien Stücken verlassen. Drei Monate zu Hause, drei Monate Paris, so lautete der Kompromiss, den sie nach harten Kämpfen mit Casimir durchgesetzt hatte. Erst vor wenigen Wochen war sie mit Jules nach Paris gekommen. Und musste froh sein, wenn sich ihr Mann an die Zusage hielt. Durch die Heirat war ihr gesamter Besitz auf ihn übergegangen, was eine weitere dieser vielen Ungerechtigkeiten darstellte. Wieso verlor eine Frau bei der Eheschließung automatisch ihr Eigentum an den Gatten? Damit sie zeit ihres Lebens von ihm abhängig war, das war doch der wirkliche Grund. Casimir hielt sich für den Herrn über Nohant, doch auch darüber war das letzte Wort noch lange nicht gesprochen. Vorerst allerdings hatte sie eine Pause von diesen erbärmlichen Streitigkeiten dringend nötig, allein der Gedanke an die Gemeinheiten, die sie während ihrer Ehe hatte ertragen müssen, brachte ihr Blut in Wallung.

Der volle Mond schien ins Fenster und eine Weile lang ruhte ihr Blick auf dem schlafenden Jules. Trotz des modischen Barts wirkte er immer noch wie ein kleiner Junge. Zärtlichkeit stieg in ihr auf. Dann hielt sie es nicht mehr aus im Bett und erhob sich leise. Es war eiskalt in der Mansarde, am liebsten hätte sie sich einen Tee gekocht, doch sie wollte Jules nicht wecken. Sie trank ein Glas Wasser gegen den noch immer brennenden Geschmack der Zigarre in ihrem Mund, und weil ihr so entsetzlich kalt war, zog sie die Herrenhose wieder an und darüber ihren Schlafrock, legte sogar noch ein wollenes Schultertuch um, denn sie hasste es, zu frieren, und sie fror schnell. Einige

Minuten stand sie am Fenster und betrachtete den Mond, der die Dächer von Paris und weiter hinten auf der Ile de la Cité die beiden Türme der Kathedrale Notre Dame in silbernes Licht tauchte. Unten auf der Straße lachten und lärmten ein paar betrunkene Studenten, Nachtschwärmer mit Handlaternen verließen das Lokal schräg gegenüber und trugen ihr schwankendes Licht in Richtung Seine.

Paris schlief niemals, und deshalb passte sie so gut hierher. Denn auch sie litt seit frühester Jugend unter Schlaflosigkeit, spätestens seit den Nachtwachen am Kranken- und Sterbelager ihrer Großmutter. Statt zu schlafen hatte sie damals im Morgengrauen ihre Stute Colette gesattelt und war zwei, drei Stunden lang wie eine Verrückte über die Felder galoppiert. Das würde sie auch hier gerne tun. Wie es Colette wohl erging?

In Paris besaß sie kein Pferd, also zündete sie leise die Petroleumlampe an, drehte sie herunter, um Jules nicht zu stören, und setzte sich an ihren Sekretär. Sie holte ein frisches Blatt Papier aus der Packung und öffnete das Tintenfass, um einen Brief an ihre Kinder zu schreiben. Dann nahm sie die Mappe mit den Manuskripten aus der Schublade.

Nachdenklich überflog sie die dicht beschriebenen Seiten, die das Tageslicht noch nie gesehen hatten, stets holte sie sie nur während ihrer schlaflosen Nächte heraus. Es handelte sich um eine Erzählung mit dem Titel »La Fille d'Albano« – »Das Mädchen von Albano«, in der eine junge Frau gezwungen ist, zwischen Ehe und einer Existenz als Künstlerin zu wählen.

Aber war nicht gerade dies das Problem, dass man überhaupt zwischen einer bürgerlichen und einer künstlerischen Existenz wählen musste, und zwar als Mann ebenso wie als Frau? Gab es wirklich nur Freiheit gepaart mit Unsicherheit, mit ungeordneten Verhältnissen, immer nahe am gesellschaftlichen Abgrund? Oder würde es ihr gelingen, irgendwann von ihrer Kunst zu leben und ihren Kindern aus eigener Kraft finanzielle

Sicherheit zu bieten, eine gute Ausbildung und alles, was dazugehörte?

Sie legte die Erzählung zurück in den Ordner und zog etwas anderes heraus, den Entwurf für einen Roman.

In diesem wollte sie die klassischen Rollen, in die eine Frau von der Gesellschaft gedrängt wurde, infrage stellen: Blanche soll ins Kloster eintreten, während für die Komödiantin Rose als Tochter einer Kupplerin ein Leben als Prostituierte vorgezeichnet war. Auch die Männer, die sich in sie verliebten, würden ihre eigenen Phantasien auf die beiden jungen Frauen projizieren. War echte Liebe unter den gegebenen Verhältnissen überhaupt möglich? Das war die große dramatische Frage, die sie so sehr beschäftigte. In ihrem Roman wollte sie die unterschiedlichen Figuren wie in einer Versuchsanordnung aufeinandertreffen lassen. Denn jede Entscheidung für etwas schloss auch die Möglichkeit, anders zu leben, aus. War das nicht das Drama des Lebens überhaupt?

Fünfzig Seiten hatte sie bereits in drei Nächten hintereinander heruntergeschrieben. Alles war nur so aus ihr herausgeflossen, doch dann hatte sie der Mut verlassen. Das Schreiben eines Romans erschien ihr wie das Bauen eines komplexen Gebäudes: Wenn man sich nicht versah, stürzte das Ganze am Ende ein. Oder hatte sie nur zu viele Skrupel, sollte sie einfach weiterschreiben und hoffen, dass sich am Ende alles fügen würde?

Aurore packte mit einem Seufzen alles wieder zurück in den Sekretär. In den vergangenen Jahren hatte sie bereits zwei ganze Romane auf diese Weise heruntergeschrieben und am Ende den Flammen übergeben. Weil die Idee, die zu Beginn so faszinierend und schillernd gewirkt, das Gebäude am Ende nicht getragen hatte. Weil die Figuren blass und künstlich geblieben waren, eben wie in einer Versuchsanordnung. Das Leben jedoch war keine Versuchsanordnung. Doch was war es dann? Was war das Geheimnis von Alexandre Dumas' »Antony«, warum waren seine Figuren so lebendig, so echt?

Aurore erhob sich und zog das Schultertuch fester um sich. Sie schenkte sich einen Becher Milch ein und gönnte sich einen selbstgebackenen *macaron* aus der zerbeulten Blechdose, die ihre Mutter ihr beim letzten Besuch mitgegeben hatte. Aurore ging sparsam mit ihnen um, Sophie war selten in Stimmung, sie derart zu verwöhnen, meist fand sie irgendeinen Grund, um mit ihr zu zanken. Umso kostbarer war Aurore das schlichte Mandelgebäck, für immer würde es nach Kindheit, Geborgenheit und Liebe schmecken.

Sie dachte an ihren Vater, und dass er sich anders als Adèle in Dumas' Theaterstück nicht hatte davon abhalten lassen, seinem Herzen zu folgen und eine Frau zu heiraten, die nach allgemeiner Auffassung nicht zu ihm passte. Hätte er das nicht getan, wäre ich nicht auf der Welt, überlegte sie. Konnte dies Zufall sein? War sie als Kind einer rebellischen Liebe nicht dazu verpflichtet, diesen Kampf weiterzuführen?

Sie würde der Einladung des exzentrischen Zeitungsverlegers folgen. Vielleicht hatte Jules ja recht, und der Weg in die künstlerische Unabhängigkeit führte über de Latouches Redaktionsbüro. Allerdings würde sie morgen nicht mit leeren Händen dort erscheinen.

Entschlossen nahm sie ein neues Blatt Papier aus der Schublade und setzte sich wieder an ihren Sekretär. Als Probe ihres Talents würde sie de Latouche eine Rezension der gestrigen Theaterpremiere vorlegen. Es brauchte nicht mehr als einen Moment der Sammlung, dann flog ihre Feder nur so über das Papier.

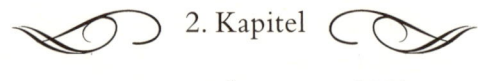

2. Kapitel

PARIS, FRÜHJAHR 1831

»Das ist alles schön und gut«, sagte de Latouche, griff nach einer zerzausten Schreibfeder und tauchte sie ins Tintenfass. »Aber viel zu lang und zu ausschweifend.« Zu Aurores Entsetzen strich er mehrere Absätze ihres Artikels energisch durch, fuhr sich mit der linken Hand durch den Backenbart und setzte die Spitze seines Schreibwerkzeugs erbarmungslos an anderer Stelle an. »Das kann auch weg«, murmelte er mehr zu sich selbst, und Aurore musste sich auf die Zunge beißen, um ihn nicht anzuschreien.

»Dann geh ich wohl besser wieder«, presste sie schließlich zwischen den Zähnen hervor und wandte sich ab, doch de Latouche hielt sie am Rock ihres Kleides fest.

»Hiergeblieben«, kommandierte er gutmütig und wies auf ein Schreibpult in der Nähe des Kamins. »Dort ist Ihr Platz. Sie müssen allerdings noch eine Menge lernen.« Er hob das Blatt ins Licht seiner Tischlampe und überflog den verstümmelten Text. »Das Ganze muss ironischer werden«, erklärte er. »Dass es um die große Liebe geht, ist jedem klar. Schließlich hat Alexandre Dumas das Stück geschrieben, und bei dem geht es immer leidenschaftlich zu. Geweint haben sie gestern, heute wollen sie sich über das Stück amüsieren, verstehen Sie?«

Aurore starrte ihn finster an.

»Was ist amüsant am Scheitern der Liebe?«, fragte sie zornig.

De Latouche lachte schallend. »Alles«, antwortete er, als er wieder Luft bekam. »Es gibt nichts Lächerlicheres als die Liebe. Nein, nicht weglaufen. Sie haben zweifellos Talent.«

»Eigentlich möchte ich lieber Romane schreiben«, entgegnete Aurore patzig und konnte selbst kaum glauben, dass sie das wirklich gesagt hatte. Doch da sie nun schon mal so weit war, fügte sie hinzu: »Wie wäre es, wenn Sie eine Erzählung von mir abdrucken, statt mich als Kritikerin zu beschäftigen?«

De Latouche nickte beiläufig, als hörte er das jeden Tag. »Natürlich«, meinte er. »Das wollen sie alle. Schauen Sie sich mal um. Jeder hier ist ein verkappter Romancier. Und einige werden es auch schaffen. So, wie Balzac. Der wäre heute noch ein Nichts, hätte ich ihn nicht gefördert.« Kurz huschte ein unangenehm verbitterter Zug über das Gesicht des Herausgebers. »Davon spricht er natürlich heute nicht mehr, der undankbare Schuft. Nun ja. Vielleicht kann auch aus Ihnen etwas werden, wenn Sie sich anstrengen und bereit sind, zu lernen. Dass Sie zu epischer Länge neigen, ist hiermit ja bereits erwiesen.« Gutmütig grinsend drückte er Aurore ihre zerfledderte Rezension in die Hand. »Tausend Wörter und kein einziges mehr. Bis zum Mittagessen. Alles klar?«

Aurore wollte eine Menge entgegnen, doch de Latouche hatte sich bereits Jules zugewandt, drückte ihm ein druckfrisches Buch in die Hand, das er rezensieren sollte, und verwies ihn an einen Tisch nahe dem Fenster. Sie starrte auf das Geschmiere in ihrem Text, für den sie sich so viel Mühe gegeben hatte, und stampfte zornig mit dem Fuß auf, doch der versank lautlos in dem weichen Teppich, der den Boden bedeckte. Unschlüssig sah sie sich in dem Salon in der cité Bergère, n° 12 um, den der Verleger seine Redaktion nannte. Es war ein Salon wie jeder andere auch, mit seinen schweren Möbeln, dem Kristalllüster und den Holzvertäfelungen. Den einzigen Unterschied zu einem bürgerlichen Wohnzimmer bildeten die vielen kleinen Tische, die überall im Raum verteilt waren. In blauen

Tabakdunst gehüllt saßen dort junge Männer im Kegellicht ihrer Petroleumlampen, schreibend, korrigierend, lesend.

»Du hast Glück«, raunte ihr ein dünner, rotblonder Kerl zu, der sich an ihr vorbeidrückte. »Dein Tisch steht nah am Feuer. Du willst wahrscheinlich nicht tauschen?«

Tatsächlich war es das warme Kaminfeuer, das Aurore am Ende bewog, es wenigstens zu versuchen. Zu Hause in ihrer Mansarde war es kalt. Und für Holz zum Heizen fehlte ihnen das Geld. Widerwillig nahm sie ein paar Bögen Papier vom Tisch des Verlegers, setzte sich und begann von Neuem.

»Wörter zählen«, beschwerte sich Aurore, als sie mit Jules und den anderen Freunden beim Mittagstisch in dem kleinen Bistro um die Ecke saßen. Vorsorglich blickte sie sich um, ob der Verleger sie nicht womöglich in irgendeiner Ecke verborgen belauschte. »Ich werde noch wahnsinnig.«

»Sie hat ihm doch tatsächlich gesagt, dass sie eigentlich Romane schreiben will«, feixte Félix.

Aurore stöhnte auf und legte ihren Löffel hin. Der Appetit war ihr vergangen.

»Das hätte ich wohl besser gelassen«, sagte sie beschämt.

»Nein, du hast vollkommen recht« Jules sah sie aufmunternd an. »Lass uns einen Roman schreiben. Das ist es doch, was du wirklich willst.«

Aurore betrachtete ihn zweifelnd.

»Ist das dein Ernst?«

»Mein heiliger Ernst«, rief der junge Mann aus und strahlte sie aus seinen himmelblauen Augen an. »Du hast doch schon längst damit begonnen«, fuhr er fort. »Woran schreibst du sonst Nacht für Nacht? Das sind doch nicht nur Briefe an Maurice und Solange. Und jede Woche brauchst du einen neuen Packen Papier.«

»Romane«, spottete Félix Pyat. »Warum verschwendest du deine Energie auf diesen romantischen Blödsinn, während unser sauberer Bürgerkönig alle unsere Errungenschaften wieder preisgibt? Wozu sind unsere Väter auf die Barrikaden gegangen? Damit diese satte, faule Bourgeoisie still und heimlich wieder eine Monarchie errichtet wie vor hundert Jahren? Wir brauchen politische Texte, dafür solltet ihr eure Federn spitzen …«

»Ach Félix, hör doch auf«, unterbrach ihn Aurore und rollte mit den Augen. »Fängst du schon wieder damit an? Ich sag dir eines: Die Herzen der Menschen erreichst du eher durch einen gut geschriebenen Roman als mit einem Pamphlet. Oder durch das Theater. Hast du nicht gesehen, wie aufgewühlt das Publikum gestern war? Und nicht nur im Stehparterre, sondern auch in den teuren Logen.«

»Das mag sein«, knurrte Félix. »Aber heute haben sie schon wieder alles vergessen. Glaubst du, dass irgendein Mensch sein Leben wegen eines Romans ändert?«

»Ja, das glaube ich«, Aurores Augen funkelten. »Ich zum Beispiel. Ich wäre nicht hier ohne die Romane. Außerdem brauche ich etwas, wovon ich meine Miete bezahlten kann.«

Félix Pyat lachte.

»Und du denkst, das schaffst du als Romanautorin?«, fragte er amüsiert. »Weißt du eigentlich, wie viele von diesen armen Schluckern hier in Paris den Verlegern die Bude einrennen?«

»Lass sie in Ruhe«, mischte sich Jules wieder ein. »Wenn Aurore etwas will, dann schafft sie es auch. Wovon handelt denn dein Roman?«

Aurore holte tief Luft und stieß sie entmutigt wieder aus. Sie kannte Félix seit ihrer Kindheit und wusste, dass er es gut mit ihr meinte, auch wenn er noch so ruppig war. Natürlich hatte er recht. Wieso sollte ausgerechnet sie irgendwann vom Schreiben leben können?

»Ach lass«, gab sie Jules zur Antwort, der seinen Arm um sie gelegt hatte. Ihr war zum Heulen zumute, doch das würde sie ihren Freunden nicht zumuten. »Es ist nicht der Rede wert.«

»Aber es interessiert mich«, insistierte Jules und drückte ihr einen Kuss auf die Schläfe. »Warum liest du mir nicht einfach mal vor, was du schon hast?« Er nahm sich mit der freien Hand ein Stück Brot aus dem Korb, um seinen Teller damit auszuwischen. »Gemeinsam fällt uns schon etwas ein.«

Am Abend blieben sie zu Hause und machten es sich im Bett bequem, immerhin war es dort schön warm. Jules meinte es tatsächlich ernst, und so fasste Aurore sich ein Herz und las ihm den Anfang ihres Romanes vor. Die blutjunge Blanche wird von einer älteren, derben Nonne in ein Kloster eskortiert, dem sie als Novizin beitreten soll. Unterwegs trifft sie die gleichaltrige Rose, der ein Leben als Prostituierte droht. Aurores Plan war, das Schicksal dieser beiden jungen Frauen miteinander zu verschlingen und das stereotype Bild der Frau als Heilige oder Hure infrage zu stellen. Doch noch hatte sie den rechten Ton nicht gefunden.

»Ach, das klingt alles viel zu lahm«, unterbrach sie sich selbst und warf die Blätter auf die Bettdecke. »Ich höre es ja selbst.«

Jules griff nach den Seiten und überflog sie.

»Und wenn wir mit einem frechen kleinen Dialog beginnen würden, um die Situation und die wichtigsten Figuren gleich zu Beginn lebendig zu etablieren?«, schlug er vor. »Ungefähr so: Die Postkutsche, in der all diese Leute zusammengewürfelt unterwegs sind, hat gerade Rast gemacht, und nun soll es weitergehen. Der Kutscher ist ein fetter Kerl und hat Mühe, wieder auf den Bock zu klettern. Alle amüsieren sich über ihn und vergessen darüber beinahe die alte Vettel von einer Nonne, die das Mädchen begleiten muss.«

Aurore sah ihn verdutzt an, dann strahlte sie und richtete sich im Bett auf.

»Sie rennt der Kutsche hinterher, flucht ordentlich, und im letzten Moment halten sie doch noch an.«

»Vielleicht sagt sie: ›Sakrament, ihr lasst einer alten Nonne nicht mal ausreichend Zeit, um zu pinkeln …‹«

»… und die schüchterne Blanche schämt sich für sie«, fügte Aurore kichernd hinzu.

»Genau. Komm, wir improvisieren das und schreiben es sofort auf«, schlug Jules vor, sprang im Hemd aus dem Bett und holte die Schreibfeder samt Tinte vom Pult. »Du bist die Nonne und der Postillon, und ich spiele Blanche und die anderen Reisenden. Wen haben wir da nochmal?«

Aurore liebte Stehgreiftheater, schon als kleines Mädchen hatte sie mit ihren Puppen ganze Geschichten durchgespielt. Mehrmals tauschten sie die Rollen, zerrissen einige Versuche, doch nach ein paar Stunden stand der Romananfang. Je öfter Aurore die Szene durchlas, desto besser gefiel sie ihr.

»Wie soll das erste Kapitel denn heißen?«, fragte Jules und kaute an einer alten Brioche, die vom Morgen übrig geblieben war, herum.

»Die Postkutsche«, entschied Aurore. »Und weißt du was? Genau in diesem Stil erzählen wir die ganze Geschichte.«

»Wie meinst du das?«

»In Dialogen. Unterbrochen von Absätzen in Prosa.«

Jules betrachtete sie fasziniert und vergaß sogar das Kauen.

»Du meinst, so wie eben? Wir machen das gemeinsam?«

»Falls du Lust dazu hättest …?«, fragte sie scheu.

Jules warf seinen Brotkanten weg, nahm Aurore um die Taille und rollte sie auf den Rücken. Er legte sich über sie und bedeckte ihr Gesicht mit Küssen.

»Und ob ich Lust dazu habe«, flüsterte er, biss ihr zärtlich ins Ohrläppchen und schob ihr Nachthemd nach oben.

∽∾

»Das darf einfach nicht wahr sein«, rief Aurore zornig und schleuderte die druckfrische Zeitung aufs Bett. Jules zog sich murrend die Decke über den Kopf. »Dieser Schuft! Er hat meine Theaterkritik überhaupt nicht verwendet.« Aufgebracht zog sie ihrem Geliebten die Decke weg. »Wach auf und sieh dir das an! Was für eine Frechheit! Ich mühe mich den ganzen Morgen und dann druckt er seine eigene ab!«

Stöhnend erhob sich Jules, rieb sich die Augen und entwand ihr das *plumeau* wieder.

»Es ist noch mitten in der Nacht«, beklagte er sich und schlang die Decke um seinen Körper.

»Nein, es ist sieben Uhr«, korrigierte ihn Aurore. »Ich bin schon seit drei Stunden auf. Das zweite Kapitel ist auch schon fertig.«

Schlagartig wurde Jules munter.

»Was? Aber … wir wollten das doch gemeinsam …«

»Jetzt lenk nicht ab«, kommandierte Aurore streng, griff wieder nach dem Exemplar des *Figaro*, blätterte darin, bis sie die richtige Seite gefunden hatte, dann hielt sie es Jules vor die Nase. »Kein Wort stammt von mir!«

»Aber er hat dich doch dafür bezahlt«, wandte Jules verwirrt ein und nahm die Zeitung endlich. »Ist das nicht die Hauptsache?«

»Nein!«, schleuderte Aurore ihm wütend ins Gesicht. »Das ist es keineswegs. Er macht sich über mich lustig. Er …«

»*Chérie*«, versuchte Jules sie zu beschwichtigen. »Es ist eine Theaterkritik, nichts weiter. Schon morgen wickeln die Fischverkäuferinnen ihre Makrelen darin ein. Reg dich doch nicht so auf, mein Herz.«

Aurore wandte sich ab und schwieg. Er verstand sie einfach nicht. Sie liebte ihn wirklich, er war ein feiner Kerl und würde ihr niemals wehtun so wie Casimir. Und doch kamen sie immer wieder an den Punkt, wo ihr schmerzhaft bewusst wurde, dass er einfach nicht der Mann war, den sie eigentlich brauchte.

»Du bist zu gutmütig«, warf sie ihm vor. »Wo ist dein Feuer? Wir dürfen uns nicht so behandeln lassen, Jules, so werden sie uns niemals ernst nehmen!«

»Vielleicht hast du recht«, sagte er und wandte den Blick ab. Sie hatte ihn verletzt, und sofort bereute sie ihre Worte. »Wahrscheinlich bin ich ein gutmütiger Trottel, ja, sprich es ruhig aus, es wäre nicht das erste Mal. Aber so bin ich nun mal.« Er stand auf und zog seinen zerschlissenen Morgenrock über. »Ich finde ganz einfach, dass es sich nicht lohnt, sich so aufzuregen, nur weil dir deine allererste Theaterkritik nicht gleich gelungen ist.« Das saß. Aurore hob trotzig das Kinn und wandte sich ihrerseits ab. »Und überhaupt«, fuhr Jules nun langsam tatsächlich verärgert fort, »wieso gehst du nicht zu ihm und schreist ihn an, statt mir den Morgen zu verderben?«

Und damit riss er die Tür zur Kammer auf, in der sich die Toilettengeschirre samt Nachttopf befanden und ließ sie dröhnend hinter sich ins Schloss fallen.

»Weil ich dort nie wieder hingehen werde«, schrie sie ihm nach. Doch mit einem Mal war ihr Zorn verraucht. Übrig blieb das Gefühl, einmal wieder alles falsch gemacht zu haben.

Sie blieb bei ihrer Ankündigung, de Latouches Redaktion fernzubleiben. Stattdessen tat sie an jenem Morgen, was sie schon lange vorgehabt hatte, sie suchte die Bibliothek Mazarine auf. Aurore sehnte sich danach, endlich wieder Bücher um sich herum zu haben, sie war mit Büchern aufgewachsen und lange Zeit waren sie ihr Zuflucht und Trost gewesen. Zu Hause in Nohant füllten sie die Regale vom Boden bis unter die Decke, falls Casimir, der mit Literatur nichts anzufangen wusste, sie nicht inzwischen verbrannt hatte. Doch hier in Paris besaß sie kein einziges Buch.

Darum zog sie nun ihr wärmstes Kleid an, schlang alle Wolltücher um sich, die sie besaß, schlüpfte in ihre Lederstiefel und widerstand der Versuchung, sich Jules' Schal auszuborgen. So machte sie sich auf den Weg zur knapp tausend Schritte entfernten Bibliothek. Dort ließ sie sich einen Mitgliederpass ausstellen und betrat endlich den Lesesaal.

Eiskalte Luft strömte ihr entgegen. Aurore hatte gehofft, hier im Warmen sitzen und in Ruhe lesen zu können, doch im Vergleich zu dieser eisigen Atmosphäre erschien ihr die Mansarde direkt gemütlich. Ungläubig betrachtete sie die wenigen dick eingemummelten Gestalten, lauter Greise, die wie Mumien regungslos an den Tischen saßen und überhaupt nicht zu bemerken schienen, wie ihre Nasen blau vor Kälte wurden. Trotz der Männerstiefel, die sie unter dem Rock trug, kroch ihr die Kälte die Beine hinauf bis in den Bauch. Sehnsüchtig schritt sie die Regale entlang auf der Suche nach einem Werk, das sie von innen heraus wärmen würde, doch als sie einen Band herausnehmen wollte, waren ihre Finger bereits so gefühllos geworden, dass er ihr entglitt und mit lautem Schlag zu Boden fiel.

Fünf Köpfe drehten sich vorwurfsvoll zu ihr um, und ein völlig widersinniges Lachen stieg in ihr auf, so unwirklich erschienen ihr das alles. Sie leben also wirklich, dachte sie, es sind keine Holzpuppen, und musste sich abwenden, um ein hysterisches Kichern zu unterdrücken. Eilig verließ sie, so leise sie es auf ihren metallbeschlagenen Sohlen vermochte, den Lesesaal und beschloss, erst im Sommer wiederzukommen.

Draußen hauchte sie in ihre eisigen Hände und überlegte, ob sie sich irgendwo eine heiße Tasse Tee und etwas Süßes gönnen sollte. In der Hoffnung, heute ausnahmsweise keinem ihrer Freunde und Bekannten über den Weg zu laufen, ging sie in Richtung Montparnasse, bis sie in der Nähe des Jardin du Luxembourg eine Pâtisserie mit ein paar Tischen entdeckte. Das war genau das Richtige.

Drinnen war es endlich warm. Ein zarter Duft nach Vanille und Mocca erfüllte das Café, und Aurore überlegte, ob sie lieber einen *éclaire au café* oder eine *meringue à la crème* bestellen sollte. Einen halben Franc hatte de Latouche ihr für den Artikel bezahlt, den er am Ende in den Papierkorb geworfen hatte, der Schuft. Nachdenklich drehte sie die Münze zwischen den Fingern. Am Ende beließ sie es bei einer Tasse heißer Schokolade und beschloss, für den Rest Tabak zu kaufen. Für Jules. Denn sie fühlte deutlich, dass sie an diesem Morgen zu weit gegangen war.

»Schließlich kann er wirklich nichts dafür«, murmelte sie vor sich hin und blies vorsichtig über die dampfende Schokolade.

»Wer kann wofür nichts?«, riss sie eine spöttische Stimme aus ihren Gedanken und erschreckte sie derart, dass sie ein wenig vom Inhalt ihrer Tasse verschüttete. An ihrem Tisch stand Henri de Latouche höchstpersönlich und sah missbilligend auf sie hinab. »Ist es erlaubt?«, fragte er und nahm, ohne ihre Antwort abzuwarten, ihr gegenüber Platz.

»Sie sind also böse auf mich«, stellte er fröhlich fest. Aurore bedachte ihn mit einem kühlen Blick und schwieg. »Warum sind Sie nicht in der Redaktion?«, fragte er.

»Warum sind *Sie* es nicht?«, entgegnete sie.

»Weil ich hier zu tun habe«, antwortete der Verleger und wies unbestimmt aus dem Fenster. »Und wie ich hier vorbeikomme, entdecke ich die Baronesse bei einer Tasse Schokolade. Das ist es also, was Sie genießen, wenn Sie keiner beobachtet? Darf ich Ihnen ein süßes Törtchen dazu spendieren?« Der Spott in seiner Stimme war beißend. Doch dann beugte er sich über das Tischchen hinweg ihr entgegen. »So wird nie etwas aus Ihnen werden, Baronesse Dudevant. Trotz ist der Feind des Talents, merken Sie sich meine Worte. Und da Sie Talent haben, macht mich das zornig.«

»Ich bin auch zornig«, entgegnete Aurore. »Ich kann es nicht leiden, wenn man mich für dumm verkauft. Sie haben mich fünf Stunden lang umsonst arbeiten lassen. Wozu sollte das gut sein? Um mir eine Lektion zu erteilen?«

De Latouche lehnt sich zurück und betrachtete sie wie ein Vater seine launische Tochter.

»*Exactement*«, antwortete er. »Ich habe Ihnen eine Lehrstunde erteilt und Sie dafür sogar noch bezahlt. Ihre Feder ist noch nicht geschliffen genug, um ein Ereignis wie die Premiere eines neuen Stücks von Alexandre Dumas gebührend zu würdigen, Baronesse. Natürlich hatte ich meine Besprechung längst fertig, als Sie kamen. Aber ich dachte, es sei Ihnen ernst damit, als Sie sagten, Sie wollten das Schreiben zu Ihrer Profession machen. Dabei glauben Sie, schon alles zu können.« Er erhob sich. »Bilden Sie sich wirklich ein, mich damit zu strafen, dass Sie nicht mehr in meine Redaktion kommen? Wissen Sie nicht, dass ich täglich zwanzig Bewerbungen erhalte? Wenn ich Sie nicht tatsächlich für außerordentlich talentiert halten würde, glauben Sie, ich wäre hier hereingekommen und hätte überhaupt noch mit Ihnen gesprochen?« Aurore wusste nicht, was sie antworten sollte. Er war laut geworden und zwei Damen am Tisch nebenan musterten ihn streng. »Glauben Sie mir«, fügte er leiser hinzu, »es ist nicht damit getan, Männerkleider zu tragen, Zigarren zu rauchen und große Reden zu schwingen. Sie wollen mit Samthandschuhen behandelt werden, nicht wie ein Mann. Dabei hatten Sie mich tatsächlich beeindruckt.« Und damit lüftete er kurz den Hut und verließ das Café.

Wie benommen sah Aurore seinen breiten Rücken zwischen den Passanten auf dem Trottoir verschwinden. Erst nach einer Weile bemerkte sie, dass die Damen am Nachbartisch über sie tuschelten und sie unverhohlen musterten. Am liebsten hätte sie ihnen die Zunge herausgestreckt, so, wie sie und ihre Spielkameradinnen es früher im Berry getan hatten. Doch sie war kein kleines Mädchen mehr und Nohant war weit. Ihre Spielkameradinnen waren alle längst verheiratete Bäuerinnen und schufteten von früh bis spät ohne Hoffnung, dass sich an ihrer Situation jemals etwas ändern könnte. Und dabei wären auch sie klug genug gewesen, um etwas anderes aus ihrem Leben zu machen. Sie dagegen hatte eine Chance bekommen und sie verpatzt.

Über ihrem Kakao hatte sich inzwischen eine dicke Haut gebildet. Aurore schob sie mit dem Löffel beiseite. Kalt und bitter rann das Getränk ihre Kehle hinunter. Sie fröstelte. Und fasste einen Entschluss.

Als sie den Salon betrat, sah sie, dass ihr Tisch bereits wieder besetzt worden war. Der schmale, rotblonde Jüngling, der sie noch gestern um diesen Platz beneidet hatte, saß mit weit gespreizten Knien dort und ließ seine Feder über das Papier fliegen. Unschlüssig blieb sie an der Tür stehen und sah sich nach dem Herausgeber um. Es kostete sie eine unglaubliche Überwindung, ihrem Stolz nicht nachzugeben und sofort wieder zu verschwinden.

Sie entdeckte de Latouche am Fenster im Gespräch mit Félix. Es dauerte einige Momente, bis er ihre Anwesenheit bemerkte. Er wirkte keineswegs überrascht, sondern wies mit dem Finger auf ein Stehpult in der hintersten Ecke. Dann drehte er ihr den Rücken zu.

Aurore atmete mehrmals tief durch, schälte sich aus ihren Wolltüchern und ging zu dem Pult, auf dem sie einen dreiseitigen Text von unbekannter Handschrift fand. »Auf 200 Wörter zusammenfassen« stand darübergekritzelt. »Und kein einziges mehr, Baronesse.«

Überrascht blickte sie hinüber zu de Latouche und sah ihn kurz in ihre Richtung lächeln, ehe er den Blick abwandte. Hatte er tatsächlich gewusst, dass sie zurückkommen würde?

In den folgenden Tagen arbeitete sie klaglos an dem unbequemen Pult, kürzte, schrieb um, nahm schweigend de Latouches Anmerkungen entgegen, änderte erneut, begann immer wieder von vorn. Vor allem aber spitzte sie die Ohren, wenn der erfahrene Redakteur mit ihren Kollegen einen Text durchging oder über ein Thema diskutierte, das er verarbeitet haben wollte. Sie hatte sich immer für Politik interessiert, in den aufregenden Zeiten, in denen sie lebte, war es anders gar nicht möglich. Bislang jedoch hatte sie die Ereignisse mit der romantisierenden Begeisterung eines Mädchens vom Lande betrachtet, dessen Vater einst unter Napoleon in den Krieg gezogen war. Die wechselvollen Dramen, die Frankreich in den vergangenen Jahren durchlitten hatte, das Ringen ihrer Landsleute um eine moderne Staatsform zwischen absoluter Monarchie und blutigem Aufbegehren des Volkes hatte in ihr den Wunsch nach Gleichheit geweckt, so, wie sie es de Latouche gegenüber bereits am Abend ihres ersten Zusammentreffens geschildert hatte. Wie kompliziert es allerdings war, vom Absolutismus in sein Gegenteil zu wechseln und die spannende Frage, was dieses Gegenteil überhaupt beinhalten sollte, ob der erst seit einem guten halben Jahr amtierende König Louis-Philippe I, den man den Bürgerkönig nannte, weil er angeblich die Werte der Revolution vertrat, wirklich der Richtige war, um diesen Wandel zu vollziehen – darüber begann sie erst jetzt, in Paris, nachzudenken.

Darum las sie, was andere schrieben, und vor allem hörte sie zu. Hatte de Latouche nicht gerade einen seiner launischen Tage, ging es heiter zu in seinem Redaktionssalon, und Aurore lernte immer mehr den außergewöhnlichen Wortwitz ihres Mentors zu schätzen, seine Fähigkeit, mit einem Blick das Besondere eines Menschen zu erfassen und ihn mit wenigen Sätzen treffend zu charakterisieren. Das Ergebnis war nicht immer nett, doch Satire, das lernte sie, spielte nun mal mit den Grenzen zur Boshaftigkeit, doch immer mit dem Ziel, auf eine größere Wahrheit hinter den Dingen aufmerksam zu machen. Als sie das verstanden hatte, war sie endlich angekommen im Redaktionsteam des *Figaro*.

»Wer will sich mit der neuen Konstitution der Nationalgarde befassen?«, fragte der Verleger eines Montagmorgens während der üblichen Redaktionsbesprechung. Keiner meldete sich. Seine kleinen, wachen Augen wanderten über die jungen Männer und blieben bei Aurore hängen. »In Ordnung«, sagte er und grinste. »Schön, dass du das machen möchtest, Aurore.«

Zwar hatte sie sich keineswegs gemeldet, doch sie widersprach auch nicht. Dann würde sie sich eben in dieses Thema einarbeiten. Gleich beim Mittagessen fragte sie Félix um seine Meinung.

»Der Bürgerkönig will sich mit der neuen Konstitution klammheimlich eine Bürgerarmee schaffen«, sagte er grimmig. »Wenn du dir anschaust, was geändert werden soll, dann wird dir klar, dass dann nur noch Reiche der Garde beitreten können. Man muss nämlich für seine Uniform, für die Waffen und Pferde und noch manches mehr selbst aufkommen. Damit bleibt diese Karriere einem einfachen Arbeiter oder ärmeren Bürgern verwehrt. In der Regel sind das Lehrer, Journalisten, Ärzte – kurz, jene Menschen, die der Linken näherstehen und die in den vergangenen Aufständen erworbene Rechte nicht mehr hergeben wollen. Die Reichen hingegen …«

»… die wollen ihre Pfründe behalten«, warf Aurore ein und nickte. Damit kannte sie sich aus. Sie hatte Feuer gefangen. Und schon am Tag darauf hatte sie den Text fertig.

»Lass sehen«, sagte de Latouche und legte seine lange weiße Tonpfeife sorgsam beiseite. »Hast du wieder einen Roman verfasst?«

»Diesmal nicht«, entgegnete Aurore. »Es ist ein satirischer Text. Dreihundert Wörter. Kein einziges mehr.«

Der Verleger grinste breit und nahm das Blatt entgegen. Aurore wollte sich abwenden, doch de Latouche bedeutete ihr, auf dem Stuhl vor seinem Schreibtisch Platz zu nehmen. Arme-Sünder-Stuhl nannten ihn ihre Kollegen. Meist musste man sich dort anhören, wie der Herausgeber den so mühevoll verfassten Text zerpflückte.

Und genau dagegen wappnete sich Aurore bereits. Doch de Latouche las und nickte, lachte sogar leise auf an der einen oder anderen Stelle. Schließlich ließ er das Blatt sinken und bedachte Aurore mit einem schwer zu deutenden Blick.

»Eine Glosse, soso«, meinte er und strich sich über seinen

Schnurrbart. Er schob die Unterlippe vor und verengte die Augen zu Schlitzen. Aurore musste sich zusammenreißen, um nicht unruhig auf ihrem Stuhl herumzurutschen. »Dann drucken wir das eben«, sagte de Latouche schließlich. »Wann genau stimmen die Deputierten darüber ab? Am fünften. Das heißt am Samstag. *Bien.* Dann kommt es in die Samstagsausgabe.«

∽∾

»Und er wollte keine einzige Änderung?«, wollte Gustave erstaunt wissen. Sie waren alle im Theater gewesen und saßen nun in ihrem Stammlokal, dem Café de Paris.

»Nein«, antwortete Aurore und konnte es selbst kaum glauben. Sie trug wie immer zu diesen Gelegenheiten ihre selbst genähte Studentenkluft. »Aber das heißt noch lange nichts. Am Ende schreibt er den Text nochmal vollkommen neu …«

»Nein, das glaube ich nicht«, warf Jules ein. »Die Glosse ist perfekt. Nicht mal er könnte sie irgendwo verbessern.«

Aurore schlang ihre Arme um seinen Hals und gab ihm einen Kuss.

»Du bist schlichtweg parteiisch«, erklärte sie liebevoll. »Wie sagt de Latouche immer?« Sie warf sich in Positur und imitierte die volle, dunkle Stimme des Verlegers: »Es geht immer noch besser, glauben Sie mir, Baronesse! Immer!«

Die Freunde brachen in Gelächter aus, so treffend machte sie ihren Chefredakteur nach. Und an diesem Abend ließ sie Fünfe gerade sein und zog, statt gegen Mitternacht nach Hause zu gehen, um an dem Roman weiterzuarbeiten, mit ihren Freunden ausgelassen bis zum frühen Morgen durch das Quartier Latin. Sie war so glücklich, dass sie am liebsten die ganze Welt umarmt hätte.

Umso größer war ihre Ernüchterung, als sie zu Hause einen Expressbrief ihres Mannes vorfand, den Madame Bonnet, die Concierge, ihr auf den Tisch gelegt hatte.

»Werte Gattin«, hatte Casimir geschrieben und konnte es nur ironisch meinen, der Mistkerl. »Am Freitag, dem 4. März, bin ich in Paris und erwarte Euch um zwölf zum Mittagessen im Restaurant meines Hotels.« Es folgte die Adresse, das war alles. Casimir stellte nicht einmal infrage, ob sie überhaupt Zeit hatte. Er rief, und sie hatte gefälligst zu gehorchen.

»Geh da nicht hin«, riet Jules, als er ihr bestürztes Gesicht sah.

»Ich muss«, antwortete Aurore niedergeschlagen. »Ich bin von seinem guten Willen abhängig.« Wenn er es darauf anlegte, könnte er ihr die Kinder entziehen, darüber war sie sich völlig im Klaren. Sie war es, die die Familie verlassen hatte, wenn auch nur vorübergehend, und sie musste froh sein, wenn er sie nach Ablauf der vereinbarten drei Monate wieder aufnahm. »Du wirst ohnehin recht bald zurückkommen«, hatte er gespottet, nachdem sie sich endlich auf diese Lösung verständigt hatten. »Glaubst du, Paris wartet auf eine hysterische Frau wie dich?« Und ihr Halbbruder hatte hinzugefügt: »Du wirst auf Knien angekrochen kommen, schon allein wegen des Geldes. Paris ist teuer. Und sparsam leben konntest du noch nie. Spätestens nach dem ersten Vierteljahr wirst du das eingesehen haben.« Nun, diesen Gefallen würde sie den beiden bestimmt nicht tun.

»Was will er überhaupt von dir?«, fragte Jules besorgt. »Ehrlich, *chérie*, du solltest dich von dem Kerl scheiden lassen.«

Als wenn das so einfach wäre, seufzte Aurore innerlich. Doch seine Frage war berechtigt. Was wollte Casimir? Wieso nahm er die dreitägige, beschwerliche Reise nach Paris überhaupt auf sich? Hatte er seine Meinung womöglich geändert, würde er ihr Schwierigkeiten bereiten? Sie kannte den alten Kauz lange genug, um zu wissen, wie unberechenbar er sein konnte. Seine Zusagen von gestern hatten im Heute nicht unbedingt Bestand, von der Zukunft ganz zu schweigen.

Die Tage bis zum Freitag zogen sich in die Länge. Zwar arbeiteten sie Abend für Abend gemeinsam an ihrem Roman-

projekt, dem sie nach den beiden so ungleichen Protagonistin-
nen den Arbeitstitel *Blanche et Rose* gegeben hatten, und feilten
an Szenen und Dialogen. Und doch kamen sie für ihren Geschmack viel zu langsam voran. Wenn Jules irgendwann die
Augen zufielen oder er noch einmal loszog, um sich gegen
Mitternacht mit den Freunden zu treffen, saß Aurore oft bis
vier Uhr morgens an ihrem Sekretär und schrieb und schrieb.

»Setz dich doch nicht so unter Druck«, bat Jules, wenn sie
ihm wieder einmal neue Seiten zum Lesen und Überarbeiten
gab, die sie in der Nacht zuvor geschrieben hatte. »Warum diese
Hast? Keiner wartet auf unseren Roman.«

Dann zwang sich Aurore zur Geduld. Das ist das Vorrecht
der Jugend, dachte sie resigniert. Als sie im Alter von Jules und
seinen Freunden gewesen war, hatte sie gerade ihr erstes Kind
zur Welt gebracht. Sie war schon sechsundzwanzig, am ersten
Juli würde sie siebenundzwanzig werden, und sie hatte das Gefühl, ihre Uhr laufe schneller ab als die ihrer Freunde. Schon
allein deswegen, weil sie spätestens Anfang April zu ihren Kindern zurückkehren musste, und der Himmel wusste, was sie
dort erwartete. Schaudernd dachte sie an die allabendlichen
Trinkgelage und den Lärm, den ihr Mann und seine Saufkum-
pane aus der Nachbarschaft in ihrem Haus veranstalteten, an
die brutalen Veränderungen im Haus und im Garten, die er,
ohne sie zu fragen, vorgenommen hatte. Es war fraglich, ob sie
dort die Ruhe zum Schreiben finden würde. Deshalb hätte sie
so gern den Roman bis zu ihrer Abreise beendet. Doch das war
geradezu illusorisch.

»Aber du kommst doch wieder zurück nach Paris«, versuchte
Jules sie immer wieder zu beruhigen. »Oder etwa nicht?«

Er musterte sie erschrocken. Er liebt mich wirklich, dachte
Aurore gerührt.

»Natürlich«, antwortete sie und fügte in Gedanken hinzu:
hoffentlich.

Am Freitagmorgen winkte de Latouche sie an seinen Schreibtisch.

»Welchen Namen sollen wir unter die Glosse setzen?«, fragte er. »Aurore Dudevant? Oder willst du deinen Mädchennamen verwenden?«

»Nehmen wir ein Kürzel«, antwortete sie. »Ich möchte lieber anonym bleiben. Vorerst.« Sie wand sich ein wenig unter dem forschenden Blick des Verlegers. Doch der nickte.

»Das ist ohnehin klüger bei diesen politischen Texten. Dann zeichnen wir ihn einfach gar nicht, so kann es jeder von uns gewesen sein.«

»Einverstanden«, erklärte Aurore erleichtert.

Doch diese Frage beschäftigte sie noch den ganzen restlichen Tag. Für die Glossen oder Theaterbesprechungen war es vollkommen in Ordnung, sich irgendeines Kürzels oder Kunstnamens zu bedienen. Wie aber sollten sie verfahren, wenn sie erst einmal den Roman fertig hätten? Dafür hatte sie noch keine Lösung gefunden. Aurore wusste nur zu gut, dass Frauen in der Literatur nicht ernst genommen wurden. Mit Ausnahme der phantastischen Madame de Staël vielleicht. Man würde sich das Maul über sie zerrreißen.

Ach, wäre sie doch nur ein Mann. Dann wäre alles so viel einfacher.

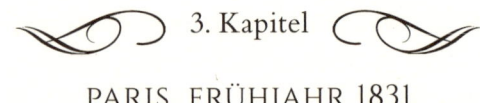

3. Kapitel

PARIS, FRÜHJAHR 1831

»Sie leben jetzt also in Paris?«

»*Oui*, Madame.«

Sie hätte es sich denken können. Casimir hatte ihr nicht geschrieben, dass er nach Paris gekommen war, um seine Stiefmutter zu treffen, mit der sie sich noch nie verstanden hatte. Natürlich nicht. Er rief und sie hatte zu erscheinen. Aurore kochte vor Zorn. Mit voller Absicht nannte sie ihre Schwiegermutter nicht bei ihrem Adelstitel, und sie wusste, dass sie die Alte damit zur Weißglut brachte.

»Ohne Ihren Ehemann?«

»*Oui,* Madame.«

Casimir säbelte an seinem Entrecôte herum und schob sich ein unverschämt großes Stück davon in den Mund. Geräuschvoll kaute er darauf herum und sah von seiner Mutter zu Aurore. Mit keiner Regung zeigte er, was er tatsächlich dachte.

»Und warum tun Sie so etwas … etwas Unmögliches?«

»Wie Sie sehen, ist es möglich. Mein Mann ist nämlich damit einverstanden.«

Die Baronin Dudevant betrachtete sie mit ihren Greifvogelaugen, dann sah sie vorwurfsvoll zu ihrem Stiefsohn, den ihr Mann einst mit einer Kammerzofe gezeugt hatte. Sie hatte Casimir nie gemocht und tat alles dafür, um ihn um sein Erbe zu bringen.

»Ist das wahr?«, fragte sie in seine Richtung.

Casimir, noch immer mit Kauen beschäftigt, nickte. Die Baronin schüttelte unmerklich den Kopf. Die Diamantnadel in ihren mausgrauen Haaren blitzte kalt auf.

»Und ist es denn auch wahr«, wandte sie sich wieder an Aurore, »dass Sie beabsichtigen, Bücher zu schreiben?« Das Wort Bücher betonte sie, als handle es sich dabei um etwas Unanständiges.

»Das ist korrekt, Madame«, antwortete Aurore. Sie stocherte in ihrem Ragout Fin herum. Eigentlich hatte sie sich vorgenommen, sich so richtig den Bauch auf Kosten ihres Mannes vollzuschlagen. Doch der Appetit war ihr schon bei der Vorspeise vergangen.

»Aber die wollen Sie doch nicht etwa drucken lassen?«

»Doch, Madame. Das habe ich vor.«

»Das ist ja eine drollige Idee!« Die Stimme der Baronin überschlug sich.

»Mag sein, Madame«, antwortete Aurore, der die Sache anfing, Spaß zu machen. »Aber Bücher sind nun mal erst dann Bücher, wenn sie gedruckt werden.«

»*Eh bien*«, antwortete die Baronin frostig. »Mit Ihrem eigenen Ruf können Sie ja umgehen, wie es Ihnen beliebt. Ohnehin ist es ein Skandal, dass Sie nicht bei Ihren Kindern sind. Aber meinen guten Namen möchte ich nicht auf einem Buchdeckel sehen müssen. Drücke ich mich klar genug aus?«

Aurore musste innerlich grinsen. Wenn es die größte Sorge des alten Drachen war, ihren guten Namen nicht kompromittiert zu sehen, so hatte sie ihr schon bei einer wichtigen Entscheidung geholfen.

»O gewiss, Madame«, beeilte sie sich zu sagen und konnte nicht verhindern, dass ein gewisser Spott in ihrer Stimme mitschwang. »Machen Sie sich darüber keine Sorgen. Ihren guten Namen werde ich nicht verwenden. Das wäre zu viel der Ehre für das Geschlecht der Dudevants.«

»Musste das sein?«, fragte Casimir, nachdem seine Stiefmutter aufgebrochen war. Er nahm eine Zigarre aus seinem Etui, und ehe er es schließen konnte, griff auch Aurore nach einer. Ihr Mann rauchte natürlich die kurze Version von zehn Zentimeter Länge. Obwohl sie sich noch immer nicht sicher war, ob sie das Rauchen überhaupt mochte, war ihr an diesem Tag danach. Das Gespräch hatte sie angestrengt. Und noch immer fragte sie sich, ob Casimir noch eine böse Überraschung für sie vorbereitet hatte.

»Wieso hast du mich überhaupt herbestellt?«, fragte sie.

Casimir Dudevant betrachtete sie aus seinen graublauen Augen. Seine Lider waren gerötet, die Tränensäcke schlaff. Mit dem Abstand der wenigen Wochen, die zwischen ihrer Abreise und diesem Treffen lagen, erkannte Aurore die Spuren, die die Alkoholexzesse in seinen einstmals so angenehmen Gesichtszügen hinterlassen hatten.

»Ich wollte dich sehen«, log er.

»Nein«, entgegnete Aurore. »Das wolltest du nicht. Die Baronin wollte mich sehen, um mir klarzumachen, dass ich ihren Namen nicht besudeln soll. Gib es zu.«

Casimir verzog den Mund. Immerhin ließ er sich herab, ihr Feuer zu geben.

»Und?«, fragte er nach einer Weile. »Kommst du wirklich wieder nach Hause?«

Es wäre ihm lieber, fuhr es ihr durch den Kopf, ich würde zum Teufel fahren. »Natürlich«, antwortete sie laut und zog an der Zigarre. »So haben wir es schließlich vereinbart. Wie geht es den Kindern?«

Aurore wusste genau, wie es Maurice und Solange ging. Monsieur Boucoiran, ihr Erzieher, hielt sie über jeden Entwicklungsschritt der Kinder auf dem Laufenden. Vermutlich war sie besser im Bilde als ihr Vater, der sie kaum sah, obwohl er im selben Haus lebte. Entsprechend kurz fiel seine Antwort aus. Nachdem sie sich nach Hippolyte, ihrem Halbbruder, und dessen Familie erkundigt hatte, obwohl ihr ihre Schwägerin, mit der sie sich gut verstand, ebenfalls regelmäßig schrieb, wussten sie sich nichts mehr zu sagen. Aurore war erleichtert, als Casimir nach der Rechnung verlangte und sie sich nach ein paar weiteren Höflichkeiten voneinander trennten.

Als sie in die Redaktion zurückkehrte, schien Jules bereits auf sie gewartet zu haben.

»Alles in Ordnung?«, fragte er sie besorgt.

»Alles bestens«, grinste sie. »Meine Schwiegermutter wollte nur sichergehen, dass der Name Dudevant niemals in die literarischen Annalen eingehen wird.«

Jules lachte erleichtert auf.

»Das war alles?«, fragte er vorsichtshalber nach. »Und deswegen ist er extra nach Paris gekommen?«

»Nun ja«, gab Aurore mit ernster Miene zurück. »Ich hab jetzt natürlich ein Problem. Entweder brauche ich einen Phantasienamen, so wie Bocage. Oder wir nehmen einfach deinen Namen für den Roman. Was würdest du dazu sagen? Wärst du damit einverstanden?«

»Du willst, dass wir den Roman unter *meinem* Namen veröffentlichen?«, fragte Jules konsterniert zurück. »Aber es wird doch unser gemeinsames Werk. Streng genommen hast du bislang sogar noch viel mehr daran gearbeitet als ich.«

»Das ist doch egal«, meinte Aurore und lehnte sich kurz gegen die Brust des jungen Mannes. Wie froh sie war, der Schwere entkommen zu sein, die in Gegenwart ihres Ehemannes immer auf ihr lastete. Mit Jules war das Leben leicht und voller Farben. Was hatte sie doch für ein Glück, von ihm geliebt zu werden. »Was macht es schon, welcher Name auf dem Buchdeckel steht. Hauptsache, wir finden einen Verleger.«

Als sie am Samstagmorgen in die Redaktion kamen, fanden sie alles in Aufruhr. Ein Dutzend *sergents* der Polizei durchwühlte die Papiere auf den Tischen der Redakteure. Ihr Anführer knöpfte sich gerade Henri de Latouche vor.

»Was ist hier los?«, fragte Aurore leise Gustave, der sich eben an ihr vorbei zur Tür hinausdrücken wollte.

»Die beschlagnahmen die gesamte Samstagsausgabe.«

»Das ist nicht wahr!«

»Doch. Order des Königs höchstpersönlich.«

»Ja aber … wieso denn?«

»Hiergeblieben«, schnauzte der Kommissar mit Blick auf Gustave. »Keiner verlässt den Raum. Wer ist für diesen abscheulichen Text verantwortlich?« In der Stille, die nun folgte, war nichts zu hören als das Ticken der Standuhr und das Geraschel von Papier bei der Beschlagnahmung der Manuskripte. »Ich verlange eine Antwort«, brüllte der *commissaire*.

»Wir wissen leider nicht, welchen Text Sie meinen«, erklärte Félix höflich, stellte sich breitbeinig hin und verschränkte die Arme vor der Brust.

»Ich spreche von dem Text, der die *garde national* in den Schmutz zieht. Also. Wer hat ihn verfasst? Er ist nicht signiert.«

Der *commissaire* hatte das Titelblatt der aktuellen Ausgabe vom Tisch gerissen und schlug mit der flachen Hand dagegen. Sie traf die Stelle, wo jeden Samstag die inzwischen berühmtberüchtigten Glossen des *Figaro* abgedruckt wurden. Aurore hatte auf einmal das Gefühl, schwerelos zu sein. Die Polizei war wegen ihres Artikels gekommen? Wegen ihrer Glosse ließ der König die ganze Ausgabe beschlagnahmen? Im ersten Moment erschrak sie fürchterlich. Doch dann begriff sie, dass es ein ungeheurer Triumph war. Sie hatte alles richtiggemacht, die Betroffenen fühlten sich gemeint. Sie wollte sich gerade zu ihrem Artikel bekennen, als ihr Blick den des Herausgebers traf. Er schüttelte unmerklich den Kopf.

»Solche Texte sind immer eine Gemeinschaftsarbeit«, erklärte er dem Polizeikommissar. »Einer fängt damit an, und dann wandert er über jeden einzelnen dieser Tische. Und am Ende gebe ich ihm den letzten Schliff. So funktioniert nun mal Journalismus, meine Herren. Die gesamte Redaktion war beteiligt, und da der *Figaro* mir gehört und ich derjenige bin, der entscheidet, was gedruckt wird und was nicht, trage ich die Verantwortung. Halten Sie sich also an mich und lassen Sie meine Leute in Frieden.«

»Wie Sie wünschen«, antwortete der *commisaire* kalt. »Holen Sie Ihren Mantel. Und ihr«, wandte er sich an seine Leute, »alles mitnehmen. Jedes einzelne Stück Papier, auf das etwas geschrieben wurde.«

Henri de Latouche hob die Augenbrauen, seufzte nachsichtig, als mache er gute Miene zu dem bösen Spiel eines Schülerstreichs, nahm Mantel, Hut und Stock und folgte mit ein paar Tanzschritten dem Vertreter der Obrigkeit. »Darf ich mich eben noch von dieser jungen Dame verabschieden?«, fragte er höflich, als sie die Tür erreichten. »Sie ist heute extra zu Besuch gekommen, nicht wahr, Baronesse? Es wäre unhöflich, nicht wenigstens ein paar Worte …«

»Machen Sie es kurz«, fuhr der Leutnant ihn an und wandte sich dem Hauptmann zu, der gewichtig den konfiszierten Papierstapel trug.

»Informiert den Staatsrat Guy Delavau über diese Sache«, sagte de Latouche leise zu Aurore und Jules. »Und sorgt dafür, dass die Zeitung morgen auf jeden Fall erscheint.« Dann küsste er ihr galant die Hand, wandte sich um und ließ sich aus seiner Redaktion eskortieren.

»Eine bessere Werbung gibt es doch gar nicht für ihn«, erklärte Félix. »Ich bin sicher, der Alte reibt sich heimlich die Hände.«

Sie hatten sich in ein einfaches Café um die Ecke geflüchtet. Was sie jetzt brauchten, war heißer Kaffee und einen ungestörten Ort.

»Aber … wird er denn ins Gefängnis kommen?« Aurore war ernsthaft besorgt, schließlich war das alles ihre Schuld.

»Delavau holt ihn da raus«, beruhigte Jules sie. »Er hat sofort einen Wagen gerufen, als ich ihm davon erzählt habe.«

»Und wenn schon«, warf Félix ein. »Ich war schon zweimal im Gefängnis. Eine interessante Erfahrung, das kann ich dir sagen. Danach weißt du wenigstens, warum du diesen Beruf ausübst.«

»Womit sollen wir denn die morgige Ausgabe füllen«, überlegte Alphonse. »Die Kerle haben ja alles mitgenommen.«

»Am besten schreibt jeder seine Artikel einfach neu«, schlug Jules vor. »Meine kann ich noch auswendig, so oft hab ich sie umgeschrieben …«

Aurore zupfte ihn am Ärmel und wies mit dem Kinn aus dem Fenster. Draußen auf der Straße bot ein zerlumpter Junge lauthals eine Zeitung an.

»Das ist doch … der *Figaro*«, rief sie erstaunt. Sie sprang auf und trat vor die Tür.

»Le *Figaro*! Le *Figaro*! Lesen Sie die verbotene Ausgabe des *Figaro* von heute«, rief der Junge so laut er nur konnte. »Von der Polizei einkassiert. Nur noch wenige Exemplare.«

»Schau dir den an«, rief Jules, der neben sie getreten war. Im Nu war der Junge von Passanten umringt.

»Heute kosten sie leider das Doppelte«, erklärte der kleine Zeitungsverkäufer. »Risikozuschlag.«

Einige Kaufwillige murrten, doch die meisten bezahlten ohne mit der Wimper zu zucken den geforderten Preis. Kaum hatte er das letzte Exemplar verkauft, gab der Junge Fersengeld.

»Wenn de Latouche das sehen könnte«, sagte Jules, als sie sich wieder zu ihren Freunden setzte. »Das würde ihm gefallen.«

»So wird es in der gesamten Stadt zugehen«, meinte Gustave. »Die Behörden schaffen es doch nie und nimmer, aller gedruckten Exemplare habhaft zu werden. Aber jetzt sollten wir los, oder? Es wartet noch eine Menge Arbeit auf uns.«

Gustave hatte recht. Alle schrieben, was das Zeug hielt, und mehrere gute Federn gingen dabei zu Bruch. Félix hatte wie selbstverständlich die Rolle des Herausgebers übernommen und sammelte nach und nach die Texte ein, zählte Wörter und verteilte die Artikel auf die verschiedenen Seiten. Mehrmals schickte er einen Burschen mit den fertigen Beiträgen in die Setzerei. Es wurde schon Abend, und noch immer fehlte ein großer Teil.

»Der Drucker sagt«, richtete der Junge schließlich atemlos aus, »dass er nicht länger warten kann. In einer halben Stunde muss er anfangen, sonst laufen ihm seine Arbeiter davon, ehe die Zeitung fertig ist.«

»Dann wird die morgige Ausgabe eben etwas dünner«, erklang eine wohlvertraute, tiefe Stimme von der Tür. Es war de Latouche. Jubelnd umringten sie ihn und stellten ihm tausend Fragen. Er wehrte sie lachend ab und zog einige beschriebene Seiten aus seiner Manteltasche. »Hier«, rief er dem Laufburschen zu. »Das hier kommt auf die Titelseite. Aber jetzt beeil dich. Paris braucht morgen den neuen *Figaro*.«

Er drückte dem Jungen eine kleine Münze in die Hand und der schoss davon wie ein Pfeil.

»Während ich also faul auf der Kommandantur herumsaß, habt ihr ganze Arbeit geleistet«, sagte er anerkennend und schüttelte jedem seiner Redakteure persönlich die Hand. Und als die Reihe an Aurore war, fügte er hinzu: »Willkommen im Club. Diese Glosse war dein Gesellenstück.«

»Ich hätte statt Ihrer mitgehen müssen«, entgegnete sie beschämt.

Doch de Latouche schüttelte nur grinsend den Kopf. »Das wäre keine gute Idee gewesen«, antwortete er. »Wer hätte Sie dort raushauen sollen? Ihr Gatte vielleicht? Nein, ganz im Ernst, und ich will, dass ihr alle gut zuhört: Was immer geschieht, es geht grundsätzlich derjenige mit aufs Amt, der die besten Beziehungen hat, *d'accord*? Immerhin war es nicht das erste Mal, dass ich mit der Zensur in Konflikt komme, das ist ein gutes Zeichen. So. Und jetzt geht alle nach Hause und ruht euch aus. Und, ach ja, was ich noch sagen wollte.« Er machte eine Pause und strich sich ausführlich über den Backenbart. Dann grinste er. »Ich bin stolz auf euch!«

Als Aurore sich in ihre Wolltücher packen wollte, rief er sie zu sich. Die anderen waren bereits gegangen, Jules wartete an der Tür auf sie.

»Was ich dir heute Morgen schon sagen wollte, als die Polizei dazwischen kam: Ich habe endlich die Erzählungen gelesen«, sagte de Latouche. Er angelte einen Schlüssel aus seiner Westentasche und öffnete ein Fach in der Wand, das in der Holzvertäfelung überhaupt nicht auffiel. Aurore machte große Augen, dieses Versteck hatte sie noch überhaupt nicht entdeckt. Und die Polizei zum Glück auch nicht. In dem Fach lagen mehrere Stapel mit Schriften, sorgfältig in Ablageordner sortiert. Aus einem zog de Latouche ein Manuskript und hielt das Titelblatt ins Licht.

»*La fille d'Abanon*. Die Geschichte von dem Mädchen, das kurz vor seiner Heirat doch noch türmt, die werden wir abdrucken. In mehreren Folgen. Willst du die Einteilung selbst vornehmen? 180 Wörter pro Folge wäre ideal.« Er reichte ihr das zerlesene Manuskript, seine Mundwinkel zuckten. »Ich hab übrigens ein paar Anmerkungen gemacht«, fügte er hinzu und warf ihr einen lauernden Blick zu. »Und ein paar Striche. Ich meine, Vorschläge für ein paar Kürzungen«, ergänzte er grinsend, als er sah, wie Aurores Augen vor Empörung zu funkeln begannen. »Schau es dir an und friss mich nicht gleich auf. Mir gefällt die Geschichte. Sie hat Feuer. Und du wirst sehen, mit meinen Kürzungen bekommt sie noch mehr Schwung.« Er nahm ihr den Text noch einmal aus der Hand und blätterte ihn rasch durch. Als Aurore sah, wie wild er darin herumgekritzelt hatte, wurde ihr beinahe schlecht. »Hier, das ist gar nicht übel: ›Das Genie hat kein Geschlecht‹.« Er lachte sein dröhnendes Lachen. »Mal sehen, was die Behörden zu so etwas sagen. Unter welchem Namen sollen wir den Text abdrucken?«

»Unter Jules Namen«, sagte Aurore tapfer. Ihr Freund war inzwischen zu ihnen getreten.

»Nein«, wehrte er ab. »Es ist deine Geschichte. Ich hab daran nicht den geringsten Anteil.«

»Du hast sie doch überarbeitet«, wandte Aurore ein.

»Überarbeitet ja, aber du hast sie geschrieben.«

»Ich kann meinen Namen einfach nicht unter die Geschichte setzen. Niemand wird sie ernst nehmen«, gab sie zu bedenken.

»Findest du den Text denn so schlimm, dass du deinen Namen nicht …?«

»Schluss damit«, unterbrach sie de Latouche mit Bestimmtheit. »Fangt jetzt bloß nicht an zu streiten, Kinder. Ich weiß, was wir tun. Wir signieren diese Erzählungen mit A. Sandeau. Schließlich seid ihr doch so gut wie verheiratet, hab ich recht?«

»Nein, das geht ganz und gar nicht«, widersprach Aurore. »Jeder, der uns kennt, reimt sich das sofort zusammen. Vor allem meine Familie. Dann lieber J. Sandeau.«

Und noch ehe Jules widersprechen konnte, entschied de Latouche: »Wir signieren das mit J. Sand. Das hat Klasse. Dagegen kann keiner von euch etwas einwenden. Oder?«

Jules zuckte mit den Schultern und Aurore atmete erleichtert auf.

»J. Sand. Das klingt gut. Irgendwie englisch. Mir gefällt das. Darunter können wir dann auch den Roman veröffentlichen, nicht wahr, *cheri*?«

Erst auf dem Nachhauseweg stieg in Aurore eine kleine, hüpfende Freude auf. Trotz der Spuren von de Latouches Feder in ihrem Manuskript. Ihr erster literarischer Text würde gedruckt werden. Auch wenn es nur der *Figaro* war, eine unbedeutende, satirische Zeitung. Immerhin eine Zeitung, die seit diesem Tag in aller Munde war.

Es war ein Anfang. Und darauf kam es schließlich an. Vielleicht würden sie sich bald eine richtige Wohnung leisten können. Auch wenn Jules ein eigenes Zimmer im Quartier Latin gemietet hatte, so war er doch die meiste Zeit bei ihr …

»Komm, lass uns ausgehen«, schlug Jules vor. »Die anderen sind im Café Anglais. Es kommt nicht alle Tage vor, dass die Polizei einen Artikel zensiert, das müssen wir feiern.«

»Ich würde eigentlich lieber am Roman weiterarbeiten«, wandte Aurore ein. »Hast du überhaupt schon gelesen, was ich geschrieben habe?«

»Nein«, antwortete Jules.

Aurore legte missbilligend ihre Stirn in Falten. »So kommen wir nie voran.«

»Aurore, Liebes, nicht jeder kommt mit drei oder vier Stunden Schlaf in der Nacht aus.«

»Ja, ich weiß, du brauchst deinen Schönheitsschlaf. Und wenn du munter bist, gehst du lieber aus.« Aurore biss sich auf die Lippen. Sie hörte selbst, wie patzig das klang.

»Himmel nochmal«, schimpfte Jules. »Ich arbeite in der Redaktion. Und nebenbei studiere ich noch, hast du das vergessen? Es ist vollkommen normal, sich danach noch ein wenig zu amüsieren. Ich mag das nicht, wie du mir ständig ein schlechtes Gewissen machst.« Jules war stehen geblieben. Sie hatten die Kreuzung erreicht, an der sie sich entscheiden mussten. Nach Hause ging es rechts. Und zum Café Anglais geradeaus. »Also was ist?«, fragte er, und sie konnte hören, wie er sich bemühte, seiner Verärgerung Herr zu werden. »Kommst du nun mit oder nicht?«

»In zwei Wochen muss ich zurück nach Nohant«, sagte sie leise.

»Eben«, antwortete er sanft. »Dort wirst du jede Menge Zeit zum Schreiben haben. Da wirst du dir wünschen, hin und wieder mit uns ins Café Anglais gehen zu können. Komm«, bat er, »gib dir einen Ruck.«

Wider Willen musste sie lächeln. Er hatte eine unwidersteh-liche Art, sie zum Müßiggang zu verleiten.

»Na schön«, gab sie nach. »Aber du musst mir versprechen, morgen das neue Kapitel durchzulesen. *D'accord?*«

Jules stöhnte theatralisch.

»*D'accord*, du Sklaventreiberin. Du bist ja noch schlimmer als de Latouche.«

Sie hakte sich bei ihm unter und begann, übermütig loszu-rennen, in Richtung des Café Anglais'.

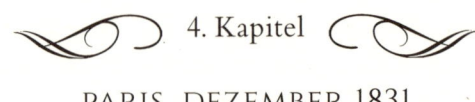

4. Kapitel

PARIS, DEZEMBER 1831

»Habt ihr es schon gesehen?«

Félix Pyat war völlig außer Atem.

»Was denn?«

Es hatte geschneit und auf Félix' Jacke glitzerten noch einzelne Schneekristalle, ehe sie in der Wärme des Restaurants
schmolzen. Das *Pinson* war seit einigen Wochen ihr Stammlokal, hier bekam man für 50 centimes ein anständiges Mittagessen, außerdem gefiel Aurore sein Name, der »Buchfink«
bedeutete.

»Na euer Buch! Es liegt in der Buchhandlung Réginal aus.
Ganz vorn im Fenster.«

»Wirklich?« Aurore sprang auf. »Das muss ich mir ansehen.«
Und sie fragte Jules, der in aller Gemütsruhe an seiner Hähn-
chenkeule knabberte: »Kommst du nicht mit?«

»Das läuft uns schon nicht weg«, meinte er.

»Habt ihr noch Worte!«, staunte Aurore. »Da erscheint sein
allererster Roman, und der Junge hat die Ruhe weg.« Sie
schlüpfte in den alten Wintermantel ihrer Großmutter, den sie
von ihrem letzten Besuch in Nohant mitgebracht hatte, und
zog eine Fellmütze über, die einmal ihrem Vater gehört hatte.
»Bin sofort zurück.«

Die Kälte auf der Straße traf sie wie eine Keule. Sie bereute,
an diesem Morgen ihre warme Hose nicht angezogen zu ha-

ben. Inzwischen hatte sie sich ein zweites Paar genäht. Nun besaß sie eine komplette Herrenausstattung für den Sommer und eine für den Winter. Wenigstens hatte sie die Wollstrümpfe an, die ihre Mutter ihr gestrickt hatte, die reichten bis über die Knie, kratzten jedoch fürchterlich.

Es waren zum Glück nur ein paar Schritte bis zur Buchhandlung von Monsieur Réginal, und sie spähte in das kleine Vitrinenfenster, in dem der Buchhändler die neuesten Ausgaben präsentierte. Da lag es, ihr Werk, in mehreren Exemplaren fächerförmig drapiert. *Rose et Blanche, ou la comédienne et la religieuse.* Sie hatten es endlich zu Ende gebracht, und kein Geringerer als der Verleger Renault hatte es herausgebracht.

Ein Glockenspiel erklang, als sie die Tür zur Buchhandlung öffnete.

»Madame Dudevant,«, begrüßte sie der Buchhändler höflich. Sie war häufiger Gast in seinem kleinen, feinen Geschäft. »Bonjour.«

»Das Buch in der Auslage«, begann sie, »ist es neu?«

»Oui, Madame«, antwortete er geschäftig. »Heute Morgen geliefert worden. Soll ein ganz junger Autor sein, dieser Sand. Hab noch nie von ihm gehört.« Der Buchhändler hatte die Angewohnheit, in Satzfragmenten zu sprechen. Er nahm ein Exemplar von seiner Verkaufstheke, in dem er offenbar gerade gelesen hatte, und reichte es ihr. »Nicht uninteressant. Bin gespannt, was die Kritiker schreiben.«

Und ich erst, dachte Aurore. Sie ließ andächtig die Seiten über ihren Daumen gleiten. Irgendwo hielt sie inne, schlug das Buch auf und las einen Absatz. So sauber gedruckt, wirkte der Text fremd, und doch war ihr jedes Wort vertraut. Das alles hatte sie erdacht und zu Papier gebracht, jeden Satz gemeinsam mit Jules gedreht und gewendet, gekürzt, ergänzt, umgeschrieben, neu formuliert. Bis sie endlich zufrieden gewesen war. Und jetzt hielt sie das Buch in Händen … Der Buchhändler räusperte sich. Offenbar befürchtete er, sie würde sich hier und jetzt festlesen. Darum bezahlte sie rasch die zwei Francs, ließ sich ein noch unberührtes Exemplar einpacken und rannte mit ihrer Beute unter dem Arm zurück ins *Pinson*.

»Ich hab es«, rief sie übermütig und riss die Verpackung auf. Während das Buch von Hand zu Hand ging, aß sie den Rest ihres inzwischen kalt gewordenen Mittagessens auf.

»Du hast es gekauft?«, fragte Jules erstaunt und wischte die Hände sorgfältig an seiner Serviette ab. »Wieso? Schließlich kennst du es auswendig.« Er griff nach dem Buch, drehte und wendete es.

»Natürlich hab ich es gekauft«, antwortete Aurore amüsiert. Auch wenn er noch so abgebrüht tat, so war sie sich doch sicher, dass es auch für ihn ein besonderer Moment sein musste.

»Und wer ist nun dieser ominöse J. Sand?«, erkundigte sich ein behäbiger Herr mit tiefen Geheimratsecken am Nachbartisch. Aurore erkannte Alfred Dufougerais, den Herausgeber der populären Wochenzeitschrift *La Mode*, die neben Beiträgen über das gesellschaftliche Leben auch mehrere Seiten der zeitgenössischen Literatur widmete.

»Das ist Jules Sandeau«, antwortete Aurore geistesgegenwärtig, noch ehe ihr Freund etwas sagen konnte. Und als er Anstalten machte, zu widersprechen, trat sie ihm unter dem Tisch leicht auf den Fuß. »Hier sitzt der junge Mann übrigens«, fügte sie hinzu. »Eine gute Gelegenheit für ein kleines Interview, Monsieur Dufougerais, finden Sie nicht?«

Sie knuffte Jules sanft in die Rippen, und tatsächlich zeigte sich der Journalist nicht abgeneigt, mit dem jungen Schriftsteller ein Gespräch zu führen. Während sich Jules widerwillig erhob und am Nachbartisch Platz nahm, bedachte Félix Aurore mit einem nachdenklichen Blick.

»Was ist?«, fragte sie.

»Macht es dir gar nichts aus, nicht wenigstens als Ko-Autorin gewürdigt zu werden?«, fragte er. »Ich meine, wir alle wissen, dass dieses Buch nie entstanden wäre, hättest du Jules nicht den ganzen Sommer lang in den Allerwertesten getreten, oder? Sag mal, stammt nicht ohnehin das meiste von dir?«

Aurore lachte. Dann senkte sie die Stimme und sagte: »Das sind zu viele Fragen auf einmal, mein lieber Félix. Aber die Antwort auf deine erste lautet: Nein, es macht mir überhaupt nichts aus. Denn du weißt genauso gut wie ich, dass kein Kritiker, auch nicht dieser feine Herr hier am Nachbartisch, den Roman auch nur mit spitzen Fingern anfassen würde, wüsste er, dass eine Frau dahintersteckt. Nein, ich bin nicht so eitel, wie ihr alle zu glauben scheint. Vielleicht wäre das anders, wenn ich ein Mann wäre.«

»Aber du trittst doch schon überall als Mann auf«, wandte Gustave ein. »Leg dir einen männlichen *nom de plume* zu und …«

»Genau das tu ich ja schon«, unterbrach ihn Aurore. »J. Sand *ist* unser gemeinsames Pseudonym.«

Sie beobachtete Jules, der sich in seiner ruhigen, zurückhaltenden Art mit dem Journalisten unterhielt, und spitzte die Ohren. Doch die beiden sprachen leise, und der Lärmpegel im Restaurant war einfach zu hoch, als dass sie etwas hätte verstehen können. Kurz darauf beendete Jules das Gespräch und drängte Aurore zum Aufbruch.

»Ist es nicht gut gelaufen?«, erkundigte sie sich besorgt auf dem Nachhauseweg. Jules war ungewöhnlich schweigsam.

»Ich mag es nicht, wie du mich diesem Journalisten angepriesen hast«, brach es aus ihm heraus.

»Wie meinst du das?«, fragte Aurore. »Es war doch eine einmalige Gelegenheit. Und ich muss dir schließlich nicht erklären, wie wichtig das für unser Buch ist.«

»*Du* solltest diese Gespräche führen«, antwortete Jules. »All diese Fragen nach der Botschaft hinter der Geschichte, nach der Moral – wie soll ich die denn beantworten? Es ist deine Geschichte, die gesamte Philosophie stammt von dir. Im Grunde hab ich dir doch nur geholfen, das Ganze in Form zu bringen, es auf interessante und neue Art und Weise zu erzählen.«

Aurore blieb stehen und sah ihn bestürzt an.

»Ich dachte, du stehst hinter dem Buch.«

»Natürlich steh ich hinter dem Buch, was glaubst du denn«, entgegnete Jules heftig. »Sonst hätte ich ja wohl kaum mitgemacht. Ich kann das alles nur nicht so gut erklären wie du. In Wirklichkeit ist es dein Roman. Nicht unserer.«

Aurore schwieg betroffen. So hatte sie das nicht gesehen.

Es hatte wieder zu schneien begonnen, und eine Weile gingen sie schweigend nebeneinander die Rue des Grands Augustins entlang, darauf bedacht, auf dem Pflaster nicht auszugleiten. Im Juli hatten sie endlich eine größere Wohnung direkt an den Quais gefunden und die winzige Dachkammer verlassen können. Jeder von ihnen hatte ein eigenes Zimmer, außerdem gab es noch einen Salon mit Kamin. Obgleich sie die vielen Treppenstufen fürchtete, so war sie in dieser Mansarde dem Himmel doch so unglaublich nah. Und beim Anblick des Himmels wurde ihr Kopf ganz klar, und das brauchte sie. Klare Gedanken für eine klare, mitreißende Sprache. Das, was die Kritiker ihrer im *Figaro* erschienenen Erzählungen »männlich« genannt hatten, was als Kompliment gedacht war. Und weil sie Schulden für die Anschaffung der Möbel hatte machen müssen, schlief sie jetzt noch schlechter als zuvor. Deswegen schrieb sie weiterhin für den *Figaro* und auch für andere Zeitungen, vor allem für *La Revue des deux mondes*, auch wenn de Latouche mit den Zähnen knirschte und sie in seinen übellaunigen Momenten eine Treulose schalt. Doch es ging nicht anders, sie musste sehen, wie sie über die Runden kam. Ihre ganze Hoffnung war, dass sich *Rose et Blanche* gut verkaufte. Und deshalb hatte sie wenig Verständnis für Jules Einwände.

»Das kann doch nicht so schwierig sein«, brach sie das Schweigen, als sie das Ufer der Seine erreichten. »Die Situation der Frau in unserer Gesellschaft ist eine Katastrophe. Punkt. Sag das den Kritikern, und alles ist gut.«

Jules blieb abrupt stehen und starrte sie aufgebracht an.

»»Sag das und das und alles ist gut?««, ahmte er sie nach. »So sprichst du mit mir? Bin ich denn dein Schüler? Oder etwa dein Sohn? Ich hab es satt, dass du mit mir umgehst, wie mit einem Kind.«

»Dann benimm dich erwachsen«, konterte Aurore heftiger, als sie es beabsichtigt hatte. Sofort bereute sie es. »Merkst du denn nicht, was für eine Chance das für dich und deine Karriere ist?« Sie bemühte sich, ruhiger zu sprechen, den Vorwurf aus ihrer Stimme zu nehmen, liebevoll zu sein. Doch offenbar brachte das Jules nur noch mehr in Rage.

»Meine Karriere kann ich ganz allein machen«, gab er trotzig zurück, »dazu brauch ich dich nicht«, und stapfte weiter zu ihrer Haustür Quai Saint Michel n° 25, schloss auf, und Aurore musste sich beeilen, hinter ihm durch das Portal zu schlüpfen, ehe das schwere Tor wieder zufiel.

»Jetzt warte doch mal«, schrie sie hinter ihm her, der bereits im Treppenhaus war und erbittert zwei Stufen auf einmal nehmend die fünf Etagen zu ihrer Wohnung hochstürmte. Er wusste genau, dass sie da nicht mithalten konnte, sie war ein gutes Stück kleiner als er und jedes Mal bereits im zweiten Stock völlig außer Atem. Also gab sie es auf, ihm hinterherzurennen und bewältigte die Treppen in ihrem eigenen Tempo.

Als sie die Wohnung betrat, war Jules bereits in seinem Zimmer verschwunden. Einen Moment lang stand sie im Salon und starrte auf den Roman in ihrer Hand. Das Ergebnis so langer, harter Arbeit. Und deswegen stritten sie sich jetzt? Das hatte sie sich vollkommen anders vorgestellt. Mit Schwung landete das Buch auf dem Tisch.

Trotz der Kälte öffnete Aurore die Doppelflügeltür zu dem winzigen Balkon der Wohnung und trat hinaus. Fest in den warmen Mantel gehüllt, setzte sie sich auf den metallenen Stuhl und zog die Fellmütze tiefer ins Gesicht. Der Blumentopf mit der Rosengeranie, die Jules ihr zum Einzug geschenkt hatte, war erfroren, sie hatte vergessen, ihn rechtzeitig ins Zimmer zu holen. *Tant pis*, dachte sie wütend. Was soll's.

Ein paar Krähen flatterten vom Nachbardach auf und schossen scharf an ihr vorbei in Richtung des Jardin des Tuileries.

Paris lag ihr zu Füßen. Selbst der ständige Lärm der Fuhrwerke auf dem Kopfsteinpflaster, das Geschrei der Kutscher, mit dem sie Passanten von der Straße scheuchten, die Rufe der Marktschreier, die sogar an diesem kalten Wintertag an den Quais ihre Buden geöffnet hatten und ihre Waren feilboten wie früher ihr Großvater, der Vogelhändler – all das drang nur gedämpft bis zu ihr hinauf. Hier fühlte sie sich dem Himmel so unglaublich nah, auch wenn dieser heute grau und schneeverhangen über der Stadt lastete. Unter ihr entfaltete sich das Herz von Paris, jenseits des Pont Saint-Michel lag die Île de la Cité mit der Kathedrale Notre-Dame, der Sainte Chapelle de Paris und dahinter all die anderen Türme der vielen Pariser Kirchen, allen voran Saint-Jacques-la-Boucherie und das Kloster Saint-Merry.

Es war viel zu kalt, um hier draußen zu sitzen, ihr Atem kondensierte vor ihrem Mund zu weißen Wölkchen, der Wind stach auf der Haut ihres Gesichts wie tausend eisige Nadeln. Es wurde Zeit, hineinzugehen und den Kamin einzuheizen, auch wenn er mehr qualmte, als Wärme gab.

Als sie ihn mit den Holzscheiten hantieren hörte, kam Jules endlich wieder aus seinem Zimmer und half ihr. Sie kannte ihn inzwischen gut genug, um zu wissen, dass es ihm längst leid tat. Jules gehörte nicht zu denen, die lange grollten, dazu war er einfach nicht der Typ. Im Grunde ging er jeder Form von Streit, wenn möglich, aus dem Weg. Um des Friedens willen lenkte er lieber ein, als dass er sich auf einen langen Kampf einließ, wenn es sein musste, auch entgegen seiner Überzeugungen, und im Stillen verachtete Aurore ihn dafür ein wenig. Vielleicht, weil sie bis vor Kurzem genauso gewesen war. Auch sie hatte Konflikte gescheut.

Ihre Kindheit und Jugend waren von Konflikten bestimmt gewesen. Auf der einen Seite hatte ihre Großmutter an ihr gezerrt, die Gräfin Marie-Aurore de Saxe de Francueil, auf der anderen Seite ihre Mutter Sophie Delaborde, eine einfache Frau aus dem Volk. Die beiden Frauen hatten sich nicht ausstehen können und ihren Zwist auf dem Rücken der kleinen Aurore ausgetragen. Dabei hatte sie schon immer nichts anderes gewollt als Frieden. Sie wollte lieben und geliebt werden. Im Grunde wollte sie das noch heute. Jedoch nicht mehr um jeden Preis.

»Es geht um die Sprache der Liebe«, sagte Aurore schließlich, als sie vor dem Kamin saßen und dem prasselnden Feuer ihre kalten Füße entgegenstreckten. »Bitte versteh mich nicht falsch. Ich will dir keineswegs vorschreiben, was du den Kritikern sagen sollst«, fuhr sie fort. »Aber da du erwähnt hast, dass es dir schwerfällt, ihre Fragen zu beantworten, so können wir doch miteinander darüber sprechen, so, wie wir es immer tun.«

Jules ergriff ihre Hand und begann, ihre eiskalten Finger zu massieren.

»Ich bin ein Idiot ...«

»Nein«, widersprach sie ihm. »Das bist du nicht. Ganz im Gegenteil. Ich fürchte nur, du unterschätzt deinen Anteil an unserem Buch.«

»Lass uns darüber nicht mehr streiten«, bat er. »Es ist nun mal auf der Welt, unser Buchkind. Und wir werden gut zu ihm sein.«

Aurore lachte befreit auf.

»Und wie alle Eltern dieser Welt sind wir eben unterschiedlicher Auffassung darüber, mit wem es mehr Ähnlichkeit hat: mit der Mutter oder dem Vater.«

〰〰

Am Abend trudelten nach und nach, wie gewohnt, die Freunde ein, der eine ein paar Scheite Holz unter dem Arm, der andere mit zwei Flaschen billigem Wein aus dem Berry bewaffnet. Gustave brachte eine Stange Brot und einen ganzen Schinken mit. Émile hatte per Postkutsche einmal wieder einen Lebensmittelkorb von seiner Mutter erhalten und stellte stolz eine für ihre Heimat typische Fleischpastete auf den Tisch.

»Ein Festmahl«, rief Aurore und schnitt die Pastete in kleine Stücke, damit es für alle reichte.

»Genau, heute wollen wir feiern«, verkündete Émile. »Buchpremiere! Und um das mal laut und deutlich zu sagen: Von uns allen seid ihr beiden die Ersten, die es geschafft haben. Darauf müssen wir anstoßen!«

Die anderen applaudierten, und Aurore ging nachsehen, wieviel Gläser und Becher sie hatten und ob es für alle reichen würde. Dass es in ihrem Salon gemütlich war, sprach sich unter den jungen Künstlern und Schriftstellern herum, und Woche für Woche kamen neue Gesichter. Wenn die Stühle ausgingen, und das war rasch der Fall, falteten die jungen Männer ihre Jacken zusammen und machten es sich darauf auf dem Fußboden bequem. Sie waren mit wenig zufrieden, auf Luxus kam es ihnen nicht an, sondern auf die Gespräche, den Austausch, die Diskussion. Und da die meisten mit ihrem Geld haushalten mussten und die Pariser Cafés teuer waren, bevorzugten sie besonders gegen Monatsende diese Dachwohnung.

Hier berichteten sie einander, was sich auf dem Zeitungs- und Buchmarkt tat, welcher Verleger aufgegeben hatte, zensiert oder gar verhaftet worden war, und welches Journal neu erschien. Hier tauschten sie kostenlose Rezensionsexemplare der neuesten Bucherscheinungen untereinander aus, diskutierten sich die Köpfe heiß, und wenn die Rede auf die aktuelle Politik kam, musste Aurore hin und wieder besonders hitzig streitende Kontrahenten auf ihren Balkon verbannen, wo sich die Gemüter vor allem jetzt im Winter rasch abkühlten und die beiden

Kampfhähne sich versöhnten, und wenn es ihnen nur darum ging, der Kälte zu entfliehen.

An diesem Abend war es auch in der Wohnung noch empfindlich kalt, und da Aurore den Wein aus dem Berry insgeheim unerträglich fand, erhitzte sie den Inhalt beider mitgebrachter Flaschen in einem Kupfertopf über dem Feuer, fügte ein paar Stangen Zimt hinzu, die sie noch aus Nohant übrig hatte, und rührte einen Löffel Honig unter. Jeder erhielt einen halben Becher des *vin chaud aux canelles*, der sie alle von innen her aufwärmte und die Mansarde mit feinem Duft erfüllte.

»Du musst Balzac kennenlernen«, fand Émile.

»Da hätt' ich nichts dagegen«, antwortete Aurore und stopfte in aller Ruhe ihre Meerschaumpfeife. Jules hatte sie ihr zu ihrem Geburtstag geschenkt, und seither war sie ihr ständiger Begleiter. »Sein neuer Roman ist einfach großartig!«

»Du meinst *La peau de chagrin*?«

»Ja genau. Bring ihn einfach mal mit.«

»Du meinst, hierher?«

»Ja, warum nicht? Denkst du, es ist ihm nicht fein genug bei uns?«

»Nun ja, er verkehrt inzwischen gern mit Adeligen …«, meinte Gustave und verzog einen Mundwinkel.

»… besonders mit weiblichen Adeligen«, warf Félix spöttisch ein. »Und hat er nicht erst neulich ein kleines »de« vor seinen Namen gestellt?« Er lachte.

»Gibt Balzac nicht auch eine politische Zeitung heraus?«

»Die ist doch schon längst wieder eingegangen.«

»Balzac gibt eine Menge heraus, ich möchte wissen, wann er das alles schreibt.«

»Politisch finde ich ihn nicht unbedenklich«, fand ein Student, der sich offen für die Abschaffung der Monarchie aussprach, was ungeheuer gefährlich war in diesen Zeiten. »Ich habe gehört, er sympathisiert mit den Legitimisten und hätte gern, dass Charles X. wieder als Monarch eingesetzt würde.«

»Das kann ich mir nicht vorstellen«, wandte Gustave ein. »Er beschreibt so eindrücklich das Elend des einfachen Volkes. Wie könnte er dann so konservativ sein.«

»Offenbar ist er nicht der Meinung, dass die Monarchie als Staatsform Schuld an der Armut des Volks hat …«

Aurore verteilte den Rest des Glühweins und lauschte den Gesprächen ihrer Freunde. Balzac. Sie verschlang alle seine Erzählungen, die regelmäßig in verschiedenen Zeitungen erschienen. Sie hatte keinen Zweifel daran, dass dieser Mann einer der bedeutendsten Autoren ihrer Zeit war. Keiner verstand es wie er, das Milieu abzubilden, und sie bewunderte sein scharfes Auge und seine mitunter ätzend spitze Feder, mit der er die sozialen Schichten darstellte.

»Er hat eine feine Beobachtungsgabe«, warf sie ein. »Ich wünschte, ich könnte so schreiben wie er.«

»Nein, bloß nicht«, widersprach Jules. »Du betrachtest alles mit Liebe, während er seine Figuren fein säuberlich seziert.« Dann horchte er auf. »Hat es nicht geklopft?«

Es war de Latouche höchstpersönlich, völlig außer Atem vom Treppensteigen, eine Flasche Champagner in der Hand.

»*Diable!*«, fluchte er und rang nach Luft. »Ich hab euch im Café de Paris gesucht, aber die Studenten von heute sind ja so was von häuslich geworden. Nun, wenn der Berg nicht zum Propheten kommen will, dann kommt er eben zum Berg. Oder so ähnlich …« Er überreichte Aurore die Flasche. »Meinen herzlichsten Glückwunsch zum Erscheinen eures Buchs. Ich hab schon die ersten Kapitel gelesen und muss sagen: Nicht übel.«

Der Champagner explodierte beinahe, so sehr musste de Latouche die Flasche auf dem Weg zu ihnen durchgeschüttelt haben, und unter großem Hallo und Gelächter erwischte jeder nur einen Schluck des edlen Schaumweins. Doch das machte nichts, die Stimmung war ausgezeichnet, man hatte dem Zeitungsverleger den besten Stuhl freigemacht und die jüngeren unter den Studenten hingen an den Lippen des erfahrenen Journalisten.

»Und«, fragte de Latouche, als er sich nach einer Stunde wieder verabschiedete, »habt ihr schon mit einem neuen Buch begonnen?«

Aurore warf Jules einen Blick zu. Darüber hatten sie noch nicht einmal gesprochen.

»Nein«, antwortete Jules. »Noch nicht. Aber wie ich Aurore kenne, hat sie bereits etwas Neues im Kopf. Stimmt's, meine Liebe?«

Das war tatsächlich der Fall. Ihr letzter Aufenthalt in Nohant, die erzwungene Nähe zu ihrem Nochehemann Casimir, hatte in ihr den Wunsch geweckt, diese unliebsamen Erfahrungen irgendwie zu verarbeiten. Noch waren es nicht mehr als erste Überlegungen, zu mehr war nicht Zeit gewesen, zu sehr hatten sie die letzten Überarbeitungen von *Rose et Blanche* in Anspruch genommen.

»Schon möglich«, antwortete sie daher so vage wie möglich. »Nächste Woche muss ich allerdings wieder zurück nach Nohant«, fügte sie hinzu.

Weihnachten würde sie zu Hause mit ihren Kindern feiern, nach denen sie sich schrecklich sehnte, und auch die beiden ersten Monate des neuen Jahres wollte sie auf ihrem Landgut verbringen. Sie würde sich um Maurice und Solange kümmern. Und darum, Casimir endlich loszuwerden. Sie hatte vor, bei Gericht die Scheidung einzureichen, und der bevorstehende Prozess, bei dem es um das Sorgerecht und ihre gesamte finanzielle Existenz ging, lastete auf ihrer Seele.

»Wartet nicht zu lange«, riet de Latouche und nahm seinen Zylinder vom Haken neben der Tür. »Man muss das Eisen schmieden, solange es heiß ist.« Er zögerte, drehte seinen Hut zwischen den Händen. »Und überlegt euch gut, wo ihr das nächste Buch veröffentlichen werdet«, fügte er leise hinzu, sodass die anderen ihn nicht hören konnten. »Renault wird euch sicherlich ein neues Angebot machen. Aber es gibt noch andere Verleger. Mich zum Beispiel.«

Er zwinkerte ihnen beiden zu, setzte sich den Zylinder auf den Kopf, schlang seinen eleganten weißen Seidenschal um den Hals und verließ die Wohnung.

»Was meinte de Latouche denn vorhin?«, fragte Jules später, als sie allein waren und den Salon aufräumten. »Er hat doch gar keinen Buchverlag.«

»Ich nehme an, er wollte damit vorschlagen, dass wir den nächsten Roman in Fortsetzungen zunächst im *Figaro* erscheinen lassen«, antwortete Aurore. »Das hätte schon etwas für sich«, fügte sie nachdenklich hinzu. »Balzac macht das ja auch, allerdings nicht beim *Figaro*. Darüber ist de Latouche ja auch so sauer.«

»Und wieso wäre das gut?«

»Vielleicht könnten wir uns über den *Figaro* eine andere Leserschaft erschließen. Leute, die lieber satirische Texte lesen und normalerweise keine Romane kaufen würden.«

»Oder überhaupt eine Leserschaft«, meinte Jules. »Noch wissen wir nicht, ob das Buch ankommen wird.«

Aurore hob ein paar Gläser auf, die ihre Gäste auf dem Boden hinterlassen hatten. In Zukunft würde sie darauf bestehen, dass alle mithalfen, aufzuräumen, ehe sie gingen. Sie war doch nicht das Dienstmädchen dieser Studenten!

»Hattest du nicht auch das Gefühl, dass de Latouche sich dessen ganz sicher war? Er hat uns immerhin fast ein Angebot gemacht. Und wenn de Latouche etwas hat, dann ein Näschen für den Erfolg.«

～～

Aurore behielt recht. Die meisten der wichtigen Zeitungskritiker waren voll des Lobes für *Rose et Blanche*. Es wäre jedoch bei einem Achtungserfolg geblieben, hätte nicht die Besprechung in *La Mode* samt dem abgedruckten Interview mit Jules, so kurz es auch war, für Aufsehen gesorgt. Und tatsächlich erschienen am Tag vor Aurores Abreise nach Nohant gleich zwei Verleger in der Mansarde am Quai Saint Martin, um ihr Interesse an einem neuen Buchvertrag zu bekunden: Der Herausgeber von *Rose et Blanche*, Monsieur B. Renault. Und außerdem ein Monsieur Roret.

»Wir werden darüber nachdenken«, erklärte Aurore Renault.

»Wir melden uns, sobald wir uns entschieden haben«, antwortete Jules Roret.

Und zu Aurore sagte er, als sie an diesem letzten Abend endlich allein waren und sich im Bett aneinanderkuschelten: »Ich weiß gar nicht, wie ich den Winter ohne dich hier überleben soll.«

Sanft strich sie ihm durch sein Haar. Im Flur stand ihre fix und fertig gepackte Reisetruhe.

»Ich werde dich schrecklich vermissen«, flüsterte sie.

Das stimmte. Und doch: So aufregend Paris war, im Grunde ihres Herzens war sie ein Kind vom Lande. Wenn sie die Augen schloss, sah sie das Anwesen vor sich, das freundliche, herrschaftliche Haus inmitten uralter Bäume. Sie konnte es kaum erwarten, die Kinder wiederzusehen. Ihre Tochter Solange war mit ihren vier Jahren in einem Alter, in dem drei Monate eine Ewigkeit bedeuten, sie musste froh sein, wenn ihr kleines Mädchen sie überhaupt wiedererkannte. Nur Casimir musste sie endlich loswerden.

»Wenn es zum Prozess kommt«, sagte Jules leise, so, als hätte er ihre Gedanken belauscht, »dann sagen wir alle gegen deinen Mann aus. Jeder weiß doch, dass er andauernd Affären hat und es kein hübsches Bauernmädchen in unserer Region gibt, das vor seinen Übergriffen sicher ist. Félix und Émile sind auch dabei. Mach dir keine Sorgen. Mit diesem Anwalt aus Bourges kann dir nichts passieren.«

Hoffentlich behältst du recht, dachte Aurore. Eine Scheidung war zwar inzwischen wieder möglich, nachdem sie viele Jahre lang gesetzlich verboten gewesen war, jedoch eine langwierige, peinliche Angelegenheit, bei der jede Menge schmutzige Wäsche gewaschen wurde. Aber es gab noch etwas anderes, was sie beschäftigte.

»Was würdest du sagen«, fragte sie, »wenn ich im April Solange mitbringe?«

Sie konnte fühlen, wie sich sein Körper versteifte.

»Nach Paris?«

»Wäre das so schlimm?«

Er zögerte. Dann sagte er: »Nein, schlimm nicht. Ich mag die kleine Prinzessin, das weißt du ja. Aber … würde es nicht alles ändern?«

Sie nickte. Ja, das würde es. Das Leben, das sie sich gerade erst erobert hatte, müsste hinter den Bedürfnissen ihrer Tochter zurückstehen. Keine durchfeierten Nächte mehr. Keine Theaterpremieren, keine Versammlungen im Salon. Aber warum eigentlich nicht? Vielleicht war es ja doch möglich, das Leben einer Mutter mit dem einer Schriftstellerin zu vereinbaren? Wenn sie sich doch nur ein Kindermädchen leisten könnte … Doch zum jetzigen Zeitpunkt war das vollkommen illusorisch, davon abgesehen, dass sie keinen Platz für Bedienstete hatten.

»Ich denke schon eine ganze Weile darüber nach«, gestand sie. »Und ich finde, dass ich es ausprobieren muss, sonst werde ich es mein Lebtag bereuen. Meine Tochter soll lernen, dass sie genauso viel Wert ist wie ihr Bruder. Sie soll ruhig sehen, dass ihre Mutter sich dieselben Freiheiten herausnimmt, wie ihr Männer es tut. Du müsstest dich kein bisschen einschränken, Solange würde in meinem Zimmer schlafen und …«

»… wo willst du denn dann arbeiten?«

Aurore lachte leise.

»Wenn sie einmal schläft, weckt sie so schnell nichts mehr auf.

Ich werde ihr solange Geschichten erzählen, bis sie einschlummert, und dann ...«

»Bring sie mit«, sagte Jules und küsste sie zärtlich auf die Schläfe. »Wenn es dich glücklich macht, dann bin ich es auch.«

Sanft streichelte er ihr den Rücken, fuhr die Linie ihrer Flanke nach, die Wölbung ihrer Hüfte. Er liebkoste ihren Po, umfasste ihn und zog sie auf sich. Sie stützte sich mit den Ellbogen ab, und ihr Haar ergoss sich wie ein langer, dichter Vorhang über ihn. Mit beiden Händen griff er sanft in diese Lockenfülle, sog ihren Duft in sich ein. Sie fühlte seine Männlichkeit und rieb sich an ihr, bis die Leidenschaft, die sie beide erfüllte, den Stoff nicht mehr ertrug, der sie voneinander trennte. Sie richtete sich über ihm auf, zog mit einem Schwung das Nachthemd über den Kopf und befreite ihn von seinem. Er stöhnte, zog sie zu sich herunter und vergrub sein Gesicht zwischen ihren Brüsten. Dann umarmten sie sich, bis sie wie von selbst ineinander glitten und miteinander verschmolzen, im selben rhythmischen Tanz sich vereinten und dabei einander so nahekamen, wie es zwei Körpern nur eben möglich ist.

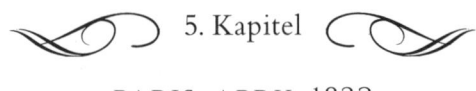

5. Kapitel

PARIS, APRIL 1832

»Wie war es in Nohant nach unserer Abreise?«, erkundigte sich Gustave beim Mittagessen im Restaurant *Pinson*. »Hast du es mit Casimir ausgehalten?«

»Es ging«, antwortete sie ausweichend. Solange saß auf ihrem Schoß und pickte mit einer Dessertgabel Rindfleischstückchen, die Aurore ihr kleingeschnitten hatte, aus dem Potauffeu. Aurore wollte lieber nichts davon erzählen, und schon gar nicht vor ihrem vierjährigen Töchterchen.

Den Anblick, den ihr das Gutshaus bei ihrer Ankunft geboten hatte, würde sie so schnell nicht vergessen. Nackt und bloß hatte es in der Ebene gestanden. Seit Aurore denken konnte, hatte eine Gruppe von uralten Bäumen das Gebäude umrahmt. Sie hatte jeden einzelnen dieser Bäume geliebt, war als Kind gemeinsam mit Hippolyte in ihren Ästen herumgeklettert wie ein kleiner Affe. Durch die Fenster ihres Zimmers hatte sie die Vögel und Eichhörnchen beobachtet, die dort wohnten. Einmal hatte sie sogar ein Rotkehlchen, das aus dem Nest gefallen war, aufgezogen und einen Sommer lang war es durchs offene Fenster ein- und ausgeflogen, hatte sich ihr auf die Schulter, auf ihr Buch und das Papier gesetzt, auf dem sie gerade schrieb. Die Bäume von Nohant waren die Heimat eines ganzen Universums gewesen. Und Casimir hatte sie in ihrer Abwesenheit einfach alle fällen lassen.

Als ihre Mietdroschke an jenem tristen Dezembertag in den Hof einfuhr, lagerten dort die von ihren Ästen befreiten Stämme mit ihren Hunderten von Jahresringen und warteten darauf, zu Brennholz zersägt zu werden. Ihr intensiver Sterbegeruch nach Harz hätte Aurore fast die Tränen in die Augen getrieben.

»Warum um alles in der Welt hast du das getan?«, fragte sie ihren Mann beim Abendessen.

»Was getan?«, gab er zurück. »Was hab ich schon wieder falsch gemacht?«

»Warum hast du die Bäume gefällt?«, wollte sie wissen.

»Das Haus braucht mehr Licht«, hatte er geantwortet. Und damit war für ihn die Sache erledigt gewesen …

»Ich habe die ganze Zeit mit meinen Kindern verbracht«, erzählte sie nun im Restaurant *Pinson* und achtete darauf, dass Solange auch anständig aß und nicht mit dem Essen spielte. »Nicht wahr, *mon ange*, wir haben Weihnachten gefeiert.«

Solange nickte, dass ihre blonden Löckchen nur so hüpften. »Ich habe eine Puppenstube bekommen«, erzählte sie gewichtig, schlug ihre langen Wimpern auf und sah Gustave ernsthaft aus ihren graublauen Augen an. »Und eine Fadenpuppe. Aber die hat Maurice mir weggenommen.«

»Er hat sie sich ausgeliehen«, korrigierte Aurore ihre Tochter sanft. »Dann hat er sie dir wiedergegeben.«

»Weggenommen«, beharrte Solange und spießte ein weiteres Fleischbröckchen auf ihre kleine Gabel.

Gustave und die anderen lachten, doch Aurore dachte an den Lärm, der das Haus erfüllt hatte, wenn ihr Gatte einmal wieder mit seinen sogenannten Freunden Karten gespielt und mehr Wein konsumiert hatte, als er vertrug. Es gab Nächte, da hatte sich Aurore mit ihren Kindern eingeschlossen, so aggressiv hatte das geklungen, was Casimir »einen netten Abend haben« nannte. Dass er außerdem ein leidenschaftlicher Jäger war und stets geladene Flinten in seinem Zimmer aufbewahrte, dass er auch in alkoholisiertem Zustand damit durch die Wälder streifte und einmal bei einer solchen Gelegenheit den Hund eines Nachbarn erschossen hatte, wollte sie am liebsten so schnell wie möglich wieder vergessen. Einmal davon abgesehen, dass er je nach Laune die letzten Vögel, die nach dem Fällen der Bäume ohnehin kein Heim mehr hatten, von den Dächern schoss.

Doch das Ganze hatte zwei Dinge nach sich gezogen, auf die Aurore stolz war. Zum einen hatte sie diesen Anwalt in Bourges aufgesucht und ihn mit allen Vollmachten ausgestattet, um das Scheidungsverfahren einzuleiten. Und zum anderen hatte Casimir sie zu einem neuen Roman inspiriert. Ja, ausgerechnet er. Und das Beste war: Der Roman war bereits fertig.

»Ich weiß nicht, was ich sonst hätte tun sollen, Nacht für Nacht«, rechtfertigte sie sich gegenüber Jules, als sie es ihm an diesem Abend gestand. Solange spielte auf dem Teppich mit ihrem Puppenhaus. Es war erstaunlich, wie schnell ein vierjähriges Mädchen eine Studentenwohnung in ein Kinderzimmer zu verwandeln vermochte. Sie waren gerade mal vierundzwanzig Stunden in Paris, und schon konnte man keinen Schritt mehr tun, ohne auf irgendein Spielzeug zu treten.

»Aber das ist doch wunderbar«, rief Jules aus und strahlte sie an. »Wie heißt das neue Buch?«

»*Indiana*«, antwortete Aurore mit einer Mischung aus Staunen und Erleichterung. Jules schien ihr Alleingang gar nichts auszumachen, dabei hatte sie sich solche Sorgen deswegen gemacht. »Die Heldin stammt von der Insel Bourbon, deshalb der Name. Und wir veröffentlichen es natürlich wieder unter J. Sand«, beeilte sie sich hinzuzufügen.

»Nein«, antwortete Jules mit Nachdruck. »Das werden wir ganz bestimmt nicht tun. Diesmal kannst du mir nicht widersprechen, wenn ich sage: Es ist dein Buch. Ich habe daran keinerlei Anteil.«

»Aber das macht doch gar nichts …«

»Und ob, *chérie*«, unterbrach er sie mit ungewohnter Entschlossenheit. Er stand auf und begann, im Salon auf und ab zu gehen, wobei er über Solanges Puppe stolperte und schließlich am Kamin stehen blieb. »Wofür sollen die Leute mich halten? Für einen Hochstapler, der fremde Texte für seine eigenen ausgibt? Merkst du nicht, wie grotesk das ist? Ich weiß noch nicht einmal, worum es in deinem Buch überhaupt geht, hab noch kein einziges Wort davon gelesen, und wir streiten uns darüber, ob es unter meinem Namen erscheinen soll?«

»J. Sand ist nicht dein Name«, entgegnete Aurore. »Du heißt Jules Sandeau.«

»Doch, J. Sand *ist* mein Name«, hielt Jules dagegen. »Du hast dafür gesorgt, dass er eine Art Künstlername für mich wurde. Ein *nom de plume*. Wir haben alles dafür getan, dass *tout Paris* und ganz Frankreich glaubten, J. Sand sei Jules Sandeau. Auch du. Vor allem du. Weil du nicht in Erscheinung treten willst. Was ich verstehe. Aber ich kann mir doch nicht deine Werke zuschreiben lassen, das geht einfach nicht, Aurore.«

»Warum nicht?«, fragte sie leise.

Jules stöhnte.

»Versteh doch«, sagte er, ging zu ihr hinüber und kniete sich neben ihrem Stuhl auf den Teppich. »Ich möchte meine eigenen Bücher schreiben«, erklärte er und nahm ihre Hand in die seine. »Mir einen eigenen Namen machen. In meinem Tempo und mit meinen Themen. Von mir aus hätten wir auch gern noch einen oder zwei Romane gemeinsam verfassen können. Aber dass das nicht ewig so weitergehen kann, das war doch klar.«

»Aber warum denn nicht?«, wiederholte sie unglücklich.

»Weil du mich nicht brauchst«, sagte er zärtlich und drückte einen Kuss auf ihre Hand. »Sei doch ehrlich. Du brauchst mich nicht als Co-Autor. Du hast es ja gerade bewiesen. Alles, was du brauchst, ist ein Name. Weiter nichts.«

Am Nachmittag lichteten sich nach einer langen Regenphase endlich die Wolken und die Sonne kam heraus. Aurore, die, seitdem sie Solange mit nach Paris gebracht hatte, nur noch von zu Hause aus für den *Figaro* schrieb, ging mit Solange in den Jardin du Luxembourg. Und während die Kleine ein neues Hüpfspiel ausprobierte, dachte sie über die Sache mit dem Namen nach. Ihren eigenen, Aurore, hatte sie nie besonders gut leiden mögen, und das nicht erst, seit ihre wilden Freundinnen aus der Klosterschule ihn mit Vorliebe zu »Horreur« verballhornt hatten, das Wort für »großer Schrecken«, und das war sie damals für die frommen Nonnen auch gewesen, ehe sie sich in eine religiöse Schwärmerei hineingesteigert hatte. Wie dem auch sei, Aurore bedeutete »Morgenröte«, und das hatte sie immer ein wenig getröstet.

Nein, es tat ihr nicht leid, dass sie ihre Romane nicht mit ihrem eigenen Namen zeichnen konnte. Auch mit keinem der Familiennamen hatte sie sich je identifiziert, weder mit dem Adelsnamen ihrer Großmutter, noch mit dem bürgerlichen ihrer Mutter. Doch wenn Jules sie nicht mehr an seinem Namen Anteil haben lassen wollte – wie sollte es dann weitergehen?

Auf dem Nachhauseweg blieb Solange verzückt vor der Auslage eines Blumenhändlers stehen, der sein umfangreiches Angebot an Frühlingspflanzen auf dem Trottoire ausgebreitet hatte. Am liebsten hätte sie alles, was bereits in Blüte stand, mit nach Hause genommen, doch angesichts der überschaubaren Größe ihres Balkons konnte Aurore ihre Tochter davon überzeugen, es bei ein paar bunten Primeln und einer Reseda zu belassen, die sie an den Garten in Nohant erinnerte und im Sommer einen herrlichen Duft entfalten würde.

Als sie die Pflanzen auf dem Balkon in Töpfe einbuddelten und Aurore nur mit Mühe verhindern konnte, dass Solange mit der kleinen Schaufel, die einmal ihrer Mutter gehört hatte, Erdkrümel auf die Passanten dort unten auf dem Quai rieseln ließ, hörten sie auf einmal eine weibliche Stimme.

»Ich wusste gar nicht, dass Sie ein Kind haben, Madame.«

Es war Madame Badoureau, ihre Nachbarin auf dem viel größeren, schöneren Balkon gleich nebenan, eine stattliche Dame Anfang dreißig, die, offenbar ebenfalls vom schönen Wetter verlockt, ihr Orangenbäumchen begutachtete, das schon die ersten Blüten trieb. Sie kamen miteinander ins Gespräch, Solange sagte artig »Bonjour«, und nach einer Weile meinte Madame Badoureau: »Warum kommt dieses nette kleine Fräulein nicht mal herüber zu uns? Wie alt bist du denn, Solange?«

»Ich bin schon vier«, antwortete Aurores Tochter stolz.

»Na großartig«, sagte Madame Badoureau. Und zu Aurore gewandt fügte sie hinzu: »Mein Mann ist Privatlehrer für die Vor- und Grundschulklassen. Kinder in Solanges Alter gehen täglich bei uns ein und aus. Was meinst du, Solange, willst du nicht mal zu uns herüberkommen und mit ihnen spielen?«

Natürlich wollte Solange und am liebsten sofort. Und da Madame Badoureau eine Frau der Tat war, lud sie Aurore sogleich auf eine Tasse Tee ein.

Die Nachbarwohnung besaß nicht nur einen viel größeren Balkon, sondern bestand aus sechs großen Zimmern, von denen zwei als Spiel- und Unterrichtsräume genutzt wurden. An der Hand ihrer Mutter sah Solange ein paar Minuten lang einer Gruppe von Gleichaltrigen zu, die auf dem Teppich des einen Raums mit übergroßen Würfeln spielten, auf denen Buchstaben aufgemalt waren, dann machte sie sich los und gesellte sich zu ihnen.

»Kommen Sie«, bat sie Madame Badoureau. »Ich heiße übrigens Hélène. Nehmen wir doch nebenan Platz. Meine Tochter wird uns eine Tasse Tee machen, nicht wahr, Christine?«

Ein hoch aufgeschossenes Mädchen, das Aurore auf fünfzehn Jahre schätzte, mit blonden Zöpfen und freundlichen Veilchenaugen nickte und verschwand hinter einer Tür. In Madame Badoureaus Salon bewunderte Aurore die Büchersammlung, die eine ganze Wand einnahm, eine mutwillige Mischung aus

Bildungs- und Liebesromanen, sogar der Emanzipationsroman *Corinne ou l'Italie* der Madame de Staël befand sich darunter, und Aurore betrachtete ihre Gastgeberin mit neuen Augen. Womöglich hatte man mehr gemeinsam als sie gedacht hatte?

Christine brachte den Tee, und Aurore bat sie, sich doch zu ihnen zu setzen. Das junge Mädchen wagte zwar zuerst kaum, die Augen zu heben, doch Aurore bezog sie in das Gespräch mit ein.

»Wie stellen Sie sich denn Ihre Zukunft vor, Christine?«, fragte Aurore. »Werden Sie bald heiraten?«

Christine schüttelte heftig den Kopf und errötete bis unter die Haarspitzen.

»Damit lassen wir uns noch ein wenig Zeit, nicht wahr, Christine?«, sagte ihre Mutter sanft.

»Ich werde Lehrerin«, erklärte das Mädchen und blickte Aurore mutig in die Augen. »So wie mein Vater. Ich liebe Kinder, vor allem die Kleinen.«

»Christine kann phantastisch mit ihnen umgehen«, fügte ihre Mutter stolz hinzu. »Ich bin der Meinung, dass eine Frau einen Beruf lernen sollte, damit sie immer selbst für sich sorgen kann, wenn es sein muss. Ich sehe zu viele unglückliche Ehen rings um uns her. Es gibt zwar schon Bewerber um die Hand meiner Tochter ...«

»Daran habe ich keinen Zweifel«, warf Aurore liebenswürdig ein. »Du bist ausgesprochen hübsch, Christine.«

Wieder flog eine leichte Röte über das Gesicht des Mädchens.

»Ich möchte damit noch warten«, sagte es bestimmt. »Und wenn ich einmal heirate, dann aus Neigung. Zum Glück sehen meine Eltern das ebenso.« Aus dem Spielzimmer der Kleinen drang Geschrei und Weinen. Christine sprang auf und eilte hinüber, und schon wenig später war der Streit geschlichtet.

Madame Badoureau warf Aurore einen zögernden Blick zu, und diese hatte auf einmal das Gefühl, dass ihre Nachbarin ihr noch etwas mitteilen wollte. Schließlich gab sie sich einen Ruck und sagte: »Ich habe den Roman *Rose et Blanche* gelesen. Ist es wahr …, der Kollege meines Mannes sagte, dass Monsieur Sandeau ihn geschrieben hat. Stimmt das?«

»Ja, das ist richtig«, antwortete Aurore und musste sich ein Lachen verkneifen. Madame Badoureaus Augen weiteten sich vor Bewunderung.

»Das gibt es doch gar nicht«, rief sie aus. »Ein so großartiger Schriftsteller, und er wohnt direkt neben uns! Das Buch hat nicht nur mir, sondern auch meinem Mann gefallen«, sprudelte es aus ihr heraus. »Dabei ist er normalerweise kein Freund von Romanen. Aber diesen konnte er nicht mehr aus der Hand legen.« Sie machte Anstalten, Aurore erneut die Tasse zu füllen, doch die lehnte dankend ab. »Wir haben einen ganzen Abend lang über das Buch gesprochen«, griff Madame Badoureau den Faden wieder auf. »Wirklich, ich finde es erstaunlich, dass sich ein Mann derart gut in Frauen einfühlen kann. Bitte richten Sie das Monsieur Sandeau von mir aus. Und …«

»Ja?«, fragte Aurore freundlich nach. Es war offensichtlich, dass ihre Nachbarin noch etwas auf dem Herzen hatte.

»Denken Sie, es würde ihm etwas ausmachen, mir zwei Exemplare zu signieren?« Die Lehrersfrau war über und über rot geworden. »Ich möchte sie verschenken. Und da wäre es …«

»Das macht er sicher gern«, half sie Madame Badoureau aus der Verlegenheit. »Ich frage ihn. Gleich heute Abend. Geben Sie mir die Bücher doch einfach mit, und ich lege sie ihm vor.«

»O, das würden Sie wirklich tun?«, antwortete Madame Badoureau erleichtert. »Dankeschön, das ist sehr nett von Ihnen.«

Aurore erhob sich und rief nach Solange, doch die ließ sich von Christine gerade ihr Haar in Zöpfe flechten und stellte sich taub.

»Lassen Sie sie doch einfach noch eine Weile hier«, schlug Madame Badoureau vor. »Wenn sie nach Hause will, bringt meine Tochter sie rasch rüber.«

Und da hatte Aurore auf einmal eine Idee.

»Meinen Sie, Christine hätte Lust, hin und wieder auf Solange aufzupassen, wenn wir abends ausgehen müssen? Sie
könnte sich ein Taschengeld dazuverdienen, falls Sie einverstanden sind.«

Madame Badoureau strahlte über ihr ganzes Gesicht. Sie rief
Christine herbei und im Nu hatten sie die Sache abgemacht.

»Ihr Töchterchen kann auch bei uns schlafen«, fügte Madame Badoureau hinzu, »falls es bei Ihnen mal später werden
sollte. Gewiss haben Sie und Monsieur Sandeau so manche
gesellschaftliche Verpflichtung. Da will man nicht auf die Uhr
schauen müssen, hab ich recht?«

»Ich danke Ihnen«, sagte Aurore und drückte ihrer Nachbarin herzlich die Hand. »Wie schön, dass wir uns endlich kennengelernt haben.«

༄ ༄

Madame Badoureau hielt Wort. Als Aurore ihr die signierten
Exemplare zurückbrachte und sie bei der Gelegenheit fragte,
ob Solange am Freitag tatsächlich bei den Nachbarn schlafen
dürfte, sagte diese freudig zu. Jules hatte ein wenig die Augen
verdreht, aber am Ende die beiden Exemplare ihres Romans
doch mit J. Sand signiert. Solange, die neuerdings jeden Tag ein
paar Stunden bei den Badoureaus verbrachte, war so aufgeregt
und voller Vorfreude, dass es ihr gar nicht schnell genug Freitag werden konnte.

Als es endlich soweit war, und Solange samt Puppenstube,
die sie sich wie eine kleine Prinzessin von Jules hinterhertragen
ließ, in der Nachbarwohnung verschwunden war, legte Aurore
einmal mehr ihre geliebte Männerkleidung an. Sie hatte sich
einen taillierten Überrock aus feinerem Tuch genäht, so, wie
man ihn in diesem Frühjahr trug, und sah sehr elegant darin
aus. An diesem Abend fand die Premiere des neuesten Stücks

des Erfolgsautors Alexandre Dumas *La Tour de Nesle* statt, de Latouche hatte das Stück vorab gelesen und erzählte Wunderdinge davon. Leider war die Vorstellung restlos ausverkauft, doch danach würde die Premierenfeier als geschlossene Gesellschaft im Café de Paris stattfinden, und glücklicherweise hatte de Latouche aufgrund seiner guten Kontakte dafür Einladungen für seine Mitarbeiter besorgen können. Und dank ihrer freundlichen Nachbarn konnte Aurore nun auch tatsächlich mitkommen.

Gustave schlug vor, sich die Zeit bis zur Premierenfeier mit einem Klavierabend zu verkürzen, der im Salon des österreichischen Flügelfabrikanten Pleyel stattfinden sollte. Und da keiner einen besseren Vorschlag hatte, begaben sie sich alle zum Hôtel Cromot du Bourg in die rue Cadet n° 9.

»Nun, Gedränge herrscht hier jedenfalls nicht«, bemerkte Félix skeptisch, als sie den nur halbgefüllten Saal betraten. »Wer tritt heute denn überhaupt auf?«

»Ein junger Exil-Pole«, antwortete Gustave und drehte und wendete den Programmzettel, den man ihm beim Hereinkommen in die Hand gedrückt hatte. »Sein Name klingt allerdings Französisch«, fuhr er stirnrunzelnd fort. »Frédéric Chopin. Wer auch immer das sein mag.«

Émile seufzte und ließ sich auf einen der satinbezogenen Stühle fallen. »Wir hätten es an der Theaterkasse probieren sollen«, murrte er. »Irgendwer gibt seine Karten immer zurück.«

Zwei Dutzend Menschen kamen noch auf die letzte Minute, dann schloss man die Türen, und es wurde still im Saal. Aurore schlug gelangweilt die Beine übereinander und wünschte, sie könnte in aller Ruhe ein wenig rauchen. Was für eine Verschwendung. Jetzt hatte sie einen ganzen Abend für sich, und wo war sie gelandet? In einem grässlichen Konzertsaal. Sie sah kaum auf, als der Pianist die Bühne betrat und an dem Instrument Platz nahm. Eine Werbeveranstaltung für die Firma Pleyel, das war es. Im Kopf formulierte sie bereits eine beißende

Satire auf diesen Abend, die wollte sie de Latouche anbieten. Genau. Dann hätte sich der Abend wenigstens irgendwie gelohnt …

Sanft perlende Töne begannen den Raum zu füllen, und Aurore horchte überrascht auf. Der Pianist spielte leise und innig, man musste die Ohren spitzen, um sie überhaupt wahrzunehmen, und doch hatten die Klänge eine fast körperlich spürbare Intensität. Das Thema war schlicht wie das einer Volksweise, dann entführte sie der Musiker behutsam durch fremde Tonarten-Landschaften, in ungewohnte, harmonische Zusammenhänge aus rauschenden Kaskaden.

Er spielte virtuos, ohne die Virtuosität in den Vordergrund zu stellen, er spielte intensiv, ohne aufdringlich zu sein, ja, er spielte, als täte er das ausschließlich für sich selbst, für sich ganz allein und nicht für ein verwöhntes Pariser Publikum, das den Anspruch erhob, mit noch nie Gehörtem unterhalten zu werden. Und doch hielten alle den Atem an, so, wie Aurore, lauschten gebannt und ein wenig schockiert, ohne zu wissen, was es war, was genau an diesem Klavierspiel irritierte und verzauberte. Was zum Teufel war das für eine Musik, die dieser junge Pole, dieser Chopin da spielte?

Aurore griff hinüber zu Gustave und nahm ihm sanft den Programmzettel aus der Hand. Als sie ihn studierte, wurde ihr auf einmal alles klar. Chopin spielte nichts anderes als Musik von Chopin. Frédéric Chopin war nicht nur ein Interpret, er war auch Komponist. Und was für einer, seine Musik schien direkt aus seinem Herzen über die Finger ins Ohr des Publikums zu strömen.

Sie legte das Blatt beiseite und betrachtete den Mann dort vorn am Flügel genauer. Er war schlank und groß, im Kerzenlicht der vielen Kristalllüster schimmerte sein Haar wie flüssiges Gold. Oder wie Honig. Der mauvefarbene, fast schon auffallend schlicht geschnittene Anzug saß tadellos und betonte seine geschmeidige Gestalt. Die Seitenansicht seines Gesichts wurde dominiert von einer großen, gebogenen Nase, und Aurore musste beinahe lachen, denn sie war noch ausgeprägter als ihre eigene und beschattete einen sensiblen Mund. Jedenfalls glaubte sie das, sie saß zu weit hinten im Saal, um das genau sehen zu können. Frédéric Chopins Gesicht jedoch war weiß wie helles Wachs, seine gesamte Erscheinung wirkte vornehm, die Art, wie er auf dem Schemel saß, wie seine beiden Füße die Pedale bedienten, so, als sei er auf dem Sprung und würde im nächsten Moment aufspringen und davoneilen, den Tönen hinterher – das alles rührte etwas in ihr an, wovon sie nicht zu sagen vermochte, was es war. Und als er sich vor der Pause erhob und verbeugte, stellte Aurore fest, dass er aussah wie ein leibhaftiger Engel.

»Er spielt göttlich«, sagte sie in der Pause zu Jules und den anderen.

Jules bedachte sie mit einem amüsierten Blick.

»Du bist ja ganz aufgeregt!«

»Ja, er spielt recht gut«, stimmte Émile ihr zu, ohne Jules zu beachten. »Manchmal etwas zu leise. Oder werde ich schwerhörig auf meine alten Tage?«

Aurore musste herzlich lachen. Émile war schließlich erst zweiundzwanzig.

»Wollt ihr wirklich die zweite Hälfte noch hören?«, fragte Félix, als man die Gäste wieder in den Saal rief. »Wir könnten schon jetzt ins Café de Paris gehen. Dann sichern wir uns die besten Plätze, ehe alle anderen die Bude stürmen.«

»Gute Idee«, rief Jules, »ich bin dabei. Kommst du auch mit, Aurore?«

Sie zögerte. Diese Musik hatte sie tief berührt und Erinnerungen in ihr wachgerufen. Als junges Mädchen hatte sie Harfe gespielt, auch ein Flügel stand zu Hause in Nohant. Es hatte ihr immer Freude bereitet, zu musizieren. Bis Casimir in ihr Leben getreten war und die Musik daraus verbannt hatte. Der Klang ihres Spiels hatte ihn rasend gemacht, bis sie schließlich versprechen musste, in seiner Gegenwart ganz darauf zu verzichten. Jetzt wurde ihr bewusst, wie sehr sie das vermisste. Eigentlich wäre sie gern geblieben und hätte sich den zweiten Teil angehört, zumal ein Klavierkonzert auf dem Programm stand. Als ihre Freunde jedoch einhellig zum Aufbruch drängten, schloss sie sich ihnen an.

Sie waren bei den Ersten, die das festlich erleuchtete Café de Paris nach strenger Kontrolle der Einladungskarten betraten, und belegten den zweitbesten Tisch, da der beste bereits für Dumas und seine Entourage reserviert worden war. Ihre Freunde waren darüber außerordentlich zufrieden und berichteten einander vergnügt, was sie über die Theaterpremiere im Vorfeld gehört hatten.

»Wer spielt denn eigentlich die Hauptrolle?«, erkundigte sich Aurore.

»Soviel ich weiß, wollte Dumas die Rolle seiner neuen Flamme geben, aber ...«

»Er hat eine neue Flamme?«, wollte Gustave wissen. »Wer ist das?«

»Ida Ferrier«, erklärte Émile. »Das weiß doch jedes Kind ...«

»Stimmt es, dass Dumas die Cholera hatte?«

Aurore horchte auf. Es waren nun schon mehrere Fälle dieser hochansteckenden Krankheit bekannt geworden.

»So genau weiß man das nicht«, meinte Félix. »Er behauptet, ja. Aber ich hab auch sagen hören, dass er ein wenig hypochondrisch veranlagt sei und puren Äther geschluckt habe, um das Übel von innen her auszumerzen.«

»Puren Äther? Das kann wohl kaum sein, das hätte er nicht überlebt.«

»Dumas schon. Der hat eine Rossnatur ...«

Die Tür ging auf, und die ersten Premierengäste erschienen, allen voran de Latouche.

»Und, wie war's?«, fragte Félix den Zeitungsherausgeber.

»Ich fürchte, das Volk tobt noch immer«, sagte er grinsend

und ordnete mit der Hand seinen Bart. »Es würde mich nicht wundern, wenn sie dieses Mal tatsächlich das Theater zertrümmern würden vor lauter Begeisterung.«

»Gruselige Liebesintrige um ein blutrünstiges Weib, was?«

»Nun ja«, meinte de Latouche. »Hier sitzt jemand, der behauptet, das Weib sei dem Manne ebenbürtig. Dumas hat bewiesen, dass sie auch ebenso grausam sein kann wie ein Mann.«

Er zwinkerte Aurore zu. Doch dann fiel sein Blick auf die Tür, und seine Miene erstarrte. Demonstrativ wandte er sich ab, nickte ihnen zu und begab sich zu einem anderen Tisch.

»Was hat er denn?« Aurore sah neugierig zum Eingang, um die Ursache seiner Verstimmung zu verstehen. Dort stand ein untersetzter junger Mann mit einem gutmütigen Mondgesicht und vorwitzig blitzenden, braunen Augen. Selbstbewusst und überaus gut gelaunt in seinem schwarzen Samtcape blickte er sich in dem Lokal um. Er sah unverschämt gut aus, trotz seines Bauches, und umflattert wurde er von einer ganzen Entourage. »Wer ist denn das?«

»Das ist Balzac«, rief Émile und erhob sich. Nach einer Weile kam er gemeinsam mit dem berühmten Schriftsteller zu ihnen an den Tisch.

»Darf ich vorstellen? Félix Pyat und Gustave Papet kennst du ja bereits. Und hier haben wir Aurore Dudevant und Jules Sandeau.«

Aurore musste unwillkürlich lächeln. Alles an Balzac wirkte irgendwie rund: seine weit geöffneten, blitzenden Augen, der Halbmond seiner Augenbrauen, die Nasenspitze und schließlich die vollen, sinnlichen Lippen unter dem Schnauzbart. Und natürlich sein Bauch, den er unbefangen ins Hohlkreuz gehend seiner Umwelt präsentierte.

»Das ist ja großartig«, rief er begeistert aus. »Von Ihnen beiden habe ich schon mehrmals gehört. Haben Sie nicht gemeinsam einen Roman herausgebracht? Verraten Sie mir: Wer von ihnen ist J. und wer Sand?« Er lachte schallend über seinen eigenen Witz, und nur Jules ließ sich von seiner Heiterkeit nicht anstecken.

»Das haben wir noch nicht abschließend entschieden, Monsieur Balzac«, antwortete Aurore mit einem raschen Seitenblick auf ihren Freund.

»Honoré«, antwortete der Schriftsteller. »Sagen wir einfach alle du zueinander.«

»Wie fandest du die Premiere?«, wollte Émile wissen.

»Bombastisch«, antwortete Balzac. »Der gute Alexandre beherrscht sein Handwerk, wer etwas anderes sagt, ist neidisch oder lügt.« Als er bemerkte, dass Émile sich anschickte, einen Stuhl für ihn zu organisieren, wehrte er gutmütig ab. »Tut mir leid, *mes amis*. Leichtsinnigerweise hab ich versprochen, mich um die gute Laune der Hauptdarsteller zu kümmern«, erklärte er und zog eine Grimasse, die ihn für einen Moment wie einen Harlekin aussehen ließ. »Aber warum kommt ihr nicht alle morgen zu mir in die Rue Cassini zum Abendessen? Es wäre mir eine Ehre. Morgen um acht. *D'accord?*« Und zu Aurore gewandt, fügte er hinzu: »Ach bitte, kommen Sie unbedingt in diesem Aufzug, Monsieur J. oder Monsieur Sand.« Ein ungeheures Lachen schüttelte den kleinen Mann, dann hob er zum Abschied die Rechte und verschwand.

»Er ist ein bisschen exaltiert«, meinte Éric entschuldigend, »aber ein guter Kerl.«

»Ich glaube nicht, dass er das ernst gemeint hat mit der Einladung.« Félix wirkte mehr als skeptisch.

»O ganz bestimmt«, antwortete Émile und grinste. »Ich war schon zweimal bei ihm.«

»Dann ist es abgemacht«, entschied Aurore und zündete sich eine Zigarre an. »Morgen Abend speisen wir bei Honoré Balzac.«

Die Rue Cassini lag nur wenige hundert Meter südlich des Jardin du Luxembourg in der Nähe des Observatoriums. Hatte

Aurore zunächst befürchtet, Solange nicht schon wieder allleinlassen zu können, so hatte sie sich gewaltig getäuscht: Ihre Tochter wäre am liebsten bei den Nachbarn eingezogen, und Hélène Badoureau hatte nichts dagegen, sie auch an diesem Abend zu beaufsichtigen.

»Wundert euch nicht«, riss Émile sie aus ihren Gedanken, während sie die Rue de Faubourg Saint-Jacques entlanggingen. »Honoré hat einen etwas eigenwilligen Geschmack. Und nachdem er mit *Das Chagrinleder* einen ganzen Haufen Geld verdient hatte, legte er es in so sinnvolle Dinge wie Seidentapeten und Nippes an.« Er lachte und blieb an der Kreuzung zur Rue Cassini stehen. »Hier ist es. Hausnummer eins.«

Balzac bewohnte ein einfaches Entresol, ein über dem Parterre eingezogenes Zwischengeschoss, das früher einmal als Magazin für das darunter gelegene Hutgeschäft gedient hatte.

»*Entrez, mes amis*«, rief er, als er ihnen öffnete. »Kommt herein in mein bescheidenes Reich.«

Er trug einen seidenen Hausmantel mit orientalischen Mustern, den eine goldene Kordel über seinem Bauch mehr schlecht als recht zusammenhielt und darunter einen leichten, weißen Hausanzug sehen ließ, dazu fuchsienfarbene Pantoffel. Seine dunkelbraunen, halblangen Haare hatte er mit Pomade aus dem Gesicht gekämmt und auch sein Bart wirkte wie frisch gewachst. Es duftete nach Orangenöl und nach gebackenen Pasteten, doch bevor es zu Tisch ging, mussten sie seine frisch renovierte Wohnung bewundern, drei hintereinanderliegende Durchgangszimmer, die früher einmal das ehemalige Magazin beherbergt hatten.

»Zuerst dachte ich, dass ich mir lieber etwas Repräsentativeres suchen sollte«, erzählte ihr Gastgeber. »Eine etwas herrschaftlichere Wohnung. Doch dann hab ich mir überlegt, dass so ein paar kleine Boudoirs besser zu einem Schriftsteller passen, oder? Außerdem hab ich mich hier schon so eingewöhnt, und Umzüge sind doch immer mit einer Menge Unannehmlichkeiten verbunden, findet ihr nicht auch?« Er wartete keineswegs auf eine Antwort, sondern ging ihnen voraus. »Also hab ich gedacht, ich lass mir das so richtig schön machen. Und nun frage ich euch, meine Freunde – ist es mir gelungen?«

Aurore blickte sich verdutzt in dem winzigen Raum um, dessen Wände über und über mit leuchtend grünem Seidenstoff bespannt waren. Eine Fülle von weißen Blüten war daraufgestickt, dazwischen tummelten sich alle möglichen bunten Vögel. Aurore musste kurz die Luft anhalten, selten hatte sie etwas so Geschmackloses gesehen. Das nächste Zimmer war in Kanariengelb gehalten, die Wände waren außerdem mit Spitzenstoff bespannt. Hier war der Esstisch mit feinem chinesischem Porzellan gedeckt.

»Wie findet ihr die Spitzen?«, erkundigte sich Balzac und wies auf die Tischdecke. »Direkt aus Brüssel«, fügte er hinzu. »Aber bitte, nehmt doch Platz.«

Aurore warf Jules einen Blick zu, doch der schien noch verstörter von diesem spießigen Ambiente als sie selbst.

Es gab kleine, gefüllte Blätterteigpasteten, die ihr Gastgeber von der Bäckerei gegenüber geholt hatte, da war Aurore sich sicher, und zur Enttäuschung der jungen Männer eine einzige für jeden, nicht mehr. Sie hatten sich auf ein üppiges Abendessen eingestellt und warteten auf den Hauptgang, doch zu ihrer aller Verblüffung wartete Balzac mit einer weiteren Überraschung auf.

»Und jetzt gibt es Eiscreme«, verkündete er und strahlte über sein ganzes, rundes Gesicht. »Da staunt ihr, was? Es stammt von dem Delikatessengeschäft gleich um die Ecke, und ich kann euch sagen, es ist alles andere als leicht, das so kühl zu halten, dass es nicht zur Soße wird, ehe die Gäste kommen. Das Geheimnis ist … ach, das verrate ich nicht.« Balzac zog ein Tuch aus feinem Leinen von einer Art Kasserolle, als wäre er ein Zauberer. »Vanille-Rum, ein Traum. Wer will? Wer will nicht?«

Natürlich sagte keiner Nein. Während sie sich die süße Masse auf der Zunge zergehen ließen, lauschten sie Balzacs Monologen, und nachdem sie sich gefangen hatte, begriff Aurore, dass dies einfach sein Wesen war: liebenswert und geschwätzig, großzügig und auf sich selbst fixiert, sich nach Freundschaft sehnend und doch nicht in der Lage, auch nur eine einzige Minute lang jemandem zuzuhören.

»Und«, fragte er schließlich, als sie sich bereits zum Gehen erhoben. »Welche neuen Projekte verfolgt ihr?«

»Aurore hat schon wieder einen Roman fertig«, erwähnte Jules.

»Ach wirklich?« Balzac hob die Augenbrauen und sah sie erstaunt an. »Wie interessant! Als J. oder als Monsieur Sand?« Er lachte. »Ach, meine Freunde«, fuhr er dann fort und rollte dramatisch mit den Augen. »Macht nur nicht denselben Fehler wie ich. Ich hab mich selbst zum Sklaven meiner Feder gemacht, und zwar durch den Vertrag zur *La Comédie Humaine*. Die menschliche Komödie. Ich befürchte, das wird mein ganzes restliches Leben beanspruchen. Bislang habe ich zwanzig Romane skizziert, die dieses Thema abbilden werden. Und dabei weiß ich nicht einmal, ob ich diese verdammten Zeiten überleben werde. Die Cholera. Ist es nicht schrecklich?«

Sie stimmten ihm zu und verabschiedeten sich eilig.

»Das ist ja nicht auszuhalten«, stöhnte Félix auf dem Nachhauseweg. »Was für ein Schwätzer!«

»Und diese Ausstattung!«, meinte Jules. »Man könnte meinen, er wäre schwul.«

»Das ist er ganz bestimmt nicht«, antwortete Émile. »Augenblicklich hat er eine leidenschaftliche Affäre mit der Duchesse de Castries. Aber da sind noch ein paar weitere Damen der vornehmen Gesellschaft im Gespräch …«

»Wie dem auch sei«, grinste Jules, »diese Eiscreme, die war jedenfalls lecker.«

»Stimmt es, dass du ein neues Manuskript fertig hast?«, erkundigte sich Émile bei Aurore. »Wann hast du das denn geschrieben?«

»Diesen Winter in Nohant«, antwortete sie. Es war ihr irgendwie peinlich, dass Jules das so früh schon verraten hatte. Immerhin hatten sie noch nicht gelöst, wie sie es erscheinen lassen sollten. Falls ein Verlag überhaupt Interesse zeigen sollte.

»Lass uns noch zu *Sapin* gehen«, schlug Félix vor. »Eiscreme hin oder her, ich hab noch immer einen Bärenhunger.«

∽ ∾

»Nun«, meinte de Latouche pragmatisch, wie er nun einmal war, »wenn Jules nicht will, dann will er nicht. Oder?« Er warf einen Blick auf seine Taschenuhr, offenbar musste er noch zu einem anderen Termin. Er war mit dem Verleger Jean-Pierre Roret befreundet und hatte ihn auf Aurores neues Manuskript aufmerksam gemacht. Dieser wirkte jetzt aber alles andere als glücklich.

»Ich war fest davon ausgegangen«, warf Roret ein, »dass *Indiana* unter dem Namen J. Sand erscheinen würde.«

»J. Sand steht für Jules Sandeau«, erklärte Aurore. »Wir müssen etwas anderes finden.«

»Es wäre natürlich von Vorteil, wenn wir auf den Erfolg von *Rose et Blanche* aufbauen könnten«, gab Roret zu bedenken und verschränkte verstimmt die Arme vor der Brust. »Der Name Sand ist den Lesern jetzt geläufig. Wenn wir das Buch unter einem völlig neuen veröffentlichen, müssen Sie wieder ganz von vorn beginnen, Madame.«

»Wie wäre es, wenn wir bei Sand blieben und du dir einen neuen Vornamen ausdenkst?«, schlug de Latouche vor.

»Nun, das wäre vielleicht eine Lösung!« Jean-Pierre Roret blühte sichtlich auf. »Die Leserschaft von *Rose et Blanche* wartet auf den Folgeroman von Monsieur Sand. Ob davor ein J oder ein anderer Buchstabe steht …«

»Also dann bleibt es bei Sand. Aurore, du hast die Wahl. Na los, wir haben nicht ewig Zeit.«

Aurore dachte fieberhaft nach. Ein Name musste her, und zwar sofort. Ein Name, unter dem sie künftig veröffentlichen würde, sie allein. Etwas, was zu Sand passte. Etwas, was zu ihr passte. Eine alte Sage aus ihrer Heimat kam ihr in den Sinn, in der es um einen Teufel namens Georgeon ging. Georgeon Sand? Oder einfach nur George? Das bedeutete »der Landmann«. Das war nicht übel, schließlich war sie in der Provinz aufgewachsen.

»George«, sagte sie. »George Sand.«

»Amen«, fügte de Latouche hinzu und erhob sich. »Seid mir nicht böse, aber ich muss los. *Au revoir*, George Sand, *et bonne chance.*«

»George Sand? Dann sind wir jetzt sowas wie … Brüder?«

Aurore hörte nur mit halbem Ohr zu, sie war in die Besprechung des Klavierabends bei Pleyel vertieft, dessen erste Hälfte sie gehört hatten. Frédéric Chopin wurde von dem Kritiker mit großer Zurückhaltung gelobt, wie Émile hatte er sein Spiel zu unspektakulär und undeutlich gefunden, seine Kompositionen zu fremdartig und wenig virtuos. Sie sah den jungen Pianisten wieder vor sich, wie er sich in vollendeter Form verbeugt hatte …

»Hörst du mir überhaupt zu?«

Sie legte die *Revue des deux mondes* beiseite.

»Entschuldige«, sagte sie. »Was hast du gesagt?«

»Ich habe mich erkundigt, ob wir jetzt Brüder oder Vettern sind«, wiederholte er sarkastisch.

Sie konnte nicht heraushören, ob er amüsiert oder eher wütend war. Früher hatte sie in Jules zu lesen vermocht wie in einem Buch, doch in letzter Zeit fiel ihr das schwerer. Er wird erwachsen, dachte sie traurig. Schließlich hatten sie im Februar gemeinsam in La Châtre, dem nächstgrößeren Städtchen von

Nohant, wo er aufgewachsen war, seinen einundzwanzigsten Geburtstag gefeiert. In diesem Winter hatten sie sich dort zum ersten Mal offen auf der Straße miteinander gezeigt. Sie sah überhaupt nicht ein, wieso sie ihre Liebe verstecken sollte, wo sich Casimir doch nicht die geringste Mühe gab, auch nur ein kleines bisschen diskret zu sein. Doch die mit Jules und den Freunden verbrachten Stunden waren viel zu kurz gewesen, um die Niedergeschlagenheit zu dämpfen, die sie in Gegenwart ihres Mannes überfiel.

»Stört es dich?«, fragte sie Jules, der unter Solanges Aufsicht gerade dabei war, ihr Puppenhaus zu reparieren. Eine Seitenwand hatte sich gelöst, und Jules hatte feine Nägel besorgt. »Roret wollte unbedingt an dem Nachnamen Sand festhalten.«

»Nein, natürlich stört es mich nicht.« Das klingt aber ganz nach dem Gegenteil, dachte Aurore bedrückt und sah zu, wie Jules mit kleinen, präzisen Hammerschlägen die Balsaholzverkleidung wieder fixierte. Klack-klack-klack. Klack-klack-klack. »Es handelt sich ja nur um die Hälfte meines Namens.«

Schlaflos in Paris.

Sie hatten sich geliebt, wenn auch nicht so unbefangen und leidenschaftlich wie vor ihrer Abreise, und Aurore wusste nicht, ob es daran lag, dass Solange in ihrem Zimmer nebenan schlief oder an der Sache mit dem Namen. Jetzt war Jules eingeschlummert, während Aurore wieder einmal wach lag und in die Dunkelheit starrte. Sie hatte sich unglaublich darauf gefreut, in die Mansarde am Seine-Ufer zurückzukehren, in die Arme ihres Geliebten. Und wie so oft glich die Wirklichkeit keineswegs ihren Wunschträumen. Sie dachte an die durchwachten Winternächte auf dem Land, in denen sie sich mit Watte vermischtes Bienenwachs in die Ohren gestopft hatte, um Casimirs Geschrei nicht mehr hören zu müssen. Gemeinsam mit ihren Kindern hatte sie sich in das ehemalige Schlafzimmer ihrer Großmutter zurückgezogen, ihre Kinder schliefen in

dem großen Zimmer, während sie das winzige Boudoir bewohnte, denn es hatte nur eine Tür und durch diese ließ sie
niemanden ein. Es war so klein, dass neben ihrem Herbarium
und der Mineraliensammlung aus Kinderzeiten, von denen sie
sich nicht trennen konnte, kein Bett mehr hineinpasste, und so
schlief sie stattdessen in einer Hängematte. Auf dem Speicher
hatte sie einen alten Schrank gefunden, den man wie einen
Sekretär öffnen konnte, eine Grille hatte sich dort eingenis-
tet, und nachdem sie sich aneinander gewöhnt hatten, kam das
Tierchen mitunter aus seinem Versteck, um an ihrem Papier
zu knabbern. Dann verschwand es in einem der Schubfächer,
um zu singen, während Aurore schrieb und schrieb wie eine
Getriebene.

So war sie Casimir aus dem Weg gegangen. Tagsüber unternahm sie Ausflüge mit den Kindern, bastelte Puppen für Solange und erfand Geschichten mit Maurice, sang, spielte Theater und zeichnete mit den beiden. Ihr Sohn hatte Talent, er
glich ihr mehr als Solange, die ihr immer wieder ein Rätsel
war mit ihrem Sinn für Koketterie, und das bereits im Alter
von vier. Maurice, der ihre großen, schwarzen Augen geerbt
hatte, war anders, er war eine Künstlernatur, schon mit seinen
acht Jahren ging er geschickt mit der Aquarelltechnik um und
zeichnete treffende Porträts von ihr, seiner kleinen Schwester,
von seinem Hauslehrer und dem Kindermädchen. Nur seinen
Vater zeichnete er nie. Maurice war ein sensibler Junge, und
Aurore war sich sicher, dass Casimirs polternde Art ihm Angst
einflößte, auch wenn er das niemals offen zugeben würde. Zum
Glück ging der alte Haudegen überraschend liebevoll mit seinem Nachwuchs um. Wenn er alt genug dafür war, würde ihr
Sohn das berühmte Lycée Henri IV in Paris besuchen, dann
würde sie ihm näher sein können.

Sie hatte viele Gespräche mit dem Hauslehrer geführt, an dem
der Junge wie an einem Ziehvater hing. In den Monaten ihrer
Abwesenheit war zwischen Monsieur Boucoiran und Aurore

ein freundschaftliches Verhältnis entstanden, wie es nicht ausbleibt, wenn man sich fast täglich Briefe schreibt und die Sorge um dieselben Kinder teilt. Bei ihm wusste sie ihren Sohn in den besten Händen, und doch vermisste sie Maurice beinahe mehr als Solange und hätte auch ihn am liebsten schon jetzt nach Paris geholt. Doch er wollte in Nohant bleiben. »Meine Freunde sind alle hier«, hatte er gesagt. »Und Monsieur Boucoiran. Paris ist so groß. Ich bin lieber in Nohant.« Und Aurore beschloss, ihm die beiden Jahre bis zum Eintritt ins Internat auf dem Land noch zu gönnen.

Drüben in Aurores Zimmer schluchzte Solange im Traum auf. Aurore erhob sich leise und ging zu ihr hinüber, kuschelte sich zu ihr ins Bett. Die Kleine beruhigte sich und schlief weiter, doch Aurores Gedanken drehten sich im Kreis. Was dagegen half, war Schreiben. Und so hatte sie auch in Nohant Nacht für Nacht, wenn die Kinder schliefen, an dem Sekretär ihrer Großmutter gesessen und Blatt um Blatt gefüllt. Die Sätze waren nur so aus ihr herausgeflossen.

Ihre Heldin Indiana war eine Frau von neunzehn Jahren, zart, wunderschön, sensibel. Ihr Unglück war die Ehe, die man sie zu schließen gezwungen hatte, und mit dieser Art Unglück kannte Aurore sich aus. Auch damit, an einen Menschen gebunden zu sein, der so vollkommen anders fühlte, dachte und handelte, so, als käme man aus verschiedenen Welten. In ihrem Roman war dies auch der Fall: Indiana war Kreolin und stammte von der Insel Bourbon in der Nähe von Madagaskar, während Oberst Delmare in der französischen Armee gedient hatte und sich nun im Ruhestand befand. Und wenn Casimir Dudevant aus unerklärlichen Launen heraus die Vögel von den Dächern schoss, so tat das Oberst Delmare in Aurores Roman ebenfalls. Wenn ihr Mann zur Jagd rief, so ging das in ihre Geschichte ein. Und wenn er in der Dunkelheit mit seiner Schrotflinte auf Einbrecherjagd ging und sich nicht scheute, auf einen Menschen zu schießen, ohne nach dem Warum und

Wieso zu fragen, so ging auch diese Szene in die Romanhandlung ein, um den ersten, entscheidenden Wendepunkt des Geschehens zu bilden. So, wie sie selbst Jules in La Châtre traf und sich in seinen Armen von dem Druck, der in Nohant auf ihr lastete, erholte, so traf auch Indiana in der Nachbarschaft einen vom Alter her viel passenderen Mann. Mit dem Unterschied, dass dieser ein übles Spiel mit ihr trieb …

Es ging um die Liebe und deren Abwesenheit. Ohne Liebe ist der Mensch nicht lebensfähig, darum ist er unentwegt auf der Suche nach ihr, davon war sie fest überzeugt. Noch häufiger als gefunden, wird sie verwechselt: mit Besitzanspruch und Eifersucht, mit Leidenschaftlichkeit und Verführungskunst, mit Ansehen und Bewunderung. Und natürlich mit Macht und Unterwerfung. Doch im Grunde geht es in der Liebe darum, sich selbst wertzuschätzen, alle Masken fallen zu lassen und sich mitsamt all seiner Mängel und Fehler zu zeigen. Und sich zu akzeptieren. So, wie sie selbst allmählich begann, sich zu akzeptieren. Als Frau, die dieselben Rechte beanspruchte wie ein Mann und gleichzeitig nicht auf ihre Mutterrolle verzichtete. Als Künstlerin, die eine Stimme hatte, eine Sprache, die sie in den Dienst aller Menschen stellen wollte, die genau wie sie versuchten, sie selbst zu sein. Die die Liebe höher achteten als die Konventionen, die den Mut hatten, Schranken zu überschreiten.

Die Glocken von Notre-Dame schlugen, es war zwei Uhr in der Nacht. Aurore stand auf und zog sich den alten Männeranzug an, den sie sich vor einem Jahr genäht hatte. Der Mond schien ins Zimmer, und genau wie damals betrachtete sie sich von allen Seiten im Spiegel.

»George Sand«, flüsterte sie sich selbst zu. Es war kalt. Sie nahm die Studentenmütze vom Haken, schlang ihr Haar zu einem Dutt zusammen und schob es unter das Barrett. Und plötzlich war ihr, als fiele etwas von ihr ab, wie eine verbrauchte Hülle, eine alte Haut. Ja, sie fühlte deutlich, wie etwas in ihr zu Ende ging. Und etwas Neues begann. »Bonjour, George«, sagte sie zu ihrem Spiegelbild. Dann setzte sie sich an den Sekretär und begann zu schreiben. »Wer bist du?«, schrieb sie auf das neue, jungfräuliche Blatt Papier. »Und warum kann man dich ohne Schmerz nicht lieben?«

Aurore hatte keine Ahnung, wohin das führen sollte, aber sie ahnte, dass George es wusste. Sie musste ihm vertrauen. Dann würden Dinge geschehen, von denen Aurore noch nicht einmal gewagt hatte, zu träumen.

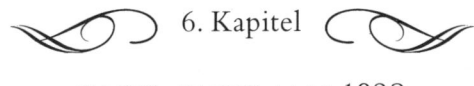

6. Kapitel

PARIS, ENDE MAI 1832

»Wohnt hier Monsieur George Sand?«

»Ja, hier sind Sie richtig.«

»Könnte ich ihn wohl sprechen?«

»Zu Ihren Diensten.«

»Nun, wo ist er denn?«

»Er steht vor Ihnen.«

»Wie meinen, Madame? Sie ... Sie sollen ... Monsieur George Sand sein?«

»Mit Ihrer Erlaubnis.«

Da stand er, der sonst so selbstsichere Kritiker, starrte sie an, den Hut in der Hand, sprachlos.

»Das ist ... erstaunlich.« Er musterte sie von Kopf bis Fuß. »Und Sie gestatten sich ganz gewiss keinen Scherz mit mir?«

»Ganz sicher nicht, Monsieur Sainte-Beuve. Das würde ich mir niemals erlauben. Aber bitte, kommen Sie doch herein.«

Zum Glück hatte sie vorhin noch Ordnung gemacht. Das Puppenhaus und alle anderen Spielsachen ihrer Tochter befanden sich in ihrem Zimmer. Und Solange selbst war wie jeden Morgen drüben in der Vorschulklasse bei Monsieur Badoureau. Seit ein paar Tagen lernte sie schreiben und entwickelte eine wahre Begeisterung für jeden einzelnen Buchstaben.

»Nehmen Sie Platz«, bat sie den Literaturkritiker. Ihr Herz schlug heftig. Dieser Mann war mächtig, sein Urteil konnte einen Schriftsteller erschaffen oder vernichten. Nun, sie machte sich keine Illusionen. Sollte er ihren Roman vielleicht auch gemocht haben – dass sich hinter dem Pseudonym George Sand eine Frau verbarg, würde alles in einem anderen Licht erscheinen lassen.

»Es ist selten, dass es mir die Sprache verschlägt«, sagte er und sah sich im Salon um, als müsse er sich erst wieder orientieren. Dann schlug er sich mit der flachen Hand vor die Stirn. »Aber natürlich, jetzt macht das alles Sinn. Ich habe mich schon gefragt, wie es möglich ist, sich als Mann derart in die Abgründe der weiblichen Psyche einzufühlen. Jetzt erscheint das natürlich in einem völlig anderen Licht.«

Wusste ich es doch, dachte Aurore und kämpfte gegen das Gefühl der Enttäuschung an. Warum hatte sie sich nicht besser darauf vorbereitet, ihren Kritikern als George Sand zu begegnen? Worauf hatte sie sich da nur eingelassen? Was nützte es schließlich, eine männliche Existenz vorzutäuschen, wenn man jederzeit vor ihrer Wohnungstür auftauchen und den Schwindel erkennen konnte?

»Als Sie noch dachten, ein Mann hätte *Indiana* geschrieben«, begann sie fast ein wenig trotzig, »was dachten Sie da über das Buch?«

»Dass es phantastisch ist«, antwortete Sainte-Beuve ohne zu zögern. »Und das denke ich natürlich noch immer. Sie haben recht daran getan, ein männliches Pseudonym zu wählen. Auch ich bediene mich ja eines *nom de plumes* für meine literarischen Texte, damit meine Leser nicht voreingenommen sind. Außerdem haben Sie nicht nur das Seelenleben Ihrer Protagonistin einfach fabelhaft dargestellt, sondern auch das der drei Männer, die sie, jeder auf seine Weise, lieben.«

Aurore atmete auf. Sie hatte sich nie nach vorn gedrängt, wäre durchaus zufrieden damit gewesen, Jules der Außenwelt gegenüber als Autor ihrer Werke vorzuschieben. Es war das eine, seiner Bestimmung zu folgen und zu schreiben, einsam, während alle anderen schliefen. Und es war etwas anderes, dafür Rede und Antwort zu stehen und unter Umständen auch mit der Missbilligung, dem Spott und der Verachtung der Leser umzugehen. Aber nun, da der wichtigste Litcraturkritiker von Paris ihr ein so großes Lob aussprach, wurde ihr doch warm ums Herz. Sie fühlte sich verstanden, denn in jeder ihrer Geschichten steckte doch ein Stück von ihr selbst.

»Danke«, sagt sie. »Es freut mich, dass Sie es so auffassen, wie ich es gemeint habe.«

Sainte-Beuve nickte.

»In meinen Augen ist es ein Roman über die Liebe«, sagte er nachdenklich. »Oder besser gesagt: über ihre Unmöglichkeit. Sie geben der Geschichte zwar ein glückliches Ende, dennoch können Indiana und Sir Ralph ihre Liebe nur außerhalb der Gesellschaft leben. Die beiden sind gezwungen, sich bis in den Indischen Ozean zurückzuziehen, und selbst auf dieser entlegenen Insel müssen sie sich noch vor den sogenannten rechtschaffenen Familien verbergen. Glück stelle ich mir anders vor.«

»Glück hat viele Gesichter«, wandte Aurore ein.

»Da stimme ich Ihnen zu«, pflichtete ihr der Kritiker bei und erhob sich. »Mit diesem Erstling ist Ihnen jedenfalls ein glücklicher Wurf gelungen, Monsieur Sand. Um das zu sagen, bin ich hergekommen. Und wenn ich Ihnen einen Rat geben darf ...?«

»Ich bitte darum«, antwortete Aurore gespannt.

»Bleiben Sie dabei. Ich meine, bei George Sand. Werden Sie George Sand. Auch wenn Sie Frauenkleider tragen wie jetzt. Gewöhnen Sie sich an diesen Namen. Machen Sie ihn zu dem Ihrigen. Und die Welt wird Sie nie wieder vergessen.« Er wandte sich zum Gehen. »Ach, was ich noch fragen wollte: Schreiben Sie bereits an etwas Neuem?«

»Ja«, antwortete sie. »Aber es ist noch zu früh, um darüber zu sprechen.«

∽ ∾

»Maman?«

Eigentlich sollte Solange schon lange schlafen. Jetzt krabbelte sie schon zum dritten Mal aus dem Bett und tapste barfuß zum Sekretär, an dem ihre Mutter schrieb.

»Ja, mein Kind?«

»Wieso hat deine Schreibfeder einen Namen?«

Aurore betrachtete erstaunt ihr Töchterchen. In dem langen Nachthemd sah sie aus wie ein kleiner Engel.

»Wie kommst du darauf, sie könnte einen Namen haben?«

»*Mais oui*«, insistierte das Mädchen. »Sie heißt George. George Sand. Jules hat das gesagt.«

Sie kletterte auf den Schoß ihrer Mutter und kuschelte sich an ihre Brust.

»Was hat Jules denn genau gesagt?«

»Dass die Feder George Sand heißt. Das sei der *nom de plume*. Der Name der Feder.« Aurore musste kichern, und Solange starrte sie vorwurfsvoll an. »Warum lachst du denn?«

»*Nom de plume* ist ein Ausdruck, wenn jemand, der Bücher schreibt, sie nicht unter seinem richtigen Namen veröffentlicht, sondern unter einem erfundenen. George Sand ist ein Name, den ich benutze. Es ist also mein Name, nicht der der Feder.«

Solange betrachtete sie mit großen Augen.

»*Du* bist George Sand?«

»Ja, mein Engel.«

»Ein erfundener Name?«

»Eine Rolle. Wie, wenn wir zusammen Theater spielen. Dann bist du Mimiche und Maurice ist Tatin …«

»… und du bist George Sand.«

»Genau.« Sie wiegte ihre Tochter, hob sie hoch und trug sie zurück zum Bett.

»Ich möchte auch Sand heißen«, flüsterte die Kleine und kuschelte sich unter die Decke. »Solange Sand. Das klingt doch nett, oder?«

Sie schmiegte ihre Wange in die Hand ihrer Mutter. »Oder ist Papa dann traurig?«

»Ich glaube nicht«, antwortete sie, doch da war Solange bereits eingeschlafen.

Eine Weile sah sie ihrem Kind beim Schlafen zu, dann fasste sie einen Entschluss. Sie nahm ihr Tagebuch aus dem Sekretär und schlug eine neue Seite auf. »Aurore Dudevant ist tot«, schrieb sie. »Aber George Sand ist auf eine Art lebendig, wie Aurore es niemals gewesen ist.« Sie ließ die Feder sinken und las diese beiden Sätze wieder und wieder.

∽ ∾

»Ich möchte euch um etwas bitten.« Der Lärmpegel im *Sapin* war wie immer um diese Mittagsstunde fast unerträglich. »Könnt ihr mir mal zuhören?«, rief sie etwas lauter, und jetzt wandten ihr Émile und Félix die Blicke zu. Gustave war an diesem Tag zu Hause geblieben. Es hieß, er fühlte sich nicht wohl. Sie räusperte sich. »Ab heute möchte ich, dass ihr mich George nennt. Weil … das ist sonst so ein Durcheinander«, fügte sie hinzu und fühlte, wie der Mut sie zu verlassen drohte. Aber nein, jetzt musste sie stark bleiben. »Vergesst Aurore«, sagte sie mit fester Stimme. »Nennt mich George.«

»Kein Problem«, ergriff Émile als Erster das Wort. »Wenn dir das wichtig ist – warum nicht?«

Félix nickte und die beiden führten ihre Unterhaltung fort. Nur Jules starrte auf seinen Teller und mied ihren Blick. Er schwieg während des gesamten Mittagessens, und erst auf der Straße schien er seine Sprache wiederzufinden.

»Ich lebe jetzt also mit einem Mann zusammen?«, fragte er, als sie schon fast bei der Bibliothek angelangt waren.

»Es ist ein Name, weiter nichts«, antwortete sie. *Mon dieu*, dachte sie. Hoffentlich macht er mir jetzt keine Szene.

»Wenn es weiter nichts ist, kann ich ja bei Aurore bleiben?«

»Ich möchte Aurore hinter mir lassen. Verstehst du? Aurore Dudevant steht für meine Vergangenheit. George Sand für meine Zukunft.«

»Nein«, sagte er bockig. »Das verstehe ich nicht.«

Sie blieb stehen und hielt ihn am Arm fest.

»Hör zu, Jules«, sagte sie leise, und ihre Augen funkelten. »Du warst derjenige, der gesagt hat, ich muss mir einen eigenen Namen suchen …«

»Ein Pseudonym, ja«, unterbrach sie Jules und schüttelte ihre Hand von seinem Arm. »Aber du musst dich ja nicht gleich in einen Kerl verwandeln.«

»Ich verwandle mich nicht in einen Kerl«, gab sie aufgebracht zurück. »Ich nehme nur einen männlichen Namen an. Eine künstlerische Identität. Und damit ich nicht wahnsinnig werde zwischen Aurore und George, hab ich mich entschieden. Ich bin ab jetzt George Sand. Und du warst an seiner Geburt mit beteiligt, vergiss das nicht.« Er wandte sich ab und stapfte weiter. Sie stöhnte innerlich auf, dann lief sie hinter ihm her. »Jetzt warte doch«, rief sie. »Lauf doch nicht einfach so weg!«

Er blieb tatsächlich stehen und drehte sich um. Sie erschrak über den Schmerz in seinen Augen.

»Ich weiß manchmal nicht mehr, wer du bist«, sagte er. »Und warum es so weh tun muss, dich zu lieben.«

Ihr blieb beinahe das Herz stehen. Begann nicht mit ganz ähnlichen Worten ihr neues Manuskript? Sie schlang ihre Arme um ihn und lehnte ihr Gesicht gegen seine Brust. Er roch vertraut nach Sandelholz und Pfeifentabak.

»Wenn du mich wirklich liebst«, sagte sie, »was macht es dann für einen Unterschied, wie du mich nennst?«

»Ich liebe dich«, brach es aus Jules heraus. »Du hast keine Ahnung wie sehr. Aber seit einiger Zeit habe ich das Gefühl, dass du dich mit Riesenschritten von mir wegbewegst.«

»Dann komm einfach mit«, gab sie zurück. Doch er schwieg.

»Vielleicht ist ja meine Richtung eine andere?«

Es klang wie eine Frage. Aber sie hörte nur den Abschied darin.

»Die Bibliothek Mazarine bleibt bis auf Weiteres krankheitsbedingt geschlossen.«
. Der Zettel war handgeschrieben, die Schrift wirkte fahrig. Als sie sich abwandten, fuhr ein Fuhrwerk mit zwei grob gezimmerten Särgen darauf vorbei. George lief es kalt den Rücken hinunter.

»Lass uns nach Hause gehen«, schlug Jules vor. Seine Stimme klang rau. Unterwegs kauften sie eine Ausgabe der *Revue des deux Mondes*. »Cholera fordert neue Opfer« stand auf der Titelseite. »Die Zahl der gemeldeten Toten steigt auf einhundertdrei.«

»Nein, nicht nach Hause«, erklärte George. »Lass uns zuerst nach Gustave sehen.«

Der Freund wohnte nicht weit von ihnen in der Nähe der Kirche Saint Sulpice, und keine fünf Minuten später klopften sie an seine Tür. Sie mussten lange warten und machten sich bereits die allergrößten Sorgen, bis ihnen schließlich ein verschlafener Gustave mit dunklen Ringen unter den Augen in Unterwäsche öffnete.

»Was ist passiert?«, fragte er sie erschrocken.

»Das wollten wir dich fragen«, antwortete Jules.

»Geht es dir nicht gut?«, fragte George besorgt.

Gustave stöhnte und ließ sie eintreten.

»Mir geht es bestens«, antwortete er und zog sich einen Schlafrock über. »Es war nur gestern ein wenig spät. Oder besser gesagt, heute Morgen ziemlich früh. Und wie mir scheint, hab ich ein bisschen zu viel getrunken.« Er schenkte sich Wasser aus einem Krug in einen Becher und stürzte es in einem Zug herunter. »Und was führt euch her? Ist das Café de Paris abgebrannt?«

George lachte erleichtert auf und schüttelte den Kopf.

»Wir haben uns Sorgen um dich gemacht«, erklärte sie. »Wegen der Cholera.« Sie reichte ihm die Zeitung, und er überflog den Leitartikel. »Üble Sache«, brummte er.

»Kann man denn gar nichts dagegen tun?«, fragte Jules. »Du studierst doch Medizin.«

Gustave schüttelte missmutig den Kopf. »Bislang gibt es noch kein Mittel gegen die Cholera«, erklärte er. »Manche vermuten, dass es am Trinkwasser liegen könnte.«

»Deswegen hast du dich an den Wein gehalten gestern«, scherzte Jules. Sie lachten.

»Jedenfalls kann es nicht schaden«, meinte Gustave wieder ernst, »wenn wir das Wasser vor dem Trinken abkochen. So mach ich es wenigstens.« Er wies auf seinen Krug.

»Vielleicht sollte ich mit Solange die Stadt verlassen«, sagte George unruhig.

»Davon würde ich dir abraten«, meinte Gustave. »In solchen Zeiten ist man auf Reisen der Ansteckung noch mehr ausgesetzt. Stell dir doch mal vor, drei Tage in der Postkutsche mit wer weiß welchen Menschen auf engstem Raum zusammengepfercht. Und die Herbergen erst, die sind ja schon zu normalen Zeiten eine Zumutung. Nein Aurore, ich würde an deiner Stelle hierbleiben mit der Kleinen.«

»Sie heißt jetzt George«, warf Jules spitz ein. »Sag bloß nicht mehr Aurore zu ihr, das will sie nämlich nicht.«

Gustave sah verwundert von Jules zu seiner Freundin aus Kindheitstagen und hob fragend die Brauen.

»Ich würde mich freuen, wenn ihr es über euch brächtet, mich von jetzt an George zu nennen«, beeilte sie sich zu erklären.

Gustave nickte und warf ihr einen raschen Blick zu.

»Dann … ist es also mehr als ein Pseudonym?«

»Irgendwie schon«, sagte sie leise. »Es fühlt sich so an, als könnte ich nochmal von vorn anfangen. Eine neue Existenz. Kannst du das verstehen?«

»Klar«, antwortete Gustave mit einem Seitenblick auf Jules, der blass geworden war und sich abgewandt hatte. »Neuanfang. Aber deine alten Freunde haben in diesem neuen Leben schon noch Platz, oder?«

»Natürlich.«

»Wir werden sehen«, sagte Jules leise und wandte sich zum Gehen. »Wir werden es ja sehen.«

Da Gustave auf einmal merkte, wie hungrig er war, begleiteten sie ihn bis vor die Tür des Restaurants *Pinson*, wo die anderen Freunde noch bei einem Kaffee zusammensaßen, und im letzten Moment beschloss auch Jules, sich wieder zu ihnen zu setzen. George hingegen hatte das Bedürfnis, allein zu sein, und gerade, als sie die letzte Treppe bis unters Dach erklommen hatte, ging die Tür zur Nachbarwohnung auf.

»Wie gut, dass Sie da sind«, sagte Hélène Badoureau. »Mein Mann musste die Klassen schließen und die Kinder nach Hause schicken. Es ist zu gefährlich. Eines der Mädchen hat Fieber. Wollen wir hoffen, dass es nicht die Cholera ist.« Sie rief nach Solange, die sich nur ungern von Christine trennte. »Geht es Ihnen gut, Madame Dudevant? Und Monsieur Sandeau auch?« Und als George nickte, senkte Hélène ihre Stimme und fügte hinzu: »Madame Didier im ersten Stock hat sich angesteckt. Ist das nicht furchtbar? Sie ist ja schon über achtzig, ob sie das wohl übersteht? Ach, und man kann überhaupt nichts tun.«

»Ein Freund riet mir, das Trinkwasser abzukochen«, berichtete George. »Ob es hilft, weiß ich nicht. Aber es kann ja nicht schaden, oder?«

»Die Gemüsehändlerin behauptet, dass die Behörden das Wasser vergiften«, flüsterte die Nachbarin. »Ob Abkochen auch gegen Gift hilft?«

»Ich kann mir das nicht vorstellen«, sagte George entschlossen. »Die Behörden? Wieso sollten sie das tun? Das Wichtigste ist, die Ruhe zu bewahren. Sie haben gut daran getan, die

Schule einstweilen zu schließen. Grüßen Sie mir Ihren Mann recht ...«

»Ach«, unterbrach Madame Badoureau sie. »Da fällt mir noch etwas ein. Wissen Sie vielleicht, wer dieser George Sand ist? Womöglich ein Verwandter von Monsieur Sandeau?«

»George Sand«, wiederholte sie und holte tief Atem. Jetzt oder nie, dachte sie. »Das bin ich, Madame Badoureau.«

Die Nachbarin riss die Augen auf.

»Sie?«, rief sie aus. »George Sand sind Sie?«

»Ja«, antwortete George und spürte, wie sie rot wurde. »Es ist ein *nom de plume*. Und ... nun ja, es ist mehr als das. Ich nenne mich jetzt nur noch so. Denken Sie, Sie könnten sich auch daran gewöhnen?«

Einen Moment lang wirkte Hélène Badoureau wie vom Donner gerührt. Dann lief ein Strahlen über ihr Gesicht. »Sie sind George Sand! Himmel, wie wundervoll. Das muss ich sofort meinem Mann erzählen.« Sie ergriff beide Hände ihrer Nachbarin und drückte sie fest. »Ich bin ja so ... entschuldigen Sie die Anmaßung, aber ich bin einfach stolz auf Sie. Denn Sie verleihen uns Frauen eine Stimme. Es ist mir ein Ehre, die Nachbarin von George Sand zu sein!«

»Maman«, begann Solange zu quengeln. »Können wir jetzt endlich reingehen? Ich will mit meinen Puppen spielen.«

»Natürlich, mein Schatz«, antwortete George Sand, fast ein wenig erleichtert, denn der Enthusiasmus ihrer Nachbarin hatte sie in Verlegenheit gebracht. »*À bientôt*, Madame Badoureau. Und danke für alles.«

∽ ∼

Am nächsten Tag wurde Madame Didiers Leichnam von einem Bestatter abgeholt. George stand auf ihrem Balkon und blickte hinab auf den Quai, wo sich das Fuhrwerk in eine lange Kolonne von ähnlichen Fahrzeugen einreihte. Die Nachbarin war eine freundliche alte Dame gewesen, die immer ein Karamellbonbon für Solange in der Tasche gehabt hatte, wenn sie sich im Treppenhaus begegnet waren. Fast mehr als das Ableben dieser betagten Frau selbst betrübte George nun die Tatsache, sie so unbegleitet ihre letzte Reise antreten zu sehen, denn hier wie überall blieben die Verwandten aus Angst vor der Ansteckung lieber zu Hause. Statt im Rahmen einer üblichen Begräbnisfeier legte man die Toten mit einem kurzen Segensspruch in eilig ausgehobene Gruben, und man konnte froh sein, wenn diese mit dem korrekten Namen gekennzeichnet wurden, damit man später, wenn alles vorbei war, den Toten ihre letzte Ehre nachträglich geben konnte. Denn an jedem neuen Tag starben mehr Menschen, und es war nur eine Frage der Zeit, bis es nicht mehr möglich war, für jeden Verstorbenen ein eigenes Grab auszuheben.

∽ ∾

Zwei Wochen später standen sie vor der Tür ihres Stammrestaurants *Pinson* und fanden es verschlossen.

»Es ist besser so«, meinte Gustave. »Wir sollten alle zu Hause bleiben. Je weniger Umgang wir mit Fremden haben, desto geringer ist die Gefahr einer Ansteckung.«

»Was, wenn einer von uns krank wird?«, wandte George besorgt ein. »Dann liegt er hilflos zu Hause und keiner erfährt es.«

»Ich habe eine Idee«, erklärte Félix. »Was haltet ihr davon, wenn wir uns täglich zu einer bestimmten Zeit im Jardin du Luxembourg treffen?«

»Und wenn einer fehlt, gehen wir sofort zu ihm nach Hause und sehen nach, was mit ihm los ist«, ergänzte George. »Außerdem tut uns trotz allem ein bisschen Bewegung gut. Ich kann meine kleine Prinzessin ohnehin nicht den ganzen Tag in der Mansarde einsperren.«

»Es ist zwar nicht besonders vernünftig«, wandte Gustave, der Mediziner ein, »denn im Ernstfall können wir einander nicht helfen. Aber ich halte es trotzdem für eine gute Idee. Wir aus dem Berry müssen zusammenhalten.«

»Ich bin dafür«, erklärte Félix. »Wenn wir schon an dieser verdammten Krankheit sterben sollten, dann wenigstens nicht allein.«

»Sagt doch bitte auch de Latouche Bescheid«, schlug George vor. »Ihr seid ja auch nicht mehr täglich in der Redaktion, oder? Immerhin ist er ein Landsmann von uns.«

Und so hielten sie es. Die täglichen Zusammenkünfte, so kurz sie manchmal auch waren, wurden bald für alle zum Lichtblick in diesen finsteren Tagen. Der Schrecken, der über der Stadt hing, wollte so gar nicht zu dem herrlichen Frühlingswetter passen, und George bemühte sich, ihrer Tochter zuliebe, Ruhe und Heiterkeit zu bewahren. Sie, die sich sonst stets das Essen von einem Garkoch für zwei Francs die Mahlzeit entweder ins Haus kommen ließ oder mit den Freunden im *Pinson* oder anderswo speiste, zelebrierte die improvisierten Mahlzeiten zu Hause für Solange, als würden sie einzig und allein des Spaßes wegen in der Glut des Kaminfeuers Kartoffeln garen und in der neu angeschafften Eisenpfanne Eier und Speck braten, und nicht deshalb, weil die Seuche sich immer weiter verbreitete, ja, sogar Stockwerk für Stockwerk ihres eigenen Hauses eroberte. Jede Woche gab es neue Fälle von Choleraerkrankungen am Quai Saint Martin n° 25, über die Hélène Badoureau sie auf dem Laufenden hielt. Und war der einsame Leichenzug von Madame Didier noch eine luxuriöse Ausnahme gewesen, so waren inzwischen nicht nur die Straßen, Quais und Boulevards, sondern auch die Brücken von Fuhrwerken aller Art verstopft, in denen die Verstorbenen in aller Eile zu den Friedhöfen transportiert wurden, sodass die übel gelaunten Kutscher schrien und fluchten und nicht selten miteinander in Streit darüber gerieten, wer dem anderen auszuweichen oder gar umzukehren hatte. Angst und Aggression lag über der gesamten Stadt. An manchen Tagen war es schwierig, sich mit Lebensmitteln zu versorgen. Die Menschen waren aufgebracht und unruhig, und immer häufiger hörte George sie gegen die Regierung wettern.

»Habt ihr gehört, dass Lamarque gestorben ist?«, fragte de Latouche mit düsterer Miene, als sie sich an einem regnerischen Tag Anfang Juni im Jardin du Luxembourg trafen, um »Überlebensmeldung« zu machen, wie Jules es nannte. General Lamarque war eine Gallionsfigur der Gegner des Bürgerkönigs Louis-Philippe gewesen. Als Deputierter hatte er stets mit den Liberalen sympathisiert und viel für diejenigen erreicht, die noch immer für eine Republik der Gerechtigkeit kämpften.

»Es ist furchtbar«, antwortete Gustave niedergeschlagen. »Aber natürlich macht die Cholera auch vor unseren Helden nicht Halt. Morgen wird sein Leichnam zur Poststation gebracht ...«

»Warum denn das?«, fragte Jules.

»Er wollte in seiner Heimat beigesetzt werden. Sollen wir ihm die letzte Ehre erweisen und uns dem Zug anschließen?«

»Ich ganz bestimmt nicht«, erklärte George. »Ihr wisst, wie sehr ich solche Massenveranstaltungen hasse.«

»Wenn sich da nur nichts zusammenbraut«, brummte de Latouche. »Die Stimmung in der Stadt ist ohnehin schon angespannt. Da braucht es nur einen Funke und das Pulverfass explodiert.«

»Ich gehe trotzdem hin«, meinte Félix entschlossen.

»Ich komme mit«, erklärte Jules. »Wir sollten alle gehen. Außer Aurore natürlich und dem Kind.«

George würdigte ihn keines Blickes. Er weigerte sich standhaft, sie anders zu nennen als bei ihrem alten Namen. Und sie war viel zu stolz, um ihm zu sagen, wie sehr sie das verletzte. Überhaupt hatten nicht nur in der Stadt, sondern auch zwischen ihnen beiden die Spannungen zugenommen. Schon seit einer Weile schliefen sie nicht mehr miteinander. Wenn das so weiterging … doch daran wollte George nicht denken.

Am nächsten Morgen machte sich Jules bereits in aller Herrgottsfrühe auf den Weg, um sich mit den Freunden bei Lamarques Stadthaus zu treffen, wo der Zug beginnen würde. George hatte bis fünf Uhr in der Früh geschrieben und schreckte auf, als sie gegen sieben die Tür ins Schloss fallen hörte. Obwohl sie todmüde war, fand sie keine Ruhe mehr und stand schließlich auf, um die Erzählung für den *Figaro*, die sie in der Nacht beendet hatte, noch einmal durchzulesen. Mit dem neuen Roman, den sie *Lélia* nennen würde, kam sie nur schleppend voran und erwog sogar, eine andere Geschichte vorzuziehen, die mehr Ähnlichkeit mit *Indiana* hatte und wie diese im Berry spielen sollte. Roret erkundigte sich ständig, wann er mit dem nächsten Manuskript rechnen könne, doch de Latouche riet ihr, sich keinesfalls auf ihn festzulegen. »Dein Stern ist am Steigen«, hatte er ihr neulich nicht ohne Stolz gesagt. »Und was das für deine Verhandlungsposition bedeutet, muss ich dir ja wohl nicht erklären.«

Nein, das brauchte er nicht. Und sie wartete ab. Sie musste Geld verdienen, je mehr, desto besser. Ihr größter Traum war es, auch ihren Sohn bei sich zu haben, der ihr so sehr fehlte. Wenn sie erst einmal geschieden war, würde sie auch für Maurice sorgen und ihm die beste Ausbildung ermöglichen, die er sich wünschte. All das war teuer. Und sie machte sich nichts vor: Sie wollte sich nicht ihr Leben lang Kleider und Anzüge selbst nähen müssen, ihre Weißwäsche waschen und bügeln, sie wollte nicht jeden Centime zweimal umdrehen, ehe sie sich entschloss, etwas Schönes zu kaufen, und sie liebte schöne Dinge, das hatte sie von ihrer Großmutter geerbt. Und wenn ihr auch das Studentenleben Spaß machte – ewig würde es so nicht weitergehen. Sie hatte Träume, im Stillen sehnte sie sich danach, zu reisen. Alle Welt schwärmte von Italien, dem *Land, wo die Zitronen blühn*, wie der deutsche Dichterfürst Goethe es besungen hatte, der vor wenigen Wochen erst gestorben war und dessen Roman *Werther* sie alle verschlungen hatten.

Reisen. Für eine Weile in einem südlichen Land leben, wo die Sonne sie wärmen und sie endlich aufhören würde, zu frieren. Landschaften zu sehen, deren Farben leuchteten und deren Früchte geheimnisvoll dufteten. Es kam vor, dass ihre Sehnsucht so übermächtig wurde, dass es wehtat. Auch deshalb arbeitete sie ohne Unterlass – um sich aus der Gegenwart wegzuschreiben, wie schon bei *Indiana*. Natürlich hatte sie nie die Möglichkeit gehabt, nach Bourbon im Indischen Ozean zu reisen, konnte jedoch auf die Reiseaufzeichnungen ihres einstigen Lehrers zurückgreifen und hatte sich so stundenweise eine Auszeit vom harten Winter in Nohant gegönnt …

Sie schob die Erzählung in einen Umschlag. Gleich am Nachmittag würde sie den Text in der Redaktion vorbeibringen. Und sie würde den Roman *Valentine* schreiben, der ihr im Kopf herumspukte und die wunderlichen Fragmente von *Lélia* einstweilen beiseitelegen. Und da Solange noch immer schlief, nahm sie ein neues Blatt und machte sich daran, die Handlung zu skizzieren und auch gleich mit dem ersten Kapitel zu beginnen, bis ihre Tochter nach ihrer Morgenmilch verlangte und sie das Schreibzeug für diesen Tag wegräumte.

Den Morgen verbrachten sie damit, Solanges Puppenhaus vollkommen aus- und wieder einzuräumen, abgenutzte Möbel zu reparieren oder aus Pappe neue zu bauen und winzige Spitzenvorhänge für die Fenster zu häkeln. Gegen eins begann es wie aus Eimern zu schütten, und George konnte ihre Tochter zu einem kleinen Mittagsschlaf überreden, denn sie selbst konnte sich kaum noch auf den Beinen halten. Als sich am späten Nachmittag endlich die Sonne ein wenig zeigte, beschlossen sie, in den Jardin du Luxembourg zu gehen, und George atmete auf, denn wenn Solange den lieben langen Tag in der Mansardenwohnung sitzen musste, wurde sie am Ende unausstehlich. Was durchaus verständlich war, denn auch sie hatte ihre Kindheit auf dem Land verbracht, so, wie Solange die ersten vier Jahre ihres Lebens, und war bei Wind und Wetter, Sonne und Regen stets draußen gewesen.

Die Sonnenstrahlen hatten noch mehr Spaziergänger ins Freie gelockt. Solange steuerte zielstrebig eine Sandkiste im unteren Teil des Parks an, und ihre Mutter fand ein geschütztes Plätzchen hinter dem breiten Sockel einer Statue, von wo aus sie die Kleine im Blick hatte, die bald selbstvergessen spielte. Die Sonne versetzte George in einen halb träumenden, halb sinnenden Zustand, und während sie auf ihre Tochter achtgab, nahmen nach und nach die ersten Kapitel von *Valentine* in ihrem Kopf Gestalt an. Wie immer verlor sie dabei jegliches Gefühl für die Zeit, bis sich plötzlich ein Geräusch in ihr Bewusstsein drängte, das hier nicht hergehörte.

Sie schreckte auf. Kein Zweifel, sie hörte Trommelwirbel. Diese unerbittlichen, militärischen Klänge waren ihr aus ihrer Kindheit nur allzu vertraut, als preußische Truppen ihre Heimat besetzt hatten. Sie sah sich um. Sie und Solange waren ganz allein in dem riesigen Garten. Wo waren denn auf einmal all die Spaziergänger geblieben?

Der Klang der Trommeln kam näher. Aus den Bäumen erhoben sich Scharen von Vögeln und suchten erschrocken das Weite. Hastig hob George die protestierende Solange vom Boden auf und lief mit ihr auf dem Arm in Richtung Ausgang. Die Trommeln erschreckend nah in ihrem Ohr, wollte sie so schnell wie möglich nach Hause. Doch Solange war schwer. Schon nach wenigen Metern fühlte sich das Gewicht der Vierjährigen an wie Blei.

Ängstlich blickte sie sich um und erschrak. Hinter ihr näherte sich ein ganzer Cordon von Soldaten, der die gesamte Breite des riesigen Gartens ausfüllte, von einem Gitter zum anderen. Sie marschierten im sogenannten Geschwindschritt, das hatte sie von ihrem Bruder gelernt, der beim Militär gedient hatte, ehe man ihn, aus welchen Gründen auch immer, entließ. Hundertzwanzig Schritte pro Minute, das hieß zwei pro Sekunde. Wenn sie sich nicht beeilte, würden sie sie vor sich hertreiben wie ein Kaninchen bei einer Treibjagd.

»Maman«, heulte Solange. »Du tust mir weh.«

Vor lauter Schreck hielt sie ihr Kind viel zu fest an sich gepresst.

»*Pardon, mon ange*«, keuchte sie und lockerte ihren Griff. »Wir spielen jetzt Pferdchenreiten, *d'accord*? Halt dich gut an mir fest.«

Sie schöpfte tief Luft und mobilisierte ihre gesamte Kraft. Dann rannte sie los. Noch nie war ihr der Weg durch den Park so lang erschienen wie an diesem Tag. Endlich erreichten sie das rettende Tor.

Draußen versuchte sie, sich rasch zu orientieren. Auf dem Platz vor dem Théatre de l'Odéon hatte sich eine Schar Neugieriger versammelt, und immer mehr Schaulustige schlossen sich ihnen an. George dagegen machte einen großen Bogen um die wachsende Gruppe und schlug sich in eine der kleineren Gassen. Sie nahm lieber einen Umweg in Kauf, als dass sie es riskierte, in eine Massenpanik zu geraten. Ein ungeheurer Krach ließ sie zusammenzucken, direkt neben ihr ließ der Besitzer eines Lebensmittelladens mit Getöse den metallenen Rollladen hinunter, beinahe wäre ihr das schwere Gitter auf den Kopf geknallt.

»Kehren Sie um«, schrie eine Frau, die ihr mit weit aufgerissenen Augen entgegengelaufen kam. »Da vorn sind Soldaten. Sie schießen auf alles!«

George verlagerte das Gewicht ihrer Tochter auf die rechte Hüfte, dann folgte sie der Frau in eine Seitengasse. Doch auch an deren Ende konnte man Soldaten mit Gewehren im Anschlag vorüberstürmen sehen. Schüsse peitschten und hallten zwischen den Häuserfronten wider. Solange verlor die Fassung und begann laut zu schreien.

»Es ist nichts, *chérie*«, flüsterte George ihrer Tochter ins Ohr. »Sie machen nur eine Fledermausjagd, das ist alles. So, wie Papa und Onkel Hippolyte in Nohant. Erinnerst du dich?«

Solange nickte und verbarg ihr Gesicht am Hals ihrer Mutter. Hastig legte sie ihr das leichte Seidentuch über den Kopf. Sie beschloss, sich auf ihre Intuition zu verlassen, schlug hier und dort weiter Haken durch kleinere Straßen, überquerte schließlich den Boulevard Saint Germain in einem günstigen Augenblick und erreichte endlich die Quais.

Sie hielt nur einen Augenblick lang inne, so sehr schockierte sie der Anblick der in alle Richtungen flüchtenden Menge. Schüsse peitschten, Menschen schrien. Neben ihr stürzte ein Mann blutend zu Boden. Auf einmal erfasste George eine eiskalte Ruhe. Sie schlang beide Arme schützend um den Körper ihrer Tochter, blickte weder nach links noch nach rechts, es war ihr, als verlangsamte sich die Zeit, als federte das Pflaster unter ihrem Schritt, als hinge sie wie eine Figur des Marionettentheaters an Fäden, die ein Puppenspieler lenkte, und so schwebte sie mehr, als dass sie ging, ihrem Haus zu, die Tür fest im Blick. Sie sah sich selbst dabei zu, wie sie unendlich langsam den Schlüssel ins Schloss steckte, öffnete und über die Schwelle trat.

In Sicherheit.

Verwundert sah sie sich um, irgendjemand atmete laut und keuchend, bis sie feststellte, dass sie selbst es war. Sie waren allein im Vestibül, die Loge der *concièrge* war seit zwei Wochen verwaist, auch sie war krank geworden, so hieß es. George schleppte sich weiter bis ins Treppenhaus und setzte die leise vor sich hin schluchzende Solange auf die untersten Stufen, lehnte sich gegen die Wand, schloss die Augen. Sie war nassgeschwitzt bis aufs Hemd, Strähnen ihres langen Haares, die sich aus ihrer einfachen Hochsteckfrisur gelöst hatten, klebten an ihrem Nacken und auf der Stirn. Ein Zittern lief durch ihren Körper. Was ging da draußen nur vor sich? In welchen

Zeiten lebten sie eigentlich? Reichte die Cholera nicht aus, um sie alle umzubringen, kämpften jetzt schon wieder Franzosen gegen Franzosen? Würde das denn nie ein Ende nehmen?

Als sich ihr Herzschlag beruhigt hatte, nahm sie Solange Huckepack und machte sich an den mühseligen Aufstieg bis unters Dach. Dort oben auf den letzten Treppenstufen saß ein Mann, den Hut auf den Knien.

»Da kommst du ja endlich. Ich dachte schon, dir sei etwas passiert.« Es war Henri de Latouche. Er stand auf und klopfte sich den Staub vom Überrock.

»Wie bist du denn hier hereingekommen?«, fragte George völlig außer Atem.

»Ein Mann aus dem dritten Stock hat mich freundlicherweise eingelassen«, antwortete der Zeitungsverleger. »Tut mir leid, aber ich komm nicht nach Hause, auch wenn es nur um die Ecke ist. Und in die Redaktion schon gar nicht. Die Aufständischen haben überall Barrikaden aufgestellt.«

»Barrikaden?«

»Das ist es, scheint mir, was die Pariser am besten können. Warum weinst du denn, meine Kleine?«, fragte de Latouche Solange, die erneut zu schluchzen begonnen hatte. »Dies ist ein historischer Tag«, fuhr er auf seine typische, zynische Art fort, mit der er, wie George inzwischen erkannt hatte, seine Gefühle überspielte. »Kein schöner. Aber ein historischer. Denn das Volk mag Barrikaden errichten und sich für einen Tag oder auch zwei der Illusion hingeben, dass es endlich die alten Verhältnisse auf den Kopf stellen und Gerechtigkeit erfahren wird. Doch so sicher wie das Amen in der Kirche den Segen beschließt, werden sie auch diesen Aufstand niederschießen.«

»Henri«, mahnte George leise und streichelte Solanges Kopf. »Hör auf. Du machst ihr Angst.«

»Tut mir leid, kleine Prinzessin«, beeilte sich de Latouche zu sagen. »Nicht weinen!« Doch an George gewandt fuhr er fort. »Eben traf ich Victor Hugo. Stell dir vor, der stürzt sich mitten rein ins Getümmel. Er hat mir versprochen, einen Artikel für den *Figaro* zu schreiben. Und wie ich ihn kenne, wird er das, was er heute sieht und hört, in einen seiner Romane einbauen. *Les misérables* – das wäre doch ein passender Titel, das werde ich ihm auf alle Fälle raten. Was ist, bekomme ich einen Kaffee bei euch? Oder hast du in dem Chaos womöglich den Wohnungs-schlüssel verloren?«

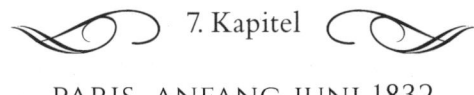

7. Kapitel

PARIS, ANFANG JUNI 1832

»Ich hör auf mit der Zeitung.«

»Was? Was sagst du da?«

George hätte beinahe den Kaffee über dem Manuskript ihrer Erzählung verschüttet. De Latouche hatte sie gelesen, während sie ihre Tochter beruhigt und in ihrem Zimmer hingelegt hatte. Da das Schießen auf dem Quai nicht aufhörte und das Fenster zur Seine hinausging, hatte sie vorsichtshalber eine alte Matratze unter dem Bett hervorgezerrt und vor die Scheiben gelehnt, auch wenn es unwahrscheinlich war, dass sich eine Kugel so hoch hinauf verirrte. Doch man wusste nie. Nun schlief die Kleine, völlig erschöpft von den ausgestandenen Schrecken.

»Aber vorher drucke ich noch deine Erzählung ab. Sie ist gut geworden, wie immer. Ein echter George Sand.«

»Du willst tatsächlich den *Figaro* aufgeben?«

»Im Herbst. Es lohnt sich nicht mehr. Die Konkurrenz ist zu groß. Und eigentlich …«, de Latouche nahm einen vorsichtigen Schluck aus seiner Tasse, »… eigentlich hab ich auch keine Lust mehr. Ich zieh raus aus diesem Hexenkessel. Aufs Land. Wenn du willst, kannst du meine Wohnung haben. Du suchst doch etwas anderes, oder?«

George war sprachlos. Sie hatte immer den Eindruck gehabt, dass de Latouche an seiner Zeitung hing. Die Redaktionsarbeit füllte sein ganzes Dasein aus. Jedenfalls hatte sie das geglaubt.

Nun wurde ihr bewusst, wie wenig sie über diesen Menschen wusste, dem sie so viel verdankte.

»Und was willst du dann tun?«

Er zuckte mit den Schultern, nippte erneut an dem Kaffee und zog eine Grimasse.

»Ganz ehrlich«, sagte er, »Kaffeekochen gehört definitiv nicht zu deinen Stärken. Nur für den Fall, dass du mal einen Mann damit betören möchtest – lass es, denk dir was anderes aus.« Er lachte, doch unter ihrem Blick wurde er wieder ernst. »So ist das nun mal«, fuhr er fort. »Nichts ist für die Ewigkeit.« Er sah sich im Salon um. »Wo ist eigentlich Jules?«

»Ich hab ihn seit heute Morgen nicht mehr gesehen. Du hast es gestern doch selbst gehört«, gab George zurück und konnte nur mit Mühe ihre Sorge verbergen. »Sie haben sich dem Trauerzug angeschlossen. Wolltest du nicht auch …?«

»Ja, ich war dort«, antwortete de Latouche. »Irgendwann haben wir uns aus den Augen verloren. Du kannst dir nicht vorstellen, was da los war. Tausende von Menschen …« George erhob sich unruhig, ging zum Balkon und öffnete die Tür. »Du solltest da nicht hinausgehen«, mahnte der Verleger und stellte sich doch dicht hinter sie.

»Was ist passiert, Henri? Wie kann aus einem Kondolenzzug so etwas entstehen?«

De Latouche zuckte mit den Schultern.

»Wir wissen doch alle, wie so etwas passiert«, gab er düster zur Antwort. »Es braucht nur den geringsten Anlass. Ein Straßenjunge, der einem Soldaten einen Apfel an den Kopf wirft, aus Versehen oder absichtlich, das spielt dann keine Rolle mehr. Ein Polizist, der einen Betrunkenen zurückdrängt, der stürzt und reißt andere mit sich, und schon schreit alles Zeter und Mordio. Oder ein Soldat, der die Nerven verliert. Da draußen sind so viele Menschen auf den Beinen, dass nur ein Pferd scheuen muss, irgendjemand liegt blutüberströmt auf dem Pflaster, und dann war es das Militär. Es gibt Leute, die haben offenbar nur auf so etwas gewartet. Du kannst dir nicht vorstellen, wie schnell die unterschiedlichsten Fahnen über der Menge flatterten, rote, schwarze, was weiß ich für welche, das muss alles vorbereitet gewesen sein. Vielleicht, um Lamarque damit ein letztes Mal zu grüßen. Aber in nur wenigen Augenblicken wurden sie zu Schlachtenbannern.« Er seufzte. »Ich bin auch dafür, diesen König so schnell wie möglich loszuwerden. Aber doch nicht so …«

George blickte über die Seine hinweg zur Île de la Cité und weiter Richtung Norden auf das gegenüberliegende Ufer. Unter ihrem Haus war der Aufruhr verebbt, doch nun schien es ihr, als zöge sich dort drüben im Herzen der Stadt der Tumult zusammen.

»Wie es aussieht, hat sich die Lage da unten gerade etwas beruhigt«, sagte de Latouche. »Nun denn, dann werde ich mein Glück nochmal versuchen. Mir scheint, der Weg zum Quai Malaquais ist inzwischen wieder frei.«

»Und du willst sie wirklich aufgeben, diese hübsche Wohnung?«, erkundigte sich George, als sie ihn zur Tür brachte.

»Du bist die Erste, der ich es anvertraue, das mit der Zeitung und dem Wegziehen«, erklärte de Latouche. »Überleg es dir. Es ist zwar auch eine Mansarde, aber das Haus hat nur drei Stockwerke. Du bräuchtest nicht mehr so viele Treppen zu steigen. Deiner Kleinen würde es dort sicher auch gefallen. Man hört den Lärm von den Quais kaum, da die Wohnung nach hinten hinausgeht. Und was das Beste ist: Es gibt einen Kachelofen. Ich weiß doch, wie sehr du immer frierst. Wenn du willst, empfehle ich dich als Nachmieterin.«

»Das … das werde ich mir auf alle Fälle überlegen«, sagte George, noch immer überrascht. Sie kannte die Wohnung, und sie hatte ihr von Anfang an gefallen.

»Sag es vorerst noch keinem der Freunde«, bat de Latouche, als er schon auf der Treppe war. »Auch nicht Jules … Ach, und mach dir bloß keine Sorgen um ihn«, fügte er hinzu. »Sicher sind unsere Freunde irgendwo untergeschlüpft, so, wie ich bei dir. Sie gehören ganz sicher nicht zu denen, die Fahnen hissen und sich mit Waffen hinter Ölfässern verschanzen. Unsere Landleute mögen vielleicht Hitzköpfe sein. Aber lebensmüde sind sie ganz gewiss nicht.«

Solange wachte gegen Abend nur einmal kurz auf, musste Pipi und verspeiste mit großem Appetit ein Käsebrot. Dann ließ sie sich eine Geschichte erzählen und schlief darüber wieder ein. Als Jules bei Einbruch der Dunkelheit noch immer nicht zu Hause war, löschte George das Licht, öffnete die Balkontür und setzte sich auf den Metallstuhl, auf dem sie normalerweise immer zum Rauchen saß.

Sie lauschte auf das Treiben der brodelnden Stadt, vernahm Rufe und Geschrei, Kommandos und Gewehrsalven, und immer wieder das Knallen von Militärstiefeln auf Pflasterstein. Sie sah an mehreren Stellen den rötlichen Schein von Feuern in der Ferne aufflackern und wieder verlöschen. Dann nahm sie Bewegungen ganz in der Nähe an der Brücke wahr, die man Petit Pont nannte und die zum Hotel Dieu führte. Es war zu dunkel, um Einzelheiten zu erkennen, denn jemand hatte die Gaslaternen zerschlagen, aber ihr schien, als hätten sich dort ein paar der aufständischen Bürger verschanzt, während am Ufer eine Abteilung der Nationalgarde Stellung bezogen hatte. Eine trügerische Ruhe war der Aufregung vom Nachmittag gewichen, die Zeit schien eine träg dahinfließende Masse geworden zu sein, die Spannung war zum Greifen, und während George von ihrem hohen Balkon aus wie von einem Logenplatz das Spektakel, in das Paris einmal wieder geraten war, beobachten und an verschiedenen Stellen der Stadt Scharmützel und Gefechte ausmachen konnte, war die Szenerie wenige hundert Meter von ihr entfernt wie erstarrt.

Eine bleierne Müdigkeit überfiel sie, und gerade, als ihr die Augen zufallen wollten, peitschten plötzlich Schüsse über die

Seine, gefolgt von markerschütternden Schreien. George fuhr auf, saß kerzengerade da wie versteinert. Das Gebrüll jagte ihr eine Gänsehaut über den Rücken. Es war unmöglich, in der Dunkelheit etwas zu erkennen, doch das, was sie hörte, war entsetzlich genug, und ihre Vorstellungskraft tat das ihre. Dennoch blieb sie sitzen, unfähig, sich zu rühren, kaum, dass sie zu atmen wagte. Das Schießen und Schreien, Rufen und Trommeln erreichte einen furchtbaren Höhepunkt, dann kehrte Stille ein.

Totenstille. Erst da wurde ihr bewusst, dass ihr Tränen über die Wangen liefen.

So saß sie auch noch da, als Jules im ersten Morgengrauen nach Hause kam. Sie hatte sich umsonst um ihn gesorgt, de Latouche behielt recht. Jules und die anderen hatten sich in die Wohnung eines Kommilitonen von Gustave geflüchtet, und zwar schon am vergangenen Vormittag, noch ehe es überhaupt zu Ausschreitungen gekommen war. Dort hatten sie im Laufe der Nacht dem Anschein nach alle Weinreserven vernichtet, und Jules, der sich normalerweise mit Alkohol zurückhielt, fiel völlig erledigt ins Bett.

George legte sich lieber zu Solange. Sie konnte die Ausdünstungen nach einer durchzechten Nacht einfach nicht mehr ertragen, das erinnerte sie zu sehr an Casimir. Aber wahrscheinlich hat er recht, dachte sie, während sie vergeblich versuchte, Schlaf zu finden. Solche Zeiten kann man nüchtern nur schwer ertragen.

Die Sonne ging auf und tauchte die Stadt in ein unschuldiges Licht. Auf den Quais stand unbeweglich Soldat an Soldat. Solange erwachte putzmunter und wollte beschäftigt werden. Doch der Aufstand war noch lange nicht zu Ende und George hatte das Gefühl, ihren Beobachtungsplatz auf dem Balkon wieder einnehmen zu müssen, so, als sei sie dazu verpflichtet, Zeugin dieser Ungeheuerlichkeiten zu werden. Zugleich tat sie alles dafür, dass ihre Tochter von dem, was da draußen vor sich ging, nichts mitbekam, und so holte sie Farben und Bögen aus Karton hervor und ermutigte das Kind, die Figuren ihres derzeitigen Lieblingsmärchens zu malen. Und während Solange hingebungsvoll eine Person nach der anderen von *La Belle au bois dormant* aufs Papier brachte, wobei sie die böse Fee, die Dornröschen schließlich in Schlaf versetzt, am meisten zu faszinieren schien, hielt ihre Mutter auf dem Balkon eine Art Wache. Doch zunächst einmal geschah – nichts.

Ein strahlender Frühsommertag war angebrochen, doch den ganzen Vormittag über blieben die Quais bis auf die dort postierten Soldaten menschenleer, so, als wäre die Stadt ausgestorben, als hätte die Cholera nun auch den allerletzten Einwohner dahingerafft. Eine geradezu feierliche Starre hatte sich über Paris gelegt, jeglicher Verkehr war untersagt, das Militär hielt alle Brücken und die dahin mündenden Straßen besetzt. Reglos wie Zinnfiguren standen die wachhabenden Soldaten an der Uferbefestigung. Ihre Gewehre hatten sie zu Pyramiden auf den Brücken zusammengestellt. Alles wirkte wie versteinert, geradezu wie in dem Märchen Dornröschen unter dem Fluch der bösen Fee. Nur die Schwalben schossen pfeilschnell über das Wasser der Seine hinweg, und Krähen umflatterten kreischend die Türme von Notre-Dame.

So ging der Tag dahin. Gegen zwei wurde Jules wach, klagte über Kopfschmerzen, trank eine ganze Karaffe Wasser und legte sich wieder ins Bett. George war erschüttert darüber, wie wenig ihn das Schicksal der Stadt zu kümmern schien. Auch Solange machte einen Mittagsschlaf. Es schlug drei, halb vier, nichts geschah.

Dann auf einmal stoben die Krähen auf und suchten im Glockenturm Schutz. Etwas war im Gange, George konnte die Bedrohung körperlich fühlen. Von Ferne näherte sich das Geräusch von Pferdehufen. Auch in die Soldaten am Quai und auf den Brücken kam Bewegung. Jeder ergriff seine Flinte, Befehle ertönten, die Reihen öffneten sich und machten Platz für die anrückende Kavallerie. Ein ganzes Bataillon überquerte die Brücken, verteilte sich auf der Île de la Cité und besetzte das andere Ufer der Seine.

George hielt den Atem an. Wie auf ein Zeichen traten nun überall Nachbarn auf ihre Balkone und Terrassen, manche kletterten sogar auf die Hausdächer, um ja nichts von dem zu verpassen, was jetzt geschehen würde.

Und dann ging es los. Pelotonfeuer setzte ein, Dauerbeschuss aus den Flinten einander abwechselnder Soldatengruppen, eine Taktik, die den Schützen ausreichend Zeit zum Nachladen gab und den Beschossenen auch nicht die kleinste Feuerpause gewährte. Doch statt sich zu ergeben, erwiderten die Aufständischen entschlossen die Salven, auch sie, die einmal mehr um eine gerechte Republik kämpften, waren offenbar gut bewaffnet und ausgezeichnet trainiert. Entsetzt sah George mit an, wie gefallene oder verletzte Soldaten auf Tragen in langen, nicht enden wollenden Reihen über die Brücken zurück an ihr Ufer getragen wurden und dabei eine blutige Spur auf dem Pflaster hinterließen. Schreie hallten zu ihr herauf, unterbrochen von Gewehrsalven. Auf beiden Seiten mussten die Verluste gewaltig sein, und das Lager der Verletzten, die man auf den Quais sammelte und notdürftig versorgte, ehe man sie wegbrachte, wurde immer größer. Nein, es sah nicht gut aus für die Truppen des Bürgerkönigs, und wer weiß, wie alles geendet hätte, wären nicht im Herzen des Aufstands schließlich die *artilleurs* eingesetzt worden, deren Kanonen weithin dröhnten und dort, wo sie einschlugen, alles zerstörten und mächtige Rauchschwaden gen Himmel schickten.

Und so wurde der Widerstand gebrochen. Die gegnerischen Schüsse wurden weniger, fielen nur noch vereinzelt und erstarben schließlich ganz. Es war vorbei.

George wandte sich ab. Erst jetzt fühlte sie die Übelkeit, die von ihrem ganzen Körper Besitz ergriffen hatte. Sie wollte nicht mit ansehen, wie die sogenannten rechtschaffenen Bürger aus ihren Verstecken auf die blutbefleckten Straßen strömten und dort tanzten, so, als hätten sie irgendeinen Sieg errungen. Sie wollte auch den König nicht sehen, der höchstpersönlich kam, um demonstrativ auf den Quais spazieren zu gehen. Nach all den Stunden verließ sie den harten, kalten Metallstuhl, trat in den Salon und schloss die Tür.

Wie sehr die Ereignisse sie mitgenommen hatten, zeigte sich erst, als überall wieder Ruhe eingekehrt war. Alles tat ihr weh, so, als hätte sie selbst mitgekämpft. Vor allem ihr Magen rebellierte, tagelang war es ihr unmöglich, etwas zu sich zu nehmen, der Ekel war einfach zu groß. Die Temperaturen stiegen, und der widerliche Geruch nach Verwesung und Tod, der über der gesamten Stadt hing, drang bis hinauf in ihre Mansarde. Wie viele Menschen an diesen beiden Tagen Anfang Juni ihr Leben hatten lassen müssen, die so bewegend als letzte Ehre für einen großen Mann begonnen hatten und so blutig endeten, wusste keiner genau. Jeder nannte andere Zahlen. Von den Spitälern und Leichenhäusern, in denen man die Getöteten sammelte, rannen noch Tage später blutige Bäche hinunter in die Seine.

Und wieder einmal wurden alle Bürgerrechte außer Kraft gesetzt. Die Verhafteten wurden in aller Eile vor ein Kriegsgericht gestellt. Um dies möglich zu machen, hatte man kurzerhand den Ausnahmezustand erklärt. Das erste Todesurteil wurde bereits zwölf Tage nach dem Aufstand gesprochen, angefochten und neu vor einem Zivilgericht verhandelt. Während all dieser Wochen war das Pflaster direkt vor Georges Haus und auf der Brücke Saint Michel noch immer dunkel verfärbt vom Blut der Verwundeten und Gefallenen. Ob von Soldaten oder Republikanern − was machte das schon für einen Unterschied? Jeder dieser Männer, dachte George, hatte eine Mutter, jemanden, der ihn liebte, vielleicht Kinder, in jedem Fall Freunde. Jeder Einzelne wurde vermisst und beweint. Es war ihr einfach nicht möglich, zur Tagesordnung zurückzukehren, wie die meisten Pariser. Und wie sogar Jules es tat.

»Stell dich doch nicht so an«, warf er ihr zwei Wochen nach dem Massaker an den Kopf, als sie sich weigerte, ins gerade wiedereröffnete *Pinson* zu gehen. »Ich denke, du willst wie ein Mann behandelt werden? Dann benimm dich gefälligst wie einer.«

»Ich kann das einfach nicht«, versuchte sie zu erklären. »Du würdest genauso fühlen, wenn du das mit angesehen hättest.«

»Ja, du hast zugeschaut«, konterte er. »Ich aber war mittendrin.«

»Mittendrin?«, schrie George ihn wütend an. »Ja, als alles vorbei war, da habt ihr euch rausgetraut! Und dann musstest du deinen Rausch ausschlafen«, worauf Jules aus der Mansarde stürmte und die Tür hinter sich zuknallte.

So kam es ihr dieses Mal mehr als gelegen, die Stadt zu verlassen und gemeinsam mit ihrem Kind nach Nohant zurückzukehren, als die mit Casimir verabredeten drei Monate um waren. Ein Vierteljahr Auszeit vom Grauen in der Hauptstadt im Tausch mit häuslichen Gefechten. Auch in ihrer Mansarde herrschte ja keine friedvolle Atmosphäre mehr, es schien, als ob die politischen Ereignisse die Disharmonien zwischen ihr und Jules verstärkt hatten. Was George am meisten schmerzte, war, dass Jules nicht verstehen konnte, warum die Ereignisse sie derart aufgewühlt, ja, krank gemacht hatten. George fühlte, wie sich die Kluft, die sich zwischen ihnen gebildet hatte, täglich vergrößerte. Sie teilten nicht dieselben traumatischen Erinnerungen, er war nicht dagewesen, als sie und ihr Kind beinahe von einer Kugel getroffen worden waren, und er ließ sie nicht an seinen Erlebnissen teilhaben. Offenbar gab es keine Sprache, die es ihnen erlaubt hätte, sich einander mitzuteilen.

»Du machst es dir einfach«, sagte Jules am vorletzten Abend, als sie sich wieder zum Schreiben zurückziehen wollte. »Du flüchtest dich in deine Liebesgeschichten. So, als gäbe es nichts Wichtigeres auf der Welt. Dabei vergisst du selbst, was es heißt, zu lieben.«

Das tat weh. Vor allem, da sie sich eingestehen musste, dass ihre Liebe für diesen Mann tatsächlich erloschen war.

In Nohant tauchte sie ein in die Landschaft ihrer Kindheit, ritt mit ihrer inzwischen alt gewordenen Stute Colette über die Felder, bis ihr jeder einzelne Knochen wehtat, und unternahm lange Wanderungen mit Maurice, der sich unbändig über ihr Wiedersehen freute. Alles tat ihr wohl: die mit Trauerweiden beschatteten Uferwege entlang der Bäche mit ihrem kristallklaren Wasser, das Grün der Wiesen, auf denen die Kühe grasten, die Felder in leuchtendem Rapsgelb und bläulichem Weizen. Der Hafer stand gut und würde sich bald golden färben. Und zwischen diesen endlosen Flächen, die sich aneinanderfügten wie ein gigantischer, bis zum Horizont reichender Flickenteppich, reiften an den Obstbäumen Äpfel, Birnen und Quitten, die meisten noch grün, noch hart, doch voller Versprechen.

Gemeinsam mit ihren Kindern erntete sie Kläräpfel, sammelte Unmengen von Brombeeren, bestellte beim Krämer in La Châtre zwanzig Kilo Rübenzucker und band sich trotz des Protestes von Casimirs Haushälterin, mit der er seit einiger Zeit ein fast schon eheähnliches Verhältnis hatte, eine Küchenschürze um. Sie hatte beschlossen, Marmelade zu kochen, ließ kistenweise verstaubte Gläser aus der Zeit ihrer Großmutter aus dem Keller holen und sauber auskochen. Duftende Aromen von Brombeeren erfüllten nicht nur die Küche, sondern bald auch das ganze Haus, die Kinder halfen mit glänzenden Augen und bis zu den Ohren verschmierten Gesichtern. Dann wurden die Mirabellen reif, die Pflaumen, die Reineclaudes, und alles wanderte in Georges Topf. Sie kombinierte Früchte, aromatisierte sie mit Gewürzen, fügte hier und dort Obstbrand hinzu, kehrte zurück zu den ursprünglichen, einfachen Rezepten der Bäuerinnen, die früher ihre Kameradinnen gewesen waren.

Und doch kam es immer wieder vor, dass sie im brodelnden Karmesin des Zwetschgenmuses das im Juni vergossene Blut vor Augen hatte und sich schaudernd abwandte. Erleichterung und Trost brachte dann, wie so oft, das Schreiben, und Nacht für Nacht wuchs der neue Roman, auf den, wenn man de Latouche Glauben schenken wollte, *tout Paris* wartete. In *Valentine* erzählte sie eine Geschichte, wie sie jeden Tag in Frankreich tausendfach passierte: Junge Mädchen wurden gegen ihren Willen an alte Männer verschachert und ihnen ohne eigene Rechte vollkommen ausgeliefert, nach Liebe oder zumindest Zuneigung wurde nicht gefragt. Die Liebessehnsüchte dreier junger Frauen ließ sie im Verlauf der ausgefeilten Handlung an den Gittern, die die Gesellschaft über Jahrhunderte hinweg aufgerichtet hatte, zerschellen, so, wie die Hoffnungen der Männer und Frauen, die im Juniaufstand an der Übermacht eines veralteten Herrschaftssystems gescheitert waren. Wieder arbeitete sie an der Sprache der Liebe, um das allgegenwärtige schreiende Unrecht dem Leser fühlbar zu machen und ihn aufzurütteln aus seiner Haltung des »Das war schon immer so«. Denn was immer schon so war, musste nicht so bleiben, sie war der lebende Beweis dafür, und einmal kam ihr mitten in der Nacht, als alle schliefen, der Gedanke, dass vielleicht in einigen Jahren, Jahrzehnten, oder doch zumindest Jahrhunderten Frauen von dem, was sie schrieb, profitieren könnten.

Dann betrachtete sie ihre schlummernde Tochter und wünschte sich so sehr, dass sie es einmal leichter haben würde als sie. Nicht jede ist dafür geschaffen, diesen Kampf auf sich zu nehmen, schrieb sie in ihr Tagebuch. Daher müssen diejenigen, die dazu in der Lage sind, das Wort erheben. Jules hatte unrecht. Sie war alles andere als eine Träumerin, die sich um das Elend des Volkes nicht scherte. Jeder kämpft mit seinen Waffen, dachte sie. Meine ist nun mal die Schreibfeder. Und dann tauchte sie diese wieder in die Tinte und füllte Seite um Seite.

Jules kam sie in diesem Sommer nicht besuchen, obwohl er sich wenige Meilen entfernt im Städtchen bei seinen Eltern aufhielt. Und sie war zu stolz, um sich ihm aufzudrängen.

»Er wirkt sehr in sich gekehrt«, berichtete Gustave ausweichend, als sie sich an einem heißen Tag unter den Bäumen am Fluss, dort, wo sie als Kinder am liebsten gespielt hatten, zu einem Picknick trafen. Er tauchte seinen Löffel tief in die Brombeermarmelade ein. »Ehrlich, George, wenn ich nicht wüsste, was für eine Künstlernatur du in Paris bist, diese Marmelade würde mich davon überzeugen, dass du die beste Hausfrau im gesamten Berry bist.«

George lachte. Dann stand sie rasch auf, um mit einem großen Ast den Ball aus dem Wasser zu angeln, der den Kindern in den Fluss gefallen war. Sie trug die Hosen ihres Vaters, die ihr erstaunlich gut passten. Auch Solange hatte sie die zu klein gewordenen Beinkleider ihres großen Bruders angezogen. George hatte keine Lust, jeden Abend zerrissene Röcke zu flicken. Und Solange fand es wunderbar, auf ihren kurzen Beinchen endlich rennen zu können, ohne dauernd über ihren Saum zu stolpern.

»Warum muss man immer nur das eine tun?«, fragte sie ihren Freund, als sie sich wieder zu ihm setzte. »Ich will Marmelade kochen dürfen *und* Zigarren rauchen. Ich will mein eigenes Geld verdienen *und trotzdem* von einem Mann auf Händen getragen werden. Weil ich ihn auch auf Händen trage, verdammt nochmal. Und nur, weil ich Männerhosen trage, bin ich noch immer eine Frau mit allem, was eine Frau ausmacht.« Das hat Jules nie begriffen, fügte sie in Gedanken hinzu.

Gustave legte den Löffel beiseite und stützte sich seitlich auf einen Ellbogen ins Gras.

»Du bist der erstaunlichste Mensch, den ich kenne«, seufzte er. »Willst du wissen, was wir alle dachten, als du vor knapp zwei Jahren beschlossen hast, mit uns nach Paris zu kommen?« Er blinzelte zu ihr hinüber, doch sie schwieg. »Dass du nach drei Monaten genug von unserem Studentenleben haben würdest. Dass dich das Ganze anwidern würde, unsere endlosen Debatten um Kaisers Bart, die Zigarren, der Absinth, die Cafés, das Gedränge und der Schweißgeruch im Studentenparterre. Immer zu wenig Geld zu haben, das schlechte Essen in den billigen Restaurants, die Eisblumen am Fenster eurer ersten Kammer, der qualmende Kamin in der Wohnung unter dem Dach. Wir haben beinahe darauf gewettet, dass dir das alles viel zu anstrengend wäre. Und dann dein Traum vom Schreiben. Mein Gott, wir alle hatten den, und de Latouche hat es dir am Anfang ja nicht gerade leicht gemacht. Trotz alledem bist du immer wiedergekommen. Und nicht nur das, du hast uns alle überholt. Und das in rasendem Tempo.« George machte Anstalten, etwas einzuwenden, doch Gustave hob die Hand, um ihr Einhalt zu gebieten. »Nein, unterbrich mich bitte nicht. Denn was ich eigentlich sagen möchte: Von der Baronesse Aurore Dudevant hast du dich in den erfolgreichen Schriftsteller George Sand verwandelt, und das in nicht mal ganz achtzehn Monaten. Du arbeitest wie ein Tier, weiß der Himmel, wie du mit so wenig Schlaf auskommst. Du wirst immer besser, von Tag zu Tag, von Text zu Text, von Buch zu Buch. Und du wirst immer schöner, doch, meine Liebe, ich darf das sagen, weil ich nicht das geringste persönliche Interesse an dir als Frau habe, sondern ausschließlich als Mensch, als Freund. Du gehst vorbei und alles dreht sich nach dir um, Männer wie Frauen. Ja, behaupte bloß nicht, du hast das noch nicht bemerkt?«

George wandte den Kopf ab, sie fühlte, wie sie bis unter die

Haarspitzen errötete. »Du bist verrückt geworden«, sagte sie. »Die Hitze hat dein Hirn aufgeweicht, mein lieber Gustave.«

»Oh nein«, antwortete ihr Freund und lachte schallend. »Ganz und gar nicht«, fügte er wieder ernst hinzu. »Und genau das ist der Grund, warum Jules nicht mehr weiß, was er tun soll. Du hast ihn abgehängt, so traurig das ist. Er kann dir schon seit einer Weile nicht mehr das Wasser reichen. Aber das Schlimme ist, er liebt dich, Aurore. Er liebt dich mit seinem ganzen, ehrlichen Herzen.«

Auf einmal hatte sie Tränen in den Augen. Ihre Kehle war wie zugeschnürt, selbst wenn ihr etwas Vernünftiges zu sagen eingefallen wäre, sie hätte kein Wort herausgebracht. Denn sie hatte ihn doch auch so unsagbar lieb, diesen großen Jungen. Und dennoch fühlte sie, dass Gustave recht hatte. Schon seit einer Weile wusste sie es. Sie sehnte sich nach etwas anderem, etwas Größerem, Stärkerem. Nach einer Liebe, die so mächtig war, dass sie Gefahr lief, zu verbrennen, zu verglühen, sich aufzulösen in der Umarmung eines anderen Menschen. Eines Menschen, der ihr überlegen war, an dem sie wachsen konnte, mit dem sie sich messen und beweisen musste. Mit Jules Sandeau war das nicht möglich.

»Bring es ihm schonend bei«, sagte Gustave leise und stand auf, klopfte seine Hose ab und zupfte ein paar Grashalme von seiner Jacke. »Und tu es bald«, fügte er hinzu, als er sie rechts und links auf die Wangen küsste.

»Ich werde doch deine Freundschaft nicht auch verlieren müssen?«

Sie hasste es, wie ihre Stimme zitterte, und biss sich auf die Unterlippe.

»Aber nein, das wirst du nie«, antwortete Gustave sanft. Dann schlug er ihr kräftig auf den Rücken. »So schnell wirst du deine alten Kameraden nicht los, George Sand.« Er grinste, fing den Ball auf, dem Maurice zu viel Schwung gegeben hatte und warf ihn ihm zurück. Er nahm Solange kurz hoch und wirbelte sie durch die Luft, bis sie juchzte. »*À bientôt!*« rief er George zu und verschwand mit großen Schritten unter den hängenden Zweigen der Trauerweide.

Niedergeschlagen blickte George ihm nach. Er hatte recht. Etwas ging zu Ende. Und etwas Neues begann.

II. TEIL

»MAN HAT KEIN GRÖSSERES RECHT
AUF DEN BESITZ MEINES HERZENS
ALS AUF DEN EINES SKLAVEN.«

1834 – 1836

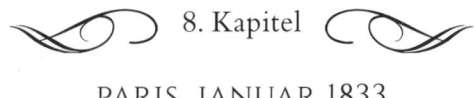

8. Kapitel

PARIS, JANUAR 1833

Die Salle Le Peletier der Pariser Oper vibrierte im Glanz der illustren Gäste. Alles, was Rang und Namen hatte, feierte die Premiere von *Gustave III ou Le bal masqué* des arrivierten Komponisten Auber. Im Schein der Kronleuchter schimmerten die Garderoben der Damen der Gesellschaft in pudrig hellen Tönen. Sanft gebrochenes Weiß wie von Perlen, silbernes Grau, lichtes Creme dominierten, Chiffon, Organza und Spitze, duftig und leicht, ließen die weiblichen Körper darunter gerade nur soweit erahnen, wie es die Schicklichkeit erlaubte. Wer konnte, schwebte mehr, als dass sie ging, das Glas Champagner zierlich zwischen zwei Fingern haltend. Blutjunge Debütantinnen bemühten sich, in den ungewohnten Schuhen würdevoll zu schreiten, mit ihren Abendtäschchen am Handgelenk nirgendwo hängen zu bleiben und nach Möglichkeit ihre Fächer nicht im unpassenden Moment zu verlieren.

»Was für ein Spektakel«, spottete de Latouche. »Schaut euch diese jungen Hühner an.«

»Balzac sieht aus, als suche er sich gerade ein besonders knuspriges aus«, lachte Victor Hugo.

»Aber er hat doch schon eines«, kicherte Émile. »Die Gräfin Fresnay. Dort hinten steht sie mit ihrem Mann, heute ganz in leckerem Vanillegelb.«

»Ich dachte, mit der wäre es aus«, warf Victor Hugo ein.

»Neuerdings erzählt er von einer polnischen Gräfin, mit der er nur per Brief verkehrt.«

De Latouche lachte schallend. »Schon möglich«, antwortete er. »Seit ich nicht mehr in Paris lebe, ist mir das alles herzlich egal. Aber seht mal, wer da kommt. Je später der Abend …«

In ihrem schwarzen Frack wirkte George Sand einmal mehr wie ein frühreifer Jüngling. Ihr schwarzes Haar trug sie im Nacken zu einem schlichten Zopf geflochten, ihre Augen schimmerten wie Obsidian. Sie war bleich, nur ihre vollen Lippen waren rot wie der Saft von dunklen Kirschen. Und wie sie zwischen all den Damen mit ihrer hellen Kleiderfülle die Treppe heraufgeschritten kam, von denen manche vor ihr zurückwichen und hinter dem Fächer ihrer Nachbarin etwas zuflüsterten, während sie ihre scharfen Blicke nicht von der Schriftstellerin ließen, wirkte sie ernst und würdevoll, als käme sie von einer Beerdigung.

»So ganz allein?«, begrüßte Balzac sie, der sich von den Debütantinnen abgewendet hatte.

»Ich sehe mindestens achthundert Menschen um uns herum, Honoré«, entgegnete George lächelnd.

Balzac strahlte sie bewundernd an.

»Nie ist ein Künstler einsamer, als inmitten seines Publikums. Herzlichen Glückwunsch zu *Valentine* übrigens. Das Buch hat mich bezaubert, mein lieber George.«

»Wirklich? Das freut mich«, antwortete sie, äußerlich die Ruhe selbst, innerlich jedoch bebte sie fast vor Stolz. Und nicht nur der berühmte Balzac, sondern auch die wichtigsten Kritiker Frankreichs lobten ihr Buch in den höchsten Tönen. Sie nahm seinen Arm, und gemeinsam gingen sie hinüber zu den Freunden aus dem Berry.

»Ein höchst sinniges Motto haben Sie dem Roman unseres lieben Freundes gewidmet«, sagte er zu de Latouche. Jeder wusste, wie sehr sich die beiden hassten, und George hielt den Atem an. »*Die Frau bleibt in ihrer Schwäche oftmals standhaft, unterliegt jedoch in ihrer Stärke.* Was zum Teufel wollen Sie damit sagen? Ist es nicht das Gegenteil von dem, was unser lieber George uns tagtäglich vorlebt? Sie ist stark, oder nicht? Soll sie also unterliegen?«

De Latouche wollte ihm heftig erwidern, doch Beifall und Hoch-Rufe enthoben ihn einer Antwort. Adolphe Nourrit erschien, der Grandseigneur der Oper, der den König von Schweden verkörpert hatte, und in seinem Gefolge die Primadonna des Abends Marie-Cornélie Falcon zusammen mit der reizenden Julie Dorus-Gras, die in einer Hosenrolle brilliert hatte.

»Ist Jules auch da?«, fragte George, die sich zu ihren Freunden gesellt hatte. »Geht es ihm nicht gut?«

»Er ist abgereist«, antwortete Félix und musterte sie überrascht. »Hat er sich nicht von dir verabschiedet?«

»Abgereist?«, fragte sie konsterniert. »Wohin denn?«

»Sag bloß, du weißt das gar nicht«, sagte Émile kopfschüttelnd. »Nach Italien. Gestern haben wir ihn zur Postkutsche gebracht.«

George fühlte einen Stich im Herzen. Jules hatte die Trennung noch schlechter aufgenommen, als sie es befürchtet hatte. Er hatte herzzerreißend geweint, als sie ihm gesagt hatte, dass sie in de Latouches frühere Wohnung einziehen würde, aber nicht gemeinsam mit ihm, sondern allein mit ihrer Tochter. Dass er jetzt ausgerechnet nach Italien fuhr, etwas, was sie sich so sehnlichst wünschte und wogegen er immer tausend Einwände erhoben hatte, erfüllte sie mit einer Mischung aus Bestürzung und Ärger. Und doch konnte sie dem großen Jungen, für den sie immer noch zärtliche Gefühle hegte, nicht böse sein. Schließlich hatte er das Recht, zu tun, was er wollte.

»Wir haben ihm dazu geraten«, fügte Gustave hinzu und tätschelte George unauffällig die Schulter. »Damit er auf andere Gedanken …«

»Schaut doch nur, da kommt die Dorval«, unterbrach ihn Émile aufgeregt. »Sieht sie nicht wundervoll aus? Ich versteh gar nicht, warum man sie überhaupt nicht mehr im Theater sieht.«

»Das hat sie ihrer Erzrivalin zu verdanken«, knurrte Victor Hugo. »Ihre Intrigen haben sie kaltgestellt. Ein Skandal ist das!« Er ging, die Schauspielerin zu begrüßen, von der *tout Paris* sagte, dass es nie eine schönere, vollendetere, leidenschaftlichere Darstellerin gegeben habe. Marie Dorval, die George bereits vor zwei Jahren bewundert hatte, als sie zum allerersten Mal als Student verkleidet mit ihren Freunden das Theater besucht hatte.

»Ach, ich würde sie so gern einmal persönlich kennenlernen«, seufzte George. Seit damals hatte sie das Gefühl, dass diese Schauspielerin und sie Seelenverwandte sein mussten.

»Dann geh doch einfach zu ihr hin«, schlug Félix vor. »Du bist inzwischen ein erfolgreicher Schriftsteller und brauchst dich nicht zu verstecken.«

Doch George schüttelte den Kopf. Insgeheim beschloss sie, Marie Dorval zu schreiben. Vielleicht sollte sie ihr ein Exemplar von *Valentine* schicken? Oder war das zu aufdringlich?

»Wer ist denn dieses Goldköpfchen dort hinten?«

Félix spöttisches Lachen riss sie aus ihren Gedanken. An jedem Arm ein wunderschönes Mädchen untergehakt und umringt von nach der neuesten Mode gekleideten Herren kam ein unverschämt gutaussehender junger Mann die Treppe herauf. Haar und Bart waren von einem leuchtenden Kupferton, und im Licht der modernen gasbetriebenen Lüster schimmerte sein Haupt wie vergoldet.

»Das ist Alfred de Musset«, erklärte der Literaturkritiker Sainte-Beuve, der zu ihnen getreten war.

»Der Autor der *Contes d'Espagne et d'Italie*?«, entfuhr es ihr erstaunt. »Nie im Leben hätte ich gedacht, dass ein solcher Dandy diese Gedichte geschrieben hat.«

»Aber ein schöner Dandy«, sagte Sainte-Beuve grinsend. »Und ein begnadeter Poet. Wenn Sie mich fragen, er ist die Romantik in Person.«

»Ach was«, rief Gustave gespielt entrüstet aus. »Das ist doch schon unser lieber George. Gibt es einen romantischeren Künstler als ihn? Ich glaube nicht.«

»Dann muss ich Sie einander unbedingt vorstellten«, schlug Sainte-Beuve amüsiert vor. Doch George schüttelte den Kopf.

»Lieber nicht«, wehrte sie schmunzelnd ab. »Mit diesen Modegecken kann ich nicht mithalten. Kommen Sie mich doch mal wieder besuchen, Monsieur Sainte-Beuve«, fügte sie hinzu und wandte sich zum Gehen. »Die Wohnung kennen Sie ja, es ist die, in der de Latouche bis vor Kurzem lebte.«

»Jaja«, machte Balzac, der sich ihnen ebenfalls zugewandt hatte, nachdem de Latouche ihn einfach hatte stehen lassen. Er schnalzte anzüglich mit der Zunge. »Erst schreibt er ein Zitat für den Buchdeckel ihres Romans. Dann überlässt er ihr die Mansarde. Und wie ich hörte, haben Sie ihn neulich sogar besucht, dort auf dem Land?«

»Sie halten ihre Ohren in den falschen Wind, mein Freund«, antwortete George. »Geben Sie acht, dass er Ihnen keinen Unsinn einbläst.«

Sie verabschiedete sich trotz der Proteste ihrer Freunde. Ihr war nicht nach Feiern. Die Trennung von Jules und die Nachricht von seiner Italienreise schlugen ihr aufs Gemüt. Doch auf einmal stellte sich ihr de Latouche in den Weg.

»Das war eine ausgesprochene Dummheit von dir, dieser Vertrag mit Buloz«, sagte er. Sein Bart wirkte zerzaust, offenbar hatte ihm die Begegnung mit Balzac die Laune verdorben. »Wie willst du alle sechs Wochen hundertzweiundzwanzig druckreife Seiten liefern?«

»Dafür zahlt er mir viertausend Francs im Jahr!« Er wusste schließlich genauso gut wie sie, dass sie damit jetzt schon zu den bestbezahlten Schriftstellern des Landes gehörte, und das auch noch als Frau. Sie brauchte das Geld dringend für sich und ihre Kinder. Noch vor wenigen Wochen hatte sie nicht gewusst, wovon sie die nächste Miete bezahlen sollte. Mit diesem Vertrag war ihre Existenz als Künstlerin auch in Zukunft gesichert.

»Ja, aber du hast dich auf zehn Jahre gebunden«, schalt de Latouche sie aus, als wäre sie ein kleines Mädchen, und George sah sich verärgert um, wer dies alles mithören konnte.

»Das bedeutet zehn Jahre Sicherheit.«

De Latouche lachte höhnisch auf.

»Sicherheit«, äffte er sie nach. »Er hat dich geknebelt!«, rief er aus.

»Das bin ich gern eingegangen«, entgegnete George verärgert. »Die *Revue des Deux Mondes* ist aktuell das renommierteste Blatt im Bereich Literatur. Alles, was Rang und Namen hat, schreibt für Buloz: Hugo, Dumas, Alfred de Vigny, Balzac und alle anderen. Warum soll ich nicht für ihn schreiben, wo du doch den *Figaro* aufgegeben hast …«

»Ja, verspotte du mich nur«, unterbrach de Latouche sie aufgebracht. »Ich weiß, dass ihr mich alle für einen Versager haltet.«

»Aber nein, Henri, wie kommst du nur auf so etwas«, rief George aus. »Mit irgendetwas muss ich schließlich mein Geld verdienen. Du hast mir beigebracht, auf Kommando zu schreiben und zwar auf den Buchstaben genau. Ich verstehe nicht, warum du darum so ein Aufheben machst.«

»Ach, mach doch, was du willst«, fuhr de Latouche auf und wandte sich ab.

George sah ihm entgeistert nach, wie er hinter einer Gruppe von Choristen verschwand. Vor einiger Zeit hatte Balzac sie gewarnt. »Eines Tages wird er auch dich mit Schimpf und Schande überziehen, so wie mich«, hatte er gesagt. »Es ist nicht einfach, von den eigenen Schülern überflügelt zu werden. Du darfst nie vergessen, dass sich de Latouche selbst für einen großen Schriftsteller hält. Er hat auch mich gefördert, wo es nur ging. Bis ich Erfolg hatte. Bei dir ist dieser Zeitpunkt nicht mehr weit. Also sei gewappnet.«

Sie hatte das für Unsinn gehalten. Außerdem schätzte sie sich längst nicht so genial ein wie Balzac. Dass er sich mit ihr verglich, schrieb sie einem seiner seltenen großherzigen Momente zu. Oder trat jetzt ein, was er ihr vorausgesagt hatte?

Sie strebte dem Ausgang zu und geriet auf einmal in eine Gruppe von Neuankömmlingen, in ihrer Mitte eine geschmeidige Gestalt mit honigblondem, weichem Haar und samtbraunen Augen. Einen Moment musste George sich besinnen, wo sie diesen jungen Mann schon einmal gesehen hatte. Dann fiel es ihr ein. Es war der polnische Pianist, dessen Spiel so lange in ihr nachgeklungen hatte. Wie hieß er doch gleich? Chopin. Frédéric Chopin.

»Passen Sie doch auf, *jeune homme*«, rief ein hochgewachsener Mann mit nach hinten gekämmter Mähne und mächtiger Adlernase, der die Gruppe anzuführen schien. Seine ungewöhnlichen Augen in der Farbe von Malachit musterten sie empört. Sie trat amüsiert beiseite. Es war lange her, dass sie jemand für einen Jungen gehalten hatte.

»Aber meine Herren, ich bitte Sie«, hörte sie eine vertraute Stimme hinter sich. »Das ist die berühmte Schriftstellerin George Sand.« Es war Victor Hugo, der den Mann mit der Adlernase freundschaftlich begrüßte. »Darf ich vorstellen? Franz Liszt aus Ungarn. Ein wundervoller Musiker.«

Der Mann mit der Adlernase starrte sie überrascht an. »Schriftstellerin?«, fragte er und musterte sie von Kopf bis Fuß.

»Ich hatte das Vergnügen«, sagte George ungerührt zu Frédéric Chopin, »Sie schon einmal spielen zu hören. Das war im vergangenen Jahr, meine ich. Im Salon Pleyel. Es hat mich sehr berührt.«

Der Pole betrachtete sie wie ein seltenes Insekt. Ganz offensichtlich hatte er noch nie eine Frau in Männerkleidung gesehen.

»Kommen Sie, Frédéric«, mischte sich Victor gutmütig ein. »Ich dachte immer, ihr Polen wärt charmant zu Damen. Jedenfalls sagt man euch das nach.«

Eine verlegene Röte überflog den blassen Teint des Komponisten.

»Verzeihen Sie«, sagte er leise, warf ihr erneut einen misstrauischen Blick zu, und entschwand mit seiner Entourage im Gedränge.

George sah ihnen nach und lachte, während Victor sein mächtiges Haupt schüttelte. »Diese Polen«, sagte er schmunzelnd. »Bei aller Liebe. Aber ein wenig rückständig sind sie schon.«

ᔓ ᔕ

Noch in derselben Nacht schrieb George einen Brief an Madame Dorval. Sie gab sich Mühe mit der Formulierung eines jeden Satzes, wollte nicht zu aufdringlich, aber auch nicht zu förmlich wirken. Eine Weile starrte sie auf die Zeilen. Sie verstand selbst nicht, warum sie so aufgeregt war. Vielleicht lag es daran, dass sie seit der Klosterschule nie mehr eine Freundin gehabt hatte. Und auf einmal wurde ihr bewusst, wie sehr ihr das fehlte – der Austausch mit einer Frau, die ein vergleichbares Leben führte wie sie. Seit Jahren umgab sie sich mit Männern, lange hatte sie geglaubt, dass sie dachte und fühlte wie diese. Um keinen Preis hätte sie auf die Freundschaft ihrer Kindheitsgefährten aus dem Berry verzichten wollen. Und doch blieb da immer ein Rest, den weder Gustave noch Félix je verstehen würden, von Émile ganz zu schweigen, der viel zu eng mit Jules befreundet war. Hélène Badoureau war reizend und kümmerte sich liebevoll um Solange, die inzwischen die Elementarklasse bei ihrem Mann besuchte. Aber mit ihrer Bewunderung brachte sie George oft in Verlegenheit. Was sie sich wünschte, war eine Begegnung unter ihresgleichen.

Endlich war sie zufrieden mit ihrem Brief und ging zu Bett.

Am nächsten Morgen versiegelte sie ihn, ohne ihn noch einmal durchzulesen, denn sie fürchtete, der Mut würde ihr schwinden. Dann bat sie Pierrot, den Sohn der Hausmeisterin, das Schreiben zu der Adresse zu bringen, die sie sich schon vor einem halben Jahr von de Latouche hatte geben lassen.

Wahrscheinlich antwortet sie nicht einmal, dachte George, und zwang sich, nicht mehr daran zu denken, während sie Solange fertig machte und zu den Badoureaus brachte.

Sie war kaum wieder zu Hause und hatte ihr bequemes Hauskleid angezogen, um sich dem Schreiben zu widmen, als es an ihrer Tür klopfte. Sie öffnete und glaubte, ihre Einbildungskraft spiele ihr einen Streich. Vor ihr, in einem meerblauen Samtcape, stand Marie Dorval.

»Hier bin ich«, rief die Schauspielerin mit einem Lachen, riss die Arme hoch und fiel ihr bühnenreif um den Hals.

George atmete verwirrt das zarte Parfum der Diva ein, das ihren rotblonden Haaren entströmte, fühlte ihren Körper gegen den ihren, und einen Moment lang wurde ihr schwindelig.

»Madame …«

»Marie«, unterbrach die Künstlerin sie und löste sich von ihr. Sie schob George an den Schultern sanft ein Stück von sich weg und betrachtete sie voller Neugier. »Sag einfach Marie zu mir. Ach, ich hab mich so über dein Billet gefreut. Schon seit einer ganzen Weile sag ich zu Freddy, dass wir dich unbedingt kennenlernen müssen. Gestern Abend in der Oper, da hab ich dich einen Moment lang gesehen. Und dann warst du wie vom Erdboden verschluckt.«

»Ich war müde«, erklärte George und hätte sich ohrfeigen mögen. Wo waren nur ihre Manieren geblieben. »Nimm doch Platz, Marie«, fügte sie rasch hinzu. »Mach es dir bequem. Möchtest du Tee?«

Marie ließ Georges Schultern nicht los. So, als hätte sie nicht gehört, hielt sie ihre ausdrucksvollen grünen Augen auf sie gerichtet.

»Nein«, sagte sie mit belegter Stimme, »ich möchte mich eigentlich nicht setzen. Weißt du, was ich am liebsten tun würde?«

Zwischen ihren Lippen schimmerte das Weiß ihrer Zähne.

»Alles, was du willst«, antwortete George.

Marie Dorval trug noch immer das Cape und feine Seidenhandschuhe. Mit dem rechten Zeigefinger strich sie sanft die Linie von Georges Augenbraue nach, während die andere Hand nach der Schließe ihres Capes tastete. Ihre Münder näherten sich einander, George konnte den warmen Hauch ihres Atems fühlen. Er roch nach Vanille und Puder, nach Unschuld und Verführung. Dann, auf einmal glitt Maries Umhang zu Boden, und ihre Lippen berührten sich. Es war, als träfe George ein elektrischer Schlag. Ein nie gefühlter, heißer Strahl durchpulste ihren Körper vom Mund bis hinab in die geheimste Region ihres Unterleibs. In ihrem Rücken fühlte sie Maries Hände, die geschickt die Häkchen ihres Hauskleides öffneten, es über ihre Schultern streiften, und, während es von ihr glitt, bereits ihr Hemd anhoben und sich darunter schoben. George erzitterte unter der Berührung der seidenbehandschuhten Finger, als Marie sanft über ihre Brüste strich.

»So gern hätte ich dich aus deinem Anzug herausgeschält, du Schöne«, flüsterte Marie an ihrem Ohr. Ihre rechte Hand wanderte ihren Körper entlang nach unten, tiefer und tiefer, streichelte kurz ihren Bauchnabel, umfasste ihren Venushügel. George stöhnte auf, als sie sanft in sie eindrang.

»Marie«, raunte sie. »Was machst du da?«

»Dich glücklich«, antwortete die Schauspielerin. »Wenn du willst.«

Zwei Stunden später lagen sie erschöpft eng nebeneinander auf Georges Bett.

»Warum kann es mit Männern nicht so sein?«, fragte George, zog an ihrer Zigarre und reichte sie an Marie weiter.

»Weil sie ahnungslos sind«, antwortete diese, nachdem sie einen tiefen Zug genommen hatte. »Und weil sie sich nicht die Mühe machen, unseren Körper richtig kennenzulernen. Jedenfalls die meisten von ihnen.« George drehte sich auf die Seite, stützte sich mit dem Ellbogen ab und betrachtete Marie. Die Zartheit ihrer Gesichtszüge, ihr Teint, der sie an das Fruchtfleisch weißer Pfirsiche erinnerte. Das alles war so neu für sie. »Es gibt Ausnahmen«, fuhr die Schauspielerin fort, zog noch einmal an der Zigarre und gab sie dann George zurück. »Aber die sind selten.«

»Hast du schon einmal einen gekannt?«, erkundigte sich George gespannt, Marie sah sie an mit einem leisen, wissenden Lächeln und nickte. »Wer ist es?« Marie legte den Zeigefinger auf ihre Lippen und schwieg. »Ein Geheimnis also?«

»Ich bin diskret. Anders geht es nicht. Ich hoffe, du bist es auch.«

»Natürlich.« George ließ sich wieder auf den Rücken fallen. »Und doch lieben wir sie, die Männer.«

»Ja«, pflichtete Marie ihr bei, und es klang wie ein Seufzen. »Manchmal wünschte ich, ich könnte sie hassen. Aber das geht einfach nicht. Weder Merle, meinen Ehemann, noch Freddy, den Graf de Vigny. Ich liebe sie beide. Und du?«

George zögerte mit ihrer Antwort, spielte an der Zigarre, schließlich drückte sie sie in einem Zinnteller auf dem Nachttisch aus.

»Im Augenblick ist da niemand«, sagte sie. »Jules Sandeau ist nach Italien abgereist.«

»Nachdem du dich von ihm getrennt hast«, fügte Marie sanft hinzu.

»Du weißt das alles?«

»Natürlich«, antwortete sie mit einem leisen Lachen. »Glaubst du, ich lass mich mit jemandem ein, dessen Liebesverhältnisse ich nicht kenne?« Sie strich George zärtlich eine dicke, schwere Strähne aus der Stirn. »Weißt du eigentlich, wie anziehend du bist?«, fuhr sie fort. »Du siehst aus wie die Judith auf dem Gemälde von Cristofano Allori. Wenn er nicht schon so lange tot wäre, würde ich schwören, dass du ihm Modell gestanden hast. Der Literaturkritiker Gustave Planche ist übrigens derselben Meinung.«

George lachte schallend. Dann wurde sie nachdenklich.

»Wie machst du das, Marie?«

»Was denn?«

»So verführerisch zu sein. Wie kriegst du es hin, dass sich dein Ehemann und dein Geliebter nicht gegenseitig umbringen? Wie um alles in der Welt nimmst du dir, was dir zusteht?«

Marie starrte an die Decke und schwieg lange.

»So ist es doch überhaupt nicht«, sagte sie dann niedergeschlagen. »Ich kriege nicht im Geringsten, was mir zusteht. Seit 18 Monaten boykottieren mich die Theater. Als wäre in Paris nicht genug Platz für drei Schauspielerinnen. Ich bin zwar mit einem Theaterdirektor verheiratet, aber was die Karriere anbelangt, mit dem falschen. So kann es gehen.« Sie schüttelte resigniert den Kopf. »Aber mit den Männern«, fuhr sie fort, richtete sich auf und schob sich ein Kissen in den Rücken, »mit den Männern ist es ganz einfach. Sie sind allesamt große Kinder, das ist das Geheimnis. Ganz egal, wie alt sie sind, es sind wundervolle, faszinierende, beeindruckende, lästige, nervende, hinreißende Kinder. Und wie geht man mit Kindern um? Man sagt ihnen klar und deutlich, was man von ihnen erwartet. Ja, George, genau das müssen wir tun. Das ist es, was uns in ihren Augen verführerisch macht: Wenn wir wissen, was wir wollen, und es ihnen mit Blicken, Gesten und gut gewählten Worten mitteilen.«

»Was mitteilen?«, erkundigte sich George, die staunend gelauscht hatte. »Was meinst du genau?«

»Na, dass wir sie haben wollen. Oftmals sind sie einfach zu schüchtern, vor allem, wenn man eine gewisse Berühmtheit erlangt hat, wie wir beide. Und wenn sie sich dann immer noch nicht trauen, dann mach es wie ich vorhin …« Sie ergriff Georges Hand und legte sie auf ihre Brust. »Nimm sie an der Hand und führe sie in dein Bett.« George lachte und kuschelte sich an den warmen, weichen Körper ihrer neuen Freundin. »Aber du musst auch wissen«, fuhr Marie fort, »dass alles im Leben seinen Preis hat. Im Gegenzug für ihre Liebe und Treue müssen wir Frauen für diese schwachen Wesen sorgen. Denn wie ich schon sagte: Sie sind wie die Kinder und wissen nicht, was sie tun.«

Sie glitt wieder unter die Decke und schmiegte sich an Georges Körper. Eine Weile genossen sie die Gegenwart der anderen, streichelten und liebkosten einander. Ein tiefes Auf-atmen ging durch George. So einfach konnte es sein? Und dann fühlte sie ein großes Bedauern, dass sie zwar Maries Um-armung genießen konnte, aber auch sie nicht die letzte Ant-wort auf ihre Sehnsucht brachte.

»Eigentlich schade«, flüsterte sie.

»Was ist schade, mein Herz?«

»Dass ich … naja, die Männer trotzdem begehre.«

»Ich auch«, wisperte Marie an ihrem Ohr zurück. »Aber im-merhin haben wir uns jetzt gefunden, mein liebster George. Und können uns trösten, wenn sie mal wieder schlecht zu uns sind.«

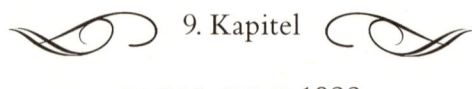

9. Kapitel

PARIS, JUNI 1833

»Nein, das halte ich für keine gute Idee.«

George hatte einen ihrer schlechten Tage, die sich in letzter Zeit häuften. Migräne und Gliederschmerzen. Und einen Magen, der brannte wie Feuer. Sie hätte gern einen Kamillen-Aufguss bestellt, so, wie ihn ihre Großmutter machte, wenn sie als Kind Bauchschmerzen gehabt hatte. Aber im Café de Paris wäre das doch recht peinlich gewesen. Im Nu würde es die Runde machen: George Sand trinkt Kamillentee. Ist sie womöglich schwanger? Nein, das ging nicht. Außerdem war sie sich nicht einmal sicher, ob man so etwas hier überhaupt servierte.

»Aber er hat extra gesagt, dass er Sie gern kennenlernen möchte.« Sainte-Beuve musterte sie aufmerksam. »Warum denn nicht? Ich bin überzeugt davon, dass er Ihnen neue Kreise eröffnen könnte.«

»Dieser Dandy?« George kramte in ihrer Tasche nach dem Pillendöschen, fand es endlich und schluckte eine dieser Natronpastillen, die Gustave ihr empfohlen hatte. »Das kann ich mir nicht vorstellen.«

»Er ist einer der größten Dichter unserer Zeit«, gab Sainte-Beuve zu bedenken. »Und er hat ausgezeichnete Kontakte.«

»Das mag ja sein. Ich glaube allerdings nicht, dass er in meinen Freundeskreis passt«, seufzte George. »Sie kennen mich. An mir ist überhaupt nichts Glamouröses.«

»Wirklich nicht?«, lachte der Literaturkritiker. »Das sehen viele anders. Aber keine Sorge«, fügte er rasch hinzu, als er sah, wie George unwillig die Unterlippe vorschob und die Brauen runzelte. »Ich bringe ihn nicht mit, wenn Sie es nicht wünschen. Obwohl ich das Gefühl habe, dass Sie einiges verpassen.«

»Ich muss arbeiten«, entgegnete George. »Im Juli kommt *Lélia* heraus.«

Sofort änderte sich die Haltung ihres Gegenübers. Alles an ihm war gespannte Erwartung.

»Bei Buloz?«

George nickte und zündete sich eine Zigarre an. Auch Sainte-Beuve publizierte regelmäßig in der *Revue des Deux Mondes* von François Buloz. Sie waren also Kollegen. Dass er dazu noch immer gleich neben Planche der wichtigste Literaturkritiker von Paris war, machte die Sache nicht einfacher. In wenigen Wochen würde ihr neuer Roman dort vorabgedruckt werden, ehe er als Buch bei Henri Dupuy herauskommen würde.

»Werden Sie mir den Vorzug gewähren, das Manuskript vorab zu lesen?«, fragte er lauernd.

George musterte ihn amüsiert. Im Laufe der Zeit waren sie zwar Freunde geworden, doch wenn es ums Geschäft ging, verwandelte er sich in einen Jäger, und sie fühlte sich wie ein Stück Wild, das vor seine Flinte geraten war. Und doch hatte sie es so dringend nötig, dass er ihre Bücher besprach.

»Nein«, antwortete sie. »Aber ich lese Ihnen daraus vor, wenn Sie es wünschen.«

Sainte-Beuves Augen blitzten.

»Und ob ich das möchte. Wann darf ich Sie besuchen?«

Noch ehe George darauf antworten konnte, fiel ein Schatten auf sie.

»Ah«, ließ François Buloz sich vernehmen, »gleich zwei meiner wunderbaren Autoren. Darf ich mich zu Ihnen setzen?«

»Wenn man vom Teufel spricht …«, scherzte Sainte-Beuve

und machte eine einladende Geste zum freien Stuhl an ihrem Tisch.

»Oder sind Sie beide womöglich gerade dabei, Ihren Verleger durchzuhecheln?« Buloz lachte schallend.

»Ja, das hatten wir tatsächlich vor«, sagte George mit einem charmanten Grinsen. »Leider fiel uns aber überhaupt nichts ein.«

»Wir werden den neuen George Sand herausbringen«, prahlte der Verleger in Richtung Saint-Beuve. Der nickte.

»Ich weiß.«

Buloz warf George einen vorwurfsvollen Blick zu und bestellte beim Kellner Kaffee für alle.

»Verraten Sie nur noch nicht zu viel«, wies er seine Autorin an und warf Sainte-Beuve einen listigen Blick zu. »*Lélia* wird einschlagen wie eine Bombe, das garantiere ich Ihnen. So etwas hat man noch nie zuvor gelesen. George Sand zeigt in diesem Roman eine Radikalität, die einem den Atem verschlägt. Schluss mit jungen, unglücklich verheirateten Damen. Diesmal geht George Sand einen Schritt weiter: Die Damen geben Antworten auf Fragen des Liebeslebens, die noch nie jemand öffentlich zu stellen gewagt hat.

Haben Sie übrigens meine Einladung zum dîner erhalten?«, fragte Buloz. »Es findet übernächsten Sonntag statt, und ich zähle auf Sie beide.«

George nickte. Ihr fiel ein, dass sie Christine Badoureau noch gar nicht gefragt hatte, ob sie Solange an diesem Abend beaufsichtigen könnte.

Der Kellner servierte den duftenden Kaffee in kleinen Tässchen. Obwohl ihr Magen noch immer schmerzte, konnte George nicht widerstehen. Übernächsten Sonntag. Hoffentlich war sie bis dahin mit der Korrektur der Druckbögen durch. Sie seufzte innerlich. Was gäbe sie nicht darum, eine kleine Auszeit in Nohant zu nehmen. Erst jetzt bemerkte sie, dass ihr Verleger sie aufmerksam betrachtete.

»Machen Sie sich mal keine Sorgen«, sagte er väterlich, obwohl er ein Jahr jünger war als sie. »*Lélia* wird die Welt verzaubern. Und Paris bekommt endlich wieder Gesprächsstoff.«

George zuckte innerlich zusammen. Warum hatte sie nur eingewilligt, dieses eigenartige Buch zu veröffentlichen, das mit nichts vergleichbar war, was sie bislang geschrieben hatte? In dem sie so viel von ihren geheimsten Überzeugungen preisgab und dessen Handlung extremer nicht sein könnte?

»Sie werden mich hassen«, sagte sie düster und nahm einen Schluck Kaffee.

»Ja, ganz sicher werden das einige«, erklärte der Verleger und lehnte sich selbstgefällig zurück. »Und alle anderen werden Sie lieben. Mit Sicherheit wird *tout Paris* darüber sprechen, und jeder wird es haben wollen.«

»Mit jedem Tag wird mir klarer, dass die Vorstellung, die die Jugend von der ausschließlichen Liebe hat, von dem Anspruch, den anderen ganz und gar zu besitzen, und zwar für immer und ewig, falsch ist oder zumindest Unheil bringend. Alle Theorien über die Liebe sollten erlaubt sein, denn die Menschen unterscheiden sich in ihren Bedürfnissen und in ihrer Kraft voneinander. Eheliche Treue würde ich nur ausnahmsweise und wenn, dann auserwählten Seelen auferlegen. Die anderen sollten sich gegenseitige Freiheit einräumen, wechselseitige Nachsicht, und vor allem sollten sie allem eifersüchtigen Egoismus abschwören. Wieder anderen bekommt die Ruhe der Engel, die geschwisterliche Keuschheit, eine ewige Jungfrauenschaft. Denn nicht alle Gemüter sind gleich veranlagt. Es gibt Menschen, die sich der Strenge des religiösen Glaubens überlassen, andere dem Schmachten der Wollust, und wieder andere den Kämpfen der Leidenschaften oder den leeren Träumereien der Poesie. Nichts ist willkürlicher oder unbestimmbarer als der Begriff von der wahren Liebe. Jede Liebe ist wahr, sie möge heftig oder ruhig sein, sinnlich oder geistig, dauernd oder vorübergehend.«

George verstummte, legte die Seite zu den anderen und wagte erst nach einer Weile, aufzublicken. Sainte-Beuve saß im Sessel, von der Nachmittagssonne seitlich beschienen, die Beine über Kreuz, die Augen geschlossen.

»Wie finden Sie es?«, fragte sie.

»Das ist …«, sagte er schließlich, »… mutig.« Georges Herz begann wie wild zu schlagen. Sie vertraute auf das Urteil ihres Kritiker-Freundes. »Und es ist … es ist wahrhaftig. Mein Gott, George, wie schaffen Sie es nur, all diese tiefen Einsichten in die menschliche Seelenlandschaft in dermaßen klare Worte zu fassen?«

»Also gefällt es dir?«

Jetzt erst bemerkte sie, dass sie zum Du übergewechselt war. Eine leichte Röte bedeckte ihr Gesicht.

»Gefallen ist kein Ausdruck, George«, antwortete Sainte-Beuve. Er sah sie an mit einem Ausdruck, den sie in seinem breiten Gesicht mit dem normalerweise selbstbewussten Blick und den stets zu einer ironischen Linie zusammengepressten Lippen gar nicht kannte. Jetzt wirkte es nachdenklich und weich. »Ich kenne nur diese Ausschnitte, die du mir vorgelesen hast, aber ich fühle … ja, ich habe das starke Gefühl, dass es viel Wahrheit enthält. Und welcher Text kann das schon von sich sagen?«

George stand auf und ging zum Fenster. Obwohl diese Wohnung nach Süden hinausging, sorgten die Bäume im Hinterhof dafür, dass sie dämmriger war, als die Mansarde am Quai Saint Martin. *La mansarde bleue* nannten die Freunde liebevoll ihr neues Domizil, weil sie es in hellem Blau eingerichtet hatte: Blaue Tapeten, blaue Vorhänge, blaue Polsterbezüge – diese Farbe tat ihr wohl, brachte sie zu sich selbst zurück und schenkte ihr klare Gedanken. In ihrer alten Wohnung hatte sie über den Dächern von Paris gethront, hier jedoch liebte sie es, vom Gesang der Vögel geweckt zu werden. Jetzt Ende Juni war es allerdings selbst hier unerträglich heiß, und auch die emsigsten ihrer gefiederten Freunde schwiegen.

Ich sollte mir einen Singvogel anschaffen, dachte sie. Einen Kanarienvogel oder einen Finken. Ihr Gesang tut mir einfach gut. Sie wandte sich zu ihrem Gast um, der immer noch in Gedanken versunken schien.

»*Lélias* merkwürdige Sicht auf die Liebe hat Sie offenbar ganz verwirrt«, versuchte sie, die feierliche Stille zu brechen, die sie verlegen machte.

»Lass uns doch beim Du bleiben«, entgegnete Sainte-Beuve und erhob sich. »Und nein, was ich hören durfte, regt mich zum Nachdenken an. Und das ist gut, oder nicht? Ich bin gespannt auf den Rest. Nein, eigentlich kann ich es kaum erwarten.« Er griff nach seinem Hut. »Danke. Danke, dass du mich ins Vertrauen gezogen hast. Sehen wir uns übermorgen bei Buloz?«

»Ja«, antwortete sie und begleitete Sainte-Beuve zur Tür. »Da kann ich schlecht fehlen, nicht wahr?«

»Auf keinen Fall«, pflichtete Sainte-Beuve ihr grinsend bei. »*Tout Paris* würde sich fragen, warum George Sand kurz vor der Veröffentlichung ihres nächsten Romans ihren Verleger versetzt.« Und als er sah, wie George das Gesicht verzog, fügte er hinzu. »So ist das nun mal in diesem Dorf, das für uns die Welt bedeutet. Jeder möchte berühmt sein. Was das in der Realität bedeutet, macht sich keiner klar.«

∽∾

»Was wirst du anziehen?«

George warf Marie einen bestürzten Blick zu. Darüber hatte sie sich noch gar keine Gedanken gemacht.

»Ich schätze, den Anzug.«

»Auf keinen Fall«, entgegnete Marie entrüstet. »Du bist Lélia, nicht Stenio. Und du musst die Schönste sein bei diesem *dîner*. Lass mal sehen …«

George öffnete ihre Kleidertruhe und hob das sandfarbene Chintz-Kleid heraus. Marie schüttelte den Kopf. Auch das

Schwarzseidene fand keine Gnade vor den Augen der Dorval. »Das ist ja alles aus dem vorigen Jahrhundert, meine Liebe. Was hast du noch? Etwas mit mehr Farbe vielleicht?«

George beförderte ein weiteres Kleid zutage mit schmalem, weiß-hellgrün gestreiftem Rock und hochgeschlossenem Oberteil.

»Oh Gott, mit Schößchen! Das geht überhaupt nicht«, rief Marie entsetzt aus und sprang auf. »Du brauchst Farbe, George, sonst kommst du viel zu düster daher. Weiß ginge auch, aber noch besser wäre Rot. Das setzt dich erst so richtig in Szene. Und weißt du was? Ich hab genau das Richtige für dich. Verletzt es deinen Stolz, wenn ich dir eines meiner Kleider schenke? Nein, du bist nicht so töricht, oder? Ich hab es noch kein einziges Mal getragen, denn es steht mir leider überhaupt nicht, aber für dich ist es ideal. Wir haben dieselbe Größe, das müsste gehen. Ich schicke gleich nachher Elise mit ihm zu dir.«

»Du hast mehr Busen als ich«, wandte George ein. Marie quittierte es mit einem anzüglichen Lächeln.

»Wie gut, dass du mit Nadel und Faden umgehen kannst«, sagte sie. »Wer Anzüge nähen kann, für den wird es ein Leichtes sein, es ein bisschen abzuändern. So geschickt wie du bist, schaffst du das leicht bis morgen.«

Marie hielt Wort. Keine zwei Stunden später brachte ihr Hausmädchen das Kleid zum Quai Malaquais. Es war in ein Baumwollfutteral gehüllt, und als George es skeptisch öffnete, quoll ihr ein wahrer Traum aus knisternder Seide entgegen. Als sie es am Fenster näher betrachtete, bemerkte sie, dass es in der Art des Changeant gewebt worden war und deshalb zwischen einem tiefen Rotton und Schwarz changierte, je nachdem, wie das Licht auf den Faltenwurf traf. Es wirkte wie das letzte Abendrot, ehe die Dunkelheit hereinbrach, und wenn seitlich das Licht auf die Falten fiel, schien es, als würde darin die Glut eines fast schon erloschenen Feuers aufglimmen.

»Das steht Ihnen aber wunderbar«, rief Elise aus und half ihr, es anzulegen.

Das Kleid war äußerst schlicht. Unter der schmalen Taille fiel der Rock weit und weich bis zum Boden. Der Ausschnitt ließ großzügig Dekolleté und den oberen Rücken frei. George war überrascht, wie gut es ihr auch hier passte, wenn sie sich aufrecht hielt. Offenbar trug Marie es gern eng, sodass sich ihre vollen Brüste nach oben wölbten. Nur auf den Schultern steckte Elise rasch kleine Abnäher mit einer Nadel fest, damit ihr die Ärmel nicht von der Schulter rutschten.

Und diese Ärmel waren das eigentlich Raffinierte an dem Kleid: Am Oberarm eng, bauschten sie sich dann trompeten-förmig auf und verliefen zur Hand hin asymmetrisch, sodass der untere Teil bei gesenkten Armen fast bis zum Saum des Kleides reichte.

»Ich würde es unten ein wenig kürzen«, schlug Elise vor und kniete im nächsten Moment bereits vor ihr auf dem Boden. »Damit Sie nicht drauftreten«, fügte sie hinzu. »Welche Schuhe werden Sie tragen?« Mit flinken Fingern machte sie sich an die Arbeit.

Ausgerechnet an diesem Abend machte Solange ein solches Theater, als sie sie bei Christine abliefern wollte, dass George beinahe zu spät kam.

»Ich will mitkommen«, heulte das Mädchen, in der Kutsche, die George für diesen Abend gemietet hatte. Solange war von dem ungewohnt eleganten Kleid ihrer Mutter überaus ent-zückt gewesen. Offenbar hatte es ihre Phantasie entzündet und Wünsche geweckt. »Ich will auch ein schönes Kleid haben und mich amüsieren. Immer muss ich bei Christine bleiben ...«

»Aber ich dachte, du bist gern bei ihr?«

»Bin ich auch.« Solanges Nase lief und George beeilte sich, ein Taschentuch zu finden, ehe es auf ihr Taftkleid tropfte. »Aber heute will ich mit dir kommen.«

»Eines Tages wirst du mich begleiten, meine hübsche Prinzessin«, versprach George. »Du wirst wunderschöne Kleider haben und alle werden entzückt von dir sein. Bis dahin musst du noch wachsen, älter werden und vor allem ein bisschen klüger. Aber eh du dich versiehst, wird es soweit sein.«

Endlich gelang es ihr, die Kleine zu beruhigen und sie Christine Badoureau zu übergeben, die bereits an der Haustür wartete, um George die vielen Treppenstufen zu ersparen. Erschöpft ließ sie sich zur Adresse des Verlegers fahren. Viel lieber wäre sie einfach umgekehrt und hätte sich an ihren Sekretär gesetzt, um zu schreiben.

Als sie im Vestibül ihren leichten Sommerumhang einem Hausdiener überließ, überraschte sie ihr vielfach zurückgeworfenes Bildnis in den zahlreichen Spiegeln. Wer ist diese elegante Dame, schoss ihr kurz durch den Kopf. War das wirklich sie selbst, George Sand?

Weiß wie Alabaster hob sich die Haut ihrer Schultern von dem Stoff des Kleides ab, und die kunstvolle Hochsteckfrisur, die an den Schläfen und im Nacken in ein paar offen herabfallende Locken auslief, wirkte wie eine dunkle Krone. Marie hatte Elise auch heute nochmals zu ihr geschickt, damit sie ihr beim Anziehen und Frisieren helfen konnte. Auch hatte das geschickte Mädchen George dezent geschminkt, und ihre ohnehin schon großen, schwarzen Augen wirkten nun noch ausdrucksvoller als sonst. Dabei treffe ich weder meinen Liebhaber, dachte sie selbstironisch, noch habe ich eine Audienz beim König, für den ich mich ohnehin nicht so in Schale werfen würde.

Sie folgte dem Hausdiener die Treppe hinauf in einen mit unzähligen Kerzen erleuchteten Saal. Sogleich bot ihr ein Diener in Livree ein Glas Champagner an.

»Da ist sie ja endlich«, rief Buloz theatralisch aus und kam ihr entgegen. Zwei Meter vor ihr blieb er stehen und betrachtete sie hingerissen. »Monsieur George Sand«, rief er dann aus, »Sie sehen einfach bezaubernd aus.«

George nahm schmunzelnd seinen dargebotenen Arm, damit er sie zu den anderen Gästen führte. Weiter hinten im Saal entdeckte sie eine riesige, mit weißem Damast eingedeckte Tafel, das Kerzenlicht spiegelte sich in feinem Porzellan, Kristall und Silberbesteck. So viele Menschen hatte sie nicht erwartet.

Da waren bekannte Gesichter, Honoré de Balzac machte ganz kugelrunde Augen, als er sie sah, und Victor Hugo nickte ihr anerkennend zu. Hugo hatte seinen Freund Franz Liszt mitgebracht, jenen Hünen mit den malachitgrünen Augen, den sie neulich zusammen mit Chopin in der Oper getroffen hatte. Alle starrten sie an, nur Sainte-Beuve zwinkerte ihr freundschaftlich zu, als François Buloz sie bei seiner kleinen Willkommensrede als Ehrengast begrüßte, und zwar als den Schriftsteller George Sand, der in Kürze *tout Paris* mit seinem neuen Buch in Erstaunen und Ektase versetzen würde. Da wünschte sie sich, ihren schwarzen Anzug zu tragen, der inzwischen für sie so etwas wie eine »Kriegsuniform« geworden war, wenn sie als der Schriftsteller George Sand in der Öffentlichkeit unterwegs war. Aber Marie hatte es anders gewollt, und da sie noch immer durch und durch eine Frau war und es immer bleiben würde, begann sie schließlich die allgemeine Bewunderung zu genießen.

»Wie geht es Ihrem Freund, diesem polnischen Pianisten?«, erkundigte sich George bei Franz Liszt, als er sie begrüßte.

»Ich denke gut«, antwortete der Ungar charmant. »Frédéric wandelt auf Freiersfüßen. Er hat sich mit einer jungen polnischen Adligen verlobt.«

»Nun, dann wünsche ich ihm alles Glück der Welt«, antwortete sie, und gleich darauf nahmen zwei elegante Damen der Gesellschaft den attraktiven Musiker in Beschlag.

»Ich hatte nicht die geringste Ahnung, ich Tölpel«, raunte Balzac ihr zu, als sie schließlich zu Tisch gingen, »was für eine wunderschöne Frau du bist, George. Dabei braucht man doch nur seine Augen aufzumachen …«

»Mach dir nichts daraus«, antwortete George mit einem gutmütigen Lächeln. »Es ist nicht das einzige meiner Geheimnisse, das du nicht kennst.«

»Hört, hört«, rief er und seine Augen blitzten neugierig, doch ehe er weiter fragen konnte, hatte Buloz sie wieder unter seine Fittiche genommen, stellte sie Gästen vor, die für seine Geschäfte offenbar ungeheuer wichtig waren, ein Abgeordneter mit seiner pummeligen Gattin, ein glatzköpfiger Repräsentant von Buloz' Hausbank, sein Leibarzt und einige Vertreter des illustren, alten Adels, die sich ganz offensichtlich noch nicht davon erholt hatten, dass ausgerechnet diese skandalöse Hosenträgerin, von der man schon so viel gehört und gelesen hatte, an diesem Abend alle anderen Frauen an Schönheit und Anmut übertraf.

»Wie macht sie das bloß, wenn sie als Mann unterwegs ist«, hörte sie eine Marquise mit würdevollem, weißem Haar ungeniert Buloz fragen. »Das ist Frauen doch per Gesetz verboten.«

»Sie meinen, warum sie nicht schon längst verhaftet wurde?«, fragte Buloz gut gelaunt zurück. »Sie hat eine Sondergenehmigung vom Polizeipräsidenten, und diese ist vom König selbst unterzeichnet. Nicht wahr, mein lieber George?«

»Monsieur Buloz hat sie für mich beantragt«, erklärte sie hoheitsvoll. »Ich selbst war eigentlich nicht von der Notwendigkeit überzeugt. Schließlich stellt eine Frau in Hosen keine öffentliche Gefahr dar, oder?« Sie sah der weißhaarigen Marquise direkt in die wasserblauen, skandalsüchtigen Augen. »Fühlen Sie sich von mir bedroht?« Die alte Dame schüttelte verwirrt den Kopf. »Na sehen Sie. Ich bin vollkommen harmlos, ob im Kleid oder in Hosen. Ich denke, das sieht unsere Obrigkeit ebenso.«

»Aber es ist doch wider die Natur«, wandte die Marquise störrisch ein.

»Wider die Natur«, echote George und legte ihre Stirn in nachdenkliche Falten. »Sind Sie, *ma chère* Marquise, denn im Rock zur Welt gekommen? Also ich nicht. Ich war, wie man mir berichtete, nackt. Ist es also wider die Natur, dass wir alle hier überhaupt Kleider tragen? Eine interessante Überlegung.«

In das Gekicher und Getuschel, das sich daraufhin erhob, mischte sich ein feines Glöckchen.

»*À table*«, rief der Gastgeber. »Bitte nehmen Sie Platz. *Mais attention:* Es gibt eine feste Tischordnung, bitte suchen Sie also das Billet mit Ihrem Namen neben dem Gedeck, ehe Sie sich setzen. Und schummeln Sie nicht, ich will nicht drei schlaflose Nächte umsonst verlebt haben, um den perfekten Sitznachbarn für Sie zu finden.«

Honoré de Balzac, der sich neben George gedrängt hatte, stöhnte auf.

»*Merde*«, raunte er. »Sicher hat er mich wieder zwischen zwei alte Eulen platziert. Ich dachte, wenigstens heute könnte ich mal Spaß haben.«

George lachte auf. »Und ich muss ganz bestimmt einen dieser lüsternen Habichte bei Laune halten. So ist das eben. Wir Schriftsteller sind die Harlekine unserer Zeit.«

Sie machte sich auf das Schlimmste gefasst, als sie die Tafel entlangging, auf der Suche nach ihrem Namen. Umso erstaunter war sie, als sie ihn endlich fand.

»Was für eine glückliche Überraschung«, sagte eine wohlklingende Stimme neben ihr. »George Sand höchstpersönlich. Und ich dachte, um so einen Ehrenplatz zu erhalten, müsste ich den alten Buloz mit wer weiß was bestechen.« Sie sah auf und blickte direkt in zwei saphirblaue Augen. Ein bildschönes Gesicht, wie in Gold gehüllt, Haar und Bart von einem schimmernden Kupferrot, die Kleidung von erlesener Eleganz. Na sowas, dachte sie amüsiert. Jetzt hat mich dieser Dandy doch noch eingeholt. »Alfred de Musset«, stellte er sich vor und verbeugte sich lässig und doch formvollendet. »Ich bin hingerissen, endlich Ihre Bekanntschaft zu machen.«

∽∾

»Und, wie fandst du ihn?«

Marie thronte auf dem Bett und hatte rosa Wangen vor Aufregung.

»Er ist netter, als ich dachte«, räumte George ein. Sie hatte seit Langem mal wieder ihre Meerschaumpfeife gestopft. Nun aber fand sie die kleine Schachtel mit den neumodischen Anzündhölzchen Marke *Lucifer* leer vor. »Doch, er hat sich tadellos benommen. Er ist amüsant.«

»Und hinreißend schön«, fügte Marie träumerisch hinzu.

»Ich misstraue schönen Männern«, rief George aus ihrem Arbeitszimmer herüber, wo sie in der Schublade ihres Sekretärs nach Zündhölzern kramte.

»Freddy erzählt jedoch, du hättest dich prächtig unterhalten«, rief Marie ihr zu. George hatte eine neue Schachtel gefunden, lehnte sich in den Türrahmen zum Schlafzimmer und riss eines der schwefeligen Hölzchen an dem rauen Pappstreifen an.

»Ach so stimmt, de Vigny war ja auch da«, meinte sie nachdenklich und zog an ihrer Pfeife. »Ich kam überhaupt nicht dazu, mit ihm zu sprechen.«

»Weil du von Mussets Charme vollkommen absorbiert warst.« George musterte ihre Freundin aufmerksam. Mischte sich in ihren Spott etwa Eifersucht?

»Er hat gesprochen, und ich habe zugehört, wie das immer ist bei mir. Ja, ich gebe zu, es war wirklich ein netter Abend«, fügte sie hinzu, als Marie noch nicht zufrieden schien. »Mehr nicht. Komm, rutsch mal ein bisschen«, sagte sie und schlüpfte neben Marie ins Bett. »Magst du auch mal ziehen?«

Marie griff nach der Pfeife und rauchte eine Weile hingebungsvoll.

»Bist du verliebt in ihn?« Sie widmete ihre ganze Aufmerksamkeit der Pfeife und tat so, als stellte sie ihre Frage nur beiläufig.

»Verliebt? Nein«, versicherte George. »Überhaupt nicht. Wieso sollte ich das denn sein? Nur, weil er gut aussieht?«

»Es gibt schlechtere Gründe als einen schönen Körper, um sich zu verlieben.«

»Marie«, schimpfte George, »hör auf mit dem Unsinn. Wir könnten unterschiedlicher nicht sein, dieser Poet und ich. Er ist ein Lebemann und verkehrt in ganz anderen Kreisen. Er ist ein brillanter Unterhalter und ich bin langweilig. Er ist sechs Jahre jünger als ich, und ich will keinen jüngeren Mann mehr, nie wieder. Zugegeben, er ist sympathischer, als ich gedacht hatte. Aber das ist auch schon alles.« Sie holte sich die Pfeife zurück und drückte mit dem Stopfer den Tabak tiefer in den Kopf. »Nein, Marie, ich glaube, ich verliebe mich nie wieder in einen Mann.«

»Das denkst du jetzt«, sagte Marie leise. »Aber wenn es soweit ist, wird es sein wie ein Blitzschlag. Dagegen können wir nichts tun, meine Schöne. Es wird uns überfallen wie der Räuber im Wald.«

»Was heißt ›uns‹?«, erkundigte sich George. »Du hast schließlich Ehemann und Liebhaber. Du wirst doch hoffentlich längst verliebt sein. Wenigstens in einen von beiden.«

Marie sah sie an und lächelte traurig.

»Verliebt«, echote sie. »Das ist man ganz zu Anfang, weißt du das nicht? Dann wird Liebe daraus. Und dann …«

»Ja? Was wird dann daraus?«

»Gewohnheit.«

George wollte schon protestieren, doch sie musste an Jules denken und ihr Herz wurde schwer. Was war sie doch verliebt in den Jungen gewesen. Wie leidenschaftlich hatten sie sich umarmt, einander beschenkt und geglaubt, nie genug voneinander zu bekommen. Und dann? Was war geschehen? Wohin war ihre Leidenschaft zerronnen? Und die Liebe? Sie dachte an all die klugen Sätze, die sie geschrieben hatte, als *Lélia* entstand. War das Werk eines Autors womöglich klüger als der Autor selbst?

»Ich fühle mich so alt, Marie, so wund. Wahrscheinlich werde ich nie wieder richtig lieben können.« Ihre Stimme klang traurig.

»Unsinn«, raunte Marie neben ihr und schlang einen Arm um sie. »Du bist doch von Natur aus voller Liebe. Du bist wie diese Streichhölzer. Es braucht nur den passenden Widerstand, und paff, stehst du in Flammen.«

Sie hob Georges Arm an und legte ihn um ihren Hals, schmiegte sich an ihre Schulter.

»Denkst du das wirklich?«

»Oh ja«, flüsterte Marie. Ihr Atem kitzelte George. Sie legte die Pfeife auf den Zinnteller neben dem Bett und umschlang ihre Freundin mit beiden Armen.

»Pass gut auf, wenn du dich in ihn verliebst«, hörte sie Marie nah an ihrem Ohr flüstern. »Er ist innen genauso, wie er außen aussieht, dieser Flammenjüngling. Ein inwendiges Feuer verbrennt ihn, langsam und stetig. Er ist der perfekte Liebhaber, meine liebste George. Aber du musst dich vorsehen. Denn er ist ziemlich verrückt.«

»Du ... du hast mit ihm geschlafen?«

George wunderte sich selbst darüber, wie sehr sie das entrüstete. Marie gurrte zustimmend.

»Schnapp ihn dir auch«, riet sie George. »Diese köstlichen Nächte wirst du dein Leben lang nicht vergessen. Aber hör früh genug damit auf, hörst du? Versprich es mir!«

George lauschte ungläubig diesen Worten nach. Marie war die Geliebte von Alfred de Musset gewesen? Warum auch nicht, dachte sie dann. Dieser attraktive Dichter mit dem Ruf eines Lebemanns war mit Sicherheit mit halb Paris im Bett gewesen. Wenn das überhaupt ausreichte ...

»Versprich es!«, beharrte Marie und hob den Kopf.

»Nein«, antwortete George. »Ich verspreche gar nichts. Aber du kannst unbesorgt sein. Alfred de Musset verlockt mich kein bisschen. Er ist einfach nicht der Typ Mann, der mich interessiert. Und ich interessiere ihn schon gar nicht. Also hör auf mit diesem Unsinn und komm wieder in meinen Arm. Wir haben noch eine halbe Stunde, dann muss ich Solange abholen.«

Sie hatten sich beide gerade angezogen, als es an der Tür klopfte. Marie sah George bestürzt an.

»Es wird doch nicht Freddy sein?«, flüsterte sie und zog sich in Georges Schlafzimmer zurück. Diese sah es mit Befremden. Hatte de Vigny etwas gegen ihre Beziehung?

Als sie die Tür öffnete, sah sie zunächst nur ein riesiges Bouquet tiefroter Rosen, das Pierrots Kopf fast vollständig verbarg. »Für Sie, Madame«, sagte der Sohn der Concierge und legte George die Blumen in die Arme. »Und das hier auch.« Es war ein Brief. Verwundert nahm George ihn an sich, schob ihn in ihre Tasche und holte ein paar Sous für den Jungen aus ihrer Börse.

»Du kannst wieder rauskommen«, rief sie in Richtung Schlafzimmertür, als sie wieder allein waren. »Hattest du wirklich Angst, dein Liebhaber könnte hier auftauchen und uns eine Szene machen?«

Marie sah verlegen aus. »Er ist in letzter Zeit ein bisschen seltsam«, räumte sie ein. »Neulich hat er von deinem ›sapphischen Wesen‹ gesprochen und mich dabei scharf angesehen.«

George brach in Gelächter aus. »Sapphisches Wesen? Hat er das wirklich gesagt? Das ist zu gut. Sag ihm, dass mein Name von einem Teufel aus dem Berry stammt. Georgeon. Dann hat er vielleicht noch mehr Angst vor mir.« Allein diese Vorstellung brachte sie erneut zum Lachen.

»Von wem sind die Blumen?«, erkundigte sich Marie und verschlang das Bouquet nur so mit den Augen.

»Keine Ahnung«, antwortete George und tastete nach dem Brief in ihrer Tasche, während ihre Freundin die Rosen genau inspizierte. Auf einmal zog Marie ein Kärtchen zwischen den Blüten hervor.

»Schau mal an«, rief sie und stellte sich in Positur, als wolle sie einen Monolog von Dumas rezitieren. »Ihr Kleid, Madame, muss sich in diese Rosen verwandelt haben. Ich konnte sie heute auf dem Blumenmarkt stellen, gefangen nehmen und übersende die Ausreißer hiermit an Sie zurück. Mit Verehrung, Alfred de Musset.« Marie hüpfte im Zimmer herum wie Solange, wenn sie guter Laune war. »Hab ich es nicht gesagt? Der Flammenjüngling hat Feuer gefangen. Ach, und wie romantisch! Die Rosen haben tatsächlich die Farbe deines Kleides. Versprich mir, dass du mir alles haarklein erzählen wirst!«

»Wie schon gesagt, ich verspreche gar nichts, meine Liebe. Aber jetzt lass uns gehen, sonst werde ich von Solange schlimm ausgeschimpft.«

Sie kam erst am Abend, als ihre Tochter endlich schlief, dazu, den Brief in Ruhe zu lesen. Er war in Versform verfasst mit dem Titel: »Nach der Lektüre von Indiana«. Während des dîners am Abend zuvor hatte er ihr gestanden, noch nichts von ihr gelesen zu haben. Buloz hatte ihm zum Abschied ein Exemplar von Indiana in die Hand gedrückt, als er das gehört hatte. War es möglich, dass Alfred über Nacht den ganzen Roman verschlungen hatte?

»Sand«, begann das Gedicht, »als du diese schreckliche Szene geschrieben hast, in der die halbnackte Noun sich auf Indianas Bett an Raymon berauscht – hast du das wirklich so vor dir gesehen? Diese sinnlichen Freuden ohne echtes Glück, voller innerer Leere, hast du das geträumt oder einmal erlebt?«

Und so ging es weiter, zwei volle Seiten lang. Offenbar hatte das Buch diesen jungen Mann tief berührt. Oder nur neugierig gemacht, wie so viele ihrer Leser, die stets glaubten, das, worüber sie schrieb, habe sie genau so selbst erlebt? Aber wie konnte das sein – war er nicht ebenfalls Künstler und wusste, woraus sich das speiste, was man schrieb? Oder schöpfte er tatsächlich direkt aus dem eigenen Leben, dem eigenen Empfinden und Denken? Und – wenn sie ehrlich zu sich war – tat sie das nicht auch? War nicht in jede ihrer literarischen Figuren, in Indiana wie in Raymond, in Noun wie in Sir Ralph ein Teil von ihr eingegangen?

Sie las diesen Brief in Versform wieder und wieder. Dieser junge Mann, gerade mal 23 Jahre alt, ging dermaßen meisterhaft mit Worten um, dass sie nicht umhinkonnte, ihn zu bewundern. Es stimmte, was man von ihm sagte, er war das, was man begnadet nannte, ein Naturtalent, dem der Sinn für Rhythmus und Ausdruck offenbar mit in die Wiege gelegt worden war. Darin war er ihr ebenbürtig. Auch sie musste nicht um Formulierungen ringen, es genügte, sich eine Flasche Milch an den Sekretär zu holen, gutes Papier und ordentliche Tinte zu haben, Zeit und Ruhe, und schon begann es in ihr zu erzählen, zu fließen, so überbordend, dass ihre Hand oftmals kaum nachkam, um das alles aufzuschreiben. Und hier hatte sie jemanden gefunden, aus dem die Sprache der Liebe herausströmte wie aus einem nie versiegenden Quell …

In dieser Nacht schlief sie nicht, nicht einmal die wenigen Morgenstunden, die sie normalerweise dicht an ihr Töchterchen geschmiegt in tiefem Schlummer verbrachte. Aber sie schrieb auch nicht an ihrem aktuellen Buch, sondern öffnete die Türen zum Balkon und lauschte hinaus in die Nacht. Es war Sommer. Es war heiß. Die Linden vor ihrem Fenster verströmten einen betörenden Duft. Auf einmal fühlte sie sich nicht mehr so uralt, wie die Wochen zuvor, sie horchte in ihren Körper hinein und spürte, wie er pulsierte. Sie war neunundzwanzig Jahre alt. Vielleicht war es ja doch noch nicht zu spät für die Liebe?

Dass Marie für einige Wochen auf Tournee war, kam ihr gelegen. Sie wollte das nicht mit ihr teilen, nicht jetzt schon. Sie wollte sich erst darüber klar werden, ob dieser Feuerjüngling in ihrem Leben eine Rolle spielen würde oder nicht.

Als der Morgen dämmerte, griff sie endlich zur Feder und begann einen Brief an ihn.

»Heute bin ich stolz darauf«, floss auf das Papier, »dass ich einige Zeilen geschrieben habe, Monsieur, die Sie gelesen und die Sie einen Augenblick lang nachdenklich gemacht haben.« Sie hielt inne, dann fuhr sie fort, so, wie sich ein Gedanke an den nächsten reihte. Sie schrieb über das, was sie verband: das Schreiben, alles andere ließ sie ungesagt. Schließlich zählt auch das Schweigen, dachte sie, die Stille zwischen den Worten. Wenn er das nicht begreift, dann lohnt er sich nicht. Erst gegen Ende fügte sie nach langem Nachdenken hinzu: »Ich habe neulich nicht gewagt, Sie einzuladen, einmal zu mir zu kommen. Ich fürchte noch immer, dass meine ernsthafte Art Sie erschrecken und langweilen wird. Nun, wenn Ihnen eines Tages das Leben beschwerlich vorkommt, Sie das tätige Leben satt haben und Sie die Versuchung überkommt, in meine Einsiedelei einzutreten, werden Sie dort dankbar und herzlich empfangen werden.«

Sie hob den Kopf und sah, wie sich der rosafarbene Schein des Morgenrots an ihren Vorhängen entlangtastete. Ohne das Geschriebene noch einmal durchzulesen faltete sie das Blatt und setzte ihr Wachssiegel darauf.

Pierrot würde einen weiteren Botengang machen. Was sich daraus entwickeln könnte, war ungewiss. Vielleicht hatte sie de Musset unterschätzt? Es war nicht seine Schuld, dass er ein so anziehendes Äußeres hatte. Vielleicht war er ja trotz seiner dandyhaften Erscheinung der Seelenfreund, den sie sich schon so lange wünschte? Wenn sie es nicht ausprobierte, würde sie es nie erfahren.

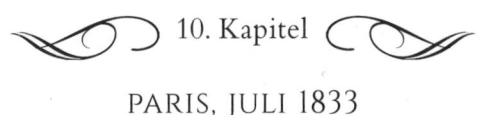

10. Kapitel

PARIS, JULI 1833

»Er sang so herzzerreißend«, sagte er und stellte den Vogelkäfig auf den Tisch. »Ich konnte nicht anders, als ihn zu Ihnen zu bringen.«

George brachte zunächst kein Wort heraus. Woher wusste Alfred de Musset, dass sie sich schon lange einen Vogel wünschte, um ihr Heimweh nach dem Landleben ein wenig erträglicher zu machen? Das Tier drückte sich eingeschüchtert in eine Ecke des Käfigs.

»Und was hast du *mir* mitgebracht?« Solange baute sich vor dem Besucher auf und stemmte ihre kleinen Fäuste in die Hüften. George war der Meinung, dass der junge Mann von Anfang an wissen sollte, dass sie Mutter war und auch sonst wenige Gemeinsamkeiten mit den Ballettratten vom Theater hatte.

»Dir habe ich einen Zauberstein mitgebracht«, erklärte Alfred de Musset und ging vor Solange in die Hocke. Aus seiner Jackentasche zauberte er einen Kieselstein hervor, ganz weiß mit glitzernden Sprengseln. Solange schnappte ihn sich und hielt ihn ins Licht.

»Und was kann der zaubern?«

»Alles, wenn du nur daran glaubst«, sagte de Musset und sah mit einem komplizenhaften Lächeln zu George hoch. Ihr war, als würden zwei blaue Sterne aufblitzen. Er erhob sich und sah nach dem Vogel.

»Der Händler behauptet, es sei ein Bengalischer Fink«, berichtete er. »Aber ich würde nicht darauf schwören, dass es dort überhaupt Finken gibt. Gefällt er Ihnen?«

»Es ist ein Star, und er gefällt mir sehr«, antwortete George mit einem Lachen. »Das ist so freundlich von Ihnen.«

»Warum singst du nicht?«, schimpfte Solange mit dem Vögelchen und begann, mit dem Zauberstein gegen das Gitter zu klopfen, sodass das Tier verschreckt im Käfig umherflatterte. Noch ehe George einschreiten konnte, ging auf einmal das Türchen auf, und der Vogel schoss heraus, drehte eine panische Runde unter der Zimmerdecke und ließ sich schließlich auf einem Bücherbord nieder. George schloss rasch die Balkontür und beruhigte Solange, die kreischend vor Aufregung im Zimmer umhersprang.

»*Arrête*, Solange, du machst ihm Angst«, beschwor sie das Kind. Dann sah sie erstaunt, wie sich Alfred dem Vogel näherte. Mit leisen, zärtlichen Lauten lockte er das aufgescheuchte Tier, das nervös am vorderen Rand des Bretts entlanglief und seinen Kopf hektisch hin und her ruckte. Was George nie für möglich gehalten hätte, geschah: Je näher Alfred ihm kam, desto ruhiger wurde der Star. Schließlich blieb er still sitzen und schien Alfred interessiert zu betrachten.

»Komm, mein Kleiner«, schnurrte er und streckte ihm langsam seine schönen Hände entgegen. Tatsächlich konnte er sie um den zitternden Körper des Vogels legen. Sogar Solange war auf einmal mucksmäuschenstill. Alfred wandte sich zu ihr um und hielt ihr den Vogel entgegen. Nur der Kopf des Federwesens ragte zwischen Daumen und Zeigefinger hervor, seine Augen, winzig und schwarz wie Stecknadelköpfe, wirkten erstaunt. »Ich kann sein Herz schlagen fühlen«, sagte Alfred verschwörerisch zu Solange.

»Das möchte ich auch «, wisperte sie zurück und streckte ihre kleinen Hände aus. Doch de Musset schüttelte lächelnd den Kopf.

»Zu viele Abenteuer an einem einzigen Tag für den Ärmsten«, sagte er ernsthaft, und Solange nickte andächtig unter seinem blau funkelnden Blick.

Er hat etwas Hypnotisches an sich, dachte George und beobachtete fasziniert, wie er den Vogel wieder zum Käfig zurückbrachte, vor dem Türchen ganz vorsichtig seine Finger öffnete wie eine Blüte, die sich entfaltete, sodass das Tier ohne weiteren Schrecken hinein und auf seine Stange hüpfen konnte und dort vor lauter Erleichterung erstmal ein Geschäftchen erledigte.

»Guck mal, er hat Kacka gemacht«, kicherte Solange und hielt sich die Hand vor den Mund.

»Da hatte ich ja Glück, dass er das erst jetzt erledigt hat, was?«

Solange und Alfred lachten sich halb kaputt, und als sie sich wieder beruhigt hatten, zeigte die Kleine ihrem neuen Freund ihr kostbarstes Spielzeug: die Fadenpuppe.

Sie schrieben sich Briefe. Er kam sie in der Blauen Mansarde besuchen, zog seine Dandy-Jacke aus und spielte mit Solange, lieh sich einen von Georges Schlafröcken, versank in ihrem Lieblingssessel, rauchte ihren Tabak, las ihr seine Gedichte vor, sprach mit ihr über ihre Romane, die er einen nach dem anderen las. Sie gingen spazieren, mit Solange und ohne. George war sich darüber im Klaren, dass unzählige Augen ihnen folgten und ebenso viele Münder sich Ohren näherten, um zu sagen: »Hast du gesehen? De Musset mit der Sand!« – »Unmöglich!« – »Doch, doch, ich hab sie letzte Woche schon zusammen gesehen.« – »Was das wohl bedeuten mag?«

Es bedeutete nichts und doch so viel. Denn sie waren sich einig darin, dass zwischen ihnen nichts weiter sein konnte als Freundschaft. Allenfalls. Sie waren Kollegen, und als solche tauschten sie sich aus. Sie trafen sich morgens oder am frühen Nachmittag. Die Abende verbrachte er »in Gesellschaft«, was immer das hieß. Und sie an ihrem Sekretär. Eine Art Kameradschaft, so schrieb er ihr, solle zwischen ihnen herrschen. Ohne Konsequenzen, ohne Eifersucht und hässliche Szenen, und er beanspruche für sich nicht mehr als das Recht, ihren Tabak zu rauchen, ihren Hausmantel zu zerknautschen und sich beim Philosophieren mit ihr einen *»rhyme de cerveau«* einzufangen, einen »Nasenkatarrh«. Und dass er glücklich wäre, wenn sie sich mitunter eine Stunde für ihn freihalten würde, denn »sein lieber Monsieur George Sand« sei »ein genialer Mann«.

Sie war erleichtert. Marie jedoch, der sie den Brief unvorsichtigerweise zeigte, lachte, bis sie Bauchkrämpfe bekam.

»Hör auf«, schimpfte George. »Die Einzige, die in ihn verliebt ist, ist Solange.« Worauf Marie sich erst recht vor Lachen krümmte.

»Ihr seid beide Kinder«, keuchte sie unter Tränen. »Ich bin gespannt, wie lange das noch so weitergeht.«

»Oh«, versicherte ihr George verärgert, »das wird noch ganz lange so weitergehen. Nicht jede Freundschaft muss im Bett enden.«

»Es gibt keine Freundschaft zwischen einem Mann und einer Frau. Merk dir das«, konterte Marie nüchtern.

Sie glaubte sich sicher. Und doch reiste sie dieses Mal nicht mit Solange nach Nohant, als ihre drei Monate in Paris verstrichen waren. Um nichts in der Welt hätte sie ausgerechnet jetzt Casimir ertragen. Die Mutter ihres guten alten Freunds Gustave, die ihren Sohn in Paris besuchte, bot sich an, die Kleine unter ihre Obhut zu nehmen und sicher ins Berry zu bringen. George blieb zurück mit ihrem Star, der sie vormittags mit seinem Gesang weckte. In der Nacht schrieb sie. Und fast jeden Tag bekam sie Besuch von ihrem »guten Kameraden«.

Doch dann kam der Moment, an dem sie sich eingestehen musste, dass keine Stunde verging, ohne dass sie an ihn dachte. Diese blitzenden, blauen Augen, die so spöttisch und dann wieder so verletzlich schauen konnten, schienen allgegenwärtig. Aus heiterem Himmel musste sie manchmal plötzlich lachen, weil sie sich an eine seiner witzigen Bemerkungen erinnerte. Überhaupt hatte sie das Gefühl, ihr ganzes Leben lang nicht so viel gelacht zu haben, wie in den vergangenen Wochen, seit Alfred de Musset sich das Recht ausbedungen hatte, sie regelmäßig zu besuchen. Und genau an diesem Tag kam der Brief, der alles veränderte.

»Ich muss Ihnen etwas Lächerliches gestehen«, las sie. »Sie werden mir ins Gesicht lachen, mich einen Phrasendrescher nennen, mich vor die Tür setzen, überzeugt davon, dass ich lüge. Aber es hilft nichts. Ich habe mich in Sie verliebt. Ich bin es seit dem allerersten Tag, an dem ich Sie besucht habe. Ich bildete mir ein, das ginge vorüber, wenn ich Ihnen als Freund begegnete, so, wie wir es taten. In Ihrem Charakter gibt es Vieles, das mich von diesen Gefühlen hätte heilen sollen und ich habe alles versucht, um mich davon zu überzeugen, dass es besser wäre, Sie nicht zu lieben. Aber ich genieße Ihre Gegenwart zu sehr, als dass ich mich weiter täuschen könnte. Und Ihnen gegenüber möchte ich auch lieber aufrichtig sein. Ja, ich bin aufrichtig, und wenn Sie daran zweifeln, dann antworten Sie mir besser überhaupt nicht mehr. Ich weiß, wie Sie über mich denken, und ich erwarte mir von diesem Geständnis überhaupt nichts ...« Der Rest verschwamm vor ihren Augen.

Er liebte sie. Und sie? Liebte sie ihn? Ja. Und nein. Sie wollte das nicht. Sie wollte ihn lieber wie einen Freund lieben. Oder wie ... wie einen Sohn. Hatte Marie nicht gesagt, alle Männer seien Kinder? Aber nein, er war alles andere als ein Kind, er war die Verführung in Person. Und ja, sie begehrte diesen Menschen, sie war eine sinnliche Frau, wie sollte sie den Reizen eines so attraktiven Mannes gegenüber unempfindlich bleiben? Seinem Charme, seinem Feuer, seiner Begeisterung widerstehen?

Aber sie war die Ältere, die Vernünftige. Er war ein Schwärmer, sie war diejenige, die einen klaren Kopf bewahren musste.

Sie war einfach nicht gemacht für Affären, die keine Zukunft hatten. Mit Marie, das war etwas anderes. Sie waren Freundinnen. Außerdem sahen sie sich schon seit einer Weile nur noch selten. Aus Mangel an Möglichkeiten in der Hauptstadt, war die Dorval gezwungen, in der Provinz aufzutreten. George wusste augenblicklich nicht einmal, wo sich ihre Freundin gerade befand.

Und ihre Gedanken? Die kreisten um Alfred. Wie lange schon? Zu lange. Sie sollte handeln wie ihre *Lélia* und sich dieser Versuchung entziehen. Zu ihrer beider Besten. Aber warum eigentlich? Wusste sie wirklich, was gut für sie war? Hätte es für Stenio nicht die Rettung bedeutet, wäre *Lélia* in der Lage gewesen, ihn zu lieben? Wieviel Enttäuschung kann ein Mensch verkraften, bis er die Hoffnung auf ein Liebesglück endgültig verliert?

Sie brauchte lange für eine Antwort auf Alfreds Schreiben, und mehrmals zerriss sie das Blatt Papier und begann von Neuem. Sie wollte die Tür nicht ganz zuschlagen, das brachte ihr Herz nicht fertig. Aber sie konnte sich unmöglich auf diesen verwirrten, verliebten Brief hin ausliefern, das ging einfach nicht. Besser, sie wies ihn zurecht und nicht zurück. Er würde zur Besinnung kommen und alles widerrufen. Ganz bestimmt würde er das, und sie wollte ihn nicht in Verlegenheit bringen, deswegen schrieb sie ruhig und bestimmt. Als sie endlich fertig war und der Brief an seinen Adressaten unterwegs, atmete sie auf. Wahrscheinlich wollte er nur meine Grenzen ausloten, sagte sie sich. Und morgen sind wir wieder gute Kameraden, nicht mehr und nicht weniger.

Seine Antwort kam prompt und warf all ihre Überlegungen über den Haufen: »Lieben Sie diejenigen, die zu lieben vermögen. Ich verstehe nur zu leiden. Es gibt Tage, an denen ich mich am liebsten umbringen würde. Stattdessen weine ich. Oder breche in Gelächter aus. Heute jedoch nicht … Leben Sie wohl, George. Ich liebe Sie rückhaltlos wie ein Kind.«

Sie hatte den Brief kaum gelesen, als er an ihre Tür klopfte. Sie öffnete, Tränen im Gesicht, den Bogen noch in der Hand. Er hatte ihr Lebewohl gesagt, und dennoch stand er nun vor ihr, so als hätten ihre Gedanken ihn gerufen. Ehe sie etwas sagen konnte, verschlossen seine Lippen ihren Mund. Und dann war es entschieden. Die Flammen hatten sie erfasst, alle beide, Flammen, von denen sie immer geträumt und von denen sie doch nie geglaubt hatte, dass ausgerechnet sie einmal in ihnen glühen würde.

ᔆ∾

Ihr Liebeslager war noch warm, als *tout Paris* schon alles wusste: Die Sand und de Musset ein Paar, hatte man da noch Worte? Das Zigarren rauchende Mannweib und der elegante Schönling. Was fand er nur an dieser Amazone, der begehrteste Junggeselle von ganz Paris?

Die beiden scherten sich nicht darum, sie lebten in einer anderen Dimension. George war es, als hätte sich ein unsichtbarer Panzer, der sie ihr Leben lang umschlossen hatte, gelöst, und zum Vorschein kam ein ihr völlig unbekanntes Wesen. Endlich fühlte sie sich wohl in ihrer Haut, die unter Alfreds Händen erblühte und so empfindsam wurde, dass er sie nur zu streicheln brauchte und schon war sie dem Höhepunkt nah. Marie hatte einmal gesagt, dass es ganz selten Männer gab, die die geheimen Sehnsüchte einer Frau wirklich kannten. Alfred war so einer. Er schien alles über sie zu wissen, zumindest, was ihren Körper anbelangte.

Paris glühte, und sie beschlossen, ins Grüne zu fahren. Einige ihrer Freunde hatten von Ausflügen in das Waldgebiet von Fontainebleau geschwärmt, und so bestiegen die beiden am siebten Tag ihrer Liebe ein Schiff, das sie die Seine flussaufwärts trug. Hand in Hand standen sie an der Reling und sahen mit Erleichterung die Stadt vorübergleiten und hinter ihnen zurückbleiben, bis Gebüsch und Bäume die Ufer säumten und den Blick freiließen auf Wiesen und Felder. Mit jedem Meter, den sie südwärts glitten, nahm die Hitze ab und ihre Abenteuerlust zu.

Gegen Abend kamen sie an, bezogen ein Zimmer in einem Hotel, aßen zu Abend und beschlossen, noch einen Waldspaziergang zu machen, so voller Energie fühlten sie sich. George schlüpfte in eine ihrer robusteren Hosen und zog eine blaue Bluse über, so, wie sie es auch zu Hause in Nohant tat, wenn sie eine Wanderung machte. Sie fühlte Alfreds Blick auf sich ruhen.

»Was ist?«, fragte sie und merkte, wie sie errötete. Er hatte eine Art, sie anzusehen, als wollte er sie auf der Stelle entkleiden.

»Nichts«, antwortete er mit einem Lächeln und betrachtete ihre Rundungen. »Du bist einfach nur so wunderschön.«

Die Nacht war warm und hell, ein voller Mond beleuchtete den Pfad. Erst vor Kurzem waren Wanderwege durch den riesigen Wald angelegt worden, in dem sich geheimnisvolle Felsformationen befanden. Auf die besorgte Frage der Wirtin, wann sie denn wiederzukommen gedächten, hatte Alfred geantwortet: »Machen Sie sich keine Sorgen, Madame. Zum Frühstück sind wir gewiss zurück.«

An vielen Stellen war der Weg so schmal, dass sie hintereinander gehen mussten, und stets war George vorne. Sie schritt entschlossen aus, wie es ihre Art war, und die ganze Zeit über spürte sie Alfreds Blick in ihrem Rücken. Je länger sie gingen, desto leichter fühlte sie sich, und irgendwann begann sie eine Melodie zu summen. Normalerweise sang sie nur mit ihren Kindern, Casimir hatte oft behauptet, ihre Stimme klänge wie die einer kranken Katze, doch in dieser lauen Sommernacht war es ihr egal, was man davon dachte. Eine solche Leichtigkeit hatte sie erfasst, dass sie zu schweben glaubte. Der Vollmond blitzte immer wieder zwischen den Wipfeln der Fichten und Tannen hindurch, der Wald duftete nach Harz und Moos, nach den erschöpften Blüten wilder Himbeeren, die erst jetzt ihre vollen Aromen zu entfalten wagten, da sich die lastende Schwüle vom Waldboden erhoben hatte, aufschwebte und sich in den Zweigen der Bäume auflöste. So immer weitergehen, dachte George, endlos sich tragen lassen von den guten Geistern des Waldes, bis ans Ende der Welt. Das Glück füllte sie dermaßen aus, vom Scheitel bis zur Sohle, dass sie nicht anders konnte, als irgendwann einfach unvermittelt stehen zu bleiben, sich umzudrehen und ihre Arme um den Hals ihres jungen Geliebten zu schlingen, ihn zu küssen, bis ihnen beiden Hören und Sehen verging.

Am nächsten Morgen schliefen sie aus. Sie erwachte in seiner Umarmung und noch ehe sie richtig zu sich kam, war er schon in ihr. Liebesverse in ihr Ohr flüsternd führte er sie zur höchsten Ekstase. Und immer, wenn sie dachte, den Zenit ihrer Lust erreicht zu haben, ging es noch weiter, noch höher, noch grenzenloser. Sie ließ sich fallen, und auch darin gab es Steigerungen. *Jamais amant aimé, mourant sur sa maîtresse / n'a sur des yeux plus noirs bu la céleste ivresse ...* raunte er ihr ins Ohr, und es war nicht nur die Bedeutung dieser beiden unglaublichen Liebesverse, die sie berauschten, sondern vor allem der unerhörte Klang ihrer Silben, der wie Musik in ihr zu vibrieren begann. *Niemals hat ein Liebender eine solch göttliche Trunkenheit kosten dürfen ...* Die Sprache der Liebe. George wusste, sie war angekommen. Und als sie sich schließlich umklammert hielten, erschöpft und sprachlos vor Glück, als sie spürte, wie er sich in ihrem Arm entspannte und in einen tiefen Schlummer glitt, fühlte sie eine solche Dankbarkeit, dass ihr die Tränen in die Augen stiegen.

∽∾

Sie mieteten sich Pferde und einen Führer, der sie zu den berühmten Felsformationen bringen sollte. George freute sich unbändig darüber, endlich wieder auf dem Rücken eines Pferdes zu sitzen. Doch bald bereuten sie, nicht auf eigene Faust losgeritten zu sein, denn der Mann ging ihnen mit seinem unablässigen und dummen Geschwätz unglaublich auf die Nerven. Sie ertrugen ihn ein paar Meilen lang, doch als sie die Felsen erreicht hatten, schickten sie ihn mit den Pferden wieder zurück. Lieber wollten sie die Gegend allein durchstreifen und zu Fuß zurückkehren, als sich von ihm den Tag verderben zu lassen.

Staunend standen sie vor den meterhohen, grauen Brocken, die hier unvermittelt auf den Lichtungen herumlagen wie das Spielzeug eines Riesen. Jeder hatte eine eigene Gestalt, so, als hätte ein Künstler sie geformt.

»Die Hälfte des Pariser Pflasters stammt von hier«, wusste Alfred zu berichten, und George tat es um jeden einzelnen dieser monumentalen Steine leid, die dafür missbraucht worden waren und nun von den Parisern mit Füßen getreten wurden.

»Es sind noch genügend da«, versuchte er sie zu trösten. »Komm, wir erkunden diese Fabelwelt.«

Sie begannen, in dieser Steinlandschaft herumzuklettern, in der mal Fels an Fels lehnte, dann wieder tiefe Spalten zwischen ihnen klafften. Wo immer ihre Wurzeln in den Zwischenräumen Halt fanden, wucherten Pflanzen, Sträucher und junge, verkrüppelte Bäume, es war nicht einfach, hier vorzudringen. Alfred wurde von einer solchen Begeisterung erfasst, dass er mitunter vergaß, dass seine Begleiterin eine Frau war, trotz des männlichen Namens und der Hosen, die sie trug, dass sie kleiner und schmächtiger war als er. Mehrmals musste sie nach ihm rufen, damit er ihr half, einen besonders steilen, glatten Felsen zu erklettern. Immer höher stiegen sie, immer gewaltiger türmten sich die mächtigen Gesteinsbrocken aufeinander, bis sich vor ihnen eine kleine Schlucht auftat, deren Tiefe im Schatten der Bäume nicht zu erkennen war.

»Dort drüben geht es weiter«, erklärte Alfred und wies mit der Hand auf einen Felsen jenseits des Abgrunds, etwa zehn Meter entfernt.

»Aber wie kommen wir hinüber?«, fragte George. Sie kniete sich am Rand der Felsspalte nieder und versuchte zu erkennen, ob sie hinunterklettern könnten.

»Hier sind einige Tritte, fast wie Stufen«, rief Alfred ein paar Meter von ihr entfernt. »Warte hier auf mich, ich geh mal nachsehen, ob wir da durchkommen.« Und schon war er zwischen dem Gestrüpp in der Tiefe verschwunden.

Sie folgte ihm mit den Augen und horchte lange, ohne auch nur das kleinste Geräusch von ihrem Geliebten zu vernehmen. Ihr Herz begann schneller zu schlagen, ihr war, als sei er in Schatten hinabgestiegen, die von anderer Natur waren, als die zwischen zwei alten Felswänden. Sie wartete, die Sonne verschwand hinter den westlichen Gipfeln, und irgendwann begann sie sich zu wundern, dass er weder zurückkam, noch auf der anderen Seite des Abgrunds auftauchte.

»Alfred?«, rief sie hinab. »Alles in Ordnung?«

Sie bekam keine Antwort. War er gestürzt? Aber hätte er dann nicht gerufen?

Im nächsten Augenblick hörte sie einen markerschütternden Schrei, gellend und von einer solchen Verzweiflung, dass er durch all ihre Glieder fuhr und ihr die Haare zu Berge stehen ließ.

Ohne nachzudenken ließ sie sich, Füße voraus, in den Abgrund fallen, ohne zu wissen, was sie da unten erwartete. Zu ihrer Erleichterung glitt sie an mehreren weich bemoosten Felswänden entlang wie auf einer steilen Rutschbahn hinab in die Tiefe und landete schließlich auf einem mit Laub gepolsterten Grund.

Sie blickte sich um. Da war er. Wenige Meter von ihr entfernt stand er aufrecht da, verängstigt, zitternd, geschüttelt von Krämpfen.

»Gut, dass du da bist«, stammelte er und packte sie mit dem Griff eines Ertrinkenden am Arm. »Ich war so gut wie tot.« George war zu schockiert über seinen aufgelösten Zustand, um nachzufragen, was ihm denn widerfahren war. Sie konnte nirgendwo eine offene Wunde sehen, auch sonst schien er unverletzt. »Komm, lass uns gehen!«, stieß er mit rauer Stimme aus, die ihr fremd war und mehr Angst einjagte, als der wirre Ausdruck in seinen Augen.

Als sie sich umblickte, stellte sie fest, dass sie keineswegs in eine aussichtslose oder gar gefährliche Lage geraten waren. Zwar ragte vor ihnen die gegenüberliegende Felswand senkrecht auf, doch zu ihrer Rechten öffnete sich die Schlucht zu einer Art Weg, an dessen Ende sie das lichtdurchflutete Grün des Waldes erkennen konnte. Alfred, noch immer fahl im Gesicht und mit umherirrenden Augen, zerrte sie dort entlang, und als die Felsen hinter ihnen lagen, immer weiter in den Wald hinein, ohne sich darum zu kümmern, in welche Richtung sie sich überhaupt bewegten. Erst nach einer Weile löste sich sein Griff um ihren Arm. Unwillkürlich rieb sie ihn. Dass sie einen Bluterguss davontragen würde, war nicht das Schlimmste. Es war der Zustand ihres Geliebten, der George mit Angst erfüllte. Ein Blick auf ihn genügte, um zu wissen, dass er völlig durcheinander war.

Endlich verlangsamte er seinen Schritt und sank keuchend auf einen umgestürzten Baumstamm.

»Was ist passiert?«, fragte sie sanft und setzte sich neben ihn. Federleicht legte sie ihren Arm um seine noch immer zitternden Schultern. »Magst du es mir erzählen?«

Er nickte, zog ein Taschentuch aus seiner Hosentasche und trocknete sich sein schweißnasses Gesicht damit ab. Er schluckte und atmete ein paarmal tief ein und wieder aus. Dann begann er.

»Ich bin dort runtergerutscht, so wie du. Und dann, auf einmal, sah ich eine Gestalt. Einen Mann. Er kam den Weg entlang, den wir dann genommen haben, weißt du? Zwischen den Felsen.«

»Ja«, versicherte George ihm. »Ich weiß, was du meinst. Da kam also … ein Mann?«

Alfred fuhr sich mit der Hand über das Gesicht. George erschrak, wie sehr seine schönen Züge gealtert schienen. Tiefe Furchen hatten sich zwischen seinen Brauen, unter seinen Augen und neben dem geliebten Mund aufgetan.

»Er kam direkt auf mich zu. Ganz bleich war er, seine Kleidung zerrissen. Und die Haare … sie flogen im Wind. Aber da war überhaupt kein Wind, George, und doch hab ich ihn gesehen, ganz deutlich.« Er keuchte wieder, presste die Ellbogen eng gegen seinen Körper und sah sich voller Angst um.

»Ja«, versuchte George ihn zu beruhigen. »Du hast ihn gesehen. Natürlich. Und was war dann? Wo ist er hingelaufen?«

Alfred richtete seine Augen auf sie, und sie musste sich zusammenreißen, um sich nicht anmerken zu lassen, wie sehr der gepeinigte Ausdruck in ihnen sie entsetzte.

»Er lief direkt auf mich zu, George«, flüsterte er. »Ich bin mir ganz sicher, denn ich hatte Zeit, darüber nachzudenken, wie seltsam das alles war, und kam zu dem Schluss, dass es ein verspäteter Wanderer sein musste, der vielleicht von bösen Leuten verfolgt wurde, deshalb suchte ich nach meinem Stock, um ihm zu Hilfe zu eilen. Aber mein Stock, der war weg. Ich hatte ihn verloren, als ich da runterfiel, und während all dieser Zeit kam dieser Mann immer näher. Auf einmal erkannte ich – er wurde überhaupt nicht verfolgt. Er war betrunken. Und er steuerte direkt auf mich zu. Ich bekam Angst. Im letzten Moment bog er ab und warf mir dabei einen derart gehässigen Blick zu, so voller Hass und Verachtung. Und da … da hab ich geschrien und mich mit dem Gesicht voraus auf die Erde geworfen. Denn dieser Mann, George, dieser Mann …«

»Was war mit ihm?«, fragte George entsetzt.

Alfred keuchte. Er brauchte mehrere Anläufe, ehe er es endlich aussprechen konnte. »Dieser Mann, das war ich selbst.« Er begann haltlos zu schluchzen.

»Aber mein Liebster«, versuchte George ihn aus seiner Verzweiflung zu holen, »das kann doch wohl nicht sein. Du hast es dir vielleicht nur eingebildet …«

»Ich war es selbst, George, ich, wie ich einmal in zwanzig Jahren sein werde«, schrie Alfred verzweifelt. »Ich weiß es genau, oh mein Gott, so werde ich also enden? So … so verkommen, die Gesundheit zerstört?«

»Hör mir zu«, unterbrach George ihn liebevoll, aber entschieden. »Etwas hat dich erschreckt. Nun musst du wieder zur Vernunft kommen und Realität und Einbildung voneinander unterscheiden.«

Alfred hob den Kopf und betrachtete die Bäume ringsum. Auf einmal war er wieder vollkommen ruhig. George schöpfte bereits Hoffnung, dass sie ihn mit ihren vernünftigen Argumenten erreicht hatte. Doch er schüttelte den Kopf.

»Nein«, sagte er, nun völlig gefasst. Es schien, als würden seine Gesichtszüge sich wieder ordnen. Er atmete gleichmäßiger, Farbe stieg in seine Wangen. Die schlimme Krise, so hoffte George, war vorüber. »Nein, George«, wiederholte er. »Das hab ich mir nicht eingebildet. Ich selbst war das. Mein Geist. Ein Schreckgespenst aus meiner Zukunft. Es ist gekommen, um mir einen fürchterlichen Gruß zu entrichten. Nicht um mich zu warnen, nein, denn es ist zu spät, um an meinem Schicksal noch etwas zu ändern. Zu spät.« Er sah sie an, als würde er jetzt erst begreifen, wem er das alles erzählte. »Hab keine Angst, Liebes«, sagte er eilig und strich ihr sanft über das Haar. »Ich bin nicht verrückt. Es war eine Vision. Ich hab das manchmal. Alle Dichter haben das. Es … es bedeutet nichts.«

Sie schwiegen den ganzen langen Weg zurück zum Hotel. George war zu erschüttert, um etwas zu sagen, und Alfred wirkte abwesend und erschöpft. Am nächsten Morgen ging ihr

Schiff zurück, und so packten sie schon jetzt ihre Taschen, aßen zu Abend und gingen früh zu Bett. Es war das erste Mal, dass sie einschliefen, ohne sich vorher zu lieben. Alfred war bald in tiefen Schlummer gefallen, während George wach lag und die Ereignisse wieder und wieder durchlebte, auf der Suche nach einer Erklärung. Doch sie fand keine, die sie beruhigte.

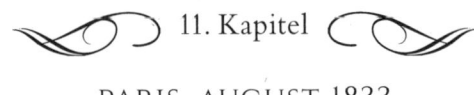 11. Kapitel

Nach ihrer Rückkehr hatte sie keine Zeit mehr, sich allzu viele Sorgen zu machen. *Lélia* kam in die Buchhandlungen, und mit ihr kam der Skandal.

Über ihrer neuen Liebe hatte sie das Buch beinahe vergessen und verstand zunächst gar nicht, worum es ging, als eine rechtschaffene Bürgerin sie mitten auf der Straße anschrie, wie sie dazu käme, einen solchen Schund zu schreiben. »Unsere Töchter lesen das!«, schleuderte sie ihr entgegen.

»Sehr gut!«, gab George zurück. »Sorgen Sie dafür, dass Ihre Töchter nicht vollkommen ahnungslos aus dem Kloster direkt in die Ehe gehen! Sollen sie wie wir ihre Hochzeitsnacht als Vergewaltigung erleben müssen? Geben Sie Ihren Töchtern die Chance, über ihr Leben selbst zu bestimmen!«

Doch die Frau hatte sich längst abgewandt und floh geradezu vor ihr. Und als George in der Zeitung *Europe litteraire* lesen musste, ihr Buch sei lächerlich und »röche nach dem Schlamm der Prostitution«, bekam sie es mit der Angst zu tun und begab sich auf dem schnellsten Weg in das Büro ihres Herausgebers.

»Dieser Capot de Feuillide muss verrückt geworden sein«, erklärte sie. Auf dem Schreibtisch zwischen ihr und Buloz lag ein Stapel der wichtigsten Zeitungen Frankreichs, obenauf die *Europe litteraire*. »Wir kennen uns aus den alten Tagen des

Figaro«, fuhr George fort. »Er konnte mich schon damals nicht leiden.«

»Vergiss ihn«, riet Buloz. »Lies lieber, was Gustave Planche schreibt: *Lélia* ist weder eine Abenteuererzählung noch ein Liebesroman. Sondern die Reflexion unseres Jahrhunderts über sich selbst, die Klage einer Gesellschaft in Agonie.«

»Aber warum schweigt Sainte-Beuve?«, beklagte sich George und wischte zornig mit einer Armbewegung den ganzen Zeitungsstapel vom Tisch. »Ich dachte, er sei mein Freund. Wieso hält er nicht zu mir?«

»Er wird sich schon noch äußern«, versuchte der Herausgeber sie zu beruhigen. »Er hat es mir versprochen. Ich vermute, er wartet ab, bis die schlimmsten Bluthunde ihren Geifer verspritzt haben, um dann alles in Ordnung zu bringen. Und überhaupt, das ist alles ganz wunderbar. Mit dem Vorabdruck in meiner Zeitung bin ich mehr als zufrieden. Und Dupuy ist auch glücklich, die erste Buchauflage ist bereits ausverkauft, er druckt gerade nach …«

»Ihr denkt natürlich nur ans Geschäft«, fauchte George, erhob sich ungehalten und begann unruhig im Zimmer auf und ab zu gehen.

»Sag bloß, du nicht?«, grinste Buloz. »*Lélia* ist *der* Gesprächsstoff, sei es in den öffentlichen Gärten, in den Cafés, den Bürgerhäusern, in den Salons und den Palästen des Adels. Man redet über nichts anderes. Je größer der Skandal, desto besser der Absatz.« Er bückte sich, hob die Zeitungen wieder auf und las ihr eine weitere Kritik vor. »Interessante philosophische Auseinandersetzung mit dem Thema der spirituellen und fleischlichen Liebe. Das trifft es doch, oder?«

»Aber sieh doch mal, was hier steht«, entgegnete George weiß vor Zorn. Sie riss eine der Zeitungen vom Stapel und las: »Diese Veröffentlichung ist überhaupt kein Roman. Sie hat keine Form.« Sie schleuderte das Blatt zurück auf den Schreibtisch.

»Aber er anerkennt deine Originalität«, entgegnete Buloz. »Hör doch nur: Dieses Buch ist völlig anders als alles, was jemals unter dem Genre Roman veröffentlicht wurde. Na? Darauf können wir stolz sein.«

George ließ sich wieder auf den Stuhl fallen und stöhnte.

»Ich will nach Italien, François«, sagte sie zu Buloz. »Hier halte ich es nicht mehr aus. Aber ich brauche Geld.«

Der Verleger sah sie lauernd an. »Wir haben eine Abmachung«, sagte er zurückhaltend. »Und damit verdienst du ziemlich reichlich, mein lieber George. So mancher deiner Kollegen würde wer weiß was geben, um so einen Vertrag zu bekommen. Du bringst mir pünktlich die verabredeten Seiten, und ich zahle dich pünktlich aus. Und zu dem Honorar von mir kommen ja noch die Buchrechte. Genügt das nicht für eine kleine Reise?«

»Möglicherweise nicht«, antwortete sie und erhob sich erneut. Ihr Verleger hatte ja keine Ahnung, wie hoch ihre monatlichen Ausgaben waren. Allein Betreuung und Unterricht der Kinder verschlangen eine große Summe, von dem Betrag ganz zu schweigen, den sie seit Jahren regelmäßig ihrer Mutter zukommen ließ. Auf den Unterhalt, den Casimir verpflichtet war, ihr auszuzahlen, konnte sie sich kaum noch verlassen. Und dann waren da noch die Kosten für den Anwalt, der ihre gerichtliche Trennung vorbereitete. Sonderausgaben wie eine Reise überstiegen definitiv ihr Budget. »Möglicherweise werde ich dich um einen Vorschuss bitten.«

Buloz antwortete mit nichts weiter als einem unverbindlichen Lächeln und begleitete seine Hausautorin bis zur Tür. Er hatte schon die Klinke in der Hand, als er zögerte.

»Stimmt es eigentlich, dass Alfred de Musset zu dir in die Wohnung am Quai Malaquais eingezogen ist?«

Zuerst wollte George heftig antworten. Was ging es Buloz an, mit wem sie zusammenlebte? Dann fiel ihr ein, dass er es gewesen war, der sie bei dem *dîner* im Juni nebeneinander platziert hatte.

»Du hast das geplant«, sagte sie, plötzlich wurde ihr alles klar. »Du wolltest uns beide zusammenbringen.« Hatte er das getan, um sie zum Stadtgespräch zu machen und gleichzeitig die Auflage seiner Zeitung zu steigern? Buloz zog ein unschuldiges Gesicht und hob abwehrend beide Hände.

»Gott bewahre«, rief er aus. »Ich dachte ganz einfach, dass sich zwei so interessante Menschen viel zu sagen haben würden.« Und doch wirkte er wie ein ertappter Schuljunge. »Bist du denn nicht glücklich?«, setzte er nach.

»Doch«, antwortete George und lächelte. »Sehr glücklich. Und ja. Du kannst es gern öffentlich machen: Musset und ich, wir sind ein Paar.«

»Du hättest ihn niemals bei dir einziehen lassen dürfen«, schimpfte Marie mit ihr. Der Kellner ging nahe an ihnen vorüber und sie senkte die Stimme. Es musste ja nicht jeder im vollbesetzten Café de Paris hören, was sie zu bereden hatten. »Ich hab dir doch gesagt, dass du das rechtzeitig beenden musst.«

George hielt ihre Lider halb über die Augen gesenkt, die Unterlippe war ein wenig vorgeschoben. Alfred hatte sie so gezeichnet, als *bohèmienne* mit widerspenstigem Haar und einem bestickten Tuch über dem Hinterkopf. »George schmollt«, hatte er auf die Rückseite geschrieben. Er verblüffte sie immer wieder mit diesen gelungenen Zeichnungen, die er rasch anfertigte, auf denen sie aussah wie eine Zwanzigjährige. Aber jetzt schmollte sie nicht nur, sie war richtiggehend wütend.

»Marie«, sagte sie, sich mühsam im Zaum haltend, »so kannst du nicht mit mir reden. Du hast mir nichts zu sagen, nichts zu befehlen, und wenn du so weitermachst, will ich auch keinen Rat mehr von dir.«

»George, ich kenne ihn«, entgegnete Marie eindringlich. Sie hatte sich weit über den Tisch ihrer Freundin entgegengebeugt. »Er hat Probleme. Wenn du nicht achtgibst, werden es auch deine werden und dann …«

»Es geht dich ganz einfach nichts an«, fuhr ihr George über den Mund. Marie starrte sie verletzt an. Dann lehnte sie sich zurück und begann in ihrem Kaffee zu rühren. »Ich liebe ihn«, fuhr George ruhiger fort. »Von ganzem Herzen und mit all meinen Sinnen. Und deswegen werde ich mich nicht von ihm trennen, nur, weil er Probleme hat. Wenn man liebt, ist man füreinander da. Das müsstest doch gerade du am besten wissen.« Marie streifte sie mit einem Blick, als wäre sie ein hoffnungsloser Fall und schwieg.

»Ich. Bin. Glücklich«, fügte George hinzu, jedes der drei Worte betonend. »Gönnst du mir das nicht?«

»Ach George«, erklärte Marie resigniert. »Als ob ich es dir nicht gönnen würde, glücklich zu sein. Ich hab dich so lieb, meine Süße, du weißt offenbar überhaupt nicht, wie sehr. Und ich bin auch keineswegs eifersüchtig, falls du das befürchtest. Ich mit meinen Männern«, sie lachte kurz auf, »welches Recht hätte ausgerechnet *ich*, eifersüchtig zu sein? Nein. Ich sorge mich ganz einfach um dich.«

»Das ist vollkommen unangebracht«, versicherte ihr George. »Wirklich, dazu besteht kein Grund.« Sie fing einen Blick aus Maries schönen, grünblauen Augen auf, der wenig überzeugt schien. »Ich bin alt genug, Marie«, fügte sie schließlich hinzu. »Und du weißt, dass ich diese Liebe nicht gesucht habe. Ich hab mich gegen sie gewehrt. Aber Gott hat es anders gewollt.«

»Gott?«, fragte Marie spöttisch. »Oder dein Verleger?«

»Mein Verleger und du, die göttliche Dualität«, antwortete George mit einem Lachen. »Hast du nicht gesagt, ich soll ihn mir schnappen?«

Marie öffnete den Mund, um etwas zu entgegnen, aber sie ließ es sein. Sie stimmte in Georges Lachen mit ein, wenn auch halbherzig.

»Dann wünsche ich dir, dass ich unrecht habe«, sagte sie schließlich. Auf einmal schien ihr etwas einzufallen. »Stimmt es eigentlich, dass sich Gustave Planche und dieser Idiot, wie heißt er noch gleich, dieser aufgeblasene Typ, der geschrieben hat, *Lélia* röche nach Prostitution?«

George nickte düster. »Capot de Feuillide?«

»Ganz genau. Ist es wahr, dass sich die beiden wegen dir duelliert haben?«

George stöhnte auf.

»Ach, das ist alles Unsinn«, erklärte sie. »Planche hat sich nicht wegen mir mit ihm duelliert, sondern weil er sich in seiner Kritikerehre gekränkt gefühlt hat. Irgendwie war er der Meinung, de Feuillide hätte ihn persönlich angegriffen. Da hat er ihn doch tatsächlich zum Duell gefordert. Aber es ist überhaupt nichts passiert, auch wenn Buloz fast einen Herzinfarkt bekommen hätte. Ja, der war als Zeuge dabei und hat offenbar versucht, mit Engelszungen auf die beiden einzureden. Ohne Erfolg, keiner wollte als Feigling dastehen. Aber sterben wegen einer Literaturkritik, das wollten sie dann wohl auch nicht. Am Ende haben sie in die Luft geschossen und das war's.« Sie schüttelte den Kopf und trank den letzten Schluck ihres Kaffees. »Diese Idioten. Und jetzt heißt es, ich sei schuld.«

»Na, im Grunde bist du es ja auch. Weil du *Lélia* geschrieben hast«, feixte Marie. »Ich sag es ja: Sie sind alle Kinder. Früher haben sie sich im Sandkasten gegenseitig die Schaufeln auf den Kopf geknallt. Und heute fuchteln sie mit Pistolen rum.«

Sie kramte ein paar Münzen aus ihrem Handtäschchen und legte sie neben ihrer Tasse auf den Tisch. »Ich muss los.«

»Warte«, rief George. »Du hast mir noch gar nicht erzählt, wie deine Tournee war. Wo musst du denn jetzt schon wieder hin?«

»Wie meine Tournee war?«, wiederholte Marie. »Das willst du gar nicht wissen, glaube mir. Das Reisen ist hart und bekommt mir nicht mehr. Ich bin zu alt für so etwas. Jeden Abend auf einer noch bescheideneren Provinzbühne. Schlechte Herbergen. Und das Publikum …« Sie seufzte. »Manchmal ist es ja direkt rührend, wenn ich in ihre verzauberten Gesichter sehe beim Applaus … Aber solche Momente sind rar. Meistens haben sie überhaupt nichts verstanden. Und ich frage mich, was ich dort verloren habe.«

»Du wirst zurückkehren und triumphale Erfolge feiern«, versuchte George sie zu ermutigen.

»Ja, das werde ich«, antwortete Marie mit einem zynischen Lächeln. »Wenn die Mars und die andere fette Glucke der Schlag getroffen haben wird. Diese intriganten Puten. Aber eines Tages wird Paris genug von ihnen haben.«

Sie stand auf, hob stolz den Kopf und rückte ihren Hut zurecht. Keine wusste so gut wie sie, dass sich nun aller Augen auf sie richteten: die Dorval. In Paris. Warum sah man sie eigentlich gar nicht mehr spielen? Ach, und sie traf sich mit der skandalösen George Sand, die nicht wusste, ob sie eine Frau war oder ein Mann?

Mit keiner Regung ihres ausdrucksvollen Gesichts ließ Marie sich anmerken, wie müde sie war und wie sehr ihr das alles zu schaffen machte. George bewunderte sie dafür.

»Ich hab dich lieb, Marie«, sagte sie und hielt kurz die Hand ihrer Freundin fest. »Sei mir nicht böse.«

»Das bin ich nicht, *ma chérie*«, antwortete Marie, küsste sie auf beide Wangen. »Pass auf dich auf. Versprich mir wenigstens das, ja?«

»Das tue ich.«

Dann wandte sie sich um und ging zur Tür. Unterwegs grüßte sie hier und dort Bekannte oder solche, die sich dafür hielten, und sie tat das mit einer solchen Selbstverständlichkeit, einer solchen Eleganz, dass George sich einmal mehr vorkam wie ein Bauer aus dem Berry, als auch sie wenig später das Café de Paris verließ.

Buloz sollte recht behalten. Erst Ende September, fast sechs Wochen nach Erscheinen des Buches, äußerte sich endlich auch Sainte-Beuve zu *Lélia* und widmete dem Roman eine ganze Seite in der *Revue des Deux Mondes*. Wie es seine Art war, ging der Kritiker sorgfältig zu Werk, verfasste zunächst eine Abhandlung darüber, dass es immer noch zu wenige Frauen unter den Romanautoren gab, und zählte diese seltenen Exemplare auf. Dann setzte er sie in Bezug zu George Sand und kam zu dem Schluss, dass letztere mit niemandem zu vergleichen war, weder mit Frau noch Mann, sondern dass sie eine Ausnahme bildete, die eloquenteste, kühnste und begabteste von allen sei, sowohl, was ihren Stil anbelangte, als auch die Sujets, die sie wählte. Und nicht nur das. Auch ihre Existenz, die mutig zwischen den Geschlechtern hin und her oszillierte, stellte er bewundernd heraus.

Dann kam das Eigentliche, das, was sich das literarische Paris schon die ganze Zeit fragte: Wie fand Sainte-Beuve den Roman? Für viele hieß das: Worauf konnten sie sich festlegen, ohne am Ende als Dummköpfe dazustehen? Und wieder hatte Buloz als Herausgeber des Blattes sein Ziel erreicht, die Ausgabe war schon wenige Stunden nach Erscheinen restlos ausverkauft.

Sainte-Beuve nannte *Lélia* ein lyrisches und philosophisches Werk voll schonungsloser Kritik an Gesellschaft und Kirche mit der einzigen Schwäche, keine moralischen Lösungsansätze zu bieten. Und genau das sei der Grund für die irritierte Aufnahme des Werks, weil es am Ende keinerlei Hoffnung biete, trotz seiner ungeheuren Kraft und unbestreitbaren Anmut. Wieder lobte er die Sprache und den Ideenreichtum der Autorin und hob George Sand auf eine Ebene mit dem britischen Autor Lord Byron, was für jeden modernen Literaten einen Ritterschlag bedeutete, und beschloss schließlich seine Besprechung mit den Sätzen: »Mit all seinen Schwächen und seinen Exzessen ist *Lélia* ein Roman, den man unbedingt lesen sollte. Und auch wenn gegenwärtig viel Gegenteiliges gesagt und geschrieben wird, so spricht doch die Heftigkeit, mit der diese Diskussion geführt wird, gerade für die Kühnheit des Buches«.

∽∾

»Wisst ihr eigentlich, dass George Sand im Augenblick der erfolgreichste Schriftsteller Frankreichs ist? *Valentine* hat sogar Balzacs Verkaufszahlen geschlagen. Und *Lélia* wird das noch übertreffen. Wollen wir wetten?«

Félix Pyat ließ sich auf das Sofa in der Blauen Mansarde fallen und strahlte über sein ganzes Gesicht. Er und die anderen Freunde aus dem Berry waren mächtig stolz auf ihre Freundin.

»Er ist nicht nur in Frankreich eine Berühmtheit«, warf Alphonse zufrieden ein. »Deine Romane werden auch in andere Sprachen übersetzt, nicht wahr, George?«

»Und wie man munkelt, ist er auch der bestbezahlte Autor weit und breit«, fügte Gustave Papet mit einem Zwinkern hinzu. »Du hast es geschafft, meine Liebe. Jetzt gehörst du zu den ganz Großen.« Er hatte inzwischen sein Examen gemacht und praktizierte als Arzt. Da seine Familie jedoch über ein enormes Vermögen verfügte, konnte er sich den Luxus erlauben, seine Patienten umsonst zu behandeln und sich selbst nebenher weiter dem Schreiben zu widmen.

»Dafür hat mich unser lieber Buloz aber auch ganz schön im Griff«, gab George mit einem Lächeln zu ihrem Verleger zurück.

»Ohne Fleiß kein Preis«, antwortete dieser und schenkte sich ein Glas Rotwein ein. Dann fiel ihm das Etikett der Flasche auf und er betrachtete es genauer. »Wie mir scheint, bezahle ich wirklich fürstlich«, fügte er hinzu. »Dieser Wein kostet ein kleines Vermögen.«

»Alfred hat ihn besorgt«, beeilte George sich zu sagen. Sie kaufte niemals Alkohol. Dass ihr Lebensgefährte offenbar sehr viel Geld für den Wein ausgab, war ihr nicht bewusst gewesen.

»Jemand muss hier schließlich auch in dieser Hinsicht für Niveau sorgen«, sagte Alfred mit einem strahlenden Lächeln und schenkte allen nach. Nur Félix hielt seine Hand über sein Glas.

»An Niveau hat es hier niemals gefehlt«, erklärte er angriffslustig. »In keinerlei Hinsicht, Musset.« Es war klar, dass Pyat als alter Republikaner das »de« im Namen des Dichters, das ihn als Adeligen auszeichnete, unterschlug.

»Natürlich nicht«, antwortete Alfred ein wenig zu liebenswürdig. »Dafür hat George ja ihre Freunde aus der Provinz.«

»Mir gefällt nicht, wie du über sie sprichst«, erhitzte sich Félix. »Wenn du denkst, du kannst uns beleidigen, indem du uns Provinzler nennst, dann täuschst du dich. Wir sind stolz auf unsere Herkunft. Aber George Sand zu unterstellen, sie bräuchte dich, um Niveau zu haben, das finde ich ehrlich gesagt …«

»Es ist gut«, unterbrach ihn George sanft. »Er meint es nicht so. Nicht wahr, Alfred? Bitte vertragt euch.«

Alfred zuckte mit den Schultern.

»Ich weiß nicht, was dagegen einzuwenden ist, guten Wein zu trinken«, erklärte er leichthin und leerte sein Glas. »Wer möchte noch?«

»Ich hab schon lange keine neuen Texte mehr von Ihnen bekommen, de Musset«, warf Buloz ein, nachdem keiner sich meldete. »Schreiben Sie denn überhaupt noch? Oder überlassen Sie das jetzt George Sand?«

Alfred antwortete nicht gleich. Er schenkte sich selbst nach, holte dann eine weitere Flasche aus dem Schrank und machte sich daran, sie zu öffnen.

»Ich?«, fragte er, als hätte er jetzt erst begriffen, dass von ihm die Rede war. »Mit unserer lieben George kann ich leider nicht mithalten, da haben Sie recht. Ich arbeite den ganzen Tag, und am Abend habe ich zehn Verse gemacht und eine Flasche Schnaps geleert. Sie hingegen hat einen Liter Milch getrunken und einen halben Roman geschrieben.«

Die Freunde außer Félix Pyat und Gustave Papet lachten laut auf, und Alfred lachte mit, doch George hörte auch den Spott aus dieser Bemerkung heraus. Mitunter nannte de Musset sie eine Vielschreiberin, und das klang nicht gerade wie ein Kompliment. Während er jedes Wort hundertmal drehte und wendete, bis er es für würdig befand, es in sein Gedicht aufzunehmen, flossen ihr die Sätze leicht aus der Feder. Inzwischen kursierten eine Menge unsinniger Gerüchte über ihre Art und Weise zu arbeiten. Man sagte ihr zum Beispiel nach, dass sie ihre Seiten nicht einmal überarbeitete, sondern sie so, wie sie das erste Mal niedergeschrieben wurden, einfach weiterreichte, ohne sie überhaupt nochmal durchzulesen. Das stimmte natürlich nicht. Sie ging äußerst sorgfältig mit ihren Werken um. Aber Bemerkungen wie die von Alfred gaben diesen Meinungen natürlich Nahrung. Und es passte zu Alfreds Ruf eines grüblerischen Dichters, der sich jeden seiner göttlichen Verse qualvoll aus den Rippen schneiden musste. Doch sie liebte ihn viel zu sehr, als dass sie ihm das übel nehmen würde.

Es klopfte, und George betrachtete einen neuen Gast als willkommene Ablenkung. Es war Honoré de Balzac in Begleitung zweier Bewunderer, deren Name George vergessen hatte.

»Was für eine Hitze!«, rief Balzac aus und wischte sich das gerötete Gesicht mit einem großen, weißen Leinentaschentuch. »De Latouche hat alles richtig gemacht, als er aufs Land zog«, stöhnte er, und George beeilte sich, die Fenster zu öffnen und für ein wenig Durchzug zu sorgen. »Seht euch diesen armen Vogel an«, fuhr der Schriftsteller fort und wies auf den Käfig mit dem Star, der still in einer Ecke saß und sein purpurfarbenes Gefieder säuberte. »Ich wette, auch ihm ist es zu heiß.« Dankbar nahm er Alfred das Glas ab, das dieser ihm reichte. »Neulich«, fuhr er fort, wie immer in seinem Redefluss kaum zu bremsen, »war ich draußen in den Wäldern von Fontainebleau. Ach, war das herrlich. Ich hätte gar nicht erst wiederkommen sollen, so angenehm kühl war es dort. Wir sollten alle miteinander hinfahren«, schlug er vor. »Ein richtiger Zauberwald, die Felsenmeere darin sind einfach phantastisch.«

»Ich habe gehört, dass man neue Wege angelegt hat«, warf Gustave Papet ein.

»Das stimmt«, antwortete Balzac. »Und es gibt einige hübsche Hotels. Aber sag doch mal, lieber George, wie bist du dem bloß darauf gekommen, eine so vollkommen neuartige Form eines Romans zu schreiben? Da raucht man ahnungslos Zigarren mit dir, plaudert über dieses und jenes, und klammheimlich entwirfst du ein derart revolutionäres Werk, dass einem Hören und Sehen vergeht beim Lesen.«

»Ist das ein Kompliment?«, erkundigte sich George vorsichtig, »oder ist das deine Art, mir zu sagen, wie abscheulich du *Lélia* findest?«

»Es *ist* abscheulich«, erklärte Balzac mit einem strahlenden Lächeln. »Abscheulich wundervoll! Entsetzlich wahr! Und einfach schrecklich anders als alles …«

»George Sand ist eben unsere französische Antwort auf Goethes Werther«, fiel ihm Félix Pyat ins Wort.

»Wie wahr!«, stimmte Balzac ihm zu. »Werthers Frage aus weiblicher Sicht. Aber nicht wie seine hausbackene Lotte, die nichts Besseres weiß, als Kinder zu hüten und gute deutsche Knödel zu kochen. Nein. *Lélia* ist … ich habe keine Worte dafür, was sie ist.«

»Ein Monster?«

Alle lachten, während George Herzklopfen bekam, sie so reden zu hören.

»Das Verrückte ist, dass *Lélia* gleichzeitig vollkommen idealisiert wirkt, ganz anders als Valentine oder Indiana scheint sie kein Mensch aus Fleisch und Blut zu sein, sondern ein Ideal oder eher noch das Gegenteil davon: Das Gegen-Bild einer Dame der aktuellen Gesellschaft. Ich meine, wir erfahren kaum etwas von ihren Lebensumständen. Dafür alles, aber auch wirklich alles über ihr Seelenleben.«

»Und über ihr Intim- und Liebesleben«, warf Gustave ein.

»Das ist es ja gerade«, fuhr Balzac fort. »Ein neuer Inhalt in einer neuen Form. Es gibt so gut wie keine Handlung. Alles geschieht innen. Im Innenleben der Protagonisten. Kann ich noch von diesem Wein haben?«, unterbrach er sich und streckte Alfred sein Glas entgegen. »Der ist ausgezeichnet.« Félix und

Gustave wechselten vielsagende Blicke. Doch Balzac war noch lange nicht fertig.

»Und das erregt die Gemüter, mein lieber George. Die Leute sind außer sich.« Er wirkte sehr vergnügt, während ihr wie immer, wenn das Gespräch darauf kam, eher mulmig wurde. »Stimmt es eigentlich, was man von diesem Verrückten Capot de Feuillide hört, hat er sich tatsächlich mit Planche wegen *Lélia* duelliert?«

François Buloz raufte sich theatralisch die Haare allein bei der Erinnerung daran. »Hört mir bloß damit auf«, rief er aus. »Ein Albtraum! Stell dir vor, zwei meiner Literaturkritiker erschießen sich wegen einer Buchbesprechung!«

»Ach, das war doch alles nur Komödie«, wandte Gustave grinsend ein. »Keiner von beiden wollte wegen *Lélia* sterben.«

»Das siehst du aber ganz falsch«, widersprach Alfred. »Zumindest, was Planche anbelangt. Der ist nämlich rettungslos in George verliebt.«

»Unsinn!«, protestierte George. »Das ist er keineswegs.« Sie fing einen eifersüchtigen Blick ihres Geliebten auf. Ach du lieber Himmel, dachte sie, er wird das doch nicht ernst meinen?

»Ich hätte fast darauf gewettet«, warf Félix an den Verleger gewandt ein, »dass Sie es selbst waren, der das Ganze inszeniert hat, Monsieur Buloz. Denn eine bessere Werbung für das Buch konnte es ja kaum geben.«

»Nie und nimmer«, widersprach der Verleger entschieden. »Mit so etwas macht man keine Scherze. Es haben sich schon andere wegen geringerer Anlässe das Hirn aus den Schädeln geschossen. Meines Erachtens gehört das verboten. Soweit ich höre, wird das im Parlament sogar diskutiert.«

Sainte-Beuve war gerade zu ihnen gestoßen und erkundigte sich, worüber sie denn so heftig diskutierten.

»Pah«, machte er wegwerfend, als er im Bilde war. »Duelle gehören nun mal zu unserer Kultur.«

»Moment mal«, sagte Alfred und sorgte dafür, dass auch der

neue Gast ein Glas Wein erhielt. »Da fällt mir etwas ein. Waren Sie nicht selbst einmal in ein Duell involviert, Monsieur Sainte-Beuve?«

»Einmal?« Der Kritiker nahm das Glas dankend entgegen, das Alfred ihm reichte. »Unzählige Male.«

»Aber ja«, fiel Félix ein. »Ich erinnere mich auch. War das nicht vor drei Jahren, Monsieur Sainte-Beuve? Sie trafen sich in den Wäldern von Romainville mit irgendeinem Zeitungsmenschen zum Duell. Stimmt es, dass Sie den Regenschirm nicht aus der Hand geben wollten und sagten: ›Lieber tot als nass?‹«

Alle brachen in Gelächter aus, nur Sainte-Beuve schmunzelte würdevoll und betrachtete das tiefe Rot des Weins in seinem Glas.

»*Eh bien*«, meinte er schließlich mit einem Schulterzucken. »Ich hasse es nun mal, nass zu werden.« Worauf ein weiterer Sturm der Heiterkeit die Blaue Mansarde erfüllte.

»Ich hoffe, es wurde niemand verletzt?«, erkundigte sich George besorgt. Sainte-Beuve schüttelte den Kopf.

»Der Regen war viel zu stark, als dass wir einander richtig sehen konnten«, beruhigte er sie. »Aber darum ging es auch gar nicht.«

»Worum dann?«, wollte Buloz kopfschüttelnd wissen.

»Na, ums Prinzip.«

∽≈

»Schreibst du schon wieder oder immer noch?«, fragte Alfred sie am nächsten Tag. Es ging bereits auf Mittag zu. Er war soeben aufgestanden, während George schon seit zwei Stunden an ihrem Sekretär saß und an ihrem Seitenpensum für Buloz arbeitete. Alfred beugte sich über sie, küsste sie auf den Nacken und streichelte ihre Schultern. Sie trug ein leichtes Baumwollkleid, dessen Ärmel sie vor Jahren einmal selbst mit kleinen

Glasperlen bestickt hatte, es ließ einen Teil ihrer Schultern frei, und nun drückte Alfred seine Lippen auf die Stelle gleich oberhalb ihres Schlüsselbeins. Sie ließ die Feder sinken und drehte sich leicht zu ihm um, schloss die Augen und genoss seine suchenden Lippen, die ihren Hals empor bis zum Ohr wanderten und zärtlich an seiner Muschel knabberten.

»Was ist das?«, fragte er sie zwischen zwei Küssen. Auf ihrem Sekretär lag aufgeschlagen ein zerfleddertes Notizbuch.

»Ach, nur die Skizze zu einer uralten Geschichte«, antwortete sie, drehte sich zu ihm um und fuhr mit ihrer Hand unter sein Hemd. Wie seidig sich seine Haut anfühlte, fast so zart wie die von Marie. Sie nahm seine Erregung wahr und erhob sich, ließ sich von ihm ins Schlafzimmer ziehen.

»Was für eine uralte Geschichte?«, raunte Alfred und hakte ihr Kleid hinten auf.

»Ich hab vor Jahren ein paar Ideen dazu aufgeschrieben, weiter ist sie nicht gediehen. Sie spielt in Florenz in der Zeit der Renaissance«, flüsterte sie zurück.

»Klingt gut«, sagte er und half ihr, das Kleid auszuziehen. »Um wen handelt es sich?«

»Um Lorenzaccio de' Medici«, antwortete sie und schlang ihre Arme um seinen Körper.

»Hatte der nicht unglaublich viele Geliebte?« Er bedeckte ihr Gesicht mit Küssen.

»Das auch«, sagte sie, als sie wieder Luft bekam. »Außerdem tötete er seinen besten Freund, der ein Tyrann war.«

»War das gut oder schlecht? Ich meine: für das Volk …«

»Das kommt darauf an«, brachte George mit Mühe unter seinen Küssen hervor, »wie man die Geschichte erzählt.«

Er zog sie ins Bett. Die Stunden vergingen in Zärtlichkeit und immer wieder erwachender Leidenschaft.

»Ich muss aufstehen«, sagte George, als die Sonne bereits tief stand. »Warum?«, fragte ihr Geliebter und versuchte, sie festzuhalten.

»Weil ich arbeiten muss«, antwortete sie.

Er stöhnte.

»An deinem Lorenzaccio?«

»Nein«, sagte sie lachend. »Ich glaube nicht, dass ich daraus noch etwas mache. Gefällt dir der Stoff?«

Am Ende machte er ein Drama daraus oder besser gesagt: sie beide. Er geriet in einen Schaffenswahn, der George gleichzeitig amüsierte und beruhigte. Alfred hatte außer den Liebesgedichten für sie lange nichts geschrieben. Er hatte es im Gegensatz zu ihr auch nicht nötig, für Geld zu schreiben. Sie beneidete ihn nicht um seinen ererbten Reichtum, sie bemitleidete ihn eher. Denn im Grunde ihres Herzens wusste sie, dass es ihre eiserne Disziplin war, die sie vor ihrer eigenen Melancholie rettete, vor diesem schier unerträglichen Überdruss an der Welt, den sie in *Lélia* dargestellt hatte. Vielleicht, dachte sie, wäre es für Alfred besser, er wäre zur regelmäßigen Arbeit gezwungen. Vielleicht sähe er dann keine Gespenster. Wenn er jeden Sou zweimal umdrehen müsste, so wie sie, dann könnte er auch nicht jeden dritten oder vierten Abend mit seinen zweifelhaften Freunden durch die Etablissements ziehen, zu viel Alkohol trinken und am anderen Morgen nicht mehr wissen, wie er die Nacht zugebracht hatte. Er müsste nicht mehr so verzweifelt sein und ihr zu Füßen fallen, ihr versichern, dass er sie anbetete und dass sie allein in der Lage war, ihn zu retten. Dass er zwar viele Frauen gekannt hatte, aber keine auch nur annähernd so war wie sie: stark, leidenschaftlich, vernünftig und klug. Und dass keine von diesen Frauen, die allesamt jünger und hübscher waren als sie, an ihre Schönheit heranreichten, die nicht nur eine äußerliche war, sondern zusätzlich einer Schönheit der Seele entsprang. Das alles würde sie auch ohne Worte verstehen, wenngleich wohl keiner solche Dinge so wundervoll formulieren konnte wie er.

Aber solche Gedanken erlaubte sie sich nur ganz selten. An

Tagen wie diesen, wenn er sich eine ihrer Federn ausborgte, ihr Papier mit ihrer Tinte vollschrieb und dabei vor Begeisterung glühte, wenn er Vers an Vers reihte, einer erstaunlicher als der andere, dann fühlte sie ein solches Glück, dass es beinahe schmerzte.

Sie ließ sich von seinem Feuereifer anstecken, legte ihre eigene Arbeit beiseite und diskutierte mit ihm darüber, wie das Drama aufzubauen sei. Als er zu schreiben begann, reichte er ihr Blatt um Blatt, die Tinte noch feucht, und sie las, korrigierte oder lobte, gab Anregungen, machte Vorschläge. Das Theaterstück wuchs Dialog für Dialog, Szene um Szene, und bald war nicht mehr zu unterscheiden, von wem was stammte, und es spielte auch keine Rolle. Denn was immer sie Alfred geben mochte, auch sie lernte von ihm, und das erfüllte sie mit einem Gefühl der Euphorie. Hatte sie sich nicht genau das immer gewünscht? Eine Partnerschaft voller Geben und Nehmen, in der sie wachsen konnte und selbst ernst genommen wurde?

Unwillkürlich dachte sie an die Wochen und Monate, in denen sie gemeinsam mit Jules an *Rose et Blanche* gearbeitet hatte. Damals war sie stets die treibende Kraft gewesen und mitunter hatte sich das angefühlt, als müsse sie ganz allein einen schweren Karren ziehen. Sie hatte Jules sehr geliebt, wie sehr, das hatte sie vielleicht erst nach der Trennung realisiert. Ihre Gefühle Alfred gegenüber waren jedoch noch viel tiefer, unbedingter, leidenschaftlicher und − ja, gleichzeitig sogar reiner. Auch wenn das vielleicht wie ein Widerspruch klang, gemessen an der Lust, die sie miteinander empfanden. Ihre Liebe zu Alfred de Musset fühlte sich groß an und rein, so, als seien sie einander von einer höheren Macht bestimmt worden. Sie hatte sich lange gewehrt. Aber es hatte so kommen müssen.

Ihr Flammenjüngling. Manchmal beobachtete sie ihn heimlich unter gesenkten Wimpern hervor, wenn er inmitten der vollgeschriebenen Seiten auf dem blauen Himmelbett saß, die rotgoldenen Haare zerzaust, die Feder in der Hand. Sie betrachtete seinen Körper, wenn er aufstand, um sich etwas zu trinken zu holen, bewunderte ihn, der seine Nacktheit genauso selbstverständlich trug wie seinen nach neuester Mode geschnittenen Anzug, selbstbewusst und ohne die geringste Scham. Von einer solchen Natürlichkeit war sie weit entfernt. Weil sie älter war als er? Weil ihr Körper längst nicht so perfekt war wie der seine? Oder weil sie es einfach nicht lassen konnte, sich selbst infrage zu stellen?

»Was denkst du?«, fragte er sie in einem dieser Momente und stellte sich unmittelbar vor sie hin. Ihr Mund berührte seinen Bauchnabel. Sein Geschlecht drängte sich gegen ihre Brust. Und dann entzündeten sie sich erneut aneinander, vergaßen Raum und Zeit, und als sie wieder zu sich kamen, stellten sie fest, dass sie inmitten einer Szene von *Lorenzaccio* lagen, und strichen lachend die zerknitterten Seiten wieder glatt.

»Lass uns nach Italien fahren«, drängte sie ihn. So lange sehnte sie sich schon danach. Jules Sandeau war von seiner Reise zurückgekehrt und arbeitete nun als Privatsekretär für Balzac, wie man ihr erzählte. Manche sagten, der habe Jules aus Mitleid diesen Posten angeboten. Andere behaupteten, Balzac nütze Jules' Gutmütigkeit aus und behandle ihn wie einen Sklaven. Nun, sie war nicht mehr verantwortlich für diesen großen Jungen.

»Italien. Ja, das wäre schön«, antwortete Alfred und stand auf. »Dazu brauche ich allerdings das Einverständnis meiner Mutter.«

George sah ihm verblüfft dabei zu, wie er sich in aller Ruhe anzog.

»Das Einverständnis deiner Mutter?«, fragte sie konsterniert. »Aber du bist doch volljährig.«

Alfred antwortete nicht gleich, sondern machte sich an dem Tuch zu schaffen, das er sich um den Hals band. Endlich war er zufrieden und wandte sich zu seiner Geliebten um.

»Nun, es wäre doch recht unfreundlich, gegen den Willen meiner Mutter zu handeln, meinst du nicht?« George starrte ihn an. Sie versuchte, sich einen Reim darauf zu machen.

»Du meinst, sie könnte etwas dagegen haben, dass du nach Italien reist?«, fragte sie ungläubig. »Jeder Künstler, der etwas auf sich hält, fährt dorthin.«

»Mein Vater ist erst im vergangenen Jahr gestorben«, erklärte er vorwurfsvoll. »Kannst du dir nicht vorstellen, dass ich mir Sorgen um sie mache?«

George schwieg. So gesehen hatte er natürlich recht. Und doch wurde sie das Gefühl nicht los, schon wieder einen Geliebten zu haben, der im Grunde noch ein kleiner Junge war und am Rockzipfel seiner Mutter hing. Denn bei Licht betrachtet kümmerte er sich nicht gerade viel um seine Mutter, ja, er sah sie eher selten. Außerdem hatte sie auch nicht vorgeschlagen, nach Italien auszuwandern. Sie dachte an einige Wochen. Zu mehr reichte ihr Geld ohnehin nicht.

»Fragst du sie?«, erkundigte sie sich.

»Aber ja«, antwortete er. »Wenn ich sie das nächste Mal besuche, sprech ich sie darauf an.«

George seufzte innerlich. Sie hatte so hart gearbeitet, sich ihren Ruhm erkämpft und verfügte endlich über die Mittel für eine Italienreise, von der sie schon so lange träumte. Musste sie jetzt warten, bis eine fremde Frau zustimmte, dass ihr Sohn mit ihr fuhr? Vielleicht sollte sie ohne ihn aufbrechen? Er könnte ja dann nachkommen, sobald seine Mutter ihm die Reise erlaubte. Doch allein der Gedanke, sich von Alfred zu trennen, erschien ihr unerträglich. Sie würden gemeinsam fahren. Oder gar nicht. Und plötzlich kam ihr eine Idee.

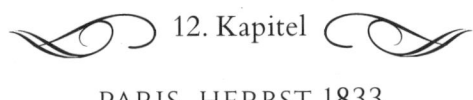

12. Kapitel

PARIS, HERBST 1833

Der Gedanke, dass eine so wichtige Entscheidung wie die, endlich auf diese langersehnte Reise aufzubrechen, von einer anderen Frau abhing, war ihr unerträglich. Ohne Alfred etwas davon zu sagen, mietete sie eine Kutsche und ließ sich zum Stadtpalais der de Musset-Pathay fahren, wie die Familie mit vollem Namen hieß, und bat um ein Gespräch unter vier Augen mit der Witwe de Musset. Da sie ihren Namen nicht nennen wollte, aus Furcht, gar nicht erst vorgelassen zu werden, wurde sie nicht ins Haus gebeten, doch Edmée, Alfreds Mutter, willigte ein, zu ihr hinaus in die Kutsche zu kommen.

»Danke, Madame, dass Sie sich diese Mühe machen«, begrüßte George sie höflich, als Madame de Musset auf der Bank ihr gegenüber Platz genommen hatte. »Ich bin George Sand. Ich dachte, es wäre an der Zeit, mich Ihnen vorzustellen.«

Alfreds Mutter war zu verblüfft, um etwas zu antworten. Mit großen Augen, die Alfreds unglaublich glichen, betrachtete sie die Geliebte ihres Sohnes, die die Kühnheit hatte, unangemeldet bei ihr vorzusprechen. »Ich möchte Ihre kostbare Zeit nicht über Gebühr in Anspruch nehmen«, fuhr George fort. »Sie sollen den Grund meines Kommens gleich erfahren. Ich möchte Sie darum bitten, Ihren Sohn mit mir reisen zu lassen.« Sie sah das Zögern und das Staunen der Frau, die ihre Mutter hätte sein können. Edmée war vierundzwanzig Jahre älter als sie, das wusste sie von Alfred. »Uns beide eint die Liebe zu Alfred«, fuhr George unbeirrt fort. »Und deshalb verspreche ich Ihnen, dass ich auf ihn achtgeben werde, wie auf meinen eigenen Sohn. Ja, ich bin selbst Mutter eines Sohnes, Maurice ist zehn Jahre alt und besucht wie Alfred damals das Internat Lycée Henri IV, und deshalb verstehe ich Ihre Sorge nur zu gut. Aber bitte bedenken Sie: Für ein Genie wie Alfred ist eine Bildungsreise nach Italien absolut notwendig. Und wer wäre dabei eine bessere Begleitung als ich?«

»Aber die Reise ist weit und beschwerlich«, wandte Edmée ein. »Ich habe bereits zwei Kinder verloren, Madame. Im vergangenen Jahr erst starb mein Mann. Alfred ist mein jüngster Sohn, seine Konstitution ist viel anfälliger als die seines älteren Bruders. Es ist zu gefährlich.«

»Niemand versteht Sie so gut wie ich, Madame«, antwortete George mitfühlend, sie begann, Alfreds Mutter aufrichtig zu mögen. »Aber Ihre Sorge ist unbegründet«, versicherte sie. »Die Reisewege sind heutzutage viel moderner und einfacher zu befahren als noch vor wenigen Jahren. Das Postkutschensystem wurde in ganz Europa eingeführt. Glauben Sie mir, ich habe mich erkundigt.« Sie ergriff die Hand von Madame de Musset und drückte sie. »Bitte, geben Sie ihm die Erlaubnis, zu reisen. Sie wollen doch nicht, dass er diese wundervolle Gelegenheit versäumt? Heutzutage *muss* ein Künstler ganz einfach in Italien gewesen sein. Denken Sie an Goethe! Was wäre aus ihm geworden ohne seine Italienischen Reisen?«

Madame Edmée de Musset-Pathay seufzte tief auf. »Ich habe kein gutes Gefühl dabei«, gestand sie.

»Ich leide selbst immer wieder unter Rheumatismus und unter Migräne«, erklärte George. »Sie dürfen versichert sein, dass ich kein Risiko eingehen werde, schon allein um meinet- und meiner Kinder willen. Früher oder später wird Alfred diese Reise antreten, Sie werden ihn nicht sein Leben lang zurückhalten können. Denken Sie, es wäre sicherer, er reist mit einem seiner waghalsigen Freunde? Wir wissen beide, wie unvernünftig diese jungen Männer sein können. Aber sehen Sie mich an: Sehe ich aus wie eine Abenteurerin?«

Edmée de Musset rang sich ein Lächeln ab und schüttelte den Kopf.

»Nein, das tun Sie nicht«, antwortete sie. »Auch wenn man Ihnen allerhand nachsagt.« Sie lachte freudlos auf und wandte den Blick ab.

»Ich verspreche Ihnen hoch und heilig«, versicherte ihr George, »dass ich auf ihn achtgeben werde, als wäre er mein eigener Sohn. Wir wollen über Lyon nach Marseille und von dort nach Italien, um die wichtigsten Städte aufzusuchen: Genua, Pisa, Florenz, Rom, Venedig. Unzählige Künstler haben diese Route genommen. Es besteht wirklich überhaupt kein Grund zur Sorge, Madame. Alfred kann von dieser Reise nur profitieren.«

George konnte direkt fühlen, wie die Frau sich einen Ruck gab.

»Nun gut«, sagte sie schließlich. »Dann soll er reisen. Aber seinen Geburtstag möchte ich noch mit ihm gemeinsam feiern. Danach kann er meinetwegen mit Ihnen aufbrechen.«

»Danke«, antwortete George und musste sich zurückhalten, um in ihrer Stimme auch nicht den kleinsten Hauch von Triumph mitschwingen zu lassen. »Sie zeigen die wahre Größe einer guten Mutter, Madame de Musset.«

»Ich hoffe«, gab Edmée zurück und ihre Stimme zitterte, »dass ich das niemals bereuen werde. Leben Sie wohl, Madame. Und halten Sie Ihr Versprechen.«

»Das werde ich«, antwortete George. »Sie werden nichts zu bereuen haben. Alfred wird Sie stolz machen, noch stolzer, als Sie jetzt schon auf ihn sein können.«

Madame de Musset verabschiedete sich rasch und stieg aus der Kutsche. Einen Moment lang stand sie noch vor dem offenen Schlag, zögernd, als wollte sie noch etwas sagen. Georges

Herz begann wie wild zu klopfen. Sie würde doch jetzt nicht etwa einen Rückzieher machen? Doch da wandte sich Madame de Musset jäh ab und ging mit raschen Schritten in Richtung ihres Hauses. Der Kutscher schloss den Schlag und wenig später rumpelten sie über das Pflaster von Paris.

〜〜

Alfreds Geburtstag war am 11. Dezember, und so buchten sie die Plätze in der Postkutsche für den 12. Ihre kleine Tochter hatte George über den Winter in Nohant untergebracht und eine Kinderfrau für sie engagiert, sie hoffte, sich auf Mademoiselle Julie verlassen zu können. Sorgen bereitete ihr Maurice, der sich auf dem Lycée Henri IV alles andere als wohlfühlte. Vielleicht hatten sie ihm zu lange die Freiheit des Landlebens erlaubt. Jetzt empfand er das ehemalige Klostergebäude wie eine Kaserne, und jedes Mal, wenn sie ihn besuchte, brach er in Tränen aus, sobald sie wieder gehen musste. Laut seiner Lehrer schien er ansonsten recht fröhlich und lernbegierig, er hatte sich mit einigen Klassenkameraden angefreundet und die Erzieher vertraten die Meinung, dass ihre zahlreichen Besuche seine Eingewöhnung behinderten.

So hatte sie sich schweren Herzens nach und nach zurückgezogen und Maurice auf eine längere Abwesenheit vorbereitet. »Wir werden uns Briefe schreiben«, schlug sie vor. »Ich berichte dir von allem, was ich erleben werde. Und du mir auch. Versprochen?«

Für alle Fälle hatte George seinen langjährigen Hauslehrer, Monsieur Boucoiran, an dem Maurice sehr hing und dem George absolut vertraute, davon überzeugen können, dem Jungen nach Paris zu folgen. So konnte er sich weiterhin um ihn kümmern und darauf achten, dass er im Internat auch gut behandelt wurde. Sie hatte den Lehrer außerdem Hélène Badoureau und deren Mann vorgestellt, die ihm einige Privatschüler vermittelt hatten, sodass er in Paris neben dem, was ihm George bezahlte, ein Auskommen fand.

Sie wollte geordnete Verhältnisse hinterlassen, denn sie wusste, dass sie nur dann die Reise würde genießen können. Doch jetzt war endlich sie selbst einmal dran. George, die regelmäßig ihre Pflichtseiten ablieferte, gelang es, den zögernden Buloz dazu zu überreden, ihr einen Vorschuss auf den nächsten Roman auszubezahlen. Die Kapitel würde sie ihm in schöner Regelmäßigkeit aus Italien schicken, darauf gab sie ihm ihr Wort.

Frei sein. Endlich losfahren können. In eine Kutsche zu steigen und sich von ihr Richtung Süden tragen zu lassen. Es war ein nebliger Tag, dieser 12. Dezember 1833, an dem sie in Begleitung von Alfreds älterem Bruder Paul aufbrachen. Madame de Musset hatte darauf bestanden, dass er sie bis Lyon begleitete, und wenn George das auch lächerlich fand, so verstand sie sich mit dem ernsthaften, ein wenig steifen Paul besser, als sie es erwartet hatte.

Dass das Reisen nicht nur aus reinem Vergnügen bestand, das wusste George von ihrem Pendeln zwischen dem Berry und der Hauptstadt nur allzu gut. Die Posthaltestellen mit ihren Herbergen waren selten luxuriös, doch ihnen machte das nichts aus. Die Tatsache, dass sie mit jedem Atemzug mehr Abstand zwischen sich und Paris brachten, erfüllte die Liebenden mit einer Ausgelassenheit, die sie über alle Unannehmlichkeiten hinwegsehen ließ. In welcher italienischen Stadt sie sich letztendlich für ein paar Wochen niederlassen wollten, das würden sie unterwegs entscheiden. Genua. Pisa. Florenz. Rom. Oder gar Venedig. Alle diese Namen klangen verlockend. Doch jetzt galt es erst einmal, Frankreich hinter sich zu lassen.

In Lyon verabschiedeten sie sich von Paul, verließen festen Grund und überantworteten sich dem Element Wasser. Breit und mächtig floss *Le Rhône* in seinem Bett dahin, das der mächtige Fluss ganz nach Belieben ausweitete oder nicht. Es gab Stromschnellen, Strömungen, Strudel, nicht jedes Schiff erreichte auf ihm sicher das Mittelmeer. Nachdem sie sich erkundigt hatten, bestiegen sie eines dieser modernen Dampfschiffe mit einem Rumpf aus Metall, die erst seit diesem Jahr in Betrieb genommen worden waren.

»Ihr glaubt nicht, wie viele dieser Holzkähne Feuer fangen«, erklärte ihnen ein Bootsmann, als sie beeindruckt das neue Schiff bestaunten. »Bei Dampfantrieb werden oft Funken aus den Schloten geschleudert. Mit diesem hier kann da nichts passieren.« Der Mann lachte und schlug mit der Faust gegen den Schiffsrumpf, der dumpf und metallisch dröhnte. »Die Gebrüder Bonnardel haben das Schiff gebaut. Hier in Lyon.« Sein Stolz war nicht zu überhören.

An Bord trafen sie zu ihrer Überraschung einen der bedeutendsten Kollegen ihrer Zeit, Marie-Henri Beyle, der sich Stendhal nannte. Drei Jahre zuvor hatte der Schriftsteller den aufsehenerregenden gesellschaftskritischen Roman *Le rouge et le noir* veröffentlicht, den George sehr bewunderte.

»Ich glaube, ich sehe nicht recht«, rief er erfreut aus, als er sie erkannte. »Frankreichs berühmtestes Schriftstellerpaar! *Lélia* ist übrigens ein wunderbarer Schlag ins Gesicht eines jeden Konservativen. *Chapeau,* George Sand, da haben Sie sich was getraut! Aber was in aller Welt bringt Sie auf dieses Schiff?«

»Wir wollen nach Italien«, antwortete George. Stendhals Lob erfüllte sie mit Stolz, aber auch Verlegenheit. Die Rolle der gefeierten Schriftstellerin war für sie noch immer ungewohnt. »Und Sie? Wohin führt Sie Ihr Weg?«

»Zu meinen Pflichten als französischer Konsul in Civitavecchia«, seufzte Stendhal und strich sich über seinen schmalen, rund um Wangen und Kinn verlaufenden Schifferbart. »Wenn ich Sie wäre, würde ich hübsch in Paris bleiben.«

»Warum das, wenn ich fragen darf?«

Das Schiff hatte abgelegt, ein feiner Sprühregen setzte ein. So gerne George zugesehen hätte, wie die Landschaft an ihnen vorüberzog, zwang sie das Wetter und der dicke, schwarze Rauch aus den Schloten, unter Deck Zuflucht zu suchen. Stendhal führte sie in das kleine Bordrestaurant, in dem er offenbar Stammgast war.

»Die Italiener sind ein vollkommen kulturloses Volk«, behauptete Stendhal und nahm genüsslich von der *tarte praline*, die er bestellt hatte. »Das esse ich hier immer«, erklärte er, als er Georges neugierige Augen sah. »Diesen Kuchen machen sie nur hier in Lyon, sie sollten ihn auch probieren, köstlich!«, fügte er hinzu. »Wo war ich stehen geblieben? Ach ja, die Italiener.«

»Aber alle sagen das Gegenteil«, wandte George ein. »Italien ist voller Kunstschätze …«

»… die alle mehr oder weniger dem Verfall preisgegeben sind«, gab Stendhal zurück. »Nun ja, Sie werden es ja selbst sehen. In Italien herrscht heute nur eines: das Chaos. Die Städte sind schmutzig, die Menschen betrügerisch, und die berühmten Kunstwerke …«, er tupfte mit dem Zeigefinger die letzten Krümel vom Teller, »die sind allesamt Ruinen. Wo genau wollen Sie denn hin?«

So vergingen die ersten Tage an Bord des Schiffes. Am dritten Abend legte es an und die Passagiere wurden in eine einfache Herberge geführt, um dort zu übernachten.

»Warum fahren wir nicht weiter?«, fragte Alfred, dem die Ungeduld anzusehen war.

»Wir passieren die Brücke von St. Esprit nie bei Nacht, Monsieur«, antwortete der Steuermann. »Das ist zu gefährlich. Es gibt dort Sandbänke und wir müssen auf Sicht navigieren. Wir wären nicht die Ersten, die dort aufliefen.«

An diesem Abend betrank sich Stendhal an dem billigen Wein, der ausgeschenkt wurde, bis er schließlich in seinen dicken Pelzstiefeln um den Tisch hüpfte wie ein alter Tanzbär und dabei Alfred beinahe umgerissen hätte, was die einen mit Heiterkeit erfüllte und die anderen peinlich berührte.

Während der gesamten Fahrt auf der Rhône wich Stendhal

nicht von ihrer Seite. Er schien einen Narren an George gefressen zu haben, und da er diese Reise schon häufiger unternommen hatte, wusste er eine Menge Geschichten über die Orte zu erzählen, die sie passierten.

Alfred dagegen war ungewöhnlich schweigsam. Vielleicht erinnerte ihn diese Flussfahrt auch an den Ausflug nach Fontainebleau und jene Begebenheit zwischen den Felsen dort im Wald, als Alfred seinem späteren Selbst begegnet war. George hatte heimlich versucht, dem Phänomen auf die Spur zu kommen oder zumindest herauszufinden, was mit Alfred nicht in Ordnung war. Dazu hatte sie einige Tage lang in der Bibliothek Mazarine zugebracht und alles über Phantome und Wahrnehmung jenseits der Realität gelesen, was sie nur finden konnte. Nirgendwo allerdings wurde ein Fall beschrieben, der dem glich, was Alfred durchgemacht hatte.

In Avignon verließen sie das Schiff, um mit Stendhal, der sich als ihr Führer anbot, die Stadt und den Papstpalast zu erkunden. Und weiter ging es bis nach Marseille, in dessen schmutzigem Gewirr von Häusern und Gassen es ihnen nicht behagte. Selbst der Hafen beeindruckte George nicht im Geringsten, und sie und Alfred waren sich darin einig, dass sie so schnell wie möglich italienischen Boden erreichen sollten.

»Wir könnten den Landweg nach Osten nehmen«, sagte George am Abend im Hotel. Sie hatte sich auf dem Schiff einen tüchtigen Schnupfen geholt, jetzt saß sie fest in ihr Wolltuch gewickelt im Bett. Dennoch zitterte sie vor Kälte. »Oder mit dem Schiff nach Genua übersetzen.«

»Hast du Fieber?«, fragte Alfred ängstlich und legte ihr die Hand auf die Stirn. »Du bist ja ganz heiß. Werde bloß nicht krank!«

George musste lachen. So, wie er es sagte, schien er weniger in Sorge um sie, als vielmehr um sich selbst.

»Ich hab kein Fieber«, beruhigte sie ihn. »Schiff oder Kutsche?«

»Welchen Weg nimmt denn Stendhal?«

»Den Landweg«, antwortete George und musste kräftig niesen. »Er hat Angst vor dem Meer.«

»Dann lass uns das Schiff nehmen«, schlug Alfred vor. »Ich ertrage den Menschen keinen Tag länger.«

Sie schmunzelte. Auch ihr ging der Kollege, der an dem Land ihrer Träume kein gutes Haar lassen konnte, mehr und mehr auf die Nerven. Obwohl es sie schon jetzt fröstelte, wenn sie auch nur daran dachte, schon wieder ein Schiff zu besteigen. Nicht, dass sie sich vor der Seefahrt gefürchtet hätte. Aber ihre Erkältung hatte sie sich ganz sicher auf der Rhône geholt.

»Dann ist es entschieden«, sagte sie und zog die Decke bis unter ihr Kinn. »Komm«, bat sie, »wärme mir die Füße. Die fühlen sich ganz kalt an.«

Doch Alfred schien auf einmal voller Unrast. »Ich lass dir einen heißen Stein schicken«, versprach er und griff nach seinem Mantel. »Sei mir nicht böse, ich muss noch mal hinaus an die frische Luft.« Er hauchte ihr von Weitem einen Kuss zu, um sich nur ja nicht anzustecken, und verschwand.

George wartete vergeblich darauf, dass ihr jemand vom Hotelpersonal einen heißen Stein brachte. Als sie schließlich klingelte, erfuhr sie, dass man so etwas hier überhaupt nicht kannte. Sie seufzte und bat um eine weitere Wolldecke. Dann schlief sie ein. Irgendwann hörte sie Alfred zurückkommen. Er bemühte sich, leise zu sein, doch es gelang ihm nicht. Als er sich neben sie legte, begriff sie auch, warum. Er roch so stark nach Alkohol, dass sie es sogar mit ihrer verstopften Nase wahrnehmen konnte. Ein Gefühl der Traurigkeit überfiel sie, wie immer, wenn jemand, den sie liebte, mit diesen Ausdünstungen zu ihr kam. Sie konnte nichts dafür, dass sie damit die schlimmsten Szenen ihres Lebens verband. Lange hatte sie geglaubt, wenn Casimir nur von seiner Sucht loskommen würde, hätten sie als Paar miteinander eine Chance gehabt. Dass Alfred de Musset immer wieder bis zur Besinnungslosigkeit trank, hatte sie gewusst, noch ehe sie ihn kannte. Sie hatte gehofft, dass er damit aufhören würde. Sie hoffte es immer noch.

∽∾

In Genua bekam sie Fieber, doch sie riss sich zusammen. Sie war nicht nach Italien gekommen, um sich ins Bett zu legen. Rapallo, Pisa, Florenz – all diese Städte sah sie wie durch einen dichten Schleier, nur darauf bedacht, sich aufrecht zu halten. Mit weit geöffneten, fiebrigen Augen nahm sie all die Schönheit in sich auf, die sie umgab, jedoch erschien ihr alles wie in einem Traum, sodass das Gesehene den Eindruck des Phantastischen für sie hatte. In Florenz schien mitten im Januar die Sonne, es war warm, doch ihr war ständig kalt, und während sie die Medici-Grabmäler des Michelangelo betrachtete, kam es ihr so vor, als sei sie selbst eine Marmorstatue. In der folgenden Nacht träumte sie, dass sie sich in ein Mosaik verwandle und zählte jeden einzelnen der kleinen Würfel aus Lapislazuli und Jaspis, aus denen sie bald bestehen würde.

»Wir müssen eine Entscheidung treffen«, sagte Alfred am nächsten Morgen. »Wollen wir nach Rom weiterreisen oder nach Venedig?«

»Ich weiß nicht«, sagte sie. Es war ihr einerlei.

»Dann besuchen wir erst Rom und dann Venedig?«

Sie schüttelte den Kopf. Auch wenn sie krank war, so wusste sie doch, dass ihre finanziellen Mittel den Besuch beider Städte nicht erlaubten.

»Du weißt, dass das nicht geht«, entgegnete sie erschöpft.

»Dann lassen wir das Los entscheiden«, schlug er vor und seine Augen blitzten vor Vergnügen. Er glaubte so fest an das Schicksal, dass er gern auch solche alltäglichen Entscheidungen dieser höheren Macht übertrug. Oder dem Zufall, wie George es spöttisch nannte.

»Na gut«, sagte George. »Hast du eine Münze?«

Alfred holte einen Centime aus seiner Jackentasche und hielt ihn hoch. »Kopf steht für Venedig«, erklärte er. »Und Zahl für Rom.« Er warf die Münze in die Luft, fing sie auf und legte sie auf Georges fiebrige Hand. Kopf. Damit war es entschieden. Sie würden nach Venedig fahren.

Sie überließ es Alfred, sich um die Weiterreise zu kümmern, und fand sich in einer klaren, kalten Januarnacht in einer recht bequemen Kalesche unter einem Berg von Decken wieder, in der außer ihnen Expresspost befördert wurde. Sie durchquerten die Apenninen, und auch Bologna und Ferrara waren für sie nur Zwischenstationen, bei denen sie nicht einmal den Kopf hob, sie war zu krank, um an Kirchen oder Kunstgalerien auch nur zu denken. Sie versank in einen Zustand des Halbschlafes und kam erst wieder zu sich, als sie mithilfe einer Fähre den Po überquerten. Dann schlief sie weiter bis Venedig.

Sie erwachte in einer Gondel und glaubte, noch immer zu träumen. Es war Nacht. Sie sah die Umrisse der mächtigen byzantinischen Paläste gegen den vom vollen Mond silbern erhellten Himmel und ihre verzerrten Spiegelungen auf dem Wasser. Sie glitt unter Brücken hindurch, die aus einer Märchenwelt zu stammen schienen, und lauschte den melodischen Rufen der Gondoliere, wenn zwei Barken in der Dunkelheit aneinander vorüberglitten. Lichter tanzten auf dem Wasser der Lagune. Sie war angekommen. Vom ersten Augenblick an hatte diese Stadt ihr Herz erobert.

Für Alfred war es selbstverständlich, dass sie im Hotel Danieli direkt neben dem Dogenpalast logierten. Es war eines der besten Häuser Venedigs, und der Hoteldirektor eilte herbei, um die berühmte Schriftstellerin zu empfangen und ihr und ihrem Begleiter seine beste Suite zuzuweisen. Ja, ihr Ruf war über die französischen Landesgrenzen hinausgedrungen, und so schwach sie sich auch fühlte, so erstaunt war sie doch selbst darüber.

Es war eine Wohltat, sich endlich in einem bequemen Bett auszustrecken. Statt der erhofften Besserung wurde George jetzt allerdings erst richtig krank. Zu der Erkältung kamen grauenvolle Bauchkrämpfe, Durchfall und Erbrechen, und der hinzugerufene Arzt ließ sie zweimal zur Ader. Um sie herum war ein Kommen und Gehen, Zimmermädchen brachten frische Wäsche und nahmen nassgeschwitzte mit, man flößte ihr Tee ein und leerte ihren Nachttopf. Zwischen all den fremden Gesichtern suchte George immer wieder das ihres Geliebten, doch sie konnte es nirgendwo entdecken.

»Wo ist Monsieur?«, fragte sie schließlich, als es ihr etwas besser ging, den besorgten Hoteldirektor, der gekommen war, um nach ihr zu sehen.

»Er ist ausgegangen«, antwortete er und mied ihren Blick. Ausgegangen? Aber doch nicht die ganze Zeit?

Ganz langsam erholte sich George, das Fieber klang ab und machte einer großen Erschöpfung Platz. Und doch war sie voller Unruhe. Sie musste schreiben, Buloz wartete auf die versprochenen Seiten. Immer wieder ließ sie sich ihr Reiseschreibpult bringen, ein einfaches, flaches Kästchen aus Holz, in dem sie Papier, Tinte und Feder unterbringen konnte. Wenn sie es aufgeklappte, diente es ihr als Schreibunterlage. Sie, der sonst alles so leicht fiel, rang sich mühsam Seite um Seite ab.

»Was machst du da?« Sie hatte sein Kommen nicht bemerkt. Erschöpft legte sie die Feder beiseite und lehnte sich zurück. »Geht es dir besser?«, fragte er hoffnungsvoll. »Dann steh auf! Du hast eine Menge versäumt.«

»Ich kann noch nicht ausgehen«, sagte sie. »Es geht mir nicht gut, Alfred, ich …«

»Aber schreiben kannst du?«, fragte er ungläubig. Mit vorwurfsvoller Miene trat er an ihr Bett und musterte sie. »Weißt du eigentlich, wie langweilig das ist, wenn die Geliebte im Bett liegt und die Kranke spielt?«

»Ich spiele nicht die Kranke«, empörte sich George und richtete sich wieder auf. »Ich *bin* krank. Glaubst du, das suche ich mir aus?«

Es klopfte. Der Arzt erschien zu seiner täglichen Konsultation und bat Alfred, im angrenzenden Salon zu warten.

»Was glauben Sie denn, wer ich bin?«, fuhr der den Mediziner an. »Ich bin der Mann an ihrer Seite. Mich schicken Sie nicht einfach hinaus!«

»Sehen Sie es mir bitte nach«, antwortete der Arzt souverän, »aber bislang konnte ich Sie an der Seite der Kranken nicht entdecken.«

Wütend stürmte Alfred aus dem Zimmer. George hörte auch die Tür des Salons ins Schloss fallen. Offenbar hatte de Musset keine Lust, zu warten. Tränen traten ihr in die Augen.

Noch in derselben Stunde legte sie ein Anfall von Migräne erneut lahm. Sie schaffte es gerade noch, darum zu bitten, dass die schweren Vorhänge zugezogen wurden, dann versank sie in einem Meer aus Schmerzen. Jeder Gedanke tat weh. Es fühlte sich an, als würde ihr Kopf inwendig in einem kalten Feuer brennen. Als müsste alles, was je darin gewesen war, ausgelöscht werden.

In all diesen Tagen war sie allein. Wo war Alfred? Sie hatte keine Ahnung. War er überhaupt noch da? Als sie den Hoteldirektor nach ihm fragte, erfuhr sie, dass er in ein anderes Hotel umgezogen sei. Warum das?

»Um dich nicht zu stören«, sagte er, als er sie endlich besuchte.

»Aber du störst mich doch nicht«, antwortete sie verwirrt. Im Gegenteil, sie hätte ihn so dringend gebraucht. Doch wie sehr sie sich seine Nähe gewünscht hätte und wie verletzt sie darüber war, dass er sie alleinließ, davon schwieg sie, stolz wie sie nun einmal war. In all den Tagen und Nächten, in denen sie sich elend gefühlt hatte, waren nur fremde Menschen um sie gewesen, deren Sprache sie kaum verstand. Auch die Stunden, die sie ganz allein zugebracht hatte, erwähnte sie mit keiner Silbe. Sie gab sich Mühe, nicht enttäuscht zu sein. Alfred de Musset, der Flammenjüngling, eignete sich nicht zum Krankenpfleger.

»Es ist Karneval«, sagte ihr Geliebter und ging ans Fenster. »Du kannst dir nicht vorstellen, welcher Sinnestaumel da draußen herrscht.« Widerstrebend riss er sich von dem los, was er da draußen sah, und wandte sich zu ihr um. Seine Augen glänzten von einem anderen Fieber, als dem, welches sie ans Bett gefesselt hatte. »Wie langweilig, dass du ausgerechnet jetzt krank werden musstest.« Klang das etwa vorwurfsvoll? Ihr Kopf begann erneut zu dröhnen. Als er sich zu ihr setzte und nach kurzem Zögern neben ihr ausstreckte und an sie schmiegen wollte, glaubte sie mit ihrem überreizten Geruchssinn alles wahrnehmen zu können: Nicht nur den Alkohol und die Ausdünstungen des allgegenwärtigen, modrigen Wassers dieser Stadt, sondern auch die Düfte, die andere Frauen an seinem Körper hinterlassen hatten. So wollte er sie umarmen. Sie wandte sich ab. Ihr Kopf hämmerte. Er zog sich zurück und ging, sich anderswo zu amüsieren.

∽∾

»Du hast immer gewusst, dass ich das brauche«, erklärte ihr Alfred. »Ich bin Dichter. Der Rausch, die Ausschweifungen – das ist meine zweite Natur. Ohne das bin ich nicht ich.«

Es ging ihr besser. Zum ersten Mal, seit sie in diese Stadt gekommen war, hatte sie das Bett verlassen und sich angezogen. Sie hatte abgenommen, ihr Rockbund war ihr viel zu weit. Sie trug eine weiße Bluse mit einer Krawatte, und da sie ihr Haar lange nicht hatte waschen können, schlang sie einen roten Seidenschal wie einen Turban um ihre Schläfen. So nahm sie neben Alfred im Korbsessel auf dem Balkon ihres Zimmers Platz und blickte geblendet über den Canale di San Marco hinweg auf die Klosterinsel San Giorgio Maggiore. Ihr Zimmer lag im ersten Stockwerk des Danieli, und die Passanten flanierten nur wenige Meter unter ihnen über die *Riva degli Schiavoni*. Die Sonne schien, der Himmel war von einem kalten Blau, wie sie ihn über Paris nie gesehen hatte. Möwen schossen wie Pfeile über die Lagune, ihre Rufe klangen wie Hohngelächter.

Ja, sie hatte es gewusst. Dennoch tat es weh. Noch immer fühlte sie sich zerbrechlich, so, wie der Lüster in ihrem Zimmer aus vielen bunten Glasrosetten, der auf der Insel Murano hergestellt worden war, wie ihr der Hoteldiener erzählt hatte. Jedenfalls hatte sie das zu verstehen geglaubt. Ihr Italienisch war nicht besonders gut.

»Es hat nichts zu bedeuten«, fuhr Alfred fort. »Mit uns beiden hat das nichts zu tun. Es ist etwas vollkommen anderes. Diese Nachtschmetterlinge sind Lichtjahre von dir entfernt, George. Sie wissen nichts von mir und ich nichts von ihnen. Sie begegnen mir lediglich mit ihren Körpern.«

Sie zündete sich eine dieser köstlichen Zigarillos an, die man hier rauchte. Eine unendliche Traurigkeit überfiel sie. Auf einmal hatte sie das Gefühl, beobachtet zu werden. Sie wandte den Kopf und bemerkte keine zehn Meter von ihr entfernt einen jungen, hochgewachsenen Mann, der aufmerksam zu ihr empor sah, während sein Begleiter ihm etwas zu erzählen schien. Er hatte dunkle Locken und trug einen Schnauzbart, der ihm ausgezeichnet stand. Er blickte George unverwandt in die Augen, dann lächelte er, zog den Hut und deutete eine Verbeugung an, ehe er sich in aller Ruhe wieder abwandte und mit seinem Begleiter weiterging.

»Was starrt der dich so an?«, fragte Alfred gereizt, der den jungen Mann wohl ebenfalls bemerkt hatte.

»Du forderst Verständnis für dich, und doch wirst du eifersüchtig, sobald mich ein anderer Mann auch nur ansieht«, gab sie zurück, den Kopf noch immer abgewandt. Er brauchte ihren Schmerz nicht zu sehen, und sie wusste, dass er deutlich in ihren Augen zu lesen war.

»Natürlich bin ich eifersüchtig«, erhitzte er sich. »Weil du kein leichtes Mädchen bist, und jede Begegnung eines anderen Mannes mit dir tief und bedeutend sein muss. Darum habe ich ein Recht, eifersüchtig zu sein.«

»Nein, das hast du nicht«, antwortete sie und blickte ihm direkt ins Gesicht. Er erschrak vor der Entschlossenheit in diesen großen, schwarzen Augen, die er so liebte. »Keiner hat mehr Rechte auf mein Herz, als er auf einen Sklaven hätte«, fuhr sie fort. »Die Sklaverei ist schon seit einiger Zeit abgeschafft. Die Sklaverei des Herzens verbiete ich dir.«

Sie stand auf und ging ins Zimmer zurück, Dort setzte sie sich an den Sekretär. »Geh ruhig«, sagte sie zu ihm und schlug ihr Schreibkästchen auf. »Amüsiere dich, folge deiner Neigung.« Und damit schraubte sie ihr Tintenfass auf und begann durchzulesen, was sie zuletzt geschrieben hatte.

Alfred starrte sie fassungslos an.

»Was ... was machst du da?«, fragte er sie.

Sie betrachtete ihn mit dem Lächeln einer Sphinx.

»Was ich mache? Ich bin der Schriftsteller George Sand, Alfred. Hast du das vergessen? Schriftsteller schreiben. Keine Ahnung, was Dichter so tun. Aber du wirst es schon wissen.«

Er ging nicht, sondern blieb, still saß er in ihrem Sessel und sah ihr beim Arbeiten zu. Es schien, als habe ihn ihre Strenge und die Würde, mit der sie mit ihm sprach, beeindruckt. Er wartete, bis sie ihr Pensum geschrieben hatte, dann führte er sie durch das Viertel. Es war das erste Mal, dass sie das Hotel verließ.

Verhüllte Gestalten kamen ihnen entgegen. Sie trugen schwarze Kapuzenumhänge, unter denen weiße, mit Spitzen verzierte Gewänder hervorschauten. Weiße Halbmasken verdeckten ihre Gesichter. Über den Kapuzen trugen sie schwarze Dreispitz-Hüte.

»Diese Umhänge nennt man *baútta*«, erklärte ihr Alfred.

»Die sehen aber ernst aus, so ganz schwarz-weiß«, sagte George und sah den Masken nach, von denen sie nicht hätte sagen können, ob sich unter der Verkleidung Frauen oder Männer verbargen.

»Oh, es gibt auch noch ganz andere«, entgegnete Alfred mit leuchtenden Augen. »Gleich sind wir auf dem Markusplatz. Du wirst staunen.«

Sie griff nach seinem Arm. Noch immer fühlte sie sich schwach. Die gewaltige Architektur des Dogenpalasts mit seinen schier endlosen Arkadenreihen machte sie schwindeln. Auf dem Platz, der zur Basilika führte, herrschte dichtes Gedränge, und sie klammerte sich noch fester an Alfreds Arm. An mehreren Stellen waren Podeste aufgebaut, darauf zeigten Artisten und Jongleure ihre Künste. In phantasievolle, farbenfrohe Gewänder gekleidete Unbekannte, mit vergoldeten und mit Perlen besetzten Larven vor den Gesichtern, umtanzten sie, zerrten an Alfred und zausten ihn durch seine goldenen Locken. Er lachte, versuchte eine besonders freche Maskierte an ihrem Rock aus schwerem Brokat festzuhalten und seinen Arm um ihre Taille zu legen, erhielt jedoch einen schmerzhaften Schlag mit dem Fächer auf die Finger.

»Können wir uns für einen Augenblick irgendwo hinsetzen?«, bat George, vor deren Augen sich alles drehte.

Er führte sie zum Caffè Florian, wo sie Tee und eine *fritola* bestellte, ein für den Karneval typisches Gebäck, und er ein Glas Whiskey. Durch die Fensterscheiben betrachtete sie das Treiben auf dem Platz. Ein Feuerschlucker spuckte gerade eine Fontäne aus Flammen in den Himmel, während seine Partnerin durch brennende Reifen sprang.

»Gefällt es dir?«

Sie nickte glücklich. Ja, jetzt konnte sie verstehen, warum ihr Geliebter so hingerissen war von dieser Stadt. Ein Harlekin und eine Colombina in ihren typischen, aus bunten Flicken genähten Kostümen schlugen gerade Räder direkt vor den

Arkadenbögen des Cafés. Ein weiß gekleideter Pulcinella auf überlangen Stelzen schritt gravitätisch über den Platz und scheuchte bei jedem Schritt Tauben auf.

Da betraten drei junge Frauen das Café und blickten sich um, als suchten sie jemanden. Zu Georges Erstaunen näherten sie sich ihnen. Die drei Venezianerinnen trugen zwar schillernd bunte Kleider und Hüte, jedoch keine Masken. George fiel ihre außergewöhnliche Schönheit auf, und als sie nur noch wenige Schritte entfernt waren, bemerkte sie, dass sie unter ihrer starken Schminke kaum älter als sechzehn Jahre alt sein konnten. Eines der Mädchen legte vertraulich den Arm um Alfreds Schulter und drückte ihm einen Kuss aufs Ohr. Er lachte und zog sie auf seinen Schoß. Da näherte sich mit zorniger Miene der Besitzer des Cafés, packte das Mädchen am Arm und zerrte es zum Ausgang. Ihre Freundinnen folgten ihr, schimpfend und gleichzeitig lachend, und ehe sie das Florian verließen, zeigten sie dem Besitzer freche Grimassen.

»Diese *puttane* sind hier nicht willkommen, Signore«, sagte er streng zu Alfred und entfernte sich würdevoll.

George war es heiß geworden unter ihrem schlichten Wollmantel. Beschämt sah sie auf ihre Tasse. Alfred hingegen trug ein amüsiertes Lächeln auf seinen Lippen. Sein Blick verfolgte noch lange die drei Prostituierten, bis sie sich in der Masse der Menschen verloren.

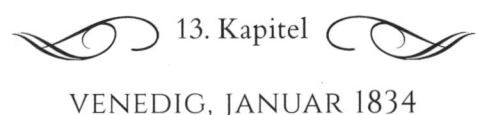

13. Kapitel

VENEDIG, JANUAR 1834

»Du hast es doch selbst geschrieben in dem Buch, das dich zur Berühmtheit machte«, sagte er sanft und hielt sie im Arm. Sie hatten sich eine Gondel gemietet und ließen sich zur Insel Murano hinüberfahren. »Kein Schriftsteller war je so kühn wie du. Du warst es, die *Lélia* diese Worte in den Mund gelegt hat. Oder hast du das womöglich vergessen?«

Sie schwieg. Natürlich hatte sie es nicht vergessen. *Alle Theorien über die Liebe sollten erlaubt sein, denn die Menschen unterscheiden sich in ihren Bedürfnissen und in ihrer Kraft voneinander. Eheliche Treue würde ich nur ausnahmsweise, und wenn, dann auserwählten Seelen auferlegen. Die anderen sollten sich gegenseitige Freiheit einräumen, wechselseitige Nachsicht, und vor allem sollten sie allem eifersüchtigen Egoismus abschwören.*

Das hatte sie geschrieben und daran glaubte sie auch. Jedoch wusste sie inzwischen, dass es bedeutend einfacher wäre, wenn beide Partner auf ähnliche Weise empfänden.

»Ich weiß«, sagte sie und betrachtete den Tanz der grünlichen Wellen, gab sich dem Schaukeln der Gondel hin. Und fühlte die Wärme seines Körpers an dem ihren.

»Dann hab einfach die Nachsicht mit mir, die *Lélia* fordert«, sprach er leise an ihrem Ohr weiter.

»Sie spricht von *wechselseitiger* Nachsicht«, wandte George ein. »Unterschlag das bitte nicht, wenn du mich schon zitierst.«

Alfred ging darauf nicht ein. Stattdessen machte er sie auf den neuen Exerzierplatz aufmerksam, den die Österreicher am äußersten östlichen Ende der Stadt nahe des *Arsenale* erbaut hatten. Der Gondoliere begann, in seinem für sie unverständlichen Dialekt über die Fremdherrschaft der Habsburger zu schimpfen, bis Alfred ihn bat, stattdessen lieber ein Lied zu singen, und so vergaßen sie beide, worüber sie gesprochen hatten oder taten zumindest bereitwillig so, als wäre Alfreds Untreue kein Thema für sie.

Wenn sie selbst auf ihrer Freiheit beharrte, so überlegte George, während sie auf der Insel einem Glasbläser bei seiner Arbeit zusahen, dann musste sie Alfred die seine ebenfalls lassen. Er war jünger als sie, er war schön und fiel auf, die Blicke der Frauen, durchaus auch der ehrbaren, folgten ihm auf Schritt und Tritt.

»Aber du bist die Einzige«, pflegte er sie zu trösten, »die hinter meinem Äußeren auch meine Seele kennt. Nur du kennst meine innigsten, tiefsten Gefühle.«

Er kaufte ihr einen Vogel aus leuchtend rotem Glas, der seine Schwingen in der Farbe des Feuers weit ausbreitete und seinen Schnabel in den Himmel reckte. Sie wählte eine Halskette aus winzigen, gläsernen Blüten für Solange aus und für Maurice eine Tuschfeder mit spiralförmig gedrehter Spitze aus diesem zerbrechlichen Material, mit der es sich wunderbar zeichnen ließ. Sie schrieb ihren Kindern fast täglich zärtliche Briefe, und wenn sie ein paar Tage lang keine Antworten erhielt, machte sie sich die größten Sorgen. Zum Glück war wenigstens Boucoiran ein verlässlicher Berichterstatter und auch Mademoiselle Julie, Solanges Kinderfrau, schrieb regelmäßig, sogar Casimir fügte hin und wieder ein paar freundliche Zeilen hinzu …

»Soll ich das alles in ein Paket einpacken, Signora?«, riss die hübsche Frau des Glasbläsers George aus ihren Gedanken. Sie hatte bereits alles sorgfältig in Seidenpapier eingewickelt.

George nickte. Den hübschen Pappkarton nahm Alfred entgegen, der ihn den Rest des Tages für sie trug.

Während der Fahrt zurück zum Hotel hielt er sie wieder in seinen Armen. Sie schwiegen, betrachteten den Untergang der Sonne, der sein farbenprächtiges Schauspiel über dem Adriatischen Meer entfaltete. Er ging an diesem Abend nicht weg, sondern hielt sie weiter umarmt. Er sprach mit ihr in der Sprache der Liebe, und sie schöpfte erneut Hoffnung. Hoffnung, dass sie es schaffen würden, sich ihre Liebe zu erhalten. Ich darf nicht selbstsüchtig sein, dachte sie, als sie sich endlich wieder liebten. Wenn er zu anderen gehen will, halte ich ihn nicht zurück. Und dann hörte sie auf zu denken, und im Grunde war es das, was sie an ihrer Beziehung am meisten beglückte: Dass es Alfred gelang, ihre ständig kreisenden Gedanken, ihre Sorgen und Zweifel zum Schweigen zu bringen, auszulöschen, und stattdessen ihren Körper zu erwecken. Und wieder begegneten sie sich in dieser anderen Dimension, in der nichts eine Rolle spielte, keine Meinungsverschiedenheit, keine moralischen Grundsätze, kein Wenn und kein Aber. In diesen Tagen der Liebe erholte sie sich endgültig von ihrer Krankheit, die ihr nun vorkam wie die letzte Häutung zu einem neuen Leben der bedingungslosen Liebe unter dem Licht des Südens.

Je mehr sie Venedig erkundete, desto hingerissener war sie von dieser Stadt. Falls sie Erwartungen gehabt hatte, so wurden sie täglich übertroffen. Es gab nichts, was sie nicht mochte, sei es die Geschäftigkeit am Morgen oder die Behäbigkeit am Abend, die Aromen nach Knoblauch und mediterranen Kräutern, die um die Mittagszeit über die Kanäle waberten, die Ruhe der lichtvollen Tage, aber auch die Düsternis, wenn der Sturm bedrohlich über die Kanäle, Gassen und Plätze fegte. An jedem neuen Tag zeigte Venedig ihr ein anderes Gesicht. Nicht jedes war schön, und auch das liebte sie an dieser Stadt, so, wie sie ihren Sonnenjüngling liebte, dessen Schönheit ebenfalls seine hässlichen Kehrseiten hatte. Sie gewöhnte sich an, die verwinkelten Wege durch Gassen, über Brücken und winzige Plätze allein zu durchstreifen und ihrem Geliebten die Freiheit zu lassen, die er, wie er sagte, so dringend brauchte wie die Luft zum Atmen. Und es gelang ihr tatsächlich, einen Zustand des inneren Friedens zu finden und nicht mehr ständig daran zu denken, in wessen Armen er sich möglicherweise gerade befand.

〜〜

Und dann kam der Brief von Buloz. Jede Zeile war angefüllt mit Vorwürfen. Offenbar hatte er keine ihrer Textsendungen erhalten. Vertragsbrüchig nannte er sie. Sie schrieb ihm eilig zurück, um alles zu erklären, fragte bei der Hoteldirektion nach, wo man ihr versicherte, ihre Post stets zuverlässig weitergeleitet zu haben.

»*Mi spiace*«, meinte der Hoteldirektor bedauernd. »Sicher sind ihre Briefe noch unterwegs.«

Sie war in Sorge. Was, wenn die Manuskripte verloren gegangen waren? Sie hatte nicht die Zeit gehabt, Kopien anzufertigen, wie denn auch und wann. Noch zwei Wochen und sie würde ihren Vorschuss abgearbeitet haben, jedenfalls nach ihrer Rechnung. Ab dann war sie auf die Geldanweisungen ihres Verlegers angewiesen. Und wenn diese ausblieben?

Auf ihrem Zimmer ging sie unruhig auf und ab. Die Suite war prächtig, einer Königin angemessen. Jedoch für eine Schriftstellerin auf Dauer zu teuer. Vor allem für eine Schriftstellerin, die nicht wusste, ob das Ergebnis der vergangenen vier Wochen auf dem Postweg zwischen Venedig und Paris verloren gegangen war. So oder so, sie würde sich eine andere Bleibe suchen.

Auf ihren Erkundungsgängen hatte sie in der Nähe der Rialto-Brücke ein hübsches Hotel entdeckt. Noch vor dem

Mittagessen begab sie sich dorthin und ließ sich ein paar Zimmer zeigen. Am Nachmittag bezog sie dort zwei schöne, miteinander verbundene Räume im dritten Stock, hell und mit einem Balkon zum Canal Grande. Sie kosteten weniger als die Hälfte der Suite im Danieli.

Sie fühlte sich wieder stark und Herrin ihrer Lage. Als sie ihre Rechnung bezahlte, überreichte ihr der Direktor ein Billet. »Das ist für sie abgegeben worden«, sagte er.

»Dottore Pietro Pagello«, las sie verwundert. Darunter stand eine Adresse. Ein paar handgeschriebene Worte auf Italienisch, die sie nicht entziffern konnte.

»Das muss ein Irrtum sein, ich kenne keinen Signore Pagello«, sagte George und reichte das Billet dem Direktor zurück. Der versicherte ihr, dass es ganz sicher für sie bestimmt sei.

»*Il dottore* hat es persönlich bei mir abgegeben, ein Irrtum ist ausgeschlossen.«

»Wären Sie so freundlich, mir vorzulesen, was da steht?«

Der ältere Herr rückte sein Lorgnon zurecht.

»Falls Signora Sand eines Tages das Unglück haben sollte, einen Arzt zu benötigen, stehe ich zu Ihren Diensten. Pietro Pagello.«

George sah den Hoteldirektor ratlos an.

»Wie kommt dieser Herr dazu, mir ein so freundliches Angebot zu machen?«, fragte sie. »Wo wir uns doch überhaupt nicht kennen.«

»Sie sind eine berühmte Persönlichkeit, Madame«, antwortete der Hoteldirektor mit einem Schmunzeln. »Und ja, er verriet mir, dass er Sie auf Ihrem Balkon gesehen habe. Sie müssen ihn beeindruckt haben.«

George starrte ihr Gegenüber einen Moment lang verständnislos an. Dann fiel es ihr wieder ein. Sollte Dottore Pagello jener gutaussehende, hochgewachsene Herr mit dem Oberlippenbart sein, der ihr damals einen so langen Blick zugeworfen hatte? Unwillkürlich musste sie lächeln. Was hatten nur all diese jungen Männer, dass sie sich ausgerechnet in sie verliebten? Nun, zum Glück war sie wieder ganz gesund und brauchte keinen Arzt. Und doch schob sie die Karte in ihre Handtasche. Denn schließlich wusste man nie.

Während der Hoteldiener ihr Gepäck mit einer Gondel über den Rio San Zuvan transportierte, beschloss sie, zu Fuß zu ihrer neuen Bleibe zu gehen. Auch in diesem Hotel hatte man sie erkannt und einen Strauß frisch erblühter Kamelien auf ihr Zimmer bringen lassen. Als sie sich zum Schreiben niederließ, wollten die Sorgen um die Manuskripte, die noch nicht in Paris angekommen waren, wieder in ihr aufsteigen. Doch ehe sie übermächtig werden konnten, beschloss sie, Alfred zu besuchen, der zu ihrem Bedauern immer noch im Hotel Royal direkt an der Piazza San Marco gegenüber der Basilika wohnte. Sie hatten sich zwei Tage lang nicht gesehen, und natürlich musste sie ihm von ihrem Umzug erzählen. Vielleicht bekäme er ja Lust, sich dort an der Rialto-Brücke ebenfalls ein paar Zimmer zu nehmen, dann wären sie wieder näher zusammen. Und obwohl sie sich lieber die Zunge abbeißen würde, als ihm das zu sagen, wünschte sie sich das doch so sehr.

Voller Vorfreude spazierte sie durch das Viertel San Marco, kaufte bei einer Blumenhändlerin ein Sträußchen Veilchen, erkundete eine Gasse, die sie noch nicht kannte, musste wieder umkehren und nach dem Weg fragen, und gelangte schließlich gegen fünf Uhr nachmittags zur Piazza San Marco, die beste Zeit, um Alfred anzutreffen, wie sie aus Erfahrung wusste.

Der Angestellte an der Rezeption war mit einer englischen Reisegesellschaft beschäftigt, die offenbar gerade angekommen war, und so ging George an ihm vorbei und stieg, zwei Stufen auf einmal nehmend, in den dritten Stock, wo Alfred seine Suite hatte.

Sie klopfte und trat in den Salon mit seinem schönen Balkon, der hinaus auf die berühmte Piazza ging. Aus dem Schlafzimmer vernahm sie einen Laut. Vielleicht hatte sich Alfred zu einem Mittagsschlaf hingelegt und wachte gerade auf?

»Alfred?«, rief sie. »Ich bin es, George«, und damit stieß sie die beiden Flügeltüren auf, die zum Schlafzimmer führten.

Auf der Schwelle blieb sie wie erstarrt stehen. Auf dem großen, mit blassrosa Samtvorhängen ausgestatteten Himmelbett erhob sich ein Gewühl von Leibern. Es dauerte eine Weile, bis George begriff, was sie dort sah, so, als hätte sich der Weg von ihren Augen und Ohren bis zu dem Zentrum in ihrem Gehirn, wo die Informationen ausgewertet wurden, vervielfacht. Dabei war es ganz einfach. Zwischen den mit Spitzen besetzten Leintüchern bewegten sich die ineinander verschlungenen Leiber von drei, nein vier nackten Menschen. Einer der Leiber war weiß wie Schnee, der andere schwarz wie Ebenholz und der dritte braun wie Zimt. Und dazwischen erkannte sie die wohlvertrauten Glieder von Alfred de Musset.

Wie zeitverzögert drangen jetzt auch die Laute an ihr Ohr, ein vielfaches Stöhnen, durchsetzt von unterdrücktem Schreien, Knurren und Wimmern.

Sie wandte den Blick ab und sah alles noch deutlicher im Spiegel. Eine leuchtend rote Vulva aus einem schwarzen Körper. Der goldene Lockenkopf ihres Geliebten zwischen elfenbeinfarbenen Schenkeln. Weiße und zimtbraune Glieder ineinander verschlungen. Und dann sah sie die Fesseln, sah die Peitsche, die Striemen und begriff, warum manche der Frauen wimmerten.

Unwillkürlich machte sie einige Schritte zurück, stieß gegen einen kleinen Tisch, der umstürzte, Geschirr zerbrach auf dem Boden, eine silberne Teekanne schlug mit hellem Klang auf dem Marmor auf. George floh aus dem Zimmer, die Treppe hinunter, hinaus auf den Platz. Die Wintersonne stand tief und stach ihr in die Augen. Sie lief weiter, orientierungslos, mechanisch setzte sie einen Fuß vor den anderen.

Sie hatte vieles gewusst. Er hatte es ihr nie verheimlicht. Sie hatte es ihm erlaubt. Oder wenigstens geduldet. Und doch. Ihn so zu sehen. Was tat er da? War das der Grund, warum er nur noch so selten zu ihr kam? Ihr Körper sehnte sich so sehr nach seiner Umarmung. Nach Zärtlichkeit, nicht nach Schmerz. Musste er sich dafür andere holen? Es stimmte doch überhaupt nicht, dass sie kalt war. Das Gegenteil war wahr. Sie brannte innerlich vor Sehnsucht nach ihm. Aber so?

Irgendwann erreichte sie ein Ufer, vor sich die Lagune. Wellen schlugen behäbig schmatzend gegen das feste Land. Sie hatte keine Ahnung, wo sie war. Ein Kanal war das nicht. Ihr zur Linken ging gerade die Sonne unter.

Jenseits des Wassers war eine Insel. Ganz in ihrer Nähe entdeckte sie ein Boot, in das gerade eine junge, schwarzgekleidete Frau einstieg, im Arm ein Strauß weißer Lilien. George wurde bewusst, dass sie noch immer die Veilchen in der Hand hielt, ja, sie beinahe zerdrückt hatte. Rasch ging sie hinüber, fragte, ob sie mitfahren dürfe. Die Frau sah sie befremdet an, dann nickte sie und wandte den Blick ab. George Sand gab dem Bootsmann eine Münze und stieg in die Barke. Erst als sie drüben anlegten, begriff sie, wohin sie sich hatte bringen lassen. Es war die Friedhofsinsel San Michele.

Die junge Frau verschwand rasch und zielstrebig durch das Tor und zwischen den Gräberreihen, sie hatte ihr eigenes Rendezvous mit dem Tod. Ob es das Grab ihrer Mutter war? Oder das ihres Geliebten?

George beschloss, einen Ort zu suchen, an dem sie ihre Veilchen niederlegen wollte. Tränen rannen ihr über die Wangen. Einen Toten hatte sie nicht zu beklagen, eher den Tod einer Liebe. Stimmte das? Starb ihre Liebe gerade in einer qualvollen Agonie? Sie erinnerte sich an die Auseinandersetzungen, die Alfred und sie alle paar Tage miteinander hatten. Eigentlich jedes Mal, wenn sie sich sahen. Was immer seltener wurde. Angesichts der Gräber um sie herum schien es ihr sinnlos, sich weiter zu belügen.

Sie erreichte das Ende einer langen Reihe von Monumenten und wollte eben umdrehen, als sie eine Grube sah und einen Mann darin, der, regelmäßig wie ein Uhrwerk, Erde aus dem Loch warf. Das war bereits recht tief, sie konnte nur noch Kopf und Schultern des Totengräbers sehen. Obwohl ihr ein kalter Schauer den Rücken hinunterlief, trat sie näher und sah zu ihm hinab. Er trug nur eine Hose, die die Farbe der Erde angenommen hatte. Sein Oberkörper glänzte vor Schweiß, die Muskeln an Schulter und Armen traten hervor, sein schwarzes Haar klebte am Kopf. Mechanisch rammte er seinen Spaten in die Erde, im nächsten Augenblick landete ein Häufchen vor ihren Füßen. Der Mann war so vertieft in seine Arbeit, dass er sie überhaupt nicht bemerkte. In dem Erdhaufen neben ihr erkannte sie etwas Weißes, Längliches. Es war ein menschlicher Knochen. Wann er wohl gelebt hatte, dieser Mensch? Ob er wohl gelitten hatte, geliebt?

Sie wandte sich ab und ging immer weiter, zog Zickzackbahnen über den Totenacker. Schließlich entdeckte sie von Ferne die junge Frau. Sie kniete am Ende einer Reihe von winzigen Gräbern mit weißen Kreuzen. George hielt respektvollen Abstand. Sie suchte sich eines dieser Kindergräber aus und legte ihre Veilchen darauf. Dann ging sie zurück zur Anlegestelle, um gemeinsam mit dem Bootsmann auf die Trauernde zu warten.

∽∾

»Wie kannst du mir das antun«, schrie Alfred. Sein Gesicht war vor Aufregung gerötet, seine Augen traten hervor. »Ich komme dorthin, und du bist einfach weg. Abgereist. Mich hat fast der Schlag getroffen.«

George blickte von ihrer Arbeit auf. Es war mitten in der Nacht. Sie hatte das getan, was sie immer tat, ob das Leben es gut mit ihr meinte oder ob es gerade in Scherben lag: Sie schrieb.

»Ich war bei dir, um es dir zu sagen. Aber du warst beschäftigt«, antwortete sie und wandte den Blick ab. So ruhig, wie sie sich gab, war sie nicht. Doch Alfred sollte nicht sehen, wie verletzt sie war.

»Du warst bei mir? Im Hotel? Wann denn?«

»Heute Nachmittag, gegen fünf.«

Er wirkte verwirrt, aber nur kurz. Dann lächelte er, als erinnere er sich an etwas Schönes.

»Warum hast du dich nicht zu uns gesellt, wenn du schon da warst?«

»Du bist vulgär.«

Er begann zu lachen, viel zu laut, es klang falsch.

»Ich bin also vulgär«, wiederholte er ironisch, ließ sich in einen Sessel fallen und sah sich um. »Mal ganz was Neues. Wer hat dir die Blumen geschenkt? Jemand, der nicht so vulgär ist, wie ich?«

Sie seufzte. Manchmal war er einfach unerträglich. »Das Hotel.«

»Ein Hotel schickt Blumen?«, höhnte er. »Doch wohl eher ein Hoteldirektor? Ist er ein neuer Verehrer? Bist du deshalb hierhergezogen?«

»Hör zu«, erklärte George entschlossen. »Wenn du gekommen bist, um mit mir zu streiten, dann möchte ich dich bitten, gleich wieder zu gehen. Ich habe gearbeitet. Du hast mich gestört. Wenn es etwas Wichtiges gibt, was du mir sagen möchtest …«

»Wenn es etwas Wichtiges gibt«, äffte er sie mit hässlich verzogenen Mundwinkeln nach. »Sag mal, wie redest du eigentlich mit mir? Ich habe dich gestört? Das mache ich wohl ständig. Monsieur Sand muss schreiben. Fährt nach Venedig, um seinen Kopf in sein Schreibkästchen zu stecken, und das zu tun, was er in Paris auch schon getan hat: Schreiben. Verdammt nochmal, hat ein verrückt gewordener Gott dir da oben eine Feder eingebaut, die dir beständig irgendwelche Liebeständel eingibt, die du – rattatta rattatta – herunterschreiben musst wie ein Automat? Bin ich mit einem Automaten liiert?«

Er war lauter geworden als je zuvor. George fühlte, wie alles Blut aus ihrem Gesicht wich vor Zorn.

»Hör auf«, fauchte sie.

»Nein, ich höre noch lange nicht auf«, schrie er sie an. »Weil ich noch lange nicht fertig bin. Ich hab es satt. Mit dir kann man sich kein bisschen amüsieren. Was glaubst du, warum ich mir andere Frauen ins Bett hole? Weil ich mich nach etwas Lebendigem sehne. Und nicht nach einer Sphinx, die einem Rätsel aufgibt, einem Marmorstandbild, das man verehren, aber nicht lieben kann, einem Schreibautomaten, der nichts anderes in seinem schönen Kopf hat als das, was seine Protagonisten als Nächstes tun und sagen werden. Mein Gott, George. Das ist doch kein Leben. Das ist ... das ist ...«

»Sprich es ruhig aus«, sagte George kalt. »Was ist es, mit mir zusammen zu sein?«

»Man könnte genauso gut eine Mumie lieben«, brach es aus ihm heraus. »Du bist kalt, meine Liebe. Kalt und egoistisch. Du denkst nur an dich. Für andere hast du kein Herz.« Er erhob sich. Sein Gesicht glich einer Maske. »Darum muss ich zu anderen Frauen gehen«, presste er zwischen den Zähnen hervor. »Weil du mir nicht das geben willst, was ich so dringend brauche. Wenn ich zugrunde gehe, dann bist du daran schuld.« Er brach in Schluchzen aus. Erst jetzt begriff George, dass er betrunken war. Doch das war nicht alles, da war noch etwas anderes in ihm, wie ein inwendiges Tier, das ihn quälte. Hatte er noch weitere Drogen genommen? Manchmal hatte sie ihn im Verdacht, Opium zu konsumieren. Plötzlich schrie er jammervoll auf, griff sich an den Hals, als bekäme er keine Luft mehr, riss sich sein seidenes Hemd vorne auf. »Ach, George, hab Erbarmen, ich geh zugrunde«, stammelte er unter Tränen. »Die Hölle ist schon heiß. Die Teufel warten auf mich. Und du ... warum tust du nichts? Sind deine *Lélias,* und wie sie alle heißen, so viel wichtiger als ich?« Warum hast du kein Erbarmen mit mir?«

Er sank auf die Knie und weinte jämmerlich wie ein Kind. Die Tränen liefen über sein schmerzverzerrtes Gesicht, aus seinem Mund rannen Speichelfäden. Sie konnte es nicht mit ansehen, kniete sich neben ihn, wischte sein Gesicht mit ihrem Taschentuch ab und nahm ihn in die Arme, wiegte ihn und stammelte beruhigende Worte. Er schien so abgrundtief verzweifelt, dass er nicht aufhören konnte, laut zu schluchzen und sich an ihr festklammerte, als sei er ein Ertrinkender und sie die rettende Planke. Schweiß brach ihm aus allen Poren, und auf einmal fühlte sie die Hitze, die von seinem Körper ausging. Wurde nun etwa *er* krank?

Es gelang ihr, ihm aufzuhelfen und ihn zu ihrem Bett zu führen, wo er sich weinend hinlegte. Sie zog ihm das zerrissene Hemd aus, tauchte ihr Taschentuch in den Krug mit Wasser und versuchte, ihm die Stirn zu kühlen. Da auf einmal verebbte sein Schluchzen. Als sie sich über ihn beugte, um ihm das Tuch auf die Stirn zu legen, schlug er plötzlich um sich und traf sie hart im Gesicht. Sie schrie auf und fuhr zurück. Blut rann ihr aus der Nase, im Nu färbte sich das Leintuch rot. Er packte sie an ihren Haaren und zerrte sie zu sich herab. »Zeig, dass du mich liebst«, zischte er nahe vor ihrem Gesicht und warf sich mit dem gesamten Gewicht seines Körpers auf sie. Seine Knie zwangen ihre Beine auseinander, mit einem Ruck riss er ihren Rock hoch.

»Hör auf!«, keuchte sie und wehrte sich mit aller Kraft. »Du tust mir weh!«

»Ja, das soll es auch«, stieß er hervor. »Der Schmerz zeigt uns, dass wir lebendig sind. Zeig mir, dass du nicht aus Marmor bist, zeig mir, wie du leidest …«

Als er begann seine Hose zu öffnen, zögerte sie keine Sekunde. So hart sie konnte, stieß sie ihm ihr Knie zwischen die Schenkel. Er heulte auf und ließ von ihr ab.

»Hier hast du deinen Schmerz, du dummer Junge«, schrie sie.

Er aber hörte sie schon nicht mehr, er war in einen ohnmachtsähnlichen Schlaf gesunken, und das erschreckte sie mehr als alles andere.

Sie ging zum Waschtisch und säuberte ihr Gesicht. Zum Glück war ihre Nase nicht gebrochen. Endlich gelang es ihr, die Blutung zu stoppen. Als sie ihr Taschentuch auswusch, zitterte sie so sehr, dass es ihr kaum gelang, es auszuwringen.

Sie musste einen Arzt rufen. Und dafür sorgen, dass Alfred in sein Hotel gebracht wurde. Auf keinen Fall konnte er hier bei ihr bleiben. Er musste endgültig den Verstand verloren haben. Doch ehe sie den Hotelangestellten gegenübertreten konnte, musste sie sich erst ein wenig beruhigen.

Sie ging hinaus auf den Balkon. Der Mond brachte den bleichen Marmor der Rialtobrücke zum Schimmern. Gondeln glitten unter ihr hindurch. Jemand sang ein trauriges Lied. Die Welt, die sie umgab, war von unfassbarer Schönheit. Aber in ihr war alles wie erstorben.

Sie musste sich eingestehen, dass es so nicht mehr weitergehen konnte zwischen ihr und Alfred de Musset. Der Zauber, der zwischen ihnen gewaltet hatte, war zerbrochen. Als ihr das bewusst wurde, begann sie zu weinen. Um das, was hätte sein können. Sie weinte um die gemeinsamen Stunden der zärtlichen Liebe und des miteinander Verschmelzens, um das tiefe Verstehen, das sie trotz allem verband. Sie weinte um die Möglichkeit des Austauschs als Schriftsteller, das Geben und Nehmen, das Wachsen aneinander. Und sie weinte um diesen wundervollen jungen Mann, der von den Göttern mit den schönsten Anlagen beschenkt worden war, und all seine Gaben so mutwillig vergeudete …

»George?«

Sie schrak zusammen. Er war aufgewacht. Seine Stimme war die eines kleinen Jungen, der mitten in der Nacht zu sich kam und nicht wusste, wo er war.

»George? Bist du da?«

Sie straffte sich. Sie musste stark sein. So, wie immer.

»Ja, ich bin hier«, sagte sie und trat in den Halbschatten des Zimmers zurück. Vorsichtshalber nahm sie unauffällig ein Briefmesser vom Sekretär.

Er hatte sich halb aufgerichtet und rieb sich die Augen.

»Ich hab Entsetzliches geträumt«, sagte er. »Dass ich dir wehgetan habe. Das hab ich doch nicht, oder?«

Sie schluckte. Auf einmal hatte sie nur einen Wunsch: Er sollte gehen. »Mir ist so heiß«, fuhr er fort und setzte sich auf den Rand des Bettes. »Mein Kopf dröhnt. George, ich glaube, ich bin krank.« Er erhob sich mühsam und ging nach nebenan, um seine Blase zu entleeren. Als er zurückkam, sah er das Blut auf den Laken.

»Was ist passiert?«, fragte er entsetzt. »Hast du versucht, mich umzubringen?«

»Nein«, antwortete sie rasch. »Natürlich nicht. Du hast mich ... ich hatte Nasenbluten.«

»Dann ist es wahr?«, fragte er bleich vor Schreck. »Es war gar kein Traum?«

»Alfred«, sagte sie beruhigend und bemerkte doch, dass ihre Stimme zitterte. »Du hast Fieber und solltest dich ausruhen. Ich lass dich in dein Hotel zurückbringen, da kannst du dich hinlegen. Wenn du möchtest, schicke ich einen Arzt zu dir.«

»Nein«, rief er. »Jag mich nicht weg. Ich kann jetzt unmöglich allein sein.«

»Du wirst nicht allein sein«, beschwor sie ihn. »Man wird nach dir sehen.«

»Man? Ich will nicht, dass »man« nach mir sieht. Ich will dich an meiner Seite.« Er sah aus, als würde er gleich wieder in Tränen ausbrechen.

»Ich werde an deiner Seite sein«, versicherte sie ihm voller Angst vor einem neuen Ausbruch. »Aber jetzt ... Ich brauche ein wenig Zeit für mich. Dann werde ich kommen, das verspreche ich dir. Ich werde jetzt eine Gondel für dich bestellen. Und jemanden, der dich begleitet.«

Apathisch ließ er sich wieder aufs Bett fallen. George eilte zur Rezeption, und man versprach, in wenigen Minuten einen Diener hochzuschicken.

»Zieh dich an, Alfred«, sagte sie, als sie ins Zimmer trat. Doch er war wieder eingeschlafen. Er schlief so fest, dass er nicht einmal aufwachte, als zwei Männer ihn in Decken gehüllt die Treppe hinuntertrugen, in eine Gondel legten, um ihn in sein Hotel zu bringen. Im letzten Moment sprang auch George in das Boot, sie brachte es nicht übers Herz, Alfred in diesem Zustand fremden Leuten zu überlassen. Die Hoteldiener betteten seinen Kopf in ihren Schoß. Sie ließ es geschehen. Als der Gondoliere das Boot mit seiner langen Stange von der Anlegestelle des Hotels abstieß, öffnete Alfred die Augen.

»Ich bin ihm wieder begegnet«, flüsterte er. »Am Lido. Hast du gewusst, dass der Strand dort ein einziger Friedhof ist?«

»Nein«, antwortete sie verwirrt. »Wem bist du begegnet?«

»Mir selbst«, antwortete er. »Wie damals in Fontainebleau. Meine Tage sind gezählt, George. Er wird bald kommen und mich holen.«

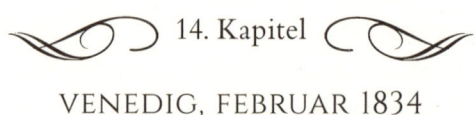

14. Kapitel

VENEDIG, FEBRUAR 1834

»Mein lieber Signore Pagello«, schrieb sie in fliegender Hast.
Sie konnte sich inzwischen zwar auf Italienisch einigermaßen
verständigen, doch mit dem, was sie nun schreiben wollte, stieß
sie an ihre Grenzen. »Ich bitte Sie, sobald es Ihnen möglich
ist, den französischen Herrn im Hotel Royal zu konsultieren,
der sich in einem schlimmen Zustand befindet.« Sie hielt inne,
suchte nach den passenden Worten für das, was sie glaubte,
dem Arzt noch mitteilen zu müssen. »Aber Sie sollten wissen …«, wieder zögerte sie. Dann fasste sie sich ein Herz und
schrieb nieder, was sie bedrückte, so gut sie es eben in dieser
fremden Sprache vermochte. »Ich fürchte mehr um seinen Verstand als um sein Leben. Seit er krank wurde, hat er einen sehr
schwachen Kopf und redet oft daher wie ein Kind. Dabei hat
er einen starken Charakter und eine lebendige Vorstellungskraft. Er gilt in Frankreich als einer der berühmtesten Dichter. Doch die Anstrengungen der geistigen Arbeit, der Wein,
die Feste, die Frauen, das Glücksspiel haben ihn sehr ermüdet
und seine Nerven angegriffen.« Sie beschrieb, ohne die De-
tails vom Vortag zu nennen, seinen Zustand und deutete auch
an, was ihm in Fontainebleau widerfahren war. Nach einigem
Zögern fügte sie noch hinzu, um dem jungen Italiener nur ja
keine Hoffnungen auf sie zu machen: »Es handelt sich um den
Menschen, den ich mehr liebe als alles andere auf der Welt, und

es versetzt mich in große Angst, ihn in diesem Zustand zu sehen. Wir sind Fremde in diesem Land, und ich lege alle meine Hoffnungen in Sie. Verzeihen Sie mir mein schlechtes Italienisch, G. Sand.«

Eine Stunde später kam er. Sie erkannte in ihm tatsächlich jenen jungen Mann, der sie von der Riva degli Schiavoni aus gegrüßt hatte. Er küsste ihr die Hand und sie war kurz wie benommen von seiner Schönheit, so, als sei er mit seinen nachtdunklen Locken, dem ebenmäßigen Gesicht und den Augen in der Farbe von glänzend poliertem Walnussholz der brünette Gegenpart von Alfred. Er musterte sie aufmerksam und besorgt.

»Wo ist der Patient?«, fragte er, nachdem er sich nach ihrem Befinden erkundigt hatte.

Sie führte ihn zu Alfred, der völlig apathisch im Bett lag, das Gesicht glühend vor Fieber. Er ließ sich von dem Arzt ohne Widerstand untersuchen, obwohl er bei Bewusstsein war. Schließlich bat Pagello George zu einem Gespräch in den angrenzenden Raum.

»Er ist wahrscheinlich an einem Nervenfieber erkrankt«, erklärte er. »Man nennt es auch Typhus. Leider grassiert das Fieber gerade in Venedig.«

»Sein Vater starb erst im vergangenen Jahr an dieser Krankheit«, sagte George erschrocken. »Was können wir für ihn tun?«

»Nicht viel«, sagte der junge Arzt. »Monsieur de Musset muss das Bett hüten, was nicht schwierig sein wird, denn er ist ohnehin viel zu schwach, um auszugehen. Er sollte viel abgekochtes Wasser trinken. Und ich werde Ihnen etwas aus der Apotheke schicken lassen, Tropfen, die Sie ihm in einem Glas Wasser verabreichen sollten. Außerdem werde ich Ihnen eine Pflegerin schicken.«

Er machte eine Notiz in ein Büchlein, dann verschloss er es in seiner Arzttasche und machte Anstalten, wieder zu gehen.

»Signor Pagello, *dottore* ...«, sie stockte. Wie sollte sie diesem jungen Mann bloß erklären, wie sehr sie sich vor dem Kranken fürchtete? »Ich ... ich hatte Ihnen von seinen Nerven geschrieben, erinnern Sie sich? Jetzt ist er ruhig. Aber Sie ahnen nicht, wie aufgebracht er sein kann. Haben Sie ... kennen Sie vielleicht einen Kollegen, der sich auf die Krankheit des Geistes spezialisiert hat?«

Pietro Pagello betrachtete sie genau. Seine braunen Augen schienen alles zu verstehen.

»Sie fürchten sich vor ihm«, sagte er. Es klang wie eine Feststellung, nicht wie eine Frage. Sie nickte niedergeschlagen. »Bitte«, sagte sie leise. »Lassen Sie mich nicht mit ihm allein.«

Sein Blick wurde dunkel, er trat näher heran und besah sich ihre Nase und den Wangenknochen auf der Seite, wo Alfred sie getroffen hatte. Sie hatte versucht, den sich bereits andeutenden, blauen Fleck zu überschminken, aber ganz war es ihr nicht gelungen. Pagello nahm sie sanft bei der Schulter und führte sie ans Fenster. Dort berührte er ihr Kinn und drehte ihr Gesicht ins Licht. Sie schloss die Augen und schämte sich unaussprechlich, und doch verwirrte sie der vanilleartige Duft, den der junge Arzt verströmte, und etwas in ihr sagte ihr, dass sie sich diesem Unbekannten anvertrauen konnte. Ihre Blicke trafen sich. Pagello nahm seine Hand von ihrem Kinn.

»Nein«, sagte er. »Ich werde Sie nicht alleinlassen, Madame. Erlauben Sie mir, dass ich Ihnen für die nächsten Stunden eine Pflegerin zur Seite stelle. Ich muss ein paar Angelegenheiten regeln. Dann bin ich bei Ihnen.«

Alfred erwachte aus seiner Benommenheit und verlangte nach ihr, wie ein Kind, das nach seiner Mutter ruft. Die Pflegerin, die Pagello geschickt hatte, war von kräftiger Statur und hielt sich auf ihre Anordnung hin vorerst im Hintergrund. Als George Alfred nun das schweißverklebte Gesicht abwusch und ihm half, ein frisches Hemd anzuziehen, kamen ihr ihre Ängste und Vorsichtsmaßnahmen lächerlich vor, so schwach war er. Es gelang ihr, ihm etwas von der Medizin einzuflößen, die die Pflegerin mitgebracht hatte, dann schlief er wieder ein.

Die Zeit schien langsamer zu verstreichen als je zuvor. George war es nicht gewohnt, tatenlos in einem Sessel zu sitzen und dem Atmen eines Kranken zu lauschen. Ihre Gedanken drehten sich im Kreis, immer wieder nickte sie kurz ein und glaubte, die lustvollen Schreie der Frauen zu hören, in den Spiegeln auf beiden Seiten des Bettes ihre Bewegungen zu sehen. Sie schickte nach ihrem Schreibzeug und versuchte, sich wieder in ihre Geschichte zu versenken, doch zum ersten Mal in ihrem Leben war es ihr nicht möglich.

Ihre eigene Schrift verschwamm ihr vor den Augen. Was war aus ihnen geworden? Was aus ihrer Liebe? Mit wieviel Hoffnung und Begeisterung waren sie aufgebrochen, und was war davon noch übrig? Ihr Kopf tat ihr weh, ihre Nase pochte. Noch schlimmer war aber der Schmerz in ihrem Herzen. Und die Sorge um Alfred. Wurde er jetzt tatsächlich verrückt? Ob dieser junge Arzt, der sie offensichtlich bewunderte, ihm helfen konnte?

In diesem Augenblick betrat er leise das Zimmer und gab der Pflegerin bis zum nächsten Morgen frei. Er grüßte sie mit einem Lächeln, dann sah er nach dem Patienten. Als der Arzt seinen Puls fühlte, erwachte Alfred und betrachtete den Fremden mit großen, erstaunten Kinderaugen. Pagello begann behutsam mit ihm zu sprechen, radebrechte, so gut es ging, in seinem armseligen Französisch, und George wollte schon zur Hilfe eilen, als sie zu ihrem Erstaunen bemerkte, dass sich Alfred zu entspannen schien und sich durchaus mit dem Arzt verständigen konnte. Er trank willig das Wasser mit den Tropfen, das Pagello ihm reichte, dann schlief er wieder ein.

Es war inzwischen später Abend. Ein Hotelangestellter steckte seinen Kopf herein, zündete im Vorzimmer ein paar Kerzen an und fragte, ob die Herrschaften zu speisen wünschten. Pagello hielt das für eine gute Idee, und obwohl sie keinen Appetit hatte, aß George auf sein Anraten ein paar Löffel von dem Pilz-Risotto, das ihr auf der Zunge zerging, dazu tranken sie einen leichten Weißwein.

»Ich komme mir ein wenig lächerlich vor«, gestand George schließlich, als das Zimmermädchen die Reste abgeräumt hatte. Die Tür zum Schlafzimmer, in dem Alfred ruhte, stand halb offen. »Unser Patient schläft. Sie sollten nach Hause gehen und …«

»Oh nein«, unterbrach sie der Italiener. »Ich möchte nirgendwo lieber sein, als hier bei Ihnen.« Dann bat er sie, ihm zu erzählen, warum sie um de Mussets geistige Gesundheit fürchtete, und sie berichtete ihm von seinen Alkoholexzessen und dem, was sie mit ihm in Fontainebleau erlebt hatte. »Und heute sagte er mir, dass ihm dasselbe erneut widerfahren sei«, schloss sie ihren Bericht. »Am Lido.«

»Sie meinen, er glaubt, er sei sich selbst begegnet?«

Sie nickte. Tränen stiegen ihr in die Augen, und ehe sie es verhindern konnte, kullerten sie über ihre Wangen. Da fühlte sie die warme Hand des Arztes auf der ihren. »*Non piangere*«, sagte er und reichte ihr ein großes, weißes Taschentuch. Ein P und ein G waren ineinander verschlungen aufgestickt, der Rand war mit aufwendigen Weißstickereien versehen.

»Aber woher kommen solche … solche Visionen?«, fragte sie verzweifelt. »Können Sie ihm denn helfen?«

Pagello schwieg. Noch immer hielt er ihre Hand und sie erwiderte den Druck seiner Finger. Er war der einzige Mensch, den sie hier in Venedig hatte, seit sie nicht mehr auf Alfred zählen konnte. Auch wenn er jetzt ihre Hand hielt, das hatte nichts zu bedeuten. Mochte dieser bildschöne Venezianer sie noch so anschwärmen, sie hatte sich um Alfred zu kümmern. Und doch tat es unendlich gut, gerade jetzt nicht ganz allein zu sein.

»Ich werde seinen Körper heilen«, sagte Pietro Pagello schließlich. »Und versuchen, das ganze Gift, das er sich im

Laufe der Jahre verabreicht hat, auszuleiten. Dann wird sich auch sein Geist erholen. Seien Sie zuversichtlich, *mia carissima Signora*. Er ist widerstandsfähiger, als Sie vielleicht glauben.«

✎ ∿

Eine Woche kämpfte de Musset mit dem Fieber, schlief, phantasierte, kam alle paar Stunden zu sich, trank seine Medizin und war jedes Mal aufs Neue erstaunt, den großen, schlanken Italiener mit den breiten Schultern und dem eleganten Schnauzbart an seinem Bett vorzufinden. George gelang es hin und wieder, ihm ein paar Löffel Suppe oder Reis einzuflößen, ein paar Bissen Truthahn oder zarten Fisch. Dann schlief er wieder und Pagello versicherte, dass das ein gutes Zeichen sei. »Er schläft die Krankheit weg«, sagte er. Und wenn der Patient zu sehr glühte, legte er ihm kalte Wadenwickel an und kühlte seine Stirn mit Eiswürfeln, die sie in Tücher einwickelten. Einmal schlug Alfred plötzlich und ohne Vorwarnung um sich, erwischte George, die helfen wollte, da die Pflegerin gerade aus dem Zimmer gegangen war, an den Haaren und zerrte sie daran hin und her. Bis es Pagello gelang, sie zu befreien, hatte er ihr eine Strähne ausgerissen.

»Er weiß nicht, was er tut«, versuchte George ihn vor dem Arzt zu verteidigen.

Pagello nickte.

Und wieder versank Alfred in einer tiefen Ohnmacht, glühte und keuchte im Schlaf, dann hatte er die Augen wieder weit geöffnet und starrte sie an, als hätte er sie noch niemals gesehen.

»Er ist nicht bei Bewusstsein«, erklärte Pagello und strich mit der Hand vor seinen Augen vorbei. Alfred blinzelte nicht. Er war weit weg von ihnen, in einer anderen Welt.

»Wird er sterben?«, fragte George angstvoll.

Pietro Pagello erneuerte die kühlen Wadenwickel.

»Ich hoffe nicht«, sagte er und bestellte frisches Eis.

Zehn Tage und Nächte verbrachte Alfred de Musset in diesem Zustand zwischen Leben und Tod. Dann, an einem sonnigen Morgen, kam er auf einmal zu sich. Erstaunt blickte er von George zu Pagello und wieder zurück.

»Ich bin durstig«, sagte er und trank das große Glas Wasser, das George ihm hinhielt, in einem Zug leer.

Die schwerste Krise schien überstanden, doch der Patient war noch immer entsetzlich schwach. Oft war er verwirrt, wusste nicht, wo er sich befand, phantasierte von einem Grab, das man für ihn bereits ausgehoben hatte, flehte darum, nicht lebendig begraben zu werden, und George, die immer wieder an ihren Besuch auf der Friedhofsinsel denken musste, an jenem Tag, kurz bevor er krank geworden war, kam der unheimliche Verdacht, er könne in ihren Kopf hineinsehen und ihre Gedanken belauschen. Doch das war natürlich Unsinn, sagte sie sich immer wieder.

Eines Morgens befiel Alfred ein anderer Wahn.

»Ich weiß wohl, was ihr hinter meinem Rücken treibt«, schrie er und warf Pagello böse Blicke zu. »Ihr habt etwas miteinander, gebt es ruhig zu! Und jetzt wollt ihr mich töten!«

Er sprang mit einer Behändigkeit aus dem Bett, die George überrumpelte, rannte im Hemd durch die Suite und entwischte ihnen hinaus auf den Hotelflur, und es brauchte drei Hotelangestellte, um ihn zu überwältigen und wieder zurück in sein Bett zu bringen. »Ihr wollt mich töten!«, keuchte er und rollte mit den Augen. »Ich weiß es genau. Aber ich bin jung und stark. So schnell kriegt ihr mich nicht.«

Dann begann er von seinem Schreckgespenst zu phantasieren, von dem Phantom, das niemand anderes sei als er selbst, nur viel älter, dieses Alter Ego, das ihn holen wollte. Schluchzend klammerte er sich an Pietro Pagello, flehte ihn an, ihm beizustehen, ihn zu beschützen und nicht zuzulassen, dass man ihn in eine Marmorgruft legte. »Ich weiß, dass du George liebst. Aber bitte, bring mich nicht um.«

Es dauerte lange, bis sie ihn wieder beruhigen konnten, und den Rest des Abends wich der Arzt Georges Blicken aus. Ihr aber wurde endgültig bewusst, wie sehr die Atmosphäre zwischen ihnen beiden aufgeladen war mit einer hoffnungsvollen Erwartung. So sehr, dass es sogar Alfred instinktiv erfasst hatte. Und zum ersten Mal fragte sie sich: Warum eigentlich nicht? Warum sich nicht trösten lassen, wenn eine alte Liebe gestorben war? Warum sich nicht in diese starken Arme fallen lassen, wenn die Hände des einstig Geliebten nur noch Schmerzen zufügten? So sehr sie sich auch bemühte, sie wurde die Bilder nicht los, wie er sich mit den drei Frauen auf eben diesem Bett vergnügt hatte, an dem sie jetzt seit mehr als zwei Wochen schon Wache hielt. Hatte sie nicht dieselben Rechte wie er?

Immer häufiger drängte sich ihr nun die Frage auf, wie er sich wohl anfühlen würde, dieser andere Mann, der neben ihr saß und sie besorgt beobachtete. Wie seine Küsse schmeckten und ob er auch zärtlich mit ihr wäre. Sie fragte sich, wie ernst er es meinte. Aber warum sollte er sonst an ihrer Seite bleiben, wo er doch von vornherein erklärt hatte, kein Honorar für seinen Einsatz zu wünschen. War das nicht ein Zeichen? Seine Blicke, seine Gesten, die sanften, wie zufälligen Berührungen? Ob er wohl die Gabe hatte, sie glücklich zu machen, und sei es auch nur für ein paar Stunden? Hatte sie es nicht verdient, ein wenig Freude, ein wenig Rast und Ruhe, ein wenig Zärtlichkeit, nach so viel Enttäuschung und Schmerz?

Und als Alfred sie ein paar Tage später in seinem Wahn erneut beschimpfte und beleidigte, sie eine Gruft nannte, eine eiskalte Statue, ein grausames Götzenbild, da stand sie auf und ergriff die Hand des verblüfften Pietro.

»*Vieni!*«, sagte sie. »Heute Nacht soll die Pflegerin bei ihm wachen.« Und nahm ihn einfach mit in ihr Hotel.

Sie wusste, dass er selbst es niemals gewagt hätte, dazu war er viel zu wohlerzogen. Es war an ihr, der Älteren, die Initiative zu ergreifen. Und das tat sie auch. Eine Ruhe hatte sie erfasst, die sie lange an sich vermisst hatte. Alfred de Musset war nicht mehr ihr Liebhaber. Er hatte sich von ihr losgesagt. Er hatte sie beschimpft und zurückgestoßen. Sie würde dafür sorgen, dass er einigermaßen wiederhergestellt zurück zu seiner Mutter geschickt werden würde. Mehr konnte sie für diesen Mann nicht mehr tun.

Langsam und behutsam zog sie Pietro Pagello, diesen venezianischen Engel, wie sie ihn nannte, aus. Er zitterte vor Erwartung und Erregung unter ihren Händen. Als er nackt in all seiner Schönheit vor ihr stand, half er ihr aus den Kleidern. Dann sank er vor ihr auf die Knie, umfing ihre Hüfte mit seinen Armen und küsste hingebungsvoll ihren Schoß.

George stöhnte auf, und all die Anspannung und Verzweiflung der vergangenen Wochen fielen von ihr ab. Sie dachte kurz an Marie und die köstliche Lust, die sie miteinander erkundet hatten, dann überließ sie sich völlig der Liebeskunst des Pietro Pagello.

∽∾

»Ich kann es nicht fassen. Du betrügst mich tatsächlich mit meinem eigenen Arzt«, beschwerte sich Alfred. Er war inzwischen gesund genug, um aufzustehen und ein paar Stunden täglich vom Balkon aus das Treiben auf dem Markusplatz zu verfolgen, jedoch noch viel zu schwach, um sich selbst in die Vergnügungen der Stadt zu stürzen.

»So ist es«, sagte George und reichte ihm seine Medizin. Er war abgemagert. Ehe er reisen konnte, musste er erst zu Kräften kommen.

»Liebst du ihn?«, fragte er sie.

»Das geht dich nichts an«, antwortete sie. Sie begegneten sich freundlich, doch sie ließ nicht mehr zu, dass er ihr irgendwie zu nahe trat. Sobald er ausfällig werden wollte, verließ sie sein Zimmer.

»Wir haben uns nie geliebt«, sagte er jetzt vollkommen ruhig, und die Nüchternheit, mit der er das aussprach, gab ihr einen Stich ins Herz. »Das Ganze war ein Irrtum«, fuhr er fort. »Außerdem bist du viel zu alt für mich. Wenn ich es mir recht überlege, war es Inzest, was wir miteinander trieben. Es war die Liebe eines Sohnes für eine Art Mutter, was ich für dich empfand. Nur, dass ich schon eine Mutter habe.«

»Eben«, stimmte sie ihm zu, presste die Lippen zusammen und zog ihr Seidentuch enger um die Schultern. »Und deswegen ist es das Beste, du kehrst so bald wie möglich zu ihr zurück.«

Er schwieg, beobachtete aufmerksam eine Gruppe junger Frauen, die über den Platz flanierten und schließlich unter den Arkaden verschwanden. Pagello hatte recht behalten. Seit sein Körper genesen war, hatte de Musset auch keine Anzeichen des Wahnes mehr gezeigt. Vielleicht war es ihm ja tatsächlich gelungen, all das Schädliche aus seinem Blut zu vertreiben. Das wäre ihr ein Trost. Nach allem, was war.

»Ich war schlecht zu dir«, begann Alfred auf einmal und blickte sie an aus seinen saphirblauen Augen, und George erschrak vor dem Schmerz und der Reue, die sie darin erkannte. »Wenn es stimmt, was mein müdes Hirn erinnert, dann habe ich unverzeihliche Dinge gesagt und getan.« Er wandte den Blick ab und schien in Richtung Lido zu schauen. »Weißt du, mein Elend ist, dass ich früher oder später immer genau das zerstören muss, was mir am wertvollsten ist. Das ist der Fluch, der auf mir lastet. Das ist die wahre Krankheit meines Herzens, und die kann auch unser guter Pagello nicht heilen.« Sie schluckte und musste sich abwenden, damit er nicht sehen konnte, wie sehr sie diese Einsicht bewegte. »Ich hatte immer gehofft«, fuhr er fort, »dass du diejenige sein würdest, die darüber erhaben wäre. Die mich trotzdem lieben würde, bedingungslos, trotz meiner Fehler. Aber das kann man wohl von niemandem verlangen.«

Was sagte er da? War sie zu engherzig? Ihre Liebe nicht groß genug? Lag es an ihr, dass sich ihre Wege nun trennen mussten? Auf einmal tat er ihr fürchterlich leid, wie er da in dem Korbsessel saß, schmal und blass, eine Wolldecke auf den Knien. Sie suchte noch nach einer Antwort, als Pietro zu ihnen auf den Balkon trat.

»Sie sollten wieder hereinkommen, Alfredo«, sagte er fürsorglich. »Der Wind ist frisch.«

Alfred verzog den Mund zu einem schmerzlichen Lächeln und blickte von ihm zu George und wieder zurück. Seine Augen jedoch lächelten nicht. Sie hielt den Atem an, erwartete das Schlimmste.

»Komm her, *amico mio*«, sagte er sanft zu dem Venezianer. »Gib mir deine Hand. Versprich mir, dass du gut auf diese Frau achtgeben wirst. Ich weiß, dass du sie liebst. Sei ihr ein besserer Mann, als ich es war. Und du, meine über alles geliebte George, reiche auch du mir die Hand.« Sie streckte sie zögernd aus. Was ging nur in ihm vor? Alfred drehte ihre Hand sanft um, betrachtete die Linien ihrer Innenfläche, dann legte er sie in die von Pietro. »Ich gebe euch beiden meinen Segen. Werdet glücklich miteinander. Glücklicher, als es mir vergönnt ist.«

Er fuhr an einem launischen Tag Ende März. So sehr sie den Moment seiner Abreise herbeigesehnt hatte, so weh wurde ihr an diesem Morgen das Herz. Unruhe erfasste sie, als sie die Poststation in Mestre erreichten. Sie sah zu, wie man sein Gepäck auf der Reisekutsche verstaute, und auf einmal wurde ihr flau im Magen. Sie musste sich abwenden. Was war nur los mit ihr? Wieso fühlten sich ihre Beine so weich an?

Sie riss sich zusammen und ging hinüber zu Alfred. Es schien ihr, als seien Jahrhunderte vergangen, seit sie ein Paar gewesen waren, und doch war es erst ein paar Wochen her. Ihr war auf einmal, als hätte sie versagt. Hatte sie das? Hätte sie mehr für ihren Flammenjüngling tun können? Hatte sie zu früh aufgegeben? Hätte sie ihn vielleicht doch retten können, retten vor ihm selbst und seinen Dämonen?

Die Sonne kam zwischen den Wolken hervor und brachte seine Erscheinung zum Leuchten. Rotgolden sein Haar, das wieder an Glanz gewonnen hatte und weich sein Gesicht umspielte. Er war sehr bleich, wirkte aber gefasst, als er dem Beamten seine Papiere reichte. Die Kutsche würde ihn bis Vicenza bringen, dann ging es weiter nach Genf, wo er Halt bei Freunden einlegen würde.

»Adieu«, sagte er zu ihr und nahm ihre Hände. »Ich hab dir viel Kummer bereitet. Bitte verzeih mir.« Sie konnte nur mit einem Nicken antworten, in ihrem Hals steckte ein Kloß. Es fühlte sich an, als würde sie nie wieder sprechen können. Alfred versuchte ein Lächeln, das nicht recht gelang. »Du Liebe meines Lebens«, sagte er leise. »Das wirst du immer für mich sein.« Er gab ihr einen leichten Kuss auf die Stirn, dann wandte er sich ab, stieg als Letzter ein. Sie hatte das Gefühl, gleich ersticken zu müssen. Schon kletterte der Kutscher auf den Bock und hob die Peitsche. Da stürzte sie zur Tür der Kabine, trommelte dagegen, rief seinen Namen.

»Schreibe mir«, bat sie ihn, als er die Tür nochmals öffnete. »Versprich mir, dass du schreiben wirst!«

»Ich liebe dich!«, rief er ihr in plötzlicher Verzweiflung zu, als sich das Gefährt langsam in Bewegung setzte. »Ich liebe dich doch! Warum schickst du mich weg?«

»Ich liebe dich auch«, flüsterte sie, doch das konnte er nicht mehr hören. Die Tür der Kutsche wurde zugeschlagen. Dann nahm sie Fahrt auf. Jemand legte seinen Arm um ihre Schulter. Sie sah verwundert auf. Es war Pietro Pagello, den sie vollkommen vergessen hatte.

»Komm«, sagte er liebevoll. »Komm, wir fahren zurück.«

〰 〰

In den folgenden Tagen erreichte sie eine Rechnung nach der anderen, die Alfred zu begleichen vergessen hatte. Der Direktor des Hotel Royal hatte seinen Gläubigern ihre Adresse gegeben, und nun sah sie ihre letzten Reserven innerhalb weniger Tage dahinschmelzen. Jetzt erst wurde ihr das Ausmaß von Alfreds Spielsucht deutlich, und irgendwann schritt Pietro ein. Was er genau den zornigen Männern sagte, erfuhr George nie, jedoch brachen sie ihre Belagerung ab und verschwanden.

»Warum ziehst du nicht zu mir?«

Ja, warum nicht? Die mondänen Zeiten an der Seite des berühmten Dichters de Musset waren vorüber. Jetzt begann sie, das geliehene Leben einer Venezianerin zu führen und bezog das leerstehende Zimmer im obersten Stockwerk des ochsenblutroten Hauses an dem kleinen Seitenkanal, in dem Pietro mit seinem Bruder und dessen Geliebter lebte. Sie fügte sich problemlos in diese Gemeinschaft ein und fühlte sich doch wie ein einsamer Zugvogel auf dem Weg von einem Kontinent zum anderen, ohne zu wissen, ob es die beiden Welten überhaupt noch gab. Wenn sie an ihrem Schreibtisch saß, sah sie die Reflexe der Sonne auf dem winzigen Kanal an ihrer Decke tanzen, hörte die Rufe der Wasserverkäufer, die in ihren Kähnen vorüberglitten, roch den Duft des Meeres.

Und wieder war es die Arbeit, die sie rettete, vor ihren Gedanken, ihrer Sehnsucht, ihren Selbstvorwürfen, ihrer Reue. Sie schrieb und hatte es nötiger denn je, wollte sie jemals wieder genug Geld haben, um irgendwann nach Hause zurückzukehren. Denn Buloz schickte zwar regelmäßig ungeduldige Briefe, aber Geld traf keines ein. Die lange verschollenen Manuskripte waren endlich in Paris angekommen, doch dem Verleger gefiel nicht, was sie schrieb. Und vor allem wollte er mehr. Von dem Honorar, das ihr zustand, schrieb er nichts. Dabei wäre sie so gerne nach Konstantinopel gereist, sehnsüchtig sah sie den Handelsschiffen nach, die in südöstliche Richtung in See stachen. Stattdessen stand sie völlig mittellos da.

»Mein Haus ist deines«, sagte Pietro. »So ist das bei uns in Italien. Mach dir keine Sorgen.«

Beim Auszug aus ihrem Hotel war dem gläsernen Vogel, den Alfred ihr geschenkt hatte, ein Flügel abgebrochen. Ihr waren die Tränen gekommen und sie hatte sich geweigert, die Reste wegzuwerfen. Irgendwann würde sie nach Murano hinausfahren und den Glasbläser bitten, ihn wieder ganz zu machen. Irgendwann, wenn sie es wieder ertragen würde, die Orte aufzusuchen, an denen sie mit Alfred glücklich gewesen war.

Pietro brachte ihr einen Kanarienvogel in einem Käfig und sah sie bestürzt schon wieder Tränen vergießen. Er konnte ja nicht ahnen, welche Erinnerungen er weckte. Was wohl aus ihrem Star geworden war, fragte sie sich? Ob ihre Concierge, wie hoch und heilig versprochen, ihn auch regelmäßig fütterte?

Sie schrieb ihren Kindern noch häufiger, als sie es die ganze Zeit schon getan hatte. Von Tag zu Tag verliebte sie sich mehr in Venedig und sehnte sich doch nach zu Hause.

Eines Morgens entdeckte sie auf Pietros überschaubarem Bücherregal zwischen Ausgaben von Dante, Petrarca und Alfieri ein Buch mit dem Titel: »Von dem Einfluss der Gefühle des Menschen auf seine Gesichtsfarbe«. Pagello hatte es selbst verfasst, es war seine Doktorarbeit. Sie schlug es auf und fühlte eine große Zärtlichkeit für ihren venezianischen Engel in sich aufsteigen, von dem sie nie gedacht hätte, dass er den Gefühlen der Menschen sogar wissenschaftlich auf den Grund gegangen sein könnte. Erst später, als sie spazieren ging, wurde ihr bewusst, dass er womöglich auch im Stande war, an der Färbung ihrer Haut ihre Stimmungen abzulesen. Was wissen wir wirklich voneinander, fragte sie sich. Sie wollte nicht durchschaubar sein. Denn sie traute ihren Gefühlen selbst schon lange nicht mehr.

Als der erste Brief von Alfred kam, den er von unterwegs geschrieben hatte, wurde ihr bewusst, dass sie die ganze Zeit nur darauf gewartet hatte. Augenblicklich setzte sie sich hin und schrieb einen langen Brief zurück. Pietro sagte nichts dazu, er brachte ihn sogar für sie zur Post.

»Ich mache mir einfach Sorgen um ihn«, entschuldigte sie sich. Er lächelte verständnisvoll.

»Ich denke auch oft an ihn«, antwortete er. »Geht es ihm gut?«

Ja, aus seinen Zeilen sprach Erleichterung. Und doch schien es ihm ähnlich zu ergehen, wie ihr. Sie konnten es beide nicht fassen, dass ihre Liebe gescheitert war. Als müssten sie sich im Nachhinein gegenseitig davon überzeugen, dass sie gut daran getan hatten, sich zu trennen, zählten sie sich immer wieder neue Gründe dafür auf.

Pietro tat alles, um sie auf andere Gedanken zu bringen. Er zeigte ihr das Hinterland von Venedig, sie reisten nach Bassano del Grappa, frühstückten in einem einfachen Café oben auf der Burg, aßen Anisbrot mit frischer, hausgemachter Butter und blinzelten hinab auf das Wasser der Brenta. Glitzernd im ersten Morgenlicht erschien ihr dort, an diesem klaren Frühlingstag, hinter den gerade erblühten Mandel- und Pfirsichbäumen das Panorama der verschneiten Voralpen, der Dolomiten, die in ihr die Sehnsucht weckten, endlich einmal wieder zu Fuß loszuziehen und die Berge zu erkunden. Im April war es soweit. Nach langer Zeit zog sie Hosen an, stopfte sich das Haar unter eine Mütze und machte sich gemeinsam mit Pagello auf die Wanderschaft. Dem Himmel so nah zu sein, ihren Körper durch stramme Märsche zu ermüden, die reine Bergluft zu atmen und angesichts der gewaltigen Höhenzüge die eigenen wirren Gedanken und Erinnerungen zu ordnen und zu relativieren – das alles tat ihr gut. Sich zu bewegen, sei es zu Fuß oder auf dem Pferd, hatte ihr in Krisenzeiten schon immer am meisten geholfen. Und alles, was sie sah und erlebte, verwandelte sie in Literatur und wurde päckchenweise an Buloz geschickt. George Sand war es zur Gewohnheit geworden, ihr eigenes Leben zu Fiktion zu verarbeiten und sich damit ihre Wirklichkeit auf eine Weise zu erzählen, die sie ertragen konnte.

De Musset kehrte zurück zu seiner Mutter, und wie es George befürchtet hatte, erfuhr *tout Paris* von ihrer Trennung. Als sie und Pietro nach Venedig zurückkamen, warteten empörte Briefe von gemeinsamen Bekannten auf sie. Erzählte Alfred wirklich all diese Einzelheiten ihrer Reise offenherzig herum? Nein, erfuhr sie von Sainte-Beuve, er weigere sich, sein Zimmer zu verlassen, Madame de Musset sei völlig verzweifelt. Das hinderte die Pariser Gesellschaft nicht daran, Vermutungen anzustellen. Irgendwas musste schiefgelaufen sein. Was auch immer passiert war, man gab George Sand daran die Schuld. Wieso sollte sich der arme Dichter sonst vor aller Welt verbergen? George sah sich mit den abstrusesten Vorwürfen konfrontiert. Dabei war in ihrem Herzen immer noch eine Wunde und jeder Brief aus Paris riss sie auf. Und doch trug sie das Ihre dazu bei, dass die Gerüchteküche niemals zur Ruhe kam. Die *Revue des Deux Mondes* druckte ihren Reisebericht *Lettres d'un voyageur* ab, und in der französischen Hauptstadt diskutierte man sich die Köpfe darüber heiß. Sie und de Musset waren ein öffentliches Paar gewesen, und was war interessanter als das Scheitern einer idealen Liebe? George Sand war sich sicher, dass früher oder später auch Alfred zur Feder greifen würde, um seine Sicht der Dinge klarzustellen. Auch wenn sie es sich nicht eingestand, so tat sie doch jetzt schon alles dafür, um sich die Sympathien ihrer Leserschaft zu sichern.

Sie war noch in Venedig und doch mit dem Kopf bereits in Paris. Der Frühling in der Lagunenstadt war zauberhaft, sie wurde nicht müde, davon in ihren Briefen zu schwärmen. Wenn sie gekonnt hätte, dann hätte sie die ganze Stadt an die Peripherie von Paris versetzt. Doch das war nicht möglich. Es wurde Sommer, und noch immer saß George Sand in dieser Märchenstadt fest. Sie wusste, dass zu Hause eine Menge Probleme auf sie warteten. Sie hatte einen Ruf zu verteidigen, musste ihren Prozess gegen Casimir vorantreiben, vor allem aber musste sie sich endlich wieder um ihre Kinder kümmern. Und in Paris wartete Alfred, an den sie täglich dachte. Den sie niemals wiedersehen wollte und nach dem sie sich so sehnte. In den wundervollen Briefen, die sie einander schrieben, versicherten sie sich gegenseitig des unzerstörbaren Bands, das zwischen ihnen bestand. Der geschwisterlichen Liebe, ihrer Seelenverwandtschaft auf dem Fundament der Sprache der Liebe, der sie beide verpflichtet waren. Ja, sie glaubte tatsächlich daran, dass sie zu dem kameradschaftlichen Verhältnis zurückkehren könnten, das er zu Beginn ihrer Bekanntschaft beschworen hatte, hoffte, dass sie sich ihre Freundschaft erhalten könnten, ohne jemals wieder mehr zu wollen. Nur in sehr seltenen, ehrlichen Minuten stiegen beunruhigende Zweifel daran in ihr empor.

Das Leben mit Pietro Pagello war wie das gleichmäßige Plätschern des Kanalwassers gegen das Haus, in dem sie wohnten, sanft, beglückend, problemlos. Nie trübte ein Streit ihr Zusammenleben. Er hatte für alles Verständnis. Sie waren sich immer einig. Er ließ ihr die Ruhe, die sie brauchte, und sorgte dafür, dass keiner sie störte. Seine Liebe war zärtlich und erfüllend, doch niemals überbordend und grenzüberschreitend, niemals gefährlich feurig. Es stand nicht zu befürchten, dass er sie jemals verletzen würde. Doch auch nicht herausfordern, nicht überraschen.

Ende Juni 1834, ein halbes Jahr, nachdem sie in der Lagunenstadt angekommen war, traf auch endlich das Geld ein, das Buloz ihr seit Monaten schuldete. Ihre Erleichterung war grenzenlos. Von Boucoiran erfuhr sie, dass Maurice als Jahrgangsbester seiner Schule im August eine Auszeichnung erhalten würde. Monatelang hatte sie ihre Kinder nicht mehr gesehen. Es wurde Zeit, dass sich das änderte.

»Ich muss zurück nach Paris«, sagte sie zu Pietro. Sie dachte, er würde enttäuscht sein. Und versuchen, sie zum Bleiben zu bewegen. Doch er nickte nur, als hätte er das längst erwartet.

»Natürlich musst du das«, sagte er. »Wann reisen wir?«

 15. Kapitel

VENEDIG / PARIS, SOMMER 1834

»Ich werde nicht dieselbe sein wie hier in Venedig«, hatte sie versucht, ihm zu erklären. »In Paris muss ich mich um eine Menge Dinge kümmern. Ich habe Freunde und Kollegen, die kein Italienisch sprechen, und du wirst dich möglicherweise fühlen wie das fünfte Rad am Wagen. Und noch etwas: Nach Nohant kannst du nicht mitkommen. Denn dort wohnt noch immer mein Ehemann, mit dem ich gerade einen Prozess führe. Ich kann es mir nicht leisten, mit einem Lebensgefährten dort aufzutauchen, das könnte mich alles kosten, mein Haus, mein Vermögen und vor allem meine Kinder.«

Er hatte genickt und erklärt, das sei kein Problem. Irgendwann würden sie ja doch nach Venedig zurückkehren, er liebe sie, und deswegen sei es seine Pflicht, ihr in ihrer Heimat zur Seite zu stehen.

»Ich weiß aber nicht, ob ich nach Venedig zurückkomme«, hatte sie entgegnet. »Ich möchte nicht, dass du deine Existenz für mich aufs Spiel setzt«, doch er nahm sie nur in seine Arme und erklärte ihr, dass ihm alles einerlei sei, Hauptsache, sie seien zusammen.

»Wenn man liebt, ist man füreinander da«, sagte er. »Das versteht sich doch von selbst.«

Zärtlichkeit für diesen wundervollen Mann durchflutete sie und ein großes Aufatmen. Etwas in ihr hatte nicht glauben können, dass seine Liebe so weit gehen würde, für sie alles stehen und liegen zu lassen, um ihr nahe zu sein. Während sie packten, fiel ihr wieder der gläserne Vogel mit dem abgebrochenen Flügel in die Hände. Auf einmal konnte sie nicht mehr verstehen, warum sie so sehr an diesen Scherben gehangen hatte. Mit einem Mal fiel es ihr leicht, sich von ihnen zu trennen.

Sie planten ihre Route und waren sich darin einig, dass sie in aller Ruhe reisen und unterwegs so viel wie möglich sehen wollten. Denn auch wenn sie es nicht laut aussprach, so glaubte George nicht, dass sie bald nach Italien zurückkehren würde. Und als sie aufbrachen, hatten sie einen ganzen Monat, ehe George am 16. August ihren Sohn bei der Preisverleihung mit ihrer Anwesenheit überraschen würde.

»Werden wir ihn treffen?«, fragte Pietro in all seiner Naivität, als sie endlich die Grenze zu Frankreich passiert hatten. Sie wusste sofort, wen er meinte. »Ich wüsste gern, wie es ihm gesundheitlich geht.«

»Ich weiß nicht«, antwortete George und sah zum Fenster der Postkutsche hinaus. »Vielleicht besser nicht?«

∽∾

Keiner hatte Maurice verraten, wann genau seine Mutter zurückkommen würde, und Monsieur Boucoiran war so weit gegangen, ihm wenig Hoffnung zu machen, dass George es zur Preisverleihung schaffen könnte. Umso größer war die Freude des Jungen, als sie in den Hof des Lycée Henri IV trat, wo die Schüler bereits zur Abschlussfeier versammelt waren. Er war in die Höhe geschossen, seine Schultern waren kantig geworden. Mit einem Blick erkannte George, dass seine Schuluniform knapp saß, er brauchte dringend eine neue. Ende Juni hatte er seinen elften Geburtstag gefeiert, und auf George wirkte er erwachsener als im vergangenen Herbst. Das hinderte Maurice jedoch nicht daran, seiner Mutter um den Hals zu fallen und ihr Gesicht mit Küssen zu bedecken.

»Herzlichen Glückwunsch, *mon chéri*«, flüsterte George ihm ins Ohr. »Ich bin ja so stolz auf dich. Stimmt es, dass du als Bester im Jahrgang abgeschlossen hast?«

Er nickte stolz.

»Aber was viel wichtiger ist«, flüsterte er ihr ins Ohr, »ich habe eine ganze Mappe voll mit recht guten Zeichnungen. Ich würde so gerne richtigen Malunterricht nehmen, Maman.«

»Das wirst du, mein Sohn«, antwortete George mit belegter Stimme. Ein Trompetensignal ertönte. Maurice und die anderen Jungen, die ihre Familien begrüßten, wurden zur Ordnung gerufen. Die Zeremonie würde gleich beginnen. Der Hof hatte sich mit Eltern anderer Jungs gefüllt, und aus den Augenwinkeln bemerkte George Casimir, den Baron Dudevant in Begleitung seiner Mutter. Im Stillen beglückwünschte sich George dazu, dass sie Pietro dazu überredet hatte, sich in der Zwischenzeit die Kunstsammlung im Louvre anzusehen.

Höflich begrüßte sie Ehemann und Schwiegermutter, dann verfolgte sie die Ehrungen. Man begann bei den jüngsten Jahrgängen, und als die Reihe an Maurice kam, konnte sie die Tränen nicht mehr zurückhalten. Mein Gott, wie hatte sie nur so lange fern von ihren Kindern überleben können? Und einmal mehr schwor sie sich, von nun an das Wohl ihrer Kinder über alles zu stellen.

»Wann gedenken Sie eigentlich, sich wieder einmal um ihr Töchterchen zu kümmern?«

Die spitze Stimme ihrer Schwiegermutter hätte Kristallglas zum Zerspringen bringen können, da war sich George sicher. Auf alle Fälle übertönte sie jedes andere Geräusch. Köpfe drehten sich zu ihnen um, und schon verbreitete sich wie ein Lauffeuer über den Schulhof, dass die berühmte Schriftstellerin George Sand hier sei. George Sand, die so skandalöse Bücher wie *Lélia* schrieb und eine Affäre mit dem viel jüngeren Alfred de Musset unterhalten hatte, der krank an Leib und Seele allein nach Paris zurückgekehrt war. Wie lange war das schon her? Ein halbes Jahr?

George setzte ein freundlich unnahbares Gesicht auf und drückte ihr Kreuz durch, so, wie sie es sich inzwischen angewöhnt hatte, wenn man sie angaffte und über sie tuschelte. Das war Paris. Sie hatte gelernt, damit umzugehen, ja, es manchmal auch zu genießen. Ihr schien, man hatte sie vermisst. Und doch atmete sie auf, als die Zeremonie vorüber war.

»Wann fahren wir nach Nohant?«, fragte Maurice, kaum hatten sie die Schule verlassen. Die großen Ferien begannen, und er konnte es kaum erwarten, sein Lausbubenleben auf dem Land wieder aufnehmen zu können.

»Bald«, antwortete George. »Zuerst musst du Pietro kennenlernen. Ich hab dir von ihm geschrieben. Erinnerst du dich?«

Maurice nickte und wandte den Kopf ab. Er schien keine rechte Lust zu haben, den neuen Partner seiner Mutter kennenzulernen.

»Wird er mitkommen nach Nohant, dieser Italiener?«, fragte er skeptisch.

»Nein«, antwortete George und konnte fühlen, wie der Junge aufatmete. »Aber wir sind gerade erst angekommen, und Pietro kennt niemanden hier in der Stadt. Wir werden also noch ein paar Tage bleiben, damit er meine Freunde kennenlernt und sich nicht so einsam fühlt, solange ich weg bin.«

Maurice gab einen Laut des Unmuts von sich.

»Ich möchte aber gern so schnell wie möglich nach Nohant«, maulte er.

»So schnell wie möglich«, versicherte ihm George. »Du wirst sehen, die Tage vergehen wie im Flug. Vielleicht besuchen wir ein paar Kunstmuseen? Warst du überhaupt schon im Louvre? Als angehender Maler solltest du die alten Meister kennenlernen, meinst du nicht? Im Berry über die Felder toben kannst du noch früh genug.«

In der Blauen Mansarde schien es ihr, als sei die Zeit stehen geblieben. Ihrem Staren ging es bestens, er sang schöner als je zuvor und freute sich ganz offensichtlich, wieder Gesellschaft zu haben. Sie hatte Alfred, der noch immer einen zweiten Schlüssel zu der Wohnung hatte, gebeten, die Concierge über ihre Rückkehr zu informieren, damit sie lüften und saubermachen konnte. Ein Strauß Zinnien stand auf dem Esstisch, George wusste nicht, ob sie von Alfred waren, oder ob die Hausmeisterin sie hingestellt hatte. Im Vorratsschrank fand sie eine Kanne mit Milch. Sie war noch kühl und ganz frisch, und George war sich fast sicher, dass das nicht die Concierge gewesen sein konnte. Wenige wussten, dass sie nachts zum Schreiben gerne Milch trank … Pietro stellte ihr eine Frage und riss sie aus ihren Erinnerungen.

»Was hast du gesagt?«, erkundigte sie sich.

Pietro hielt ein Buch in der Hand, in dem er blätterte.

»Ich fragte, ob diese Gedichte Alfredo geschrieben hat.«

Es waren die *Contes d'Espagne et d'Italie*, jene Sammlung von Gedichten, szenischen Stücken und poetischen Prosatexten, die de Musset 1829 als Neunzehnjährigen auf einen Schlag berühmt gemacht hatten. Obwohl sie das Werk natürlich längst vor seinem Autor kannte, hatte er ihr dieses Exemplar der Erstausgabe mit einer persönlichen Widmung geschenkt. Sie starrte Pietro an, und sah für einen Moment wieder Alfred vor sich. Genau an derselben Stelle hatte er gestanden, in seinem Buch geblättert und gemeint, dass alles, was er vor ihrer Bekanntschaft geschrieben hatte, längst nicht ausgereift sei. »Mit dir an meiner Seite«, hatte er gesagt, »werde ich von Tag zu Tag besser«, und ihr das Buch mit einem liebevollen Lächeln überreicht. Und jetzt stand dort Pietro, wie ein Eindringling. Wie war es möglich, dass nach diesen wenigen Monaten alles zerstört war, woran sie damals so fest geglaubt hatten?

Alles atmete Alfreds Gegenwart. Hier hatten sie sich zum ersten Mal geliebt. Hier hatten sie gemeinsam den *Lorenzaccio* geschrieben. Hier hatten sie Reisepläne geschmiedet, der Bildband mit den Kupferstichen von Venedig, den sie damals gemeinsam angeschaut hatten, lag noch auf ihrem Nachttisch.

»Was ist mit dir?«, fragte Pietro und musterte sie genau. »Fühlst du dich nicht wohl?«

Sie fühlte sich ertappt. Nicht umsonst hatte Pagello seine Doktorarbeit über den Zusammenhang zwischen Emotionen und der Farbe des menschlichen Gesichts verfasst.

»Mir ist heiß«, antwortete George, »das ist alles.« Sie trat auf den Balkon hinaus und fächelte sich Luft zu. Es war Mitte August, und die Wohnung lag unter dem Dach. Da war es doch nur natürlich, dass einem schwindelig wurde. Oder nicht?

Sie gingen aus, trafen sich mit ihren Freunden im Café de Paris, wo man extra für die berühmte George Sand den besten Tisch freigehalten hatte. Verstohlen blickte sie sich nach einem goldblonden Lockenkopf um, doch er war nirgendwo zu sehen.

Dafür zog sie die Blicke anderer auf sich, wohin auch immer sie kam. Sie war sich dessen bewusst, es war der Preis der Berühmtheit, und darum hatte sie sich besonders schön gemacht. Sie trug ein Kleid aus venezianischer Seide, Pagello an ihrer Seite sah blendend aus. Gemeinsam wirkten sie wie ein südländisches Paar.

»Das ist die Frau, die Alfred de Musset unglücklich gemacht hat«, hörte sie es tuscheln.

»Ich habe gehört, *er* habe *sie* unglücklich gemacht«, widersprach jemand.

»Unglücklich?«, spottete eine andere Stimme. »Wer ist bloß dieser unverschämt gutaussehende Mann an ihrer Seite?«

»Nur ein Arzt aus Venedig.«

Sie tat so, als hörte sie das alles gar nicht, sondern freute sich riesig, ihre altbekannten Freunde wiederzusehen. Alle waren sie gekommen, Sainte-Beuve, Félix Pyat, Gustave Papet, sogar

Honoré de Balzac und Victor Hugo. Buloz schloss sie theatralisch in seine Arme. Alle brieflich verhandelten Unstimmigkeiten schienen wie weggeblasen. Ein großer, dunkelblonder Mann mit malachitgrünen Augen verbeugte sich vor ihr.

»Franz Liszt«, begrüßte sie den Musiker. »Wie schön, Sie wiederzusehen!«

»Sie müssen morgen unbedingt zu meinem Klavierabend kommen«, erklärte Liszt in seinem charmanten, ungarischen Akzent. Sie stellte ihm Pietro vor, der nichts verstand und zu allem freundlich nickte.

Es war ein wahrer Taumel für sie, die ein halbes Jahr fern allen gesellschaftlichen Ereignissen gelebt, gelitten und geschrieben hatte. Natürlich besuchten sie gemeinsam mit Maurice den Klavierabend und waren hingerissen von Liszts Virtuosität. Sie lud ihn und seine Freunde, darunter diesen eigenwilligen, polnischen Pianisten Frédéric Chopin, von dem mittlerweile alle sprachen, für den folgenden Tag in ihren Blauen Salon ein. Sie hatte eine Menge Spaß, und doch sah sie sich überall nach Alfred de Musset um. Chopin kam zwar nicht, Félix brachte jedoch Heinrich Heine mit, dessen dritten Band seiner »Reisebilder« über Italien sie verschlungen hatte. Der Journalist und Schriftsteller aus Düsseldorf wurde zu Hause wegen seiner freiheitlichen, politischen Ansichten steckbrieflich gesucht und lebte bereits seit 1830 in Paris. George mochte den sieben Jahre älteren deutschen Kollegen mit der spitzen Feder und dem abgründigen, melancholischen Humor. Heine wiederum brachte den Komponisten Hector Berlioz und den Maler Eugène Delacroix mit in die Blaue Mansarde. Dessen Gemälde »Die Freiheit führt das Volk«, das 1830 nach dem Eindruck der Juli-Revolution entstanden war, hatte ihn an die Spitze der zeitgenössischen Malerriege katapultiert. George stellte ihn sogleich Maurice vor, der sich schüchtern abseits hielt, und freute sich riesig, als Delacroix ihren Sohn ermutigte, ihm seine Zeichnungen zu zeigen. Eine ganze Weile lang unterhielten sich die beiden angeregt, und am Ende glühten Maurices Ohren vor Stolz über die anerkennenden Worte des großen Malers und dessen freundliche Vorschläge, was er noch verbessern könnte.

»Ich habe gehört, Sie waren in Marokko?« George reichte Delacroix einen Teller mit Gebäck, während Maurice seine Zeichnungen zurück in sein Zimmer trug. »Wir müssen uns einmal näher darüber unterhalten. Ich habe tausend Fragen, zu gern würde ich auch einmal in ein arabisches Land reisen.«

»Und ich habe gehört, Sie seien gerade erst aus Venedig zurückgekehrt«, antwortete der Maler. Er trug sein kastanienbraunes Haar in der Manier wie Alfred geschnitten, nach hinten gekämmt und doch wie zufällig wild zerzaust. Überhaupt schien sie in Paris alles und jeder an Alfred zu erinnern.

»Das stimmt«, gab sie zurück. »Und um ein Haar hätte ich noch einen Ausflug nach Konstantinopel unternommen. Leider hat mein Verleger mein Honorar bis zum letzten Moment zurückgehalten.«

»Vermutlich hat er das absichtlich getan«, gab Delacroix mit einem charmanten Grinsen zurück. »Damit Sie wieder zurück nach Paris kommen.«

»Wie geht es denn eigentlich Alfredo de Musset?«, fragte auf einmal Pietro Pagello in seinem starken, italienischen Akzent in die Runde, worauf jedes Gespräch erstarb. »Ist er gesund?«

George musste sich kurz räuspern, dann fügte sie eilig hinzu: »Pietro hat ihm in Venedig das Leben gerettet. Er ist Arzt. Und zwar ein ganz ausgezeichneter.«

»Warum darf ich nicht fragen, wie es ihm geht?«, wollte Pietro später, als sie allein waren, wissen. »Wieso erkundigst du dich überhaupt nicht nach ihm? Bist du ihm böse? Ich dachte, wir drei seien als Freunde auseinandergegangen.« Er hatte ja recht. Und doch. Wenn sie daran dachte, Alfred wiederzusehen, begann ihr Herz auf eine ganz ungute Art und Weise zu flattern.

»Willst du ihm nicht schreiben und ihn einladen? Oder wir könnten zu dritt miteinander irgendwo zu Abend essen.«

»Oh nein«, antwortete sie rasch. »In der Öffentlichkeit will ich mich nicht mit ihm zeigen. Es wird ohnehin genug geredet …«

»Geredet, geredet!« Pietro runzelte unwillig die Brauen. »Das ist dir doch auch sonst egal. Was kümmert es dich, was die Leute reden?«

In Venedig, wollte sie antworten. Da war es mir egal. Aber wir sind hier in Paris. Und das ist ein ganz anderes Pflaster. Doch wie sollte Pietro das auch verstehen?

»Triff dich mit ihm«, drängte Pietro Pagello sie. »Als sein Arzt muss ich wissen, wie es ihm geht. Er hatte eine derart schwere Krise in Venedig, es wäre verantwortungslos, ihn einfach sich selbst zu überlassen.«

∽ ∾

»Ich möchte dir etwas zeigen.« Alfred schien nervös, seine Hände zitterten, als er die Kordeln der Mappe aufzog, die einen Stapel handbeschriebener Papiere enthielt. Auch George klopfte das Herz bis zum Hals. Sie hatte endlich einem Treffen zugestimmt. Alfred hatte geradezu darum gebettelt und Pietro sie dazu ermutigt. »Schau, daran mühe ich mich gerade ab«, fuhr er fort. »Es ist noch nicht fertig, mehrere Strophen fehlen.« Er hob einige Blätter von dem Stapel ab, zögerte kurz, dann schob er sie entschlossen zu ihr hin. »Bitte«, sagte er, »lies und sag mir deine Meinung. Du bist der einzige Mensch, dessen Urteil ich vertraue. Und außerdem … vielleicht wirst du mich und meine Verrücktheiten dann ein bisschen besser verstehen.« Er sah sie mit einem Ausdruck der Verzweiflung an und fuhr sich durch sein ohnehin schon wirres Lockenhaar. »Sag mir ganz ehrlich was du denkst. Wenn es dir nicht gefällt, werf' ich es ins Feuer.«

Er stand auf und ging zum Fenster, so, als könnte er ihr nicht dabei zusehen, wie sie seine Verse las. Die Vormittagssonne legte sich wie eine Aureole um sein Haupt. Die Heiterkeit des Sommers dort draußen stand in krassem Gegensatz zu dem, was George auf dem Blatt las: *La nuit de décembre*.

Die Dezembernacht. Ein Gedicht, etwas anderes hatte sie auch kaum erwartet, obwohl Alfred mitunter auch Prosa schrieb. Doch am Ende waren es doch immer Verse, klangvolle Sätze, Poesie. Und so auch hier: Das Gedicht erzählte von einer schlaflosen Nacht während der Schulzeit. Der Erzähler kann nicht schlafen und vertieft sich in ein Buch. Als er aufblickt, sitzt ihm eine Art Doppelgänger gegenüber, ein schwarz gekleidetes alter ego. Und wie ein Schatten begegnet ihm dieses andere Ich immer wieder, als Heranwachsender, als junger Mann, mitten im Rausch der Liebe, in verzweifelten Stunden – aus dem Nichts ist er plötzlich da. George las, wurde hineingezogen in den Bann dieser magischen Sprache, die nur Alfred de Musset beherrschte, reiste mit ihm durch die Jahre seiner Vergangenheit, reiste von Begegnung zu Begegnung mit dieser dunklen Gestalt, die vor der Zeit zu altern schien, die prachtvolle, schwarze Kleidung von Mal zu Mal zerschlissener und der Ausdruck immer verzweifelter, drohender, kränker. Vermutlich war sie die einzige, die wusste, wovon Alfred in diesem Gedicht sprach. Mochten ihn andere für eine symbolische Figur halten, diesen Doppelgänger, für eine Metapher, die Personifizierung des Weltenjammers eines Dichters – sie wusste besser als alle anderen, dass diese Begegnungen für Alfred real waren. So wie damals in Fontainebleau. Oder in Venedig, am Lido.

»Verstehst du jetzt, dass ich dich wiedersehen musste?«

George schrak zusammen. Das Gedicht war noch unvollendet. Die wiederholt gestellte Frage: »Wer bist du?« war noch nicht beantwortet. Würde sie es jemals werden?

»Du bist die einzige, die weiß, wovon ich hier schreibe«, fuhr

Alfred fort und wiederholte damit ihre eigenen Gedanken. »Du bist die Einzige, die jemals so tief in meine Seele geschaut hat. Und darum … darum …«

»Was möchtest du von mir?«, fragte George. »Du weißt, dass wir nie wieder ein Liebespaar sein können.« Er sah sie an mit weit offenen, waidwunden Augen und schwieg. Oh mein Gott, dachte George. Macht er sich tatsächlich Hoffnungen? »Du hast selbst gesagt, dass es nicht mehr geht«, erinnerte sie ihn. »Dass du dich getäuscht hast. Dass unsere Liebe so etwas wie Inzest war, weil du in mir eine Mutter gesucht hast. Aber ich will keine Mutter für meinen Geliebten sein, hörst du? Ich will nicht nur lieben, ich will auch geliebt werden, so, wie ich bin. Ich bin eine Frau, und Kinder habe ich schon zwei. Du sagst, du brauchst eine freie Beziehung. Aber ich brauche meine Freiheit ganz genauso.«

»Natürlich brauchst du die«, rief Alfred aus, stand auf und ging aufgeregt im Zimmer auf und ab. »Du hast in allem recht. Ich weiß, dass ich deine Liebe verwirkt habe. Ich habe mich unwürdig verhalten, habe dich tief verletzt. Und ich leide darunter, glaube mir, meine Reue bringt mich beinahe um. Deine Liebe habe ich nicht verdient. Aber deine Freundschaft? Auf die darf ich doch hoffen? Ich meine, das ist doch auch eine Art von Liebe. Ach George, du kennst mich durch und durch, besser als ich mich selbst. Unsere Seelen sind eine Verbindung eingegangen, die kein Mensch auf dieser Welt mehr trennen kann. Wenn du mich nicht mehr lieben kannst, dann behalte mich wenigstens lieb. Ja? Kannst du das noch? Mich lieb haben wie einen dummen Jungen, der sich schlecht benommen hat? George, sag ja, ich flehe dich an!«

»Aber sicher«, sagte sie rasch. »Natürlich hab ich dich lieb. Aber du musst jetzt wirklich vernünftig sein und darfst dich in nichts hineinsteigern, hörst du?« Sie stand auf. Ihre Knie zitterten, sie musste sich mit einer Hand auf dem Tisch abstürzen, damit ihr nicht schwindlig wurde. Sie hätte niemals herkommen dürfen. Hatte sie denn ganz vergessen, wie stark sie auf seine physische Gegenwart reagierte? Welchen Sog er auf sie ausübte?

»Du brauchst dich nicht vor mir zu fürchten«, sagte Alfred und trat ganz nah an sie heran. Sie konnte seinen ach so vertrauten Duft wahrnehmen, fühlte die Wärme, die von seinem Körper ausging. »Denn ich werde abreisen. Ja. Schon bald. Ich verlasse Paris, George, denn diese Stadt erträgt nur einen von uns beiden. Ich fahre in die Schweiz, nach Baden. Pietro kann also ganz beruhigt sein, dort werde ich mich einer Kur unterziehen und ganz bestimmt vollständig gesund werden. Zumindest, was den Körper anbelangt. Der Rest …«

Er brach ab und sah sie an mit einem traurigen Lächeln. »Der Rest ist ohnehin nicht der Rede wert.«

»Sag nicht so etwas«, bat George ihn leise. Dass er abreisen würde, erfüllte sie mit Erleichterung. »Dann wünsche ich dir eine erholsame Zeit in der Schweiz. Du wirst sehen, es wird dir guttun.«

Er lachte ironisch auf.

»Dasselbe hat meine Mutter gesagt.«

Etwas in ihr zuckte zurück, wie eine Schnecke, die sich in ihr Haus zurückzieht. Verletzte sie das etwa immer noch? Hatte er nicht oft genug gesagt und geschrieben, sie sei für ihn wie eine Mutter? Und war es nicht besser so?

»Deine Mutter ist eine kluge Frau. Gute Reise«, sagte sie, griff nach ihrer Tasche und ihrem Seidenschal.

»Was ist das überhaupt für ein Kleid?«, fragte Alfred und zog die Brauen zusammen. »Hat *er* es dir geschenkt? Es steht dir nicht, George. Du solltest diese Farben nicht tragen, sie machen dich alt. Deine Farbe ist Schwarz. So bist du berühmt geworden. Oder Rot. Wie damals, als ich dich zum ersten Mal sah.«

Unwillkürlich blickte sie an sich hinab. Sie trug eines der Seidenkleider aus Venedig und sie mochte es sehr. Und die Farbe, ein sanftes Goldbraun, hatte sogar Marie gefallen.

»Leb wohl, Alfred«, sagte sie, entschlossen, seine Kritik zu ignorieren. Es ging ihn nichts mehr an, was sie trug, was sie tat oder dachte. Daran musste er sich gewöhnen.

»Warte«, rief er. »Wir werden uns schreiben, nicht wahr? Wir werden uns wiedersehen, ehe ich fahre? Versprich es!«

»*Adieu*, Alfred«, wiederholte sie und verließ seine Wohnung.

Im Treppenhaus holte er sie ein. Im ersten Moment dachte sie, sie hätte etwas vergessen und wandte sich zu ihm um. Da hatte er sie bereits mit seinen Armen umfangen und küsste sie.

»Alfred«, schalt sie ihn und befreite sich jäh von ihm. Und doch stand sie schon wieder in Flammen, fühlte die körperliche Anziehungskraft, die dieser Mann auf sie ausübte, bis in die kleinste Zelle. »Hör auf damit!«

Er wirkte schuldbewusst, ergriff ihre beiden Hände.

»Verzeih mir«, flüsterte er und hauchte auf jeden ihrer Handrücken einen Kuss. »Ich hab das gebraucht, George, einen Kuss von dir. Wie einen … einen Segen, verstehst du? Vielleicht noch einen? Hast du noch einen Kuss für mich übrig?«

Sie machte sich los und hielt sich am Treppengeländer fest.

»Schluss jetzt«, sagte sie streng. »Versprich mir, dass du das nie wieder tust.« Doch Alfred schwieg. Er sah sie an aus seinen unfassbar blauen Augen, als wollte er einen Stein erweichen. Als sie sich abwandte, rief er:

»Geh nicht so, George, nicht so verärgert. So kann ich nicht abreisen. Verzeih mir. Ich mein es doch nicht böse …«

»Ist schon gut«, antwortete sie. »Ich bin dir nicht böse. Pass auf dich auf, Alfred. Und jetzt: *Adieu*.«

Es war fast eine Flucht, als sie die Treppenstufen hinunterrannte. Und erst als sie auf der Straße in den Wagen stieg, den sie hatte warten lassen, wurde ihr bewusst, wie lächerlich das war. Wer war sie denn? Sie war George Sand. Nie wieder würde sie sich ihr Leben aus der Hand nehmen lassen. Und schon gar nicht vor irgendjemandem davonlaufen.

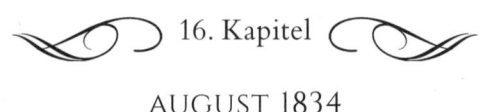 16. Kapitel

AUGUST 1834

Als sie sich sicher war, dass Pietro ohne sie in Paris zurecht-
kommen würde, reisten sie zu Maurices großer Freude endlich
ab. Sie brauchte Abstand. Und Ruhe.

Maurice schien die dreitägige Reise ins Berry regelrecht zu
genießen, endlich hatte er sie für sich allein. In Nohant würde
seine kleine Schwester die Mutter wieder in Beschlag nehmen,
Nachbarn würden ihre Aufwartung machen, solche Zeiten der
Zweisamkeit, wie während dieser Reise, waren selten.

»Ich will nicht mehr zurück auf diese Schule«, vertraute er
ihr an, als sie zwischen zwei Stationen ganz allein in der Kutsche waren. »Bitte sprich mit Papa, dass er mich da runter-
nimmt.«

»Aber du hast doch so gut abgeschnitten in diesem Jahr«,
wandte sie ein. »Es ist das beste Gymnasium von ganz Frankreich. Wenn du später eine gute Laufbahn einschlagen möchtest, solltest du dort bleiben.«

»Es gefällt mir dort aber nicht«, insistierte der Junge. »Sie behandeln uns wie Soldaten. Neulich haben sie einen meiner Kameraden vor allen so lange mit dem Stock schlagen lassen, bis
er ohnmächtig wurde.«

Sie war erschüttert, ließ sich den Namen sagen und beschloss,
bei der Familie nachzufragen, was es damit auf sich hatte.

»Aber du«, forschte sie in ihm, »du bist niemals geschlagen

worden, hoffe ich? Du hättest es mir gesagt oder geschrieben, nicht wahr?«

Ein Gefühl der Reue überfiel sie, dass sie ihren Jungen so lange ganz alleingelassen hatte. Was hatte er alles durchmachen müssen, während sie in Venedig mit sich selbst beschäftigt gewesen war? Doch Maurice schüttelte den Kopf.

»Nein«, antwortete er. »Wenn sie das getan hätten, wäre ich weggelaufen. Denn Papa hätte mir sicher nicht geholfen«, antwortete er. »Und du … du warst ja so weit weg.«

Schuldgefühle wollten sie schier überwältigen. Er hatte recht.

»Das nächste Mal nehme ich dich mit. Dich und Solange. Das verspreche ich dir.«

»Wirklich?« Maurice bekam große Augen. »Wohin denn?«

»Ich weiß noch nicht«, antwortete George, erleichtert, dass seine düstere Stimmung schon wieder verflogen war. »Wohin würdest du denn gerne reisen?«

Der Junge blickte aus dem Fenster. Sanft gewellte Wiesen zogen an ihnen vorüber, auf denen hier und dort Kühe weideten.

»Ich würde gerne das Meer sehen«, antwortete er.

»Wir werden hinfahren«, versprach George und legte den Arm um die Schultern ihres Jungen. »Ich weiß noch nicht, wo genau und wann, aber irgendwann werden wir es tun.«

An der nächsten Poststation füllte sich die Kutsche wieder. Maurice zog das Skizzenbuch aus seiner Tasche, das ihm seine Mutter aus Venedig mitgebracht hatte, und begann zu zeichnen.

George Sand lehnte sich zurück und schloss die Augen. Sie erhoffte sich Ruhe und Erholung in Nohant, Abstand sowohl von Alfred als auch von Pietro. In den Frühlingsmonaten in Venedig hatte sie geglaubt, die Sache mit de Musset hinter sich gelassen zu haben. Nach ihrer Begegnung in Paris war sie sich allerdings nicht mehr so sicher, ob er es auch so sah. Völlig mit ihm zu brechen, das brachte sie nicht übers Herz. Er hatte recht, ihre Künstlerseelen schienen schon seit aller Zeit eng miteinander verwoben, lange, bevor sie sich überhaupt getroffen hatten. Zwischen ihnen bestand eine Vertrautheit und ein tiefes Verständnis, das konnte man sich nicht einfach aus dem Herzen reißen. Sie wollten Freunde bleiben, Bruder und Schwester, einander gewogen, einander beistehend. Als Liebespaar waren sie gescheitert. Wie war es nur möglich, dass sie einerseits so sehr im Gleichklang schwangen und andererseits nicht imstande waren, einander als Mann und Frau Glück zu schenken? Welcher launische Gott hatte ihnen dieses Geschenk gemacht und gleichzeitig diese Bürde auferlegt, sich voneinander angezogen zu fühlen und doch nicht miteinander auf Dauer auszukommen? Denn allein bei dem Gedanken daran, wie er sie auf der Treppe geküsst hatte, reagierte ihr Körper mit unendlicher Sehnsucht nach mehr.

∽ ∾

La Maison, wie sie ihr Haus in Nohant nannte, empfing sie wie immer, offen, heiter, als wüsste es weder von den Dramen, die sich während ihrer Kindheit dort abgespielt hatten, noch von denen, die sich noch immer hier ereigneten. Die Libanonzedern, die sie nach Casimirs Kahlschlag gepflanzt hatte, waren gewachsen. Irgendwann einmal würden sie das Haus wieder umhüllen und behüten, und Casimir würde dann hoffentlich nicht mehr hier sein.

Solange flog ihr entgegen wie ein kleiner Vogel, sprang ihr in die Arme, warf sie beinahe um, klammerte sich juchzend an sie. Am Tag ihrer Ankunft weigerte sie sich, ihre Hand loszulassen, und Maurice, der ihr zur Begrüßung ein Lächeln schenkte, in dem sowohl Bruderliebe als auch ein wenig von der Verachtung eines älteren Bruders für seine kleine Schwester mitschwang, ging, sein Jungenreich nach all den Monaten seiner Abwesenheit wieder zurückzuerobern.

George suchte Ruhe und fand sie doch nicht. Solange beschwerte sich über ihre Kinderfrau, behauptete, sie würde sie schlagen, was diese empört verneinte. Casimir mischte sich ein und nannte Solange eine Lügnerin, offenbar war Mademoiselle Julie für ihn mehr als nur die Erzieherin seiner Tochter. George erinnerte sich an ähnliche Erfahrungen aus ihrer eigenen Kindheit, als sie es nicht gewagt hatte, sich über die Züchtigungen einer Gouvernante zu beschweren, und beschloss, Julie zu entlassen. Darüber geriet Casimir derart in Wut, dass sie und die Kinder sich wieder in die früheren Gemächer ihrer Großmutter zurückzogen und dem Hausherren, der er leider immer noch war, aus dem Weg gehen mussten.

Sie hatte ganz vergessen, wie unangenehm Casimir sein konnte. Bei jedem Versuch, mit ihm über die schulische Zukunft von Maurice zu sprechen, kam es zu heftigen Wortwechseln. Auch die Hauswirtschafterin führte sich auf, als sei sie selbst die Baronin Dudevant und George Sand nichts weiter als ein lästiger Besuch ohne Rechte.

Und dann erhielt sie zwei Briefe. Der eine kam aus Baden, der andere aus Paris.

Alfred verlangte im Grunde »nichts weiter« als ein Wort des Trostes von ihr. Er sei zum Sterben unglücklich. Dieses eine Wort, das brauchte er, sonst wäre es ihm unmöglich, weiterzuleben. Das Wort lautete: Liebe. Per Eilpost sollte sie es schicken. Sofort.

Der Brief aus Paris bestürzte sie noch mehr. Er stammte von Pietro und klang verärgert. Wie das denn nun sei mit ihr und Alfred. Er habe de Musset vor dessen Abreise in die Schweiz besucht, schließlich seien sie Freunde, da sage man sich doch wenigstens Adieu. Und da habe doch tatsächlich auf dem Tisch ein Brief gelegen, ein Brief von ihrer Hand, schließlich kenne er die Schrift. Und ohne es zu wollen, habe er da einen Satz gelesen, der ihm nicht mehr aus dem Kopf ginge. »Ich muss die Deine werden. Es ist mein Schicksal.« Was das zu bedeuten habe, wollte er wissen. Das konnte schließlich nur eines heißen: Sie werde zu Alfred zurückkehren. Und deswegen werde er,

Pietro Pagello, Arzt aus Venedig, dorthin wieder zurückkehren, wo er hergekommen war. Denn er habe genug Geduld gezeigt, und das Letzte, was er wollte, war, sich zwischen zwei Liebende zu stellen, die das Schicksal füreinander bestimmt hatte.

War er denn verrückt geworden, ihr venezianischer Engel? So etwas hatte sie niemals an Alfred geschrieben. Denn sie war keineswegs der Meinung, dass das Schicksal sie und Alfred füreinander bestimmt hätte, ganz im Gegenteil, zumindest nicht als Liebespaar. Und das schrieb sie auch, zwar nicht nach Paris, sondern nach Baden in einem wütenden, verzweifelten Brief, der sehr viel mehr Worte enthielt als eines, und von Liebe sprach sie nicht. Möge er sie endlich in Frieden lassen. Und ihr jenen verdammten Brief zurückschicken, damit sie Pietro beweisen könne, dass er etwas behauptete, was überhaupt nicht stimmte. Und wieso zum Teufel ließe er einen Brief von ihr so offen herumliegen, wäre er denn von Sinnen?

Und doch. Wenn er so kleingläubig war, ihr Pietro, dann war es vielleicht besser, er fuhr wieder nach Hause. Sie würde ihn nicht aufhalten, dazu war sie einfach zu stolz. Davon abgesehen, dass sie es auch nicht konnte, denn sie befand sich drei Tagesreisen von ihm entfernt.

Was aber, wenn Alfred de Musset es darauf angelegt hatte, und den Brief absichtlich offen liegen ließ, als der Geliebte seiner früheren Geliebten ihn besuchte? Hatte er womöglich die schlechten Kenntnisse der französischen Sprache gegen den armen Pietro ausgespielt, der sich in Paris ohnehin auf fremder See bewegte und im Kreis der Künstlerfreunde von George Sand ein kunterbunter Fremdkörper war, der außer seiner Schönheit nichts zu bieten hatte und an den Diskussionen niemals teilnehmen konnte?

Statt Ruhe zu finden, wanderte George rastlos die alten Wege entlang, folgte den Bachläufen, rannte mehr, als dass sie ging, quer über die Felder, unter den Obstbäumen hindurch, die einmal mehr in voller Pracht standen. Sie hatte kein Auge dafür, in diesem Jahr wurde keine Marmelade gekocht, sie war wütend, verwirrt, verletzt, und die alten Wunden, die sie längt überstanden geglaubt hatte, die alten Schwächen und Sehnsüchte, sie brachen wieder auf wie schlecht verheilte Geschwüre. Und ihr Leiden begann von Neuem. Alfred. Sie hätten sich niemals begegnen dürfen. Aber was nützte das jetzt? Sie waren sich begegnet und sich tiefer und lustvoller, schmerzvoller nähergekommen, als sie es je mit einem anderen Menschen erlebt hatte.

Und er schrieb wie besessen. Brief um Brief traf ein, an manchen Tagen sogar zwei. Wie er um sie warb, sie umschmeichelte, an seinen Gedanken teilhaben ließ. War ihre Liebe jemals schöner, größer, großartiger als in ihren Briefen? Er liebe sie. Er brauche sie. Nein, nicht wie ein Sohn seine Mutter. Wie ein Liebhaber seine einzig Geliebte. Und während Maurice sie mit seinen schwarzen Augen beobachtete, die den ihren so glichen, still und besorgt, während Solange sich an sie hängte und unablässig quengelte, sie beschäftige sich nicht ausreichend mit ihr, nachdem sie sie so lange alleingelassen hatte, tobte in ihr ein innerer Kampf. Warum nur hatte er sie im Stich gelassen, ihr venezianischer Engel, der sie damals in Venedig gerettet hatte aus der unheilvollen Verstrickung, zu der ihre Liebe für Alfred de Musset geworden war? Wieso hatte er nicht an sie geglaubt, gegen alle Überzeugung, wo sie ihm doch wieder und wieder ihre Liebe versichert hatte? Seine Liebe war wie eine Zauberformel gewesen, ein Amulett, das ihrem aufgewühlten Herzen Schutz und Frieden geschenkt hatte. Jetzt war er fort und sie dem Sturm erneut preisgegeben.

Aber hatte Alfred nicht vielleicht recht? Wenn sie ehrlich zu sich war, dann fühlte sie doch viel mehr für ihn als eine Schwester. Und langsam begann sie zu glauben, was er schrieb: Dass in Venedig ein unguter Geist geweht hätte. Zuerst sei sie krank geworden, dann er. Unter solchen widrigen Umständen war es doch kein Wunder, dass man sich entzweite. Hatte ihre Liebe nicht eine zweite Chance verdient?

Alfred kehrte nach Paris zurück und sie tat es auch. Die Ferien waren zu Ende, Maurice musste zurück ins Internat und Casimir bestand darauf, dass sie Solange nach Paris mitnähme, wo sie schon ihr Kindermädchen weggeschickt habe. Gemeinsam mit ihrer Tochter bezog sie wieder die Blaue Mansarde. Und bereits am nächsten Tag war sie erneut die Geliebte von Alfred de Musset.

Es sah tatsächlich so aus, als wäre diesmal alles anders. Sie liebten sich mit einer Intensität, die George nie für möglich gehalten hätte. Sie lasen sich gegenseitig die Texte vor, an denen sie gerade arbeiteten, und George war verzaubert von dem, was er zu Papier brachte. Keiner konnte unaussprechliche Gefühle und Seelenzustände so in Worte fassen, wie Alfred de Musset.

Sie zeigten sich gemeinsam in der Gesellschaft, und Paris hatte wieder Gesprächsstoff. Strahlend feierten sie den Triumph ihrer Liebe, und George übersah völlig die besorgten Gesichter ihrer Freunde. Bis Alfred eines Nachts ausblieb und auch am nächsten Tag nicht erschien. Da war ihr, als erlebe sie ein Déjà-vu.

Als er wieder zu ihr kam, war er wie ausgewechselt. Zynisch und wortkarg, misstrauisch wollte er ganz genau wissen, was sie inzwischen getan habe.

»Ich?«, fragte sie konsterniert. »Was werde ich wohl getan haben. Geschrieben. Mich um Solange gekümmert. Mich mit den Freunden zum Mittagessen getroffen …«

»Aha«, machte er und schien noch verstimmter. »Und die haben sicher über mich hergezogen, wie sie das ja immer tun, deine rechtschaffenen Freunde aus dem Berry. War Félix Pyat auch dabei? Der kann mich ja auf den Tod nicht ausstehen. Weißt du, was ich schon lange glaube? Er ist in dich verliebt. Doch, versuch es mir nicht auszureden. Ich weiß, dass es so ist, so etwas fühle ich.«

»Du bist unerträglich!«, schrie sie ihn an, außer sich vor Wut.

»Wo warst du die letzten achtundvierzig Stunden? Bei deinen Huren? Hast du wieder das Geld deiner Mutter verspielt? Die Rolle des Eifersüchtigen steht gerade dir nicht im Geringsten zu.«

Hatte sie wirklich geglaubt, er hätte sich geändert? Das rauschhafte Glück ihres Zusammenfindens währte – wie lange? Einen Monat oder zwei? Wann genau begannen sich in seine glühende Bewunderung und rückhaltlose Hingabe diese kleinen Fragen zu mischten: Sag mal, ab wann genau warst du eigentlich Pietros Geliebte? Vor unserem Besuch in Murano oder danach? Vor jenem Abend in dem kleinen Restaurant, erinnerst du dich, oder später? Ab wann kanntest du ihn eigentlich? Als er dich grüßte, dort auf dem Balkon, da hattest du ihn schon vorher getroffen, gib es ruhig zu. Wieso hätte er dich sonst grüßen sollen?

Jeden Tag verhörte er sie ein bisschen mehr. Jeden Tag mischte sich mehr Zorn in seine Vorstellungen. Jeden Tag wurde seine Liebe besitzergreifender. Seine Umarmungen härter. Seine Worte verletzender. Es war, als würde es zur Sucht, ihr schlimme Dinge zu unterstellen. Erst suchte er die Vergangenheit nach ihren Lügen ab. Dann wandte sich seine Eifersucht gegen alles und jeden. Warum schaute sie Liszt jedes Mal auf diese Weise an? Wieso schickte er bei jeder Gelegenheit Freikarten für seine Konzerte? Da war doch etwas zwischen ihr und diesem Ungar. Und dieser Deutsche, Heinrich Heine. Er gefiel ihr wohl, mit diesem ewigen Schülergesicht und seiner unromantischen Scharfsinnigkeit. Er begann, sie zu überwachen, in ihren Sachen herumzuwühlen auf der Suche nach einem kompromittierenden Billet, einem heimlich zugesteckten Brieflein, einem Beweis ihrer Unaufrichtigkeit.

Sie litt. Und sie liebte ihn, wenn er sich ihr in seinen lichten Stunden wieder vor die Füße warf, den Saum ihres Kleides küsste und sie um Verzeihung bat. »Ich bin krank«, gab er dann zu. »Ich bin deiner nicht wert. Aber du bist die einzige Frau auf der ganzen Welt, der es gegeben ist, mich zu retten. Nur du. Wenn du mich fallen lässt, ist es aus mit mir.«

Um sich dann, wenn sie ihn ausreichend getröstet hatte, wieder von ihr loszusagen. Sie an seine Tür hämmern zu lassen und ihr nicht zu öffnen. Herumzuerzählen, dass es aus und vorbei mit ihnen beiden sei. Ihr an den Kopf zu werfen, dass es Massen von Frauen in Paris gäbe, die tausendmal schöner und begehrenswerter waren als sie. Schließlich raffte sie ihre sieben Sachen zusammen und floh erneut nach Nohant.

La Maison war ihr rettender Pol. Was bedeutete der Ärger mit Casimir gegenüber dem Wahnsinn in Paris? Sie zog sich in das winzige Boudoir ihrer Großmutter zurück. Und schrieb. Denn sie musste schreiben. Sie hatte sich verpflichtet und Buloz duldete keinen Vertragsbruch.

Langsam erholte sie sich. Widmete sich ihren Kindern und wurde wieder ganz sie selbst. Traf sich mit den Freunden und lernte erneut, unbeschwert zu lachen. Nur nachts, manchmal, wenn sie in ihrer Hängematte einmal mehr nicht schlafen konnte, wenn die Gespenster aus Venedig sie heimsuchten, wenn ihr deutlich vor Augen stand, dass sie in ihrem Leben wohl nie wieder eine solche Verbindung, ein derart tiefes Verständnis mit einem Menschen mehr teilen würde, wie mit Alfred de Musset, diesem Verrückten, der Phantome sah, mit diesem Begnadeten, der die Sprache der Liebe in Meisterschaft beherrschte, mit diesem gerade mal dreiundzwanzigjährigen Kind, das selbst so entsetzlich litt.

∽ ∾

Als sie im nächsten Frühjahr nach Paris zurückkehrte, glaubte sie sich dennoch geheilt. Sie war George Sand, schon zu Lebzeiten eine literarische Legende. In Nohant hatte sie *Leone Leoni* geschrieben, einen Roman, der in Venedig spielte und nun in Folgen in der *Revue des Deux Mondes* veröffentlicht wurde.

Wie in einer Art Selbstversuch hatte sie ihre Erinnerungen niedergeschrieben und sich dabei geprüft, ob es immer noch schmerzte, an die mit Alfred gemeinsam verlebte Zeit im Hotel Danieli zu denken. *Nous étions à Venise,* so begann das erste Kapitel. »Wir waren in Venedig. Kälte und Regen hatten die Spaziergänger und Masken von den Plätzen und Brücken gefegt. Die Nacht war finster und still. Nur von Weitem hörte man die monotone Stimme der Adria, die sich an den Inseln brach ...«

Nein. Es hatte nicht mehr wehgetan, an jene Wochen nach ihrer Ankunft in Venedig zu denken, sie war überzeugt davon, dass ihre Leidenschaft für Alfred de Musset nie wieder aufflammen würde.

Doch kaum begegnete sie ihm, wurde sie eines Besseren belehrt. Und eh sie sich versah, begann sich der Reigen zu wiederholen, leidenschaftlicher, grenzenloser, tödlicher. Wie zwei Magnete, über die jeder Verstand die Herrschaft verloren hatte, prallten sie erneut aufeinander. Als wären sie tatsächlich dafür geschaffen, sich gegenseitig zu zerstören. Und das nannte man Liebe?

Dieses Mal mischten sich Freunde ein, die es nicht mehr mit ansehen konnten. Von außen betrachtet, war es leicht zu verstehen: Sobald George Sand sich von Alfred lossagte, musste er sie um jeden Preis zurückgewinnen. Er fand keine Ruhe, bis sie sich ihm in Liebe ergab. Für kurze Zeit fanden sie unaussprechliches Glück. Dann zwang eine innere Kraft Alfred, alles wieder zu zerstören, und Georges Leidenszeit begann erneut. Wenn er sie nicht mit seiner Eifersucht quälte, kontrollierte und beleidigte, versagte er sich ihr. Dann kündigte er sich an und kam einfach nicht. Ließ sie tagelang warten. Verschloss erneut seine Tür vor ihr. Erreichte, dass sie sich demütigte. Und nicht mehr wusste, wer sie eigentlich war.

Es kam der Punkt, an dem sie nur noch weinen konnte. Sie sagte jedes gesellschaftliche Treffen ab, schickte Liszt schon aus Furcht vor Alfreds Eifersucht alle Konzertkarten zurück. Flehte

Marie Dorval an, sie zu besuchen, doch auch die vermochte sie nicht zu trösten. »Ich habe dich gewarnt«, sagte die Freundin traurig. »Schau dich doch mal an! Was hat dieser Spinner nur aus dir gemacht!«

Aber es half ihr nicht. Wenn jemand Alfred kritisierte, musste sie ihn verteidigen, es war wie ein innerer Zwang. Mit der Zeit begann sie zu glauben, was er sagte. Es war ja alles nur ihre Schuld. Hätte sie sich damals in Venedig nicht mit seinem Arzt eingelassen, wäre alles anders gekommen. Dass er sie zuerst vielfach betrogen hatte, das vergaß sie. Auch seine verletzenden Worte damals zählten nicht mehr. Wahrscheinlich war sie auch daran schuld gewesen, sagte sie sich. So abgrundtief verwirrt war sie.

An einem besonders verzweifelten Tag schnitt sie sich die Locken ab, steckte sie in einen Totenschädel und schickte sie ihrem grausamen Geliebten. So malte sie Delacroix: mit verweinten Augen, elend, mit zerrupfter Frisur. Glaubte sie tatsächlich, damit Alfreds Herz zu rühren? Ihr Leid machte ihn nur noch wütender.

Es war an einem Sonntag. Maurice durfte sie besuchen und verbrachte den Tag mit ihr und Solange. Sie hatten einen langen, schönen Spaziergang entlang der Seine unternommen und unterwegs Kuchen gekauft. Maurice breitete neue Zeichnungen auf dem Tisch aus, die er die Woche über angefertigt hatte. Sie lobte ihn, kein Zweifel, er hatte großes Talent.

»Weißt du, Maman«, sagte er wie so oft schon zuvor, »ich möchte so gerne Maler werden. Aber in diesem schrecklichen Internat legen sie darauf keinen Wert.«

»Möchtest du gern Unterricht haben?«, fragte George und betrachtete eine Bleistiftzeichnung ihres Sohnes. Er hatte im Marstall des Internats Pferde gezeichnet und sie waren ihm erstaunlich gut gelungen. »Ich könnte Eugène Delacroix fragen, ob er dir Unterricht gibt …«

Auf einmal stand Alfred de Musset im Zimmer. Noch immer hatte er einen Zweitschlüssel ihrer Wohnung, keiner von ihnen hatte ihn kommen hören.

»Ah, so ist das«, sagte er, und seine vom Alkohol verschwollenen Lider zuckten. »Das ist also dein neuer Liebhaber. Wann ist es passiert? Während du für ihn posiert hast?«

»Red nicht so mit meiner Mutter«, sagte Maurice und funkelte ihn böse an.

George blieb beinahe das Herz stehen. Es war das erste Mal, dass ihr Sohn sich einmischte. Wie erwartet, machte er Alfred nur noch zorniger. Sie versuchte, ihn zu beruhigen. Er verstand es als Geständnis ihrer Untreue. Sie verlor die Nerven und schrie ihn an.

»Nicht vor meinen Kindern«, schrie sie. »Hab wenigstens Respekt vor meinen Kindern.«

»Ah«, brüllte er. »Sie sollen also nicht wissen, was ihre Mutter so treibt? Aber damit mach ich jetzt ein Ende.«

Etwas blitzte in seiner Hand auf. Es war ein Messer. Er trat auf sie zu. Maurice schrie auf und warf sich gegen ihn. Alfred wehrte ihn mit der freien Hand ab wie einen kleinen Hund. Dann riss er den Arm hoch. Die Spitze des Messers zielte auf ihr Herz.

»Du wirst das Messer jetzt auf diesen Tisch legen, jetzt sofort«, sagte sie streng und wunderte sich selbst über ihr kaltes Blut. »Und dann verlässt du diese Wohnung.«

Einen Moment lang, der sich auszudehnen schien wie ein Stück Ewigkeit, geschah nichts. Dann lief ein Zittern durch seinen Körper. Seine Lippen bebten, er schluchzte auf. Sein Arm fiel kraftlos herab. Er betrachtete das Messer, so, als sähe er es zum ersten Mal, schüttelte den Kopf und legte es auf den Tisch. Drehte sich um und ging. Sie aber stand da wie eine Salzsäule, starr, unfähig, sich zu rühren.

»Maman?«, sagte Maurice leise. »Maman, du musst weggehen. Weit weg. Mindestens nach Nohant. Hörst du, Maman?«

»Ja, mein Kind«, antwortete sie und ihre Stimme klang ihr selbst fremd. »Du hast recht. Du hast ja recht.«

Es war nicht einfach zu bewerkstelligen. Er hatte noch immer ihren Schlüssel, und sie wurde zur Belagerten in ihrer eigenen Wohnung. Denn nach dem Anfall kam die Reue, tagelang lag Alfred ihr zu Füßen und bat sie um Vergebung, ja, forderte diese regelrecht ein. Gleichzeitig bewachte er sie eifersüchtig. Er brauchte sie, um sie zu lieben, zu erniedrigen, zu hassen und zu quälen. Als würde seine eigene Qual dadurch leichter.

Sie hatte begriffen, dass sie sich retten musste. Und sei es nur für ihre Kinder. Mit aller Vorsicht plante sie ihre Flucht. Zuerst übergab sie ihre Tochter der Obhut von Hélène Badoureau, Alfred vermisste das Mädchen nicht. Doch dann wurde es schwierig, er verließ ihre Wohnung nicht mehr. Offenbar ahnte er, dass sie ihm entkommen könnte. Unter unsäglichen Schwierigkeiten gelang es ihr, dem Hauslehrer von Maurice eine Nachricht zukommen zu lassen. Sie bat ihn, für sie und Solange einen Platz in der Postkutsche zu reservieren.

Nun folgte der wirklich schwierige Part: »Kommen Sie um fünf Uhr nachmittags mit aufgeregter Miene und der Mitteilung, dass es meiner Mutter sehr schlecht gehe und sie mich auf der Stelle brauche. Ich werde meinen Hut aufsetzen, »bis später«, sagen und das Haus verlassen. In der Halle wird mein Reisebeutel sein. Es wird nicht auffallen, wenn Sie ihn unter Ihren Übermantel stecken.«

So floh sie aus ihrer Blauen Mansarde. Um nie wieder zurückzukehren. Die Wohnung würde sie später kündigen. Jetzt kam es darauf an, mit heiler Haut diesem Wahnsinn zu entgehen.

III. TEIL

»DIE PERFEKTESTE SPRACHE,
UM DIE GEHEIMSTEN GEFÜHLE AUSZUDRÜCKEN,
IST DIE MUSIK.«

1836–1839

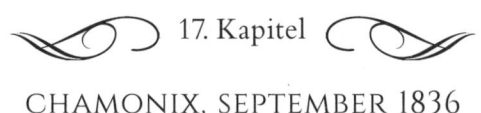

17. Kapitel

CHAMONIX, SEPTEMBER 1836

»Wohnt Monsieur Liszt bei Ihnen?«

Der Rezeptionist des Hotels in Chamonix musterte sie misstrauisch von Kopf bis Fuß. George musste ein Kichern unterdrücken. Sie konnte dem guten Mann seine Skepsis nicht verdenken, in ihrem robusten und von der Reise verstaubten Herrenanzug machte sie wahrscheinlich keinen vertrauenswürdigen Eindruck. Maurice und Solange sahen nicht viel besser aus. Während sich ihr Sohn gelangweilt in der Lobby umsah, stellte sich Solange auf die Zehenspitzen und versuchte, einen Blick in das Gästebuch zu erhaschen, das der Hotelangestellte gerade unwillig aufschlug.

»Bedaure, Monsieur, nein«, antwortete dieser. »Ein Herr dieses Namens befindet sich nicht unter unseren Gästen.«

»Warten Sie«, entgegnete George Sand mit einem Grinsen. Ihr war eingefallen, dass sich ihre Freunde gerne einen Spaß erlaubten. Womöglich hatten sie sich unter Phantasienamen eingetragen? »Ich beschreibe Ihnen den Herrn: Er sieht äußerst gut aus und hat ein angenehmes Wesen. Außerdem trällert er dauernd irgendeine Melodie vor sich hin. Er hat langes, unordentliches Haar, eine markante Adlernase und wunderschöne grüne Augen. Begleitet wird er von einer blonden Dame. Erkennen Sie ihn wieder?«

»Oh ja«, antwortete der Angestellte. Seine Miene hellte sich auf. Die charismatische Ausstrahlung von Franz Liszt vergaß niemand so schnell. »Aber sicher. Sie finden die Herrschaften auf Zimmer 13.«

George nahm ihre Kinder bei der Hand und machte sich auf den Weg in den ersten Stock. Sie waren in den vergangenen beiden Jahren beste Freunde geworden, sie und der Magier am Klavier, wie man ihn nannte. Letzten Sommer hatte Liszt in Paris einen handfesten Skandal verursacht, als er mit der Gräfin Marie d'Agoult durchbrannte, die seinetwegen nicht nur ihren Ehemann von altem Adel, sondern auch ihre fünfjährige Tochter Claire verlassen hatte. Das Paar war nach Genf gezogen, wo Franz eine Professur für Klavier angeboten worden war, und bereits fünf Monate nach ihrer Flucht hatte Marie d'Agoult ihm eine Tochter geschenkt. George war gespannt darauf, die Gräfin, wie alle sie nannten, näher kennenzulernen. Außerdem war sie erleichtert, einmal nicht selbst im Mittelpunkt eines Skandals zu stehen.

Der Winter nach ihrer Flucht vor Alfred aus Paris, hatte extrem an ihrer körperlichen und psychischen Gesundheit gezehrt. Sich diese Liebe aus dem Herzen zu reißen, war ihr schwerer gefallen, als sie es sich jemals hätte vorstellen können. Dazu kamen die finalen Auseinandersetzungen um die Trennung von Casimir. Die Endphase des Scheidungsprozesses erstreckte sich über das gesamte vergangene Jahr. Casimir hatte mit allen Mitteln versucht, ihr Haus, Vermögen und Kinder wegzunehmen. Für das Provinzstädtchen La Châtre waren die schmutzigen Geschichten aus dem Privatleben der Dudevants monatelang Tagesgespräch, alles wurde bis ins Kleinste öffentlich ausgebreitet. Denn jedes Detail konnte diesen Rosenkrieg, zu dem ihr Trennungsprozess inzwischen geworden war, letztendlich entscheiden.

Den Ausschlag hatte am Ende Maurice gegeben. Während seiner Zeugenaussage mussten sogar die hartgesottensten Klatschmäuler mit den Tränen kämpfen. Erst da wurde George deutlich, in welchem Ausmaß ihr sensibler Sohn unter der Tyrannei des Vaters gelitten haben musste.

Vor wenigen Wochen hatte das Gericht endlich sein Urteil gesprochen – und zwar zu ihren Gunsten. Sie erhielt ihr Vermögen und das Anwesen zurück, sowie das Sorgerecht für beide Kinder. Dafür musste sie ihrem Exmann eine lebenslange Rente bezahlen.

Das war bitter, und doch hätte es schlimmer kommen können. Nach der Urteilsverkündung schien es, als wollte Casimir weiterkämpfen und in Berufung gehen, und George hatte schon befürchtet, dass diese kräftezehrenden Auseinandersetzungen noch jahrelang so weitergehen würden. Doch Georges Anwalt hatte Casimir Dudevant angedroht, jeden einzelnen Bastard, den er während seiner Ehe gezeugt hatte, ausfindig zu machen und gegen ihn in den Zeugenstand zu holen. Da hatte er aufgegeben, der alte Mann, wie George ihn inzwischen nur noch nannte. Denn was er an Jahren noch nicht auf dem Buckel hatte, das hatte sein exzessiver Alkoholkonsum seiner Gesundheit bereits abgerungen.

Doch das alles lag hinter ihr, sie fühlte sich frei wie nie zuvor. Kaum war dieses unschöne Kapitel ihres Lebens endgültig abgeschlossen, hatte sie die Kinder genommen, um mit ihnen den Freunden in die Berge hinterherzureisen. Und hier standen sie nun und klopften an die Zimmertür mit der 13.

Die Tür wurde aufgerissen, Liszt stieß einen Freudenschrei aus und sie fielen einander in die Arme. Ein Zimmermädchen ließ vor Schreck die Lampe fallen, die es gerade bringen wollte, als sie sah, wie der schöne Herr diesem schmutzigen »Burschen«, für den sie George hielt, wie seinesgleichen umarmte. Sie rannte davon, und später erfuhren sie zu ihrer grenzenlosen Erheiterung, dass sie unter dem Personal herumerzählte, das Zimmer 13 sei von einer rätselhaften Truppe besetzt, bei denen man Männer von Frauen nicht voneinander unterscheiden konnte.

»Ich gratuliere Ihnen«, sagte Marie d'Agoult nach dem Abendessen zu George, als die Kinder zum Dessertbüffet gegangen waren, um sich etwas auszusuchen. Zur Verwirrung des Personals trug George nun ein Kleid und wirkte sehr elegant. »Ach, wie ich Sie darum beneide, Ihren Ehemann los zu sein!«

»Ja, das hat lange genug gedauert«, seufzte George. »Doch lassen Sie uns von etwas anderem sprechen. Solange hatte gehofft, ihr Töchterchen hier anzutreffen. Sie war reichlich enttäuscht. Wie heißt denn die Kleine?«

»Blandine«, antwortete Marie. »Wir haben sie in der Obhut ihrer Kinderfrau zurückgelassen.« Die blauen Augen der Gräfin bekamen einen wehmütigen Ausdruck. George glaubte, auch eine Spur des schlechten Gewissens darin zu erkennen, das sie selbst stets gefühlt hatte, solange sie ihre Kinder nicht bei sich gehabt hatte.

»Es ist nicht leicht für uns Frauen, die Mutterrolle mit unserem Wunsch nach Eigenständigkeit zu verbinden, nicht wahr?«, sagte sie leise.

Marie nickte und wandte den Blick ab. George erinnerte sich, dass ihre Freundin ja nicht nur Blandine, sondern sicher auch ihre Tochter Claire aus der Ehe mit dem Grafen d'Agoult vermisste, die sie in Paris hatte zurücklassen müssen, und beeilte sich, das Thema zu wechseln.

Später saßen sie im Salon, George rauchte einen Zigarillo, während Franz am Flügel das gesamte Hotel in Erstaunen versetzte. Jede Unterhaltung erstarb, Gäste wie Angestellte waren völlig verzaubert, ja, sogar die Köche stellten sich hinter die einen Spalt breit geöffneten Türen, und die Zimmermädchen, denen der Aufenthalt im Salon ebenso untersagt war, versuchten sich hinter den schweren Samtdraperien zu verbergen, nur um Franz Liszt spielen zu hören.

Amüsiert beobachtete George, wie der Virtuose während einer Spielpause von weiblichen Gästen jeglichen Alters geradezu belagert wurde.

»Die Frau dort hat gerade den Stumpen von Franz' Zigarre aus dem Aschenbecher geklaut«, verkündete Solange mit heller, klarer Stimme empört, sodass es viele hörten und die ertappte Dame einen hochroten Kopf bekam. George wandte sich ab, damit man nicht sah, wie sehr sie lachen musste.

»Das ist sicherlich nicht leicht auszuhalten«, meinte sie mitfühlend und nickte in Richtung der Traube von Bewunderinnen, die Franz umgab.

»Ach wissen Sie«, sagte Marie d'Agoult und machte eine unnahbare Miene. »Sollen sie doch seine Zigarrenstumpen oder den Kaffeesatz aus seiner Tasse haben. Es ist zwar unglaublich, wozu Frauen fähig sind, wenn sie einen Mann derart vergöttern, doch den Mann selbst, den bekommen sie schließlich nicht.«

George schwieg. Man hatte ihr anderes erzählt. Franz war kein Kostverächter. Es gab Freunde, die behaupteten, der Pianist sei nicht gerade begeistert gewesen, als er von der Schwangerschaft seiner Geliebten hörte. Doch die Menschen redeten viel, und selbst, wenn Franz hin und wieder andere Frauen hatte – das musste nichts zu bedeuten haben. Männer waren nun mal nicht treu. Und schließlich war das nicht ihr Problem. Sie atmete tief auf. Wie gut es sich anfühlte, nicht verliebt zu sein!

»Ich habe gehört«, begann die Gräfin behutsam, »Sie seien mit Ihrem Anwalt zusammen?«

»Oh, das ist längst vorbei«, erklärte George gelassen. »Michel ist … wie soll ich sagen … Er ist mir bei all seinen fortschrittlichen Ideen doch zu reaktionär. Vor allem, was sein Frauenbild anbelangt.« Sie drückte ihren Zigarillo aus und schlug die Beine übereinander. »Dabei war er ein phantastischer Liebhaber«, fügte sie mit einem Seufzen hinzu. »Nun ja. Mit den Männern habe ich abgeschlossen. Ich habe dreimal geliebt: Einmal vernünftig, das war, als ich Casimir geheiratet habe. Das zweite Mal leidenschaftlich, Jules Sandeau. Das dritte Mal hätte mich beinahe den Verstand oder das Leben oder womöglich beides gekostet. Sie wissen, von wem ich spreche, von Alfred de Musset.« Sie sah hinüber zu Franz, der liebenswürdig mit einem jungen Mädchen plauderte, das vor Aufregung bis ins Dekolleté errötet war. »Ach, Marie, ich hoffe, Sie beide wissen, was Sie aneinander haben. Die wahre Liebe ist etwas so Rares. Und ihr beide seid das Traumpaar schlechthin.«

Marie d'Agoult warf ihr einen verlegenen Blick zu.

»Sie übertreiben«, sagte sie bescheiden. »Wir sind nicht besser und nicht schlechter als alle anderen auch. Sie sind noch jung, George. Irgendwann wartet auch auf Sie die eine, wahre Liebe.«

Ach was, dachte George und trank ihr Glas Champagner aus. Im Moment konnte sie sehr gut auf einen Mann verzichten. Sie hatte ihre Kinder, die liebte sie von ganzem Herzen. George machte Solange und Maurice ein Zeichen und erhob sich.

»Ich muss noch ein paar Seiten schreiben«, sagte sie entschuldigend zu Marie. »Wir sehen uns morgen.«

»Maman, Maman, wollten wir morgen nicht eine Bergtour machen?« Solange war ganz aufgeregt. Seit Tagen sprach sie von nichts anderem, als dass sie einen Gipfel besteigen wollte.

»Stimmt«, griff George den Faden auf und wandte sich an die Gräfin. »Werden Sie mitkommen? Wann soll es denn losgehen?«

Sie verabredeten sich zum Frühstück um neun. Um zehn würde der Bergführer sie abholen.

In dieser Nacht schrieb sie doppelt so viel wie sonst, und das war gut so, sie hatte einiges aufzuholen. In der Endphase des Prozesses hatte sie zum ersten Mal in ihrem Leben einfach nicht mehr schreiben können, ihre Nerven waren zum Zerreißen gespannt gewesen. Sie und Buloz kannten sich nun schon so lange, und sie hatte darauf gehofft, dass er Verständnis für ihre Situation haben würde. Stattdessen hatte er getobt und ihr mit rechtlichen Schritten gedroht. Das hatte ihrer freundschaftlichen Beziehung einen tiefen Riss versetzt. War sie denn seine Sklavin? Hatte sie nicht jahrelang gezeigt, dass er sich auf sie verlassen konnte? Ihr Verleger hatte ein Vermögen mit ihren Romanen verdient, und wusste ganz genau, wie es um sie stand, auch er hatte den Prozess verfolgt. Konnte man da nicht ein wenig Entgegenkommen erwarten? Nein, offenbar war das zu viel verlangt.

Ihr wurde schlecht, wenn sie daran dachte, wie lange sie für Buloz und seine *Revue des Deux Mondes* noch schreiben musste. Wenn sie einen Roman beendete, musste sie bereits am folgenden Tag den nächsten beginnen. Zum Glück gingen ihr bislang nie die Ideen aus. Und in ihrem Notizbuch befand sich noch Stoff für mindestens das nächste Jahr.

Aber das Pensum war drückend, sie konnte sich weder Rast noch Ruhe gönnen. In solchen Momenten dachte sie an de Latouche, der sie damals gewarnt hatte. So lange hatte sie ihren alten Freund und Mentor nicht wiedergesehen.

Sie stand auf und reckte sich. Es war mitten in der Nacht, die Kinder schliefen. An ihrem rechten Mittelfinger hatte sich vom Halten der Feder über die Jahre hinweg eine Hornhaut gebildet. Ihre Glieder schmerzten, doch ehe sie schlafen ging, wollte sie noch ein paar weitere Seiten schreiben.

Am anderen Morgen schien die Sonne, und die klare Luft der Berge fegte Georges Benommenheit nach der nächtlichen Arbeit hinweg. Stolz beobachtete sie die Ausdauer ihrer achtjährigen Tochter, die kräftig ausschritt und der kein Steig zu steil war. Auch nach Stunden zeigte Solange keinerlei Anzeichen von Müdigkeit.

»Ich bin doch kein Baby mehr«, wehrte sie entrüstet ab, als einer der Bergführer anbot, sie über einen besonders steilen, ausgesetzten Klettersteig zu tragen. »Das kann ich alleine.«

Maurice dagegen, obschon fast fünf Jahre älter als seine Schwester, hatte Mühe mit dem beschwerlichen Aufstieg. Seit einiger Zeit klagte er über Schmerzen in den Gliedern, und ihr alter Freund, der Arzt Gustave Papet vermutete, dass das unwirtliche Gemäuer des Internats bei ihm eine Art Rheuma verursacht haben könnte. Jetzt, da George das alleinige Sorgerecht hatte, könnte sie den Jungen endlich von der Schule nehmen. Und doch rieten ihr alle ab. Für die Zukunft ihres Sohnes wäre es vorteilhafter, er würde durchhalten und den Abschluss an dieser renommierten Schule machen. Danach könnten sie weitersehen.

Als sie an der Gletscherkuppe des Bossons angekommen waren und staunend das Panorama bewunderten, das sich unter ihnen ausbreitete, brach Solange als Erste das Schweigen. »Keine Sorge, lieber George«, sagte sie und ergriff die Hand ihrer Mutter. »Wenn ich erst einmal Königin bin, schenke ich dir den ganzen Mont Blanc.«

George Sand streichelte ihrer Tochter gerührt die langen, blonden Locken und unterdrückte ein Lachen. Da nahm Maurice ihre andere Hand und sagte leise: »Auf sie wirst du stolz sein. Ich aber werde dich glücklich machen.«

»Das macht ihr mich schon die ganze Zeit«, antwortete sie mit belegter Stimme. Noch lange stand sie so, an jeder Hand ein Kind und mit vor Liebe überfließendem Herzen.

Um sie werde ich mich in den nächsten Jahren kümmern, schwor sie sich. Sie haben viel zu lange unter unserer zerrütteten Familie leiden müssen.

〰〰

»Wirst du den Herbst in Paris verbringen?«, erkundigte sich Franz Liszt, als sich ihre Zeit in Chamonix dem Ende zuneigte. »Wir könnten uns treffen, ich bin im November dort.«

Sie saßen an dem kleinen Tisch in Zimmer 13, auf dem sie eine Landkarte ausgebreitet hatten. Ehe er nach Genf zu seinen Studenten zurückkehren würde, wollte Liszt unbedingt noch die neuen Kirchenorgeln des Baumeisters Aloys Mooser in den Städten Bulle und Fribourg ausprobieren, und George hatte spontan beschlossen, auf ihrem Heimweg einen kleinen Umweg über die Schweiz zu machen und gemeinsam mit den Kindern die Freunde bis Genf zu begleiten.

»Ich habe keine Wohnung mehr in Paris«, entgegnete George. »Mein Lebensmittelpunkt ist nun Nohant. Ihr seid herzlich eingeladen, mich dort zu besuchen. Was zieht euch denn nach Paris?«

Liszt antwortete nicht gleich, sondern faltete umständlich die Karte wieder zusammen.

»Er hat ein Konzert«, sprang Marie d'Agoult ein und zog zu George gewandt bedeutsam die Augenbrauen nach oben, so, als berührten sie einen wunden Punkt.

»Ja«, erklärte nun auch Franz unwirsch. »Ich muss diesen Thalberg in seine Schranken weisen.«

»Wen?«, fragte Maurice. George jedoch hatte verstanden. Sigismund Thalberg war die neue Legende am Flügel, seine Konzerte waren schon Monate vorher ausverkauft. Sie hatte ihn selbst nie spielen hören, doch jeder, der das Glück hatte, eines der begehrten Billets zu ergattern, erzählte Wunderdinge von diesem Pianisten.

»Thalberg ist auch ein Pianist«, erklärte Marie dem Jungen.

»Das hab ich nun davon, dass ich fern von Paris bin«, erklärte Liszt aufgebracht. »Das Publikum hat ein kurzes Gedächtnis. Kaum bist du weg, haben sie dich vergessen.«

»Keiner hat dich vergessen«, wandte George sanft ein. »Du fehlst uns allen unglaublich. Umso besser, wenn ihr kommt. Ich werde es so einrichten, dass wir uns dort treffen.«

»Aber wo werden Sie denn dann wohnen?«, erkundigte sich Marie d'Agoult besorgt. »Vermissen Sie die berühmte Blaue Mansarde, von der alle schwärmen, denn nicht?«

»Manchmal schon«, antwortete George wahrheitsgemäß. »Ich war dort sehr glücklich. Aber die Blaue Mansarde gehört einer anderen Lebensphase an. Zu viele Erinnerungen stecken in diesen Wänden. Nein, wenn ich jetzt die Hauptstadt besuche, dann wohne ich im Hotel.«

Am nächsten Tag reisten sie ab und begaben sich auf die »Spur der Orgeln«, wie Maurice es nannte. Bereits in der Kleinstadt Bulle wurden sie für den Umweg, den George und ihre Kinder in Kauf nahmen, mehr als entschädigt. Franz Liszt spielte auf der Mooser-Orgel in der Kirche St. Pierre-aux-Liens, dass das Gebäude nur so widerhallte, und sogar Solange, die sich normalerweise nicht so viel aus Musik machte, geschlagene zwei Stunden wie gebannt lauschte. In der Kathedrale St. Nikolaus in Fribourg jedoch, in der der renommierte Orgelbauer erst zwei Jahre zuvor ein großes Instrument mit vier Manualen samt Pedal installiert hatte, war es George, als sei es nicht Franz Liszt, der sie zum Klingen brachte, sondern ein ganzes himmlisches Orchester samt Knabenchor, so außergewöhnlich waren die Register, sechzig an der Zahl, über die diese Orgel verfügte. Liszt spielte dermaßen berückend, dass immer mehr Bürger der Stadt die Kirche betraten, sich still in die Bänke setzten, um dem Singen, Klingen und Brausen zu lauschen, das dieser ungarische Musiker diesem Instrument zu entlocken vermochte.

Musik. Viel zu lange hatte George sie aus ihrem Leben verbannt, einmal von Besuchen der Oper oder der Konzertsäle abgesehen. Und doch rührte sie in ihr etwas an, wozu keine andere Kunst, keine andere Sprache der Welt in der Lage war. Gefühle, für die sie keine Worte hatte, die jedoch umso mächtiger und reiner waren.

Und so fasste sie in dieser herrlichen Kathedrale einen Entschluss: Neben der Sorge um ihre Kinder sollte in Zukunft die Musik wieder einen größeren Raum in ihrem Leben einnehmen. Längst vergessen geglaubte Bilder tauchten aus ihrer Erinnerung empor: Sie selbst als kleines Mädchen unter dem Cembalo ihrer Großmutter, wo sie die Klänge des Instruments nicht nur hören, sondern in ihrem kleinen Körper vibrieren fühlen konnte. Dann folgten Bilder, auf denen sie sich selbst im Alter von fünfzehn Jahren am Klavier sah, um sie herum lauter aufgeschlagene Notenhefte: Bach, Beethoven, Mozart. Sie hatte einmal recht gut gespielt. Was wohl gewesen wäre, hätte Casimir ihr das Klavierspiel nicht restlos verleidet?

Nun, für eine Karriere als Musikerin war es zu spät. Doch wer sollte sie jetzt noch daran hindern, sich wieder an ihr Instrument zu setzen, so, wie damals? Und nur für sich selbst zu spielen, ohne Druck, ohne Ehrgeiz, einfach der Freude wegen?

Niemand. Ihr Leben würde von nun an eine neue Richtung haben, das fühlte sie. Sie würde mit ihren Kindern in Nohant leben, dort schreiben, sich wieder um den Garten kümmern, Marmelade kochen, wenn ihr danach war, und Musik machen. Sie würde ihre Freunde dazu überreden, den Sommer im Berry zu verbringen, und wenn es sich nicht vermeiden ließ, dann würde sie eben nach Paris fahren. Für kurze Zeit. So, wie im November, wenn sich Franz mit diesem Thalberg messen würde. Und gleichzeitig ihre geschäftlichen Kontakte, zum Beispiel die zu ihrem Herausgeber, pflegen.

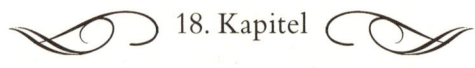

18. Kapitel

PARIS, NOVEMBER 1836;
FRÜHJAHR 1838

Auf dem anderen Seine-Ufer, so weit wie möglich von den Quais entfernt, fand George im Hotel Florence in der Rue des Mathurins eine vorläufige Bleibe. Sie achtete peinlich darauf, Alfred aus dem Weg zu gehen, der gerade den Roman »Bekenntnisse eines jungen Zeitgenossen« veröffentlicht hatte, in dem er ihre gemeinsame Zeit in Venedig ziemlich ehrlich und selbstkritisch öffentlich machte. Fairerweise hatte er sie davon zuvor in Kenntnis gesetzt und ihr sogar das Manuskript zum Lesen gegeben. Natürlich stürzte sich nun die neugierige Leserschaft auf diesen Schlüsselroman, und all das, was George am liebsten vergessen wollte, wurde erneut durchgehechelt.

Franz Liszt hielt Wort und kam im November mit Marie nach Paris. Sein öffentlich ausgetragener Wettstreit mit dem Pianisten Sigismund Thalberg währte schon seit einem halben Jahr. Im Stillen kam George zu dem Schluss, dass Thalberg tatsächlich der perfektere Pianist von beiden war. Auf der anderen Seite warf Franz Liszts seine charismatische Ausstrahlung in den Ring und stellte damit seinen Konkurrenten in den Schatten. Dass Thalberg an einem einzigen Abend angeblich 10 000 Francs verdiente, während er sich mit 500 zufriedengeben musste, ärgerte Liszt über alle Maßen. Seine Professur in Genf war bescheiden honoriert, und Marie d'Agoult hatte aufgrund ihrer Trennung sowohl ihr elterliches Erbe als auch alle

Ansprüche auf das Vermögen ihres Ehemanns verloren. Das hinderte die beiden jedoch nicht daran, ihren Salon für die Crème de la Crème der Kunst- und Musikwelt zu öffnen, solange sie in Paris weilten. Und natürlich durfte da auch George Sand nicht fehlen.

»Ich finde es unerhört, dass de Musset so offen über eure Beziehung schreibt«, sagte die Gräfin an einem dieser Nachmittage zu ihr. »Sie müssen schrecklich darunter leiden!«

In diesem Herbst hatte George Sand diese Frage schon häufig gehört und sich deswegen eine Antwort zurechtgelegt, die jeden, der sie hörte, erstaunte.

»Ganz und gar nicht«, sagte sie auch an diesem Tag und strich ihr leger geschnittenes, und doch elegantes Nachmittagskleid zurecht. »Es ist wirklich ein wundervolles Buch. Ich habe weinen müssen, als ich es las, und das dem Autor auch gerne mitgeteilt. Ich hege keinerlei Groll gegen Alfred de Musset.«

Marie d'Agoult musterte sie verblüfft, und George musste sich ein Lächeln verkneifen. Mit dieser Haltung hatte keiner gerechnet. Noch immer wartete die Pariser Gesellschaft auf eine Fortsetzung des Skandals. Doch da kannte man sie schlecht. Nichts lag ihr ferner, als sich über Menschen, mit denen sie einmal befreundet oder gar liiert gewesen war, negativ zu äußern. Nicht einmal über Casimir hatte sie sich jemals öffentlich beschwert. Schließlich gingen ihre Gefühle nur sie selbst etwas an.

»Haben Sie denn niemals das Bedürfnis«, hakte Marie d'Agoult nach, »Ihre Sicht der Dinge darzulegen?«

»Irgendwann vielleicht«, antwortete George mit einem unverbindlichen Lächeln. »Wenn ich alt und ausreichend abgeklärt sein werde. Aber bis dahin wird sich niemand mehr für unsere Geschichte interessieren.«

»Sag das nicht«, warf Sainte-Beuve ein, der zu ihnen getreten war. »Ihr werdet in die Geschichte eingehen als *das* Liebespaar schlechthin. Denn die wahre Liebe ist nicht für diese Welt gemacht.«

»Was redest du da für einen Unsinn, mein Lieber«, entgegnete George mit einem nachsichtigen Lächeln. »Das Liebespaar schlechthin, das sind Franz Liszt und Marie d'Agoult. Doch auch sie sind wie wir anderen, weniger Glücklichen, Menschen aus Fleisch und Blut. Wir alle haben unsere Bedürfnisse, unsere Schwächen, unsere Fehler. Und zwar wir Frauen genauso wie ihr Männer. Das ist alles. Wenn man die Liebe nicht immer so verklären würde, gäbe es vielleicht mehr glückliche Beziehungen.«

»Wer weiß«, pflichtete ihr Franz Liszt bei. »Und doch ist die Liebe ein göttlicher Funke, der uns zu ungeahnten Höhen führt.« Er schenkte seiner Geliebten ein strahlendes Lächeln und reichte ihr den Arm.

»Werden Sie für uns spielen?«, erkundigte sich eine sympathische Dame, die George als Comtesse Charlotte Marliani, die Frau des spanischen Konsuls in Paris, vorgestellt worden war.

»Natürlich, Verehrteste. Und später gibt es noch eine ganz besondere Überraschung. Frédéric Chopin wird nämlich zu uns stoßen.«

»Wird auch er …«, fragte die Marliani atemlos.

Franz Liszt lächelte.

»Oh ja, Madame, er wird.«

»Was ist aus seiner Verlobung mit dieser polnischen Prinzessin geworden?«, erkundigte sich George.

Liszt zog ein schmerzliches Gesicht.

»Dass ihn bloß keiner darauf anspricht«, warnte er sie. »Die Sache scheint äußerst kompliziert. Wenn du mich fragst, spielt die Kleine nur mit ihm, während ihre Mutter ihn an der langen Leine hält. Er ist im Moment ein wenig unglücklich, der Ärmste.«

»Aber seiner Musik bekommt die Melancholie ganz prächtig«, spottete Honoré de Balzac, dem mal wieder nichts entgangen war. Er war ein wenig fülliger geworden in den vergangenen Jahren und wirkte auf George feist und selbstzufrieden.

»Nun, Honoré, *Sie* scheinen mit Ihrer polnischen Gräfin mehr Glück zu haben«, stichelte Sainte-Beuve. »Unterhalten Sie immer noch eine rein platonische Brief-Affäre mit der Comtesse Hańska?«

Balzac riss entrüstet die Augen auf.

»Was geht Sie das an, mein Teuerster?«, rief er aus. »Wenn ich darüber berichten wollte, hätte ich es längst in der *Revue des Deux Mondes* getan … Aber seht doch nur, wer uns die Ehre gibt! Die göttliche Dorval.«

Die Schauspielerin sah blendend aus. Sie trug ein Samtkleid in sanftem Taubenblau, das ihre Augen betonte. Im Vorjahr hatte sie endlich ihren verdienten Erfolg auf der legendären Bühne des Pariser Théâtre Français gefeiert, und zwar in dem Stück *Chatterton* aus der Feder ihres Liebhabers Alfred de Vigny. Es war ein Triumph auf allen Ebenen gewesen und George war extra aus dem Berry angereist, um ihre Freundin zu bewundern, obwohl ihr während ihres Scheidungsprozesses nicht gerade der Sinn danach gestanden hatte. Sie hatte an jenem Abend sogar Alfred von Weitem gesehen, sich aber davor gehütet, ihm zu begegnen.

»Weißt du, wie es Alfred geht?«, fragte George nun ihre Freundin, als sie einen Augenblick für sich sein konnten.

»Willst du das wirklich wissen?«, erkundigte sich die Dorval und musterte George aufmerksam mit ihren hellen Augen. »Seine Mutter hat ihm die Geldbörse wieder aufgefüllt, und schon war sein Kummer um dich vergessen. Wie ich höre, ist er der Mittelpunkt der privaten Glücksspielzirkel, seit die öffentlichen verboten worden sind. Und auch in den Garderoben der Ballettmädchen der Opéra verkehrt er häufig. Soll ich noch mehr erzählen?« George winkte ab. Eigentlich war sie sogar ein wenig erleichtert. Ihre größte Angst war gewesen, dass sich Alfred nach ihrer Trennung etwas antun könnte. »Aber lass uns von anderen Männern sprechen«, fuhr Marie verschmitzt lächelnd fort. »Ich hab gehört, Chopins Verlobte sei ihm durch die Finger geschlüpft? Er ist süß, findest du nicht auch? Mit seiner feinen, etwas zu langen Nase, dem sinnlichen Mund und den schönen melancholischen Augen … Ich finde, er wirkt wie ein hübsches Dessert.«

George lächelte und kniff ihre Freundin scherzhaft in den Arm.

»Du kannst ihn für dich haben«, erklärte sie. »Ich bin durch mit den Männern.«

»Ach ja?«, fragte Marie und hauchte ihr einen Kuss auf die Wange. »Soll ich dich vielleicht mal wieder besuchen kommen?«

»Marie«, seufzte George. »Wenn ich doch nur alles so leicht nehmen könnte wie du.«

»Wie ich?«, protestierte die Schauspielerin mit einem vorwurfsvollen Augenaufschlag. »Ich nehme überhaupt nichts leicht. Ich bin die Tragik in Person. Nur, weil ich gerade mal eine Glückssträhne habe …«

In diesem Moment betrat ein neuer Gast den Salon, und Marie d'Agoult eilte ihm mit ausgebreiteten Armen entgegen. George erkannte ihn sofort, obwohl sie sich seit über zwei Jahren nicht mehr begegnet waren. Er hatte sich verändert. Frédéric Chopin war nicht mehr der elfenhafte Jüngling mit dem schimmernden Haar. Er wirkte müde, um seine Mundwinkel hatten sich tiefe Kerben gebildet. Seine großen, graublauen Augen unter den schön gezeichneten Brauen blickten resigniert in die Runde, so, als wüsste er jetzt schon, dass ihn auch dieser Abend nur langweilen würde. Dann sah er seinen Freund Liszt und ein Lächeln verwandelte seine ganze Erscheinung.

Chopin ließ sich lange bitten, doch endlich setzte er sich an den Flügel. Es wurde ganz still im Salon, während seine grazilen Hände über den Tasten schwebten, so, als müsse er sie, bevor er sie berührte, erst durch einen Zauber zum Leben erwecken. Dann schlug er den ersten Ton an und brachte die Saiten des

Instruments sanft zum Schwingen. Einzelne Tonfolgen setzten sich zu Melodien zusammen, zögernd, fast suchend. Und genau in diesem Augenblick, erwachte in Georges Herz, das so lange geschwiegen hatte, wieder die Frequenz der Liebe …

Sie rief sich zur Ordnung. Der Liebe hatte sie abgeschworen, damit hatte sie einfach kein Glück. Sie dachte an Alfred und das klägliche Scheitern dieser großen Liebe. Nie wieder würde sie sich einem anderen Menschen derart ausliefern. Und doch war da dieses zärtliche Flattern in ihrer Brust, genährt von der Sehnsucht, endlich jemanden zu finden, mit dem sie im Gleichklang war. Und unter dem Zauber der Klänge, die dieser Mann den Saiten des Flügels entlockte, schlich sich eine kleine Hoffnung in ihr Herz.

Marie knuffte sie zärtlich in die Seite. »Ist er nicht hinreißend?«, flüsterte sie ihr ins Ohr.

Ach Marie. Trotz aller Unbill hatte sie die Gabe, das Leben von der heiteren Seite zu nehmen, während sie dazu neigte, allzu ernst zu sein. Aber konnte nicht auch sie versuchen, der Liebe mit Leichtigkeit zu begegnen, so, wie ihre Freundin? Warum eigentlich nicht? Und während die perlenden Läufe den Salon erfüllten, fasste sie einen Entschluss. Sie würde den Musiker einladen, mit Franz Liszt und seiner Gräfin nach Nohant zu kommen. Ja, das würde sie tun.

In diesem Moment fiel ihr ein gesetzter Herr mit Backenbart auf, der gemeinsam mit Chopin gekommen war. Offenbar betrachtete er sie schon seit geraumer Zeit, und als sich ihre Blicke trafen, nickte er ihr würdevoll zu. George erinnerte sich, ihn schon früher in Begleitung des Pianisten gesehen zu haben, sie hatte auf einmal den Eindruck, dass dieser Mann über das Wohl und Wehe des Musikers wachte. Und während sie in den Klangwelten versank, die Frédéric Chopin nach und nach entfaltete, reifte in ihr ein Plan.

»Darf ich mich Ihnen vorstellen?«, sprach sie den fremden Herrn an, nachdem die Musik verklungen war und sich alle anderen applaudierend um Chopin scharten. »Mein Name ist George Sand, ich bin Schriftsteller«.

»Alfred Grzymała«, antwortete er und musterte sie aus hellbraunen, aufmerksamen Augen. »Es freut mich, Ihre Bekanntschaft zu machen. Natürlich habe ich schon viel von Ihnen gehört.«

»Es muss hart sein, in der Fremde zu leben«, fuhr sie fort. Ich wünschte, die europäischen Fürstenhäuser würden sich endlich besinnen und Ihrem Volk zur Seite stehen in seinen Bemühungen, sich von der russischen Herrschaft zu befreien. Ist Chopins Musik deswegen so voller Melancholie? Oder gibt es etwas anderes, das sein Herz beschwert?«

Ein kaum merkliches Lächeln umspielte Grzymałas Mund.

»Die polnische Seele ist an Schwere gewöhnt«, antwortete er ausweichend. »Unser Land ist seit Jahrhunderten Spielball fremder Mächte. Doch Frédéric und ich, wir können uns glücklich schätzen. Wir haben im Exil Freunde gefunden. Und Freundschaft kann auch eine Heimat sein.«

Sie nickte, sah hinüber zu dem Musiker, der seinen Kummer für einen Moment vergessen zu haben schien und angeregt mit Franz Liszt und Marie d'Agoult plauderte.

»Es wäre mir eine Freude, Ihnen und Ihrem Freund für ein paar Wochen ein weiteres Stück Heimat zu schenken«, sagte sie. »Besuchen Sie mich auf meinem Landgut im Berry, wenn Sie keine Verpflichtungen in Paris haben. Mein Heim wird Ihr Heim werden, es wäre mir eine Ehre.«

Alfred Grzymała musterte sie erstaunt.

»Das ist sehr großzügig von Ihnen«, sagte er. »Wo wir doch Unbekannte für Sie sind.«

George schüttelte lächelnd den Kopf.

»Das Herz weiß in weniger als einer Sekunde, wer Freund und wer Feind ist«, entgegnete sie. »Sprechen Sie mit ihm darüber. Und befragen Sie ruhig Liszt. Er kennt mich gut genug, um mein Bürge zu sein.«

Sie verabschiedete sich und ging zu den anderen, die sich immer noch um den Flügel scharten. Chopin stand neben dem Schemel, aufrecht wie ein kleiner Soldat, in tadelloser, eleganter Haltung, und doch war er sich ganz offensichtlich dessen nicht bewusst. Ein rosiger Hauch hatte sein bleiches Gesicht überzogen. Er neigte sein Haupt Charlotte Marliani entgegen und antwortete auf ihre Frage mit einer Liebenswürdigkeit, die George das Herz erwärmte.

Als er sich erneut am Flügel niederließ und seine Hände suchend über die Tasten gleiten ließ, zärtlich, als streichle er einen Körper, da fühlte George Sand, wie ihre Sinne in Resonanz zu seinen Melodien zu schwingen begannen. Sie konnte es nicht glauben. War es ihr nun tatsächlich wieder passiert? Sie hatte sich verliebt. Gegen alle Vernunft. Sie hatte es nicht gewollt, doch wann hatte sie je Kontrolle über ihr Herz gehabt?

»Dieser kleine Pole ist ganz einfach wundervoll«, raunte Marie Dorval neben ihr.

Ja, das war er. Aber er war mehr als das. George Sand wurde bewusst, dass dieser Mann eine andere Sprache der Liebe meisterlich beherrschte: die Sprache der Musik.

Es war nicht die einzige Einladung nach Nohant, die sie in diesem Winter aussprach. Sie hatte genug von Paris und verfolgte nun eine neue Idee. Ihr Haus im Berry, *La Maison*, wie sie es schlicht nannte, war groß, beinahe ein Schlösschen. Sie hatte damit begonnen, es umzubauen und nach ihrem Geschmack einzurichten, es gab ausreichend Platz für Gäste. Sommerfrische auf dem Land – damit lockte sie ihre Künstlerfreunde, und viele folgten ihrer Einladung: Liszt und Marie, Delacroix und Balzac, sogar Alexandre Dumas gab sich die Ehre.

Im Mai 1837 kündigte auch Chopin sein Kommen an, und George geriet völlig aus dem Häuschen, doch am Ende wurde nichts aus dem Besuch. Stattdessen reiste er, wie George erfuhr, im Juli nach London, um dort Konzerte zu geben.

Er sei krank, erzählten ihm die einen. Er habe Liebeskummer, die anderen. George kannte sich mit beidem aus und ließ ihm Zeit. Vielleicht ist es besser so, sagte sie sich. Von einer großen Enttäuschung musste ein Herz sich erst wieder erholen. Und wenn sie ehrlich zu sich war, dann war sie sich nicht sicher, ob ihr eigenes nach dem Desaster mit Alfred wirklich schon bereit war, sich erneut zu öffnen.

∽ ∾

Fast ein Jahr später war sie wieder einmal in Paris. Noch immer errötete der attraktive, polnische Komponist, wenn er sie sah, wandte den Blick ab und wich ihr aus, wie ein schüchterner Junge. Sie jage ihm Angst ein, das hatte die Gräfin d'Agoult ihr verraten, Zigarren rauchende Frauen, die Männerkleider trugen, so etwas gäbe es in seiner Welt nicht.

»Aber er hat zweimal nach Ihnen gefragt«, fügte Franz Liszt hinzu und hob dabei vielsagend die buschigen Augenbrauen. Mehr brauchte George nicht zu wissen. Männerkleider waren nun mal ihr Markenzeichen, und längst nicht mehr ausschließlich aus praktischen Gründen. Lange grübelte sie darüber nach, wie sie den polnischen Musiker auch in Hosen für sich einnehmen könnte, bis sie einen ihrer extravaganten Einfälle hatte. Und als die Comtesse Marliani sie im April 1838 zu einer Soirée einlud, an der Chopin den berühmten Tenor Adolphe Nourrit am Klavier bei dem Liederzyklus eines bislang in Paris völlig unbekannten, deutschen Komponisten namens Franz Schubert begleiten würde, war der Zeitpunkt gekommen.

»Du hast dich heute aber fein zurechtgemacht«, sagte Marie Dorval zu ihrer Freundin und musterte sie kritisch, offenbar unschlüssig, was sie zu ihrem ungewöhnlichen Aufzug sagen sollte. Denn George trug an diesem Abend eine weiße Hose, einen weißen Gehrock und um die Taille eine breite, scharlachrote Schärpe. »Weiß und Rot«, sagte sie nachdenklich, »lass mich nachdenken. Wenn das nicht ein *statement* ist, wie die Engländer heutzutage zu sagen pflegen … Aber wofür?«

»Es sind die Farben der polnischen Flagge«, erklärte George mit einem Lächeln. »Und ich sage dir eines: Wenn das nicht wirkt, dann weiß ich auch nicht mehr.«

»Donnerwetter.« Marie Dorval nickte anerkennend. »Da hast du dir ja was einfallen lassen. Und es steht Dir, was soll ich sagen – einfach prächtig. Jede andere Frau würde in diesem Aufzug aussehen wie ein Osterei. Aber mit deiner phantastischen Figur … wie machst du das bloß?«

»Liebeskummer und Scheidungen«, gab George zurück. »Das ist meine Diät. Nicht besonders empfehlenswert.«

»Das Dumme ist nur«, fuhr Marie fort und zupfte an der roten Schärpe herum, »dass die meisten Männer überhaupt nicht registrieren, was eine Frau trägt. Ob sie eine neue Frisur hat oder beispielsweise einen weißroten Hosenanzug. Ich finde, wir sollten dem kleinen Polen ein bisschen auf die Sprünge helfen, und ich weiß auch schon wie.«

Sie steckten die Köpfe zusammen, und ob es an dem Champagner lag, den sie schon getrunken hatte, oder woran sonst – George wehrte sich nicht, als Marie sie in das Kabinett der Gräfin zog, wo sie sich mit deren Einverständnis ein Stück Papier nahmen.

»Und was soll ich schreiben?«, fragte sie ratlos, die Feder bereits in der Hand.

»Na du bist gut«, gab Marie Dorval zurück. »Wer ist hier die Schriftstellerin? Schreib: *Je vous aime.*«

George zögerte, doch ehe sie der Mut verließ, schrieb sie: »*On vous adore. G. Sand*«.

»Ah«, sagte Marie. »Du betest ihn an? Wie poetisch! Das werde ich mir merken.« Und ehe George den Zettel zusammenfalten konnte, schnappte ihn Marie und fügte kichernd hinzu: »*Moi aussi. Marie Dorval*«. Dann lief die Schauspielerin überraschend leichtfüßig aus dem Kabinett und direkt in den Salon, wo sie den Zettel rasch und unauffällig zwischen die Noten schob, die für Chopin auf dem Flügel bereitlagen.

»Was hast du getan?«, flüsterte George ihrer Freundin zu, als sie sich wieder zu ihr gesellte, so, als sei nichts geschehen.

Doch es war zu spät. Die Gäste strömten in den Salon, Nourrit begab sich zum Flügel, Chopin nahm auf dem Hocker Platz. Er schlug die Noten auf, und George hielt die Luft an. Der Zettel flatterte heraus und auf Chopins Schoß. Der nahm ihn erstaunt, faltete ihn auf und sofort wieder zu. Eine leichte Röte flog über sein wie immer bleiches Gesicht. Marie gab George einen schmerzhaften Stoß in die Rippen und tauchte hinter ihr weg, da hatte er sie auch schon entdeckt. Sie lächelte ihn an, jetzt oder nie, dachte sie und hielt seinem Blick stand. Seine Lippen zuckten. *O mon dieu*, dachte George, mach, dass er wenigstens ein kleines bisschen Humor hat. Und tatsächlich lächelte er, wenn auch nur ein ganz »klitzekleines hinreißendes bisschen«, wie Marie es später beschreiben würde, lächelte und nickte ihr kurz zu. Dann konzentrierte er sich auf die Musik, die er gleich spielen würde, »Winterreise« hieß der Zyklus. Er sah zu dem Sänger, und auf ein Zeichen begann er mit den verhaltenen, sich wiederholenden, überraschend schlichten Akkorden. »Fremd bin ich eingezogen«, sang Adolphe Nourrit und George Sands Herz wurde weit. Ja, das galt auch für Frédéric Chopin. Als er vor sechs Jahren sein Elternhaus in Polen verließ, hätte er sich nicht träumen lassen, dass er nie wieder zurückkehren würde, »fremd zieh ich wieder aus.«

Und genau das würde sie verhindern. Er würde kein Fremder bleiben hier in ihrem Land. Sie würde Chopin ein Zuhause geben und dafür sorgen, dass es ihm gut ginge. Mit seiner Gesundheit stand es nicht zum Besten, das hatte Alfred Grzymała ihr anvertraut, der dort drüben an der Tür stand, alles beobachtete und ihr ein wohlwollendes Lächeln schenkte.

Schuberts Lieder in all ihrer Melancholie und schmerzlichen

Weltentsagung erfüllten den Salon. Immer wieder blickte Chopin auf und sah sie an, und als von hinten noch mehr Gäste in den Raum drängten, stellte sich George irgendwann wie selbstverständlich an das äußerste Ende des Flügels, wo sie sich mit den Ellenbogen abstützte und ihr Kinn auf die gefalteten Hände legte. Und so, vor aller Augen, versank sie in den Anblick des Mannes, für den ihre Liebe erwacht war, versank in dem Klang aus dem Korpus des Instrumentes, dessen Vibrationen durch ihren gesamten Körper liefen, versank in den großen, graublauen Augen von Frédéric Chopin.

An diesem Abend nahm er sie mit zu sich nach Hause. Seine Wohnung war elegant, jedes Stück seiner Einrichtung zeugte von einem erlesenen Geschmack. Zuerst schwiegen sie und blickten sich einfach nur an. Dann begannen sie zu reden und Frédéric erzählte ihr nach und nach alles, seine Freuden, sein Leid. Danach schwiegen sie wieder. Schließlich war es George, die sich vor ihn hinstellte, die rote Schärpe abnahm und seinen Kopf an ihre Brust bettete. Seine Zärtlichkeiten wirkten vorsichtig und unbeholfen und George fragte sich, ob er womöglich noch Jungfrau war mit seinen achtundzwanzig Jahren, als sie endlich miteinander schliefen. Nach allem, was sie bereits hinter sich hatte, war seine scheue Leidenschaft eine Wohltat für sie, und es geschah, was sie kaum noch für möglich gehalten hatte – unter seinen zärtlichen Händen ließ sie sich endlich fallen. Eine große Erleichterung durchströmte George. Sie hatte genug von Exzessen, von Unterwerfung und Gewalt. Alles, was sie sich wünschte, war eine tiefe, ehrliche Liebe, behutsam und zärtlich. »*Moja Jutrzenka*«, flüsterte er und schmiegte sich in ihren Arm. »Meine Morgenröte. Darf ich dich so nennen?«

Ein großes Lächeln begann George auszufüllen von den Zehen bis zu den Haarspitzen.

»Woher weißt du, dass ich Aurore heiße?«

»Ich habe mich erkundigt. Keine Frau kann George heißen. Jedenfalls nicht von Geburt.«

»*Jutrzenka*«, wiederholte sie. »Wie schön das klingt. Natürlich darfst du mich so nennen.« Und dann ließ sie sich von Frédéric solange verbessern, bis sie den weichen dsch-Laut in der Mitte richtig aussprach und es fast genauso zärtlich klang wie aus seinem Mund.

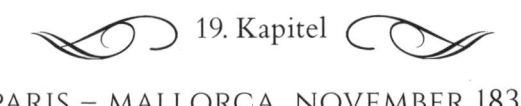

19. Kapitel

PARIS – MALLORCA, NOVEMBER 1838

»Warum reist Chip Chip eigentlich nicht mit uns?«

Es war die zehnjährige Solange, die diesen zärtlichen Spitznamen für Frédéric Chopin erfunden hatte, der darauf bestand, dass man seinen Familiennamen auf polnische Art aussprach, nämlich »Schoppen« mit der Betonung auf der ersten Silbe. Solange war der Meinung, das höre sich an, wie das Rufen eines Vogels, und seither nannten ihn alle im Hause Sand so. Mitunter auch Chipette oder Chopinsky, und Frédéric ließ es sich mit einem Grinsen gefallen. Er nannte sie dagegen weiterhin ausschließlich *Jutrzenka*, sie George zu nennen, weigerte er sich entschlossen. George liebte es, wenn er in seinem singenden Tonfall die weichen Silben aussprach, die wie eine Liebkosung klangen. Er fehlte ihr. Aber sie würden sich ja bald wiedersehen.

Die Postkutsche, in der George mit ihren Kindern und dem Dienstmädchen Amélie reiste, holperte über die Landstraße, deren Zustand sich seit ihrer Italienreise gebessert hatte. Man kam inzwischen schneller voran als früher. Der Kutscher behauptete, man könnte bis zu drei Meilen in der Stunde zurücklegen, wenn nicht mehr. Nun, George war gespannt, ob das stimmte.

»Wir treffen ihn in Perpignan«, erklärte sie ihrer Tochter zum hundertsten Mal. Solange und Frédéric waren ein Herz und eine Seele, während Maurice den Rivalen um die Gunst seiner Mutter zwar freundlich, aber mit einer gewissen Zurückhaltung duldete. George schob die Vorbehalte des Fünfzehnjährigen auf die traumatischen Erlebnisse bei der Trennung von Alfred. Außerdem litt der Junge noch immer unter seinen rheumatischen Schmerzen. Das Regenwetter und die für Mitte Oktober viel zu niedrigen Temperaturen machten ihm zu schaffen.

Aus diesem Grund waren sie nun unterwegs in den Süden. Dass sich Chopinsky ihnen angeschlossen hatte, das war für sie eine Überraschung gewesen. Er fühlte sich wohl in Paris, dort waren seine Ärzte, und die musste er wegen seines chronischen Hustens häufig konsultieren. Doch dann hatte sein Leibarzt ihm geraten, in den Süden zu reisen. Da George ohnehin eine Reise dorthin plante, kam er nun einfach mit.

Ihre Freundin, die Comtesse Charlotte Marliani und ihr Mann, der spanische Konsul in Paris, hatten ihnen geraten, den Winter auf einer Insel namens Mallorca zu verbringen, das milde Klima würde sowohl der Gesundheit Frédérics als auch der ihres Sohnes guttun.

Der Süden. Wie sehr George sich nach dem Licht dort sehnte.

Vor einem Jahr hatte sie Maurice nun endlich doch vom Internat genommen und sich damit noch einmal finale Auseinandersetzungen mit Casimir eingehandelt, der sie noch immer nicht in Ruhe ließ. Außerdem ließ sie in Paris einen lästigen Verfolger zurück. Mallefille, der neue Hauslehrer ihres Sohnes, hatte seine Position falsch eingeschätzt. Nur, weil sie hin und wieder mit ihm schlief, hatte er noch lange keine Rechte an ihr. Wann würden die Männer endlich verstehen, dass die Frauen dieselben Freiheiten für sich beanspruchten, wie sie selbst? Niemand würde sich je aufregen, wenn ein Mann eine unverbindliche Liebesbeziehung zu einer Gouvernante unterhielte, eine Verbindung, die keinen von beiden auch nur im Geringsten verpflichtete. Würde eine solche Gouvernante Wutausbrüche bekommen, wenn der Herr des Hauses eine ernste Verbindung einginge und sich von ihr trennte? Wohl kaum. Sie hatte Mallefille nicht verführt, er hatte wochenlang um sie geworben. Und niemals hatte sie ihm Hoffnungen gemacht, die rechtfertigen würden, Frédéric zum Duell fordern zu wollen, wie es sich der Erzieher in den Kopf gesetzt hatte. Nun, zum Glück war er krank geworden, ehe es so weit kommen konnte, und so war aus der Sache nichts geworden. George wurde immer noch schlecht bei dem Gedanken, ihr Chip Chip hätte sich mit Mallefille schlagen müssen.

»Aber warum fährt er denn nicht mit uns *gemeinsam* nach Perpignan?«

Solange biss in den Apfel, den Amélie ihr wie allen anderen aus dem Proviantkorb gegeben hatte. Er stammte aus dem Berry und schmeckte köstlich.

»Er muss noch wichtige Dinge erledigen und kann erst nächste Woche in der Extrapost von Monsieur Álvarez Mendizábal mitreisen«, erklärte George und rieb ihren Apfel mit einem Baumwolltuch blank, bis er glänzte. Das war nur die halbe Wahrheit. Den früheren Finanzminister der spanischen Königin hatten sie bei ihren Freunden Marliani kennengelernt. In Wahrheit scheute Chip Chip den Klatsch, den ein gemeinsamer Aufbruch verursacht hätte, und sie hatte ihm versprechen müssen, nur den vertrauenswürdigen unter ihren Freunden überhaupt davon zu erzählen, dass sie gemeinsam reisten. Denn obgleich inzwischen alle Welt wusste, dass sie ein Paar waren, schließlich hatten sie sich oft genug gemeinsam in der Öffentlichkeit gezeigt, hasste Frédéric den Wirbel, den alle um sie machten.

George sah das ganz anders. Hatte sie sich für jemanden entschieden, dann konnte ruhig die ganze Welt davon wissen. Und nachts in den Herbergen, in denen sie ohnehin nur schlecht Ruhe fand, fragte sie sich, ob auch ihr Chip Chip sie eines Tages verletzten würde. Hieß Frédérics übertriebene Vorsicht womöglich, dass er nicht wirklich zu ihr und seiner Liebe stand?

Als Frédéric, der vier Tage und vier Nächte in der Expresskutsche des spanischen Exministers durchgereist war, unternehmungslustig und trotz der Strapazen frisch wie eine Primel die Lobby des Hotels in Perpignan betrat, wischte ein Blick in seine vor Liebe leuchtenden Augen jede Besorgnis hinweg. Unerkannt blieben sie jedoch keinesfalls. Die Gäste, die diesem Wiedersehen beiwohnten, erhoben sich und spendeten ihm und George Sand spontane Ovationen. Die berühmte Schriftstellerin und den gefeierten Komponisten erkannte man natürlich auch in der Provinz.

～〜

Zwei Tage später, am 1. November, bestiegen sie in Port-Vendres ein Boot, das sie nach Barcelona brachte. So vermieden sie die beschwerliche und nicht ungefährliche Reise über die Pyrenäen und entlang der Costa Brava, denn Spanien befand sich schon seit ein paar Jahren im Bürgerkrieg, und wenn es auch hieß, in dieser Gegend gäbe es keine Kampfhandlungen, so wollte George doch kein Risiko eingehen. Chip Chip sang Solange Lieder aus seiner polnischen Heimat vor, von Seemeile zu Seemeile wurde das Wetter freundlicher und selbst Maurice hatte eine Hochstimmung ergriffen, die besser nicht hätte sein können.

Gegen Abend liefen sie in den Hafen von Barcelona ein. Bis die Einreise- und Zollformalitäten erledigt waren, brach bereits die Nacht herein, und die Reisenden waren erleichtert, dass Louis-Édouard Gauttier d'Arc, der französische Konsul persönlich, ihnen dabei zur Seite stand. Emmanuel Marliani, sein Kollege in Paris, hatte ihn über die Ankunft der berühmten Gäste informiert und sie seinem Schutz empfohlen.

»Es ist uns eine Ehre, Sie hier in unserer Stadt zu haben«, erklärte er begeistert, »auch wenn es nur für kurze Zeit ist. Meine Frau und ich würden Sie heute Abend gerne zum Essen einladen. Passt Ihnen das oder hat sie die Reise zu sehr ermüdet?«

»Im Gegenteil«, sagte George Sand, nachdem sie Frédéric nach seiner Meinung gefragt hatte. »Ich glaube, sie hat uns alle sehr hungrig gemacht. Das ist sehr nett von Ihnen, wir nehmen Ihre Einladung sehr gerne an.«

Gauttier d'Arc brachte sie ins erste Hotel der Stadt, das »Hotel der vier Nationen«, das erst vor Kurzem an der Rambla de Santa Monica eröffnet worden war und die modernsten Annehmlichkeiten bot. Der Konsul und seine Frau gaben sich die größte Mühe, die folgenden Tage bis zu ihrer Abreise nach Mallorca so angenehm wie möglich für George Sand und Frédéric Chopin zu gestalten, organisierten Besuche in der Oper, Kutschfahrten in die Umgebung und versuchten, den illustren Künstlern so viel von der katalanischen Kultur wie nur möglich zu vermitteln.

»Haben Sie denn in Palma de Mallorca bereits eine Unterkunft reserviert?«, erkundigte sich Louis-Édouard Gauttier d'Arc, als sie am letzten Abend erneut im Haus des Konsuls speisten.

George schüttelte den Kopf.

»Emmanuel hielt das nicht für notwendig«, erklärte sie. Und als sie die besorgte Miene des Konsuls sah, fügte sie hinzu: »Sind Sie denn anderer Meinung?«

»Nun«, begann Gauttier d'Arc zögernd, »ich war lange nicht auf der Insel. Sie müssen wissen, dass wir Franzosen bei vielen Menschen hier schlechte Erinnerungen wachrufen. Es ist noch nicht lange her, dass Napoleon seinen Bruder hier als Vizekönig inthronisiert hat. Soweit ich mich erinnere, waren Sie als kleines Mädchen mit ihren Eltern damals sogar in Madrid, nicht wahr? Eines Tages müssen Sie unbedingt ihre Memoiren aufschreiben, George Sand, ich bin mir sicher, dass Sie eine

Menge zu erzählen haben. Wie auch immer, unsere politische Situation ist nicht gerade einfach, wie Sie sicherlich wissen.«

»Wie beurteilen Sie denn die aktuelle politische Lage?«, warf Chopin ein.

Der Konsul wirkte auf einmal sehr ernst.

»Spanien befindet sich seit fünf Jahren im Bürgerkrieg«, sagte er. »Die Karlisten, wie man die Anhänger von Carlos, dem Bruder des verstorbenen Königs, nennt, geben sich einfach nicht geschlagen und bereiten der Königin vielerorts die größten Schwierigkeiten. Die Auseinandersetzungen zwischen *Reina* Maria Cristina und Don Carlos um die Thronfolge haben sich inzwischen zu einem Kampf größter Dimensionen entwickelt. Es geht um nicht mehr und nicht weniger als die Zukunft Spaniens.«

»Wie das?«

»Die Königin favorisiert eine Umwandlung der verschiedenen spanischen Königreiche in Provinzen nach dem Vorbild Frankreichs, während ihr Schwager Carlos die absolute Monarchie wieder etablieren und die Institution der Kirche stärken will.«

»Ich weiß«, warf Frédéric ein. »Ich bin mit Monsieur Álvarez Mendizábal gemeinsam gereist. Er hat mir einiges von diesen unerfreulichen Auseinandersetzungen erzählt.«

Das Gesicht des französischen Konsuls verdüsterte sich noch mehr. »Ja«, sagte er. »Aber unter uns gesagt, dass es eine gute Idee von Mendizábal war, die Kirchengüter zu enteignen, wage ich zu bezweifeln. Es gab in der Folge vielerorts grausame Übergriffe. Klöster wurden geplündert und niedergebrannt, die Mönche vertrieben oder mancherorts sogar hingemetzelt. Das hat die Königin viele Sympathien unter der einfachen Bevölkerung gekostet. Die Spanier sind nun mal im katholischen Glauben tief verwurzelt.«

»Aber um auf Ihre Frage zurückzukommen«, unterbrach ihn seine Gattin und warf ihrem Mann einen tadelnden Blick zu.

Offenbar hielt sie es für unangebracht, bei Tisch über so beunruhigende Themen zu sprechen. »Es wäre vielleicht doch günstiger, Sie würden sich auf der Insel Mallorca anmelden.«

»Dazu ist es jetzt wohl zu spät«, antwortete George nachdenklich. »Morgen geht unser Schiff.«

»Für alle Fälle werde ich Ihnen ein Schreiben an meinen Stellvertreter mitgeben. Vizekonsul Fleury wird Ihnen zur Seite stehen, falls es Schwierigkeiten geben sollte.«

»Warum rechnet Gauttier d'Arc denn mit Schwierigkeiten?«, fragte Frédéric, als sie sich später zur Ruhe legten.

»Wahrscheinlich ist er einfach ein vorsichtiger Mensch«, beruhigte ihn George. »Er wirkt nicht wie einer, der auf Abenteuer aus ist.«

Chip Chip wandte sich erstaunt zu ihr um.

»Sehe *ich* etwa so aus, als wäre ich auf Abenteuer aus?«

George lachte.

»Mach dir mal keine Sorgen«, erklärte sie und küsste ihn zärtlich. »Solange du mich an deiner Seite hast, wird alles gut.«

Am Nachmittag des 7. Novembers war es soweit. Mit all ihrem Gepäck – ein Pianoforte von der Firma Pleyel sollte dem Komponisten direkt von Marseille auf die Insel geschickt werden – fanden sie sich im Hafen ein. Als sie an Bord der *El Mallorquin* gingen, hielt George jedoch irritiert inne. Warum roch es hier so entsetzlich?

»Iiiigittt«, rief Solange und hielt sich ihr Näschen zu. »Hier stinkt es ja wie im Schweinestall von Bauer Picodet!«

Sie hatte recht. Georges Nachfrage ergab, dass am Vortag hundertfünfzig Schweine von Mallorca ans Festland herübergebracht worden waren. Obwohl der Kapitän schwor, dass man das Schiff am vorigen Abend gründlich gereinigt hatte, war der Geruch noch immer penetrant.

Doch das Wetter war herrlich, und in der frischen Brise an Deck vergaßen sie den Gestank, und abends waren sie alle von der Seeluft so müde, dass sie in ihren engen Kojen schliefen wie die Toten. Nur George lauschte noch eine Weile dem arabisch anmutenden, wehmütigen Gesang des Ersten Steuermanns, mit dem er sich offenbar wachzuhalten versuchte.

Am nächsten Morgen wurden sie von den Geräuschen emsiger Geschäftigkeit, dem Trappeln von Schritten und dem Rufen von Kommandos geweckt. Als sie sich an Deck begaben, sahen sie vor einem orange-rot glühenden Himmel die schwarze Silhouette der Insel. Dann schob sich im Osten die Sonnenscheibe nach und nach über den Rand des Horizontes und warf ihr goldenes Licht auf das Eiland. Alle verstummten, und selbst Solange, die immerzu etwas zum Plappern fand, wurde still und griff nach der Hand ihrer Mutter. Als sie die südwestliche Felsenküste umrundet hatten und Kurs auf den Hafen nahmen, erkannten sie vor einem im Morgendunst blau schimmernden Bergmassiv die Umrisse der Inselhauptstadt, die Silhouetten von Palmen und anderen, George unbekannten Bäumen im ersten Morgenlicht. Über den Dächern der Stadt thronte wie ein Märchenschloss ein prächtiges Bauwerk, das ihnen in seinen riesigen Dimensionen wie ein Traumbild erschien.

»*La Seu*«, antwortete der Erste Steuermann mit einem fröhlichen Lachen auf Georges Frage, was für ein Gebäude das sei. »Unsere Kathedrale. Sie ist der Heiligen Jungfrau Maria geweiht. König Jaume hat sie einst über einer Moschee erbauen lassen, damals, nachdem man die Mauren vertrieben hatte.«

»Sie ist wunderschön«, sagte Solange andächtig.

»Ja, ist schönste Kirche auf der Welt«, pflichtete ihr der Seemann bei und George bemerkte die Rührung in der Stimme des Mannes.

Ein Glücksgefühl erwachte in ihr, wie sie es lange nicht mehr verspürt hatte. Sie waren am Ziel ihrer Reise angelangt. Und das, was vor ihren Augen immer mehr Gestalt annahm, je näher sie dem Hafen kamen, übertraf ihre kühnsten Träume.

Sie gingen an Land, mit wackeligen Knien, denn sie mussten sich nach dieser achtzehnstündigen Fahrt über das Meer erst wieder an das feste Land gewöhnen. Vor ihnen erhob sich die Stadt mit fast orientalisch anmutenden Mauern, Zinnen und Türmen aus einem rötlich-gelben Gestein, das in der Morgensonne zu glühen schien. Während die anderen über die Fremdartigkeit um sie herum bestaunten, fiel George sofort die große Armut auf, in der sich die einfach gekleideten Menschen am Quai ganz offensichtlich befanden. In ihren Augen trugen die meisten Lumpen, nur die wenigsten hatten Schuhe an. Amélie hielt Solange fest an der Hand, so, als fürchtete sie, jemand könnte das goldlockige, hübsche Mädchen im nächsten Moment entführen, während George erfuhr, dass ihr Gepäck zuerst vom Zoll geprüft werden musste, ehe sie es auslösen konnten.

»Können Sie mir bitte sagen«, fragte George den Hafenmeister, der missgelaunt ihre Papiere kontrollierte, »wo wir ein gutes Hotel finden?«

Der Mann starrte sie an, dann spuckte er missbilligend auf den Boden, winkte einen jungen Mann in einem zerrissenen Hemd zu sich, dem vorne zwei Schneidezähne fehlten, und wechselte ein paar Worte mit ihm, die George nicht verstand. Der nickte und verschwand.

»Was ist denn nun?«, fragte sie ungeduldig den Beamten.

Doch der Hafenmeister würdigte sie keines Blickes mehr und hatte sich bereits anderem zugewandt. Ein paar Minuten standen sie ratlos am Hafen. Dann bog ein Maultierkarren um die Ecke und hielt direkt vor ihnen. Vom Bock sprang der junge Mann mit der Zahnlücke und begann, ihr Handgepäck aufzuladen.

»Hotel«, sagte er zu George in brüchigem Französisch, und half ihr und den anderen auf das klapprige Gefährt.

Für Solange schien alles nur ein Spiel, und Maurice war von dem Zauber des Neuen völlig absorbiert. Schwankend zuckelte das Gefährt mit ihnen durch ein trutziges Tor. Die Morgensonne gelangte noch nicht in das enge Gewirr von Gassen hinein und Georges Augen mussten sich erst an den Schatten gewöhnen.

»Siehst du«, sagte sie erleichtert zu Frédéric, als sie vor einem einfachen, aber hübschen Hotel hielten. »Und ob es hier Unterkünfte gibt!«

Doch groß war ihre Enttäuschung, als sie erfuhr, dass alle Zimmer belegt waren. Die freundliche Wirtin wechselte ein paar Worte mit ihrem Führer, offenbar gab sie ihm eine Empfehlung, und weiter ging die Fahrt durch die verwinkelte Altstadt. Bei der nächsten Adresse hatten sie ebenfalls kein Glück. Vier Hotels gab es in der Hauptstadt der Insel, und nirgendwo war auch nur ein Zimmer frei.

»Ich habe Hunger«, beschwerte sich Solange. »Und Durst.« Obwohl es noch keine zehn Uhr am Vormittag war, legte sich bereits eine sommerliche Hitze über die Stadt. Dabei war schon November.

»Was machen wir denn jetzt?«, fragte Frédéric, als sie in einer Bar, in der man sie anstarrte, als kämen sie vom Mond, einen schrecklich bitteren Kaffee tranken und die Kinder Zuckerwasser, das ihnen als Limonade verkauft wurde. »Glaubst du, wir finden etwas Passendes?«

George überlegte. Vielleicht sollten sie doch von dem Empfehlungsschreiben Gebrauch machen? Sie nannte ihrem einheimischen Führer den Namen Fleury und nach wortreicher Beratung mit dem Besitzer der Bar nickte er und brachte sie zum Sitz des Vizekonsuls.

Dieser empfing sie so zuvorkommend wie überrascht. Er überflog das Schreiben seines Vorgesetzten und faltete es dann sorgfältig wieder zusammen.

»Was für eine Ehre für unsere bescheidene Insel«, sagte er schließlich. »Meine Frau wird begeistert sein, Sie kennenzulernen, Madame, sie hat jeden Ihrer Romane geradezu verschlungen. Und natürlich ist auch Ihr Ruhm bis zu uns vorgedrungen, Monsieur Chopin. Nie hätte ich zu hoffen gewagt, Sie eines Tages hier persönlich vor mir zu sehen. Was kann ich für Sie tun?«

George setzte ihn in aller Kürze davon in Kenntnis, dass sie gern einige Monate auf der Insel leben und arbeiten wollten.

»Und dazu brauchen wir natürlich eine passende Wohnung«, schloss sie ihre Erläuterungen. Fleury nickte. Er wirkte besorgt.

»Ich verstehe«, sagte er und runzelte die Stirn.

»Das wird doch möglich sein?«, erkundigte sich Frédéric.

»Nun«, begann der Vizekonsul, »es kommt ein wenig darauf an, welche Vorstellungen Sie von der Wohnung haben, die Sie brauchen. Aber lassen Sie uns das Ganze doch bei einem zweiten Frühstück erörtern«, schlug er vor und warf Solange, die gelangweilt in einem Besuchersessel hing, einen mitleidigen Blick zu. »Ich nehme an, Sie sollten sich zunächst einmal stärken. Dann … nun ja, dann sehen wir weiter.«

An Gastfreundschaft ließ der junge Vizekonsul nichts zu wünschen übrig, und seine Frau, die nicht minder verwirrt über den unerwarteten Besuch war wie ihr Mann, überschlug sich geradezu, um den illustren Gästen auf die Schnelle einen angemessenen Imbiss zu bieten.

Doch als George wieder auf das Thema ihrer Unterkunft zu sprechen kam, sagte er: »Ich bin mir nicht sicher, ob es ganz einfach sein wird, Madame. Ausgerechnet heute ist in ganz Spanien der Ausnahmezustand verkündet worden, und da wir Franzosen Fremde in diesem Land sind, könnte das unter Umständen unangenehme Folgen haben.«

George wechselte mit Frédéric einen besorgten Blick.

»Wir sind Künstler, Monsieur«, sagte sie. »Alles, was wir suchen, ist Ruhe und einen Ort zum Arbeiten.«

»Ruhe und Zuflucht suchen hier seit einiger Zeit viele«, wandte Fleury ein. »Die Insel ist voll von Menschen, die aus den unterschiedlichsten Gründen den Wirren auf dem Festland entflohen sind. Aber«, fügte er hinzu, als er sah, wie seine Gäste erschraken, »seien Sie versichert, dass wir alles tun werden, um Ihre Wünsche zu erfüllen. Ich denke, für die Suche nach einem längerfristigen Quartier brauchen wir ein wenig Zeit. Lassen Sie uns deswegen eine vorläufige Unterkunft für Sie finden.«

Er gab sich wahrhaft Mühe, der hilfsbereite Monsieur Fleury. Und am Ende des Tages hatte er auch tatsächlich etwas für sie ausfindig gemacht. George wollte nicht undankbar sein, und deshalb schluckte sie ihre Enttäuschung hinunter, als sie die beiden spartanisch möblierten Räume im ersten Stock einer »Privatpension« in der *Calle del mar* im Viertel *Santa Creu* in der Nähe des Hafens besichtigte. Die Zimmer waren karg wie Klosterzellen, außer spartanischen Holzpritschen, Tischen und Stühlen befand sich nichts darin.

»Nun«, sagte George zu sich selbst, »es ist besser als nichts.«

Ein Schrei ließ sie im nächsten Moment auffahren und ins Zimmer nebenan laufen.

»Schau mal, was in meinem Bett ist«, beschwerte sich Solange und flüchtete zur Tür.

George sah eine dicke fette Spinne, die in aller Ruhe über das graufleckige Leintuch spazierte, auf der Suche nach einem Versteck.

»Das ist ein völlig harmloses Tierchen«, versuchte sie ihre Tochter zu beruhigen, »davon gibt es in Nohant doch auch jede Menge. Sie hat sicher mehr Angst als du.«

Doch ganz wohl war ihr nicht dabei. Was, wenn die Insekten auf dieser Insel gefährlicher waren, als die, die sie von zu Hause kannten? Sie ergriff beherzt einen Tonbecher, der auf dem Tisch stand, und stülpte ihn über das Tier. Dann sah sie sich nach einem Stück Pappe oder Ähnlichem um. Maurice kam ihr zur Hilfe, er hatte bereits den Zeichenblock aus seinem Rucksack geholt. Wenig später hatte seine Mutter die Spinne hinausbefördert und untersuchte nun gründlich alle Betten.

Die Leintücher waren an vielen Stellen geflickt. Weitere Insekten fand sie jedoch nicht.

»Es ist ja nur für den Übergang«, beruhigte sie die anderen und sich selbst gleich mit. »Was glaubt ihr, was ich auf meinen früheren Reisen alles erlebt habe. Dagegen ist so eine Spinne noch gar nichts.«

Alle halfen sie mit, die Räume so wohnlich wie möglich zu gestalten, auch wenn der Großteil ihres Gepäcks noch beim Zollamt im Hafen lag.

»Lange werden wir hier nicht sein«, sagte George zu Frédéric, als sie sich nach einem Stadtspaziergang todmüde auf den harten Pritschen ausstreckten.

»Du hast mich an einen wundervollen Ort gebracht, *Jutrzenka*«, flüsterte Frédéric, und zuerst wusste sie nicht, ob er das ironisch meinte oder nicht. »Die Sonne wärmt mich und die Meeresluft lässt mich leichter atmen. Es wird mein schönster Winter werden, da bin ich mir sicher.«

Er küsste sie und nahm sie zärtlich in seine Arme. George genoss seine Berührungen und entspannte sich nach und nach in seiner Umarmung. Er hatte recht. Wenn sie es sich recht überlegte, hustete er schon seit einer Weile nicht mehr so wie zu Hause. Alles würde gut werden. Arm in Arm schliefen sie schließlich ein.

Am nächsten Morgen erwachten sie von einem ungeheuren Lärm. Erschrocken sprang George aus dem Bett und trat ans Fenster, um nachzusehen, woher das Dröhnen von Metall auf Metall kam. Sie konnte nichts erkennen, doch als sie sich angezogen hatte und vor das Haus trat, wurde ihr alles klar: Ihr Logis lag direkt über einer Schlosserei.

Von morgens bis in die Nacht hinein, nur unterbrochen von einer großzügigen Mittagspause, begleitete sie nun das Hämmern der Schmiede. Sie flohen hinaus in die Stadt, und zum Glück war es warm genug, um sich den ganzen Tag im Freien aufzuhalten.

Der Vizekonsul bemühte sich weiter, eine passende Unterkunft für sie zu finden, jedoch ohne Erfolg. Die Tage vergingen und George erwog mehr als einmal, wieder abzureisen. Und doch waren sie alle vollkommen entzückt von dieser Insel. Palma, die Hauptstadt, erschien ihnen als ein einziges Wunderwerk, und Maurice wurde nicht müde, sie aus allen möglichen Blickwinkeln zu zeichnen. Zwei Tage lang kämpfte George im Hafen mit den Zollbeamten, öffnete Kisten und Koffer, bis sie schließlich nach Begleichung einer saftigen Gebühr ihr Gepäck auslösen konnte.

Die Sonne brannte aus einem sommerlichen Himmel, Amélie suchte die leichten Kleider für George und ihre Tochter aus dem Koffer, die sie ganz unten eingepackt hatten, denn schließlich war man bei feuchtkalten Temperaturen abgereist. Maurice und Frédéric liefen in stillem Einvernehmen von morgens bis abends durch die Stadt, besichtigten die imposante Kathedrale, die die Einheimischen *La Seu* nannten, weil sie die Bischofskirche des Bistums Mallorca war, und »Seu« bedeutete so viel wie »Sitz«. Ihr gegenüber lag der aus den Zeiten der muslimischen Herrschaft stammende Almudaina-Palast, die heutige königliche Residenz, von Soldaten streng bewacht, auch wenn sich die spanische Königin bei der unsicheren politischen Lage im ganzen Reich sicher nicht aus ihrem Palast in Madrid herauswagen würde. Über der Stadt thronte wie eine Krone das kreisrund erbaute Castell de Bellver. Und während Chopin in der Sonne saß und vor sich hinträumte, füllte Maurice zum Amüsement der Gassenjungen Seite um Seite seines Skizzenblocks mit all diesen Motiven. Denn zurück zu ihrer Unterkunft, da waren sich der Komponist und der angehende Maler einig, würden sie erst wieder gehen, wenn die Metallhämmer schwiegen.

Eine dauerhafte Bleibe zu finden, gestaltete sich für George mehr und mehr zum Albtraum. Dabei lag es nicht am Geld, finanziell waren sie gut ausgestattet. Buloz hatte einen Vorschuss ausbezahlt, und auch Chopin hatte sich in den vergangenen beiden Jahren als der gefragteste Klavierpädagoge ganz Frankreichs ein Vermögen verdient. Er konnte sich vor Schülern – und vor allem vor Schülerinnen, denn das Klavier war vor allem ein Instrument für Damen und höhere Töchter – kaum retten, trotz des exorbitanten Honorars, das er für die Stunde verlangte.

George hatte außerdem aus ihren leidvollen Erfahrungen in Venedig gelernt und sich von ihrem Pariser Bankier ein Dokument mitgeben lassen, das ihr uneingeschränkten Kredit einräumte. Er hatte ihr empfohlen, sich auf der Insel an einen Kollegen namens Eliseu Canut zu wenden, der sie mit Bargeld versorgen würde. Und so nutzte George Sand die Zeit in Palma, sich dem *Senyor*, wie es auf den Balearen hieß, persönlich vorzustellen.

Senyor Canut hatte bereits ein Schreiben des Kollegen aus Paris erhalten und war somit im Bilde. Nachdem das Geschäftliche so problemlos erledigt werden konnte, schlug der Bankier vor, George mit seiner Frau, die aus einer französischen Familie stammte, bekannt zu machen.

»Hélène würde es mir niemals verzeihen«, sagte er mit einem Zwinkern, »wenn ich Sie so einfach wieder gehen ließe. Sie ist eine große Bewunderin Ihrer Bücher, Madame.«

Und tatsächlich war es zwischen George und Hélène Canut Freundschaft auf den ersten Blick. Sie tranken englischen Tee miteinander, was sehr in Mode war, und als die Dame des Hauses erfuhr, dass niemand Geringerer als Frédéric Chopin sie begleitete, bekam sie hektische, rote Flecken im Gesicht vor lauter Aufregung.

»Ich spiele selbst Klavier«, berichtete sie. »Natürlich nur als Amateurin. Und stellen Sie sich vor, erst vor ein paar Monaten schickte mir meine Mutter Noten von Monsieur Chopin. Eine Mazurka. Und jetzt sind Sie beide hier? Ach ist das wundervoll. Glauben Sie, er würde einer Einladung folgen und für uns spielen? Ich meine, falls es ihm nicht unangenehm ist. Ich möchte ihn keineswegs zu etwas nötigen.«

»Ich glaube, das würde er sehr gerne tun«, antwortete George Sand.

Chopin sagte tatsächlich gerne zu, er vermisste sein Pianoforte ganz fürchterlich und improvisierte vor Freude eine ganze Stunde lang auf dem Instrument, auch wenn es längst nicht von so ausgezeichneter Qualität war wie die Klaviere aus der Manufaktur seines Freundes und Herausgebers Camille Pleyel.

»Monsieur Pleyel hat versprochen, ihm eines auf die Insel zu schicken«, erzählte George. »Eigentlich müsste es längst hier sein. Aber noch wissen wir ja gar nicht, wo es einmal stehen soll. Sie kennen nicht zufällig jemanden, der ein Haus oder eine größere Wohnung an uns vermieten würde?«

»Nun, meine Liebe, das ist nicht einfach«, erklärte Hélène bedauernd. »Die Menschen hier sind es nicht gewohnt, etwas zu vermieten. Jeder lebt in seinen eigenen vier Wänden, und seien sie auch noch so bescheiden. Was genau suchen Sie denn?«

»Ach, ganz egal«, erklärte George. »Wir brauchen genug Platz, schließlich sind wir drei Erwachsene und zwei Kinder. Und ein wenig gemütlich sollte es schon sein.«

Hélène machte ein nachdenkliches Gesicht.

»Mein Mann hat da vor ein paar Jahren ein altes Kloster in den Bergen gekauft«, meinte sie dann. »Damals, als es säkularisiert wurde und die Mönche es verlassen mussten. Nun ja«, fügte sie hinzu und schüttelte sich ein wenig, »als gemütlich kann man es wohl nicht gerade bezeichnen. Ich finde diesen Ort eher unheimlich, ich kann mir nicht vorstellen, dass Sie sich dort wohlfühlen würden. Aber ich werde mich sehr gerne umhören.«

George bedankte sich. Die Wohnungssuche brannte ihr unter den Nägeln. Sie waren schließlich nicht gekommen, um Urlaub zu machen. Buloz wartete auf ihre Seiten. Und Chopin hatte Camille Pleyel eine Serie von Klavier-Préludes versprochen, dafür befanden sich bereits Entwürfe im Gepäck. Seine Kompositionen waren gefragt, im Oktober war die vierte seiner *Mazurkas opus 33* gedruckt erschienen und, wie alle seine Kompositionen, mit großer Begeisterung aufgenommen worden. Überall in Europa saßen Frauen an ihren Klavieren und Flügeln und übten die sehnsuchtsvollen Stücke ihres großen Idols Frédéric Chopin. Sogar die berühmte deutsche Pianistin Clara Wieck hatte einige seiner Werke in ihrem Konzertprogramm.

Und hier auf dieser traumhaften Insel, unter der südlichen Sonne, umgeben von einer wildromantischen Landschaft, von Bergen und Meer, würde ihr Geliebter noch viel mehr von diesen wundervollen Stücken komponieren. Wie sehr sie sich darauf freute. Nur mussten sie endlich dieser Hölle über der Schlosserei entkommen.

✎ ～

Es war Hélène, die Abhilfe brachte. Am siebten Tag nach ihrer Ankunft auf der Insel sprach ein gut gekleideter und offenbar wohlhabender Landbesitzer namens Gomez bei ihnen vor. Ja, er habe ein Haus in den Bergen, nicht weit von der Stadt entfernt. Es sei das Sommerhaus der Familie.

»Würden Sie es uns vermieten?«

»Vielleicht«, antwortete er und zwirbelte an seinem Schnauzbart herum. »Unter Umständen.«

»Können wir es besichtigen?«

Senyor Gomez betrachtete sie eingehend und überlegte.

»Wie lange wollen Sie denn bleiben?«, fragte er zurück.

»Ein paar Monate vielleicht«, antwortete George. »Bis zum Frühjahr. Falls das möglich ist.«

»Nun«, antwortete Senyor Gomez, »im Sommer müssen Sie wieder draußen sein. Denn dann nutzen wir die Villa selbst.«

323

George fiel ein Stein vom Herzen. Es war gerade Anfang November, bis zum Sommer war es noch lange hin. Sie versicherte Gomez, dass das in Ordnung ginge.

Gleich am nächsten Morgen fuhren sie alle mit ihm in seinem Pferdewagen hinaus in Richtung der nördlich gelegenen Berge. Hier, am Ende eines fruchtbaren Tals, die Berge im Rücken, fanden sie ein geräumiges Haus auf einer kleinen Anhöhe inmitten von Gärten vor. Inzwischen hatte George schon einige Behausungen ohne Fenster und Türen besichtigt, denn Glas war kostbar und die Vorbesitzer pflegten beim Weiterverkauf alles auszubauen und mitzunehmen, was nur irgend möglich war. Wer ein solches Haus kaufen oder mieten wollte, musste zuerst Fenster und Türen wieder neu einbauen lassen, was sicherlich nicht innerhalb weniger Tage oder gar Wochen möglich gewesen wäre. Hier, in der *Villa Son Vent* des Senyor Gomez', gab es zu ihrer Erleichterung Türen, auch fast alle Fenster waren verglast und es gab sogar hölzerne Läden. Das gesamte Grundstück schien solide befestigt, auf der Terrasse standen einfache Tongefäße mit Aloen und anderen Sukkulenten, und in dem verwilderten Garten blühten Rosen und duftende Geranien, Orangen- und Zitronenbäume trugen goldene Früchte.

»Hast du die Betten gesehen?« Solange stupste sie an, sie hatte bereits das gesamte Haus erforscht. George schmunzelte. Für ihre Tochter war ihr Bett schon immer das Wichtigste gewesen.

Ja, die gesamte Einrichtung war einfach, aber solide, kein Vergleich zu der luxuriösen Ausstattung ihres Hauses in Nohant. Ein schlicht gezimmerter Tisch mit rustikaler, sandgescheuerter Platte befand sich im Esszimmer. Die Sitze der aufrechten Stühle aus gedrechseltem Holz waren nicht gepolstert, sondern aus geflochtenem Bast.

»Es wird schon gehen«, sagte George und sah aus dem Fenster. Von hier aus überblickte man die Ebene und die Hauptstadt, dahinter funkelte ein Streifen Meer. Das nächste Gehöft lag ein ganzes Stück weit entfernt. Das mit der Einrichtung würde sich schon finden. Hauptsache, sie hatten endlich einen Ort, an dem sie sich niederlassen und ihre sieben Sachen auspacken konnten.

»Wir nehmen das Haus«, sagte sie zu Gomez. »Was kostet die Miete?«

»Fünfzig französische Franken im Monat«, sagte er. Sie atmete auf und bemerkte erst dann den listig lauernden Ausdruck in den Augen des Besitzers. Sie schluckte. Für Pariser Verhältnisse war es nicht teuer. Verglichen mit den auf der Insel üblichen Preisen zog Gomez sie jedoch gerade wohl gewaltig über den Tisch.

»Einverstanden«, sagte sie dennoch. »Dafür helfen Sie mir, noch ein paar Möbel aufzutreiben, nicht wahr?« Und dann setzte sie ihm auseinander, was sie noch alles benötigten.

Erst, als sie sich einigermaßen eingerichtet hatten, wurde George bewusst, wie anstrengend die vergangenen Wochen gewesen waren. Doch der Anblick ihrer ausgelassen im Garten herumtobenden Kinder und der glückliche Ausdruck auf Frédérics Gesicht entschädigten sie für alles. Ihr Herz ging auf, wenn sie sah, wie ihr Chip Chip unter den Orangen und Zitronen, den Zedern und Feigenbäumen staunend herumging, hier an einer Blume schnupperte und dort einen Zweig aufhob. Er hustete nur noch selten, die Sonne tat ihm wohl. Als es ihr sogar noch gelang, mithilfe von Madame Canut ein Klavier aufzutreiben, das verstaubt und vergessen im Gemeindehaus herumgestanden hatte, war George restlos glücklich. Das Inselleben konnte beginnen. Es war so warm, dass sie nachts bis fünf Uhr draußen auf der Terrasse schreiben konnte, ohne ihre Familie zu stören.

Ihre Familie. Sie fühlte, wie glücklich Frédéric Chopin dieses Wort machte. *Moja rodzina* hieß das auf Polnisch, und er sagte es oft, wenn er die Kinder zufrieden miteinander spielen sah oder sie alle zu einer Mahlzeit am Tisch versammelt waren. Es waren die ersten Worte in seiner Sprache, die sie lernte. Zwar hatte sie nachgeschaut, was »ich liebe dich« in seiner Muttersprache hieß, doch dieses *kocham cię* war ihr noch nicht über die Lippen gekommen. Nicht, weil sie es nicht fühlte. Sondern weil sie fürchtete, einmal ausgesprochen, würde es Frédéric irritieren.

Bislang hatte er diese Worte nämlich auch noch nicht zu ihr gesagt, weder auf Französisch noch auf Polnisch. Nicht mit Worten. Aber wenn er nun am Klavier fantasierte und sie ansah mit seinen wundersamen Augen, die im Licht der Kerzen die Farbe zu wechseln schienen, mal dunkler und mal heller wirkten, ganz wie das Klavier mitunter silberhell klang und dann wieder düster und schwer, dann las sie in ihnen, was noch kein Mann in ihrem Leben ihr je entgegengebracht hatte: ein Gefühl, tief und rein, ohne Drama, ohne Wildheit, ohne Forderung, ohne Klage – das Gefühl der selbstverständlichen Verbundenheit und des Vertrauens, das sich unter seinen Händen in Klang verwandelte. *Moja rodzina.* Noch nie hatte sie so viel Frieden bei einem Mann gefunden, wie bei Frédéric.

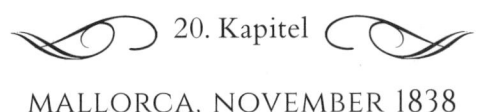

20. Kapitel

MALLORCA, NOVEMBER 1838

Die Gemeinde Establiment, was so viel wie »Aufteilung« oder »Parzellierung« bedeutete, bestand aus einigen über die Berghänge weit verstreuten Gehöften, die aus der Ferne imposant wirkten. Wenn George sich ihnen jedoch auf einem ihrer vielen Spaziergänge näherte, stellte sie jedes Mal fest, dass sie aus mehreren Gebäuden bestanden, von denen die meisten Stallungen oder Speicher waren. Die Wohnhäuser selbst waren dagegen winzig. Hecken aus Feigenkakteen bildeten natürliche, bizarre Zäune, dahinter zogen die Bauern Zwiebeln, Knoblauch, Tomaten und Paprika und auf den Feldern dunklen Mais, den sie in Girlanden gebunden an den Gebäudefassaden trockneten. Zwischen den terrassenförmig angelegten Gärten duckten sich weitere kleine Häuser, in denen Kleinbauern oder Landarbeiter hausten, meist bestanden sie aus einem einzigen, fensterlosen Raum.

Solange, die immer rasch Anschluss an andere Kinder fand, hatte sich bald mit zwei Mädchen angefreundet, die auf den Wiesen oberhalb des Dorfes ein paar dürre Ziegen hüteten und so unglaublich braune Füße hatten, dass George sich nicht sicher war, ob es ihre natürliche Hautfarbe oder einfach nur Dreck war. Solange wollte nun auch unbedingt barfuß laufen, aber ihre zarten Sohlen zwangen sie bereits nach drei Schritten zur Umkehr.

»Wieso können die das und ich nicht?«

George erklärte ihr, dass ihre neuen Freundinnen von klein auf daran gewöhnt waren und ihre Sohlen eine dicke Schicht Hornhaut hatten, früher oder später würde sie die spitzen Steine auch nicht mehr spüren. Und als sie bemerkte, dass Solange bereits nach dem ersten Tag draußen beim Ziegenhüten ihren Rock zerrissen hatte, hieß sie ihre Tochter am nächsten Tag die Hose anziehen, die sie auch in Nohant beim Spielen draußen trug. Doch schon nach einer halben Stunde kam Solange wütend und völlig aufgelöst zurück.

»Was ist los?«, fragte George sie.

»Stell dir vor, die wollen nichts mehr mit mir zu tun haben«, beschwerte sich Solange.

»Und warum nicht?«

»Weil ich Jungenkleider anhabe«, heulte das Mädchen los. »Sie haben sogar mit Steinen nach mir geworfen«, schluchzte sie, »und haben sich ihre Röcke vor die Gesichter gehalten. So als wäre ich … wäre ich …«

»Was ist denn hier los?« Chopin stand in der Tür. Sie hatten ihn bei seiner Arbeit gestört, erst jetzt wurde George bewusst, dass sein Klavierspiel seit einigen Minuten verstummt war. »Warum weinst du, *kochanie*?«

»Die blöden Ziegenmädchen lassen mich nicht mehr mitspielen!« Solange stampfte mit dem Fuß auf.

»Und warum nicht?«

»Wegen der dummen Hosen«, plärrte Solange. »Ich will wieder meinen Rock anziehen«, schrie sie ihre Mutter an. »Ich will so aussehen wie sie!«

»Das wird dir nichts nützen«, erklärte Frédéric traurig, setzte sich auf einen der wackeligen Stühle und nahm das Mädchen auf seinen Schoß. »Heute sind es die Hosen. Morgen ist es das, was du sagst. Was du denkst und fühlst. Sie schicken dich fort? Sie haben recht, Prinzessin. Du bist anders als sie.«

»Aber … aber … ich will doch auch Spaß haben, Chip Chip«,

flüsterte Solange so unglücklich, dass es George das Herz zusammenschnürte.

»Spaß?«, fragte der Komponist und warf George über den Kopf des weinenden Mädchens hinweg ein melancholisches Lächeln zu. »Dafür sind wir nicht auf der Welt. Vielleicht sind wir ein paar Tage lang glücklich und haben Spaß. Aber dann …« Er hielt inne und starrte auf Solanges Scheitel. »Ich fürchte, diese kleinen Wilden haben dir noch einen ganz anderen Spaß verpasst. *Jutrzenka*, sieh doch mal. Sind das etwa Läuse?«

Es stimmte. Auf der Kopfhaut der Kleinen bewegte sich etwas. George rief nach Amélie, und unter dem entsetzten Geheul des Mädchens wurde ein großer Topf Wasser erhitzt. Dann seifte das Dienstmädchen Solange gründlich die Haare ein und kämmte diese dann Locke für Locke aus und strich den Kamm jedes Mal sorgfältig auf einem weißen Stück Leintuch aus. Da sie den Befall früh bemerkt hatten, konnten sie das Übel gerade noch rechtzeitig abwenden.

Sie ließen sich von solchen Kleinigkeiten die Laune nicht verderben, auch nicht, als sie der Pfarrer der Kirchengemeinde aufsuchte und sie dazu aufforderte, am Sonntag zum Gottesdienst zu erscheinen. George lud den streng blickenden Geistlichen ein, sich mit ihnen an den Tisch zu setzen, doch er lehnte ab und verschwand, wie er gekommen war.

»Was hat er gesagt?«, erkundigte sich Frédéric irritiert.

»Dass wir zum Gottesdienst kommen sollten«, antwortete George halb amüsiert, halb verärgert.

»Ja, warum nicht«, meinte Frédéric. »Wir könnten hingehen und ich spiele für sie auf der Orgel. Was meinst du?«

»Wenn du das möchtest, kannst du das gerne tun«, antwortete George und sah der schwarz gekleideten Gestalt des Geistlichen nach. »Mir ist nicht danach.« Schon gar nicht nach dieser unfreundlichen Begegnung, fügte sie in Gedanken hinzu.

Schon einen Tag später konnte sie über den Besuch des Pfarrers schmunzeln. Maurice, der ihn hatte kommen und gehen sehen, imitierte trefflich seinen hochmütigen Gang und brachte sie alle damit zum Lachen.

»Ich kann ja mal eines deiner Kleider anziehen und damit spazieren gehen, damit mich alle sehen«, schlug der Fünfzehnjährige vor. »Dann sind sie vollends verwirrt.«

»Das wirst du auf keinen Fall tun«, entgegnete seine Mutter und konnte sich ein Grinsen doch nicht verkneifen. Auch Frédéric machte keine Anstalten, am Sonntag in die Kirche zu gehen, und so vergaßen sie den Besuch des Geistlichen bald wieder.

Um das herrliche Wetter auszunutzen, unternahmen sie stattdessen lieber weite Wanderungen die Hügel hinauf bis zur Baumgrenze und noch höher bis in die Bergwelt der Tramuntana, genossen die Aussichten über dieses wilde Stück Eiland, die sich immer wieder eröffneten, oder spazierten den ausgetrockneten Bachlauf gleich neben ihrem Haus entlang hinunter in die fruchtbare Ebene, wo Mandel- neben Johannisbrotbäumen wuchsen und Orangen neben Zitronen. Das Rascheln der Palmblätter im Wind wurde zu ihrer Gutenachtmusik in der nächtlichen Stille, in der nur hin und wieder von einem der benachbarten Gehöfte der Klang einer Gitarre herüberwehte, ein melancholisches Singen oder das feine Klingen einer Glocke, wenn sich ein Esel oder ein Maultier im Schlaf bewegte.

»Ich befinde mich unter Palmen, Zedern und Kakteen, Orangen, Zitronen, Aloen, Feigen und Granatäpfeln – und was dieser Garten hier alles noch zu bieten hat. Der Himmel gleicht einem Türkis, das Meer leuchtet azurblau, die Berge wie Smaragde, die Luft ist paradiesisch«, schrieb Chopin an seinen Freund Alfred Grzymała. »Tagsüber ist es warm und sonnig, und nachts gibt es Gitarrenklänge und Lieder ohne Ende. Es geht mir viel besser.«

Und dann, Anfang Dezember, bekam er plötzlich während eines Spaziergangs ganz unerwartet einen schweren Hustenanfall. Er ließ sich auf einem großen Stein am Wegrand nieder und presste beide Hände gegen die Brust. Er hustete und hustete und es schien, als könnte er gar nicht wieder damit aufhören.

»Was ist los mit dir, Chip Chip?«, fragte ihn Solange besorgt und legte ihren Arm um seine bebenden Schultern. Endlich verebbte der Anfall. Doch Frédéric wirkte plötzlich bleich und angegriffen. Langsam traten sie den Heimweg an und mussten dabei wiederholt warten, bis Frédéric nach weiteren Hustenkrämpfen wieder zu Atem kam.

»Hast du einen Zug abbekommen?«, fragte George ihn nach dem Abendessen, als die Kinder schon im Bett waren. Es war noch immer spätsommerlich warm, die Türen und Fenster standen offen. Duftende Orangen lagen in einer Schale auf dem Tisch, ein Strauß weißer Rosen aus dem Garten leuchtete in der einbrechenden Dunkelheit.

Er zuckte mit den Schultern. »Es wird schon wieder vergehen«, sagte er, stand auf und setzte sich ans Klavier.

Am nächsten Morgen musste Frédéric Chopin im Bett bleiben. Die Nacht war unruhig gewesen, immer wieder war George an seinem bellenden Husten aufgeschreckt. Sie war aufgestanden, und da Amélie offenbar tief und fest schlief oder es zumindest vorgab, hatte sie sich selbst darum gekümmert, Wasser für einen Kräuteraufguss abzukochen und ihrem Lebensgefährten warme Wickel für die Brust zu machen.

Die Medikamente, die Chopin in seinem Gepäck mitgebracht hatte, halfen nicht, und gegen Mittag beschloss George, einen Arzt zu Rate zu ziehen.

Sie bat einen der Nachbarn, sie und Amélie mit seinem Eselgespann in die Stadt zu fahren, und als er die Münzen sah, die sie ihm anbot, tat er ihr den Gefallen. Sie sprach bei Fleury vor, der ihr seinen eigenen Arzt empfahl, der auf seine Fürsprache hin sogar bereit war, noch am selben Tag mit ihr hinauszufahren und nach Frédéric zu sehen. Die Wartezeit, bis er soweit war, nutzten die beiden Frauen dazu, Lebensmittel einzukaufen, und wie gut sie daran tat, sollte sich erst in den nächsten Tagen erweisen.

Der Arzt, ein würdevoller Herr um die sechzig, untersuchte Chopin und machte ein ernstes Gesicht.

»Es ist die Lunge«, sagte er schließlich gewichtig zu George.

Sie nickte. Dass es die Lunge war, lag ja auf der Hand.

»Was können Sie für ihn tun?«, fragte sie den Arzt.

»Er muss sich ausruhen«, erklärte er. »Die Luft wird ihm guttun. Sie sind erst vor Kurzem auf der Insel angekommen? Kochen Sie ihm Tee aus Salbeiblättern, das wird ihm helfen. Das wird schon wieder, Sie werden sehen.«

Er schrieb umständlich eine gesalzene Rechnung aus, kassierte das Geld, dann wünschte er alles Gute und fuhr zurück in die Stadt.

»Du hast es gehört«, erklärte Chopin mit einem ironischen Lächeln, und unterdrückte seinen Husten. »Ich bin gesund, *Jutrzenka*. Um das zu hören, haben wir teuer gezahlt.«

In der folgenden Nacht begann der Regen. George erwachte von einem gewaltigen Rauschen, stand auf und trat ans Fenster. Die Temperatur war beträchtlich gefallen, im Nu fühlte sich ihr Nachthemd klamm an. Eilig schlüpfte sie zurück unter die Leintücher und schmiegte sich an Frédéric. Sie erschrak. Sein Körper fühlte sich eisig an.

»Mir ist so kalt«, wisperte er.

Sie erhob sich erneut, holte ihr Wolltuch aus dem Schrank und breitete es über dem Bett aus. Als das nicht reichte, legte sie noch ihre Mäntel über sie beide. Immer wieder wurde Frédéric von seinem Husten geschüttelt. Irgendwann schlief er wieder ein. Doch um Georges Ruhe war es geschehen. Eigentlich sollte sie aufstehen und schreiben. Doch sie konnte sich nicht dazu aufraffen. Sie fröstelte sogar unter dem Berg aus Decken. Hoffentlich ging es wenigstens den Kindern gut.

Sie hatte gehofft, dass der anbrechende Tag wieder Sonne und Wärme bringen würde, doch dem war nicht so, der Regen nahm sogar noch zu. Als sie aus dem Fenster blickte, war ihr, als hätte eine unsichtbare Hand die ganze Aussicht ausgewischt und übrig blieb ein weißliches Einerlei. Erst nach einer Weile wurde ihr klar, dass sich eine Wolke auf dem Hügel niedergelassen hatte, auf dem das Haus stand. Hinter dem Grundstück rauschte das Wasser in dem vormals ausgetrockneten Flussbett, in dem Maurice und Solange noch vor wenigen Tagen hübsche, farbige Steine gefunden hatten. Jetzt stürzte dort ein reißender Bach hinab in die Ebene und schwoll von Stunde zu Stunde an.

George ging hinaus in den Regen, um nach Salbeiblättern Ausschau zu halten. Zum Glück kannte sie sich mit Heilpflanzen aus, zu Hause in Nohant hatte sie einen richtigen Kräutergarten angelegt. Sie war klatschnass, als sie endlich einen kräftigen Salbeibusch fand und gleich mehrere Zweige davon abbrach. Sie ließ Amélie einen Aufguss davon machen, fügte Honig hinzu und hoffte auf Besserung.

»Ich friere«, jammerte Solange. »Wieso haben wir eigentlich keinen Kamin?«

George hatte keine Antwort darauf. Als sie das Haus besichtigt hatten, war Sommerwetter gewesen. Sie, die so leicht fror, hatte nicht auf die Heizmöglichkeit im *Son Vent* geachtet, als sie es gemietet hatte.

»Sicherlich wird es bald wieder warm«, versuchte sie sich selbst und die anderen zu beruhigen. Zumindest würde der Regen bald aufhören. Und als er tatsächlich nachließ und die Wolken aufrissen, begab sie sich erneut in die Stadt und stattete Hélène Canut einen Besuch ab.

»Das Haus hat keine Heizung«, schilderte sie bei einer Tasse Tee ihre Lage. »Aber es ist kalt dort draußen in den Bergen, viel kühler als hier. Außerdem brauchen wir einen guten Arzt.«

Madame Canut, die sich offenbar in der Verantwortung fühlte, schließlich hatte sie Senyor Gomez an George Sand und Frédéric vermittelt, nahm die Sache in die Hand. Sie schickte dem Vermieter eine Notiz mit der Bitte, für Heizbecken im *Son Vent* zu sorgen, legte entschlossen ihr Cape um und führte George zu einem anderen Arzt und überzeugte den, umgehend den Patienten draußen in dem Landhaus aufzusuchen und gesund zu machen.

Es war deutlich zu merken, dass der Mann alles andere als erfreut darüber war, bei diesem Wetter in die Berge zu fahren. Tatsächlich war es in der Stadt längst nicht so unangenehm, wie in Establiment, obwohl der Ort nur wenige Meilen entfernt lag. Von Palma aus war die dicke Wolke deutlich zu erkennen, die über dem Hügelland hing, und sobald sie in sie eintauchten, sank die Temperatur spürbar.

»Ihr Mann braucht ein bestimmtes Medikament«, erklärte dieser Arzt, nachdem er Frédérics Auswurf ausgiebig studiert hatte.

»Gut«, sagte George erleichtert, endlich etwas unternehmen zu können. »Welches Mittel ist es?«

»Ich schreibe es Ihnen auf«, antwortete der Arzt und kritzelte etwas auf einen Block. »Aber hier auf der Insel werden Sie es nicht bekommen. Man muss es vom Festland schicken lassen.«

George sank das Herz.

»Wie lange wird das dauern?«, erkundigte sie sich. »Lassen Sie öfters Medizin vom Festland kommen?«

»Natürlich«, gab der Arzt hochmütig zurück und schloss seine Tasche. »Um diese Jahreszeit kann das ein paar Wochen dauern. Die Schiffe verkehren bei diesem Wetter nicht.«

»Wirklich nicht?« George fuhr der Schreck durch alle Glieder. Keine Schiffe bedeutete auch kein Postverkehr. Dabei musste sie demnächst Buloz die nächsten Kapitel schicken. »Aber was tun wir denn dann?«

»Nun ja«, meinte der Arzt und begab sich zur Tür. »Vielleicht haben Sie ja Glück. Ich werde es für Sie bestellen, wenn Sie wünschen. Mal sehen, ob es in Barcelona vorrätig ist. Aber es muss im Voraus bezahlt werden …«

Natürlich. George beeilte sich, den Arzt mit dem nötigen Geld auszustatten. Hoffentlich hatte er Unrecht, hoffentlich verkehrten die Dampfschiffe zwischen Palma und Barcelona. Alles andere wäre eine Katastrophe.

Gegen Abend erschien ein Bauer und brachte im Auftrag von Senyor Gomez zwei eiserne, archaisch wirkende Kessel auf drei Beinen mit einem spitz zulaufenden Deckel, in dem sich Schlitze befanden. Außerdem holte er noch einen Sack mit Mandelschalen von seinem Wagen.

»Was ist das?«, fragte George ratlos, als der Mann ihr die Metallgefäße auf die Treppen stellte, die zum Hauseingang führten.

Sie wiederholte ihre Frage auf Spanisch und erntete einen mitleidigen Blick. Dann schleppte der Bauer einen der Kessel in die Küche, stellte ihn mitten ins Zimmer auf den Fußboden, füllte ihn zu einem Drittel mit Mandelschalen und zündete das Ganze mithilfe von harzhaltigen Hölzchen an. Sofort begann ein beißender Rauch den Raum zu erfüllen.

»Was soll das?«, rief George. »Wozu soll das gut sein?«

Der Bauer fügte den Deckel auf die Feuerschale und sagte etwas, was George nicht verstand, ging vor dem Feuer in die Hocke und rieb sich darüber die Hände. Sollten das etwa die versprochenen Heizöfen sein?

Und wieder wurde George zur Kasse gebeten. Sie war den Tränen nahe, als sie die geforderten Münzen abzählte, und nicht nur wegen des Rauchs in der Küche.

»Mach das Höllenfeuer bitte wieder aus«, bat Chopin sie zwischen zwei Hustenanfällen. »Willst du mich ersticken?«

Nein, das wollte sie nicht. Als sie gemeinsam mit Amélie die glühenden Schalen in den Garten kippte, denn das Metallgefäß war unglaublich schwer, setzte der Regen wieder ein.

Ratlos sank sie neben Frédéric auf den Rand des Betts. Er war gottlob eingeschlafen, sein Gesicht wirkte wie aus Wachs, unter den Augen hatte er tiefe, dunkle Ringe. Wenigstens ließ ihm sein schlimmer Husten eine kleine Ruhepause. ›Du musst gesund werden‹, dachte sie so intensiv sie nur konnte.

Sie hob den Blick und bemerkte einen dunklen Streifen an der Decke nahe der Außenwand, der immer länger wurde. Erschrocken sah sie zu, wie sich ein Tropfen bildete, der an der Zimmerwand herablief. Sie sprang auf und besah sich den Schaden. Das Dach war undicht.

»Maman, Maman«, hörte sie ihre Tochter rufen. »Es regnet auf mein Bett.«

George schloss die Augen. Ihr Aufenthalt auf dieser Insel hatte so wunderschön begonnen. Sollte er womöglich zum Albtraum werden?

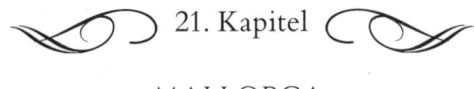

21. Kapitel

MALLORCA,
ANFANG DEZEMBER 1838

Es regnete ohne Unterlass die ganze nächste Woche lang. Es wurde Dezember, und es sah nicht so aus, als wollte sich das Wetter bessern. Sie hatten Schüsseln und Töpfe unter den Stellen aufgestellt, wo das Wasser ins Haus eindrang. Mehrmals versuchte George, mit den neuen Kesseln, die der Bauer ihnen verkauft hatte, einzuheizen. Vielleicht lag es ja an ihr, möglichweise hatte sie nur den Dreh noch nicht heraus. Doch jedes Mal musste sie ihre Versuche abbrechen, denn der Rauch verschlimmerte Frédérics Zustand. Wirklich warm wurde es ohnehin nicht.

Madame Fleury kam sie besuchen und brachte wieder einen anderen Arzt mit. George war ihr unendlich dankbar, doch auch dieser Mann konnte Frédéric nicht helfen. Er redete gestenreich auf die Frau des Vizekonsuls ein, doch diese zuckte ratlos die Achseln. So gut spräche sie nun auch wieder nicht spanisch, erklärte sie verlegen. All diese Fachausdrücke, die der Arzt benutzte, verstünde sie nicht.

Sie hatte einen Sirup mitgebracht, den ihre Köchin aus Zwiebelsaft und Honig zubereitet hatte. Der Arzt grinste ironisch, als sie das Hausmittel auspackte, doch tatsächlich verschaffte er Frédéric vorübergehend ein wenig Linderung. Dass dieser Hustensaft ihn heilen könnte, das erwarteten sie allerdings nicht.

Am nächsten Morgen erschien Senyor Gomez, und George hoffte schon, er würde etwas gegen die Feuchtigkeit im Haus unternehmen. Stattdessen war sein Gesicht wutverzerrt.

»Verlassen Sie auf der Stelle mein Haus«, schrie er sie an. »Wie können Sie es wagen, einen Tuberkulösen hier einzuquartieren? Wissen Sie denn nicht, wie ansteckend diese Krankheit ist? Gehen Sie! Packen Sie alles zusammen und verschwinden Sie!«

»Beruhigen Sie sich, Senyor!«, entgegnete George konsterniert. »Hier hat niemand Tuberkulose.«

»Sie lügen!«, brüllte der Mann. »Sie haben nicht ohne Grund Ärzte kommen lassen, und die erzählten etwas anderes. Ich bestehe darauf, dass Sie ausziehen. Und zwar noch heute.«

»Heute? Sind Sie verrückt geworden? Wo sollen wir denn hin?«

»Das ist nicht meine Sorge«, entgegnete Gomez und wandte sich zum Gehen. »Fahren Sie meinetwegen zum Teufel. Aber mein Haus wird auf der Stelle geräumt!«

George wusste nicht, was sie sagen sollte. Noch immer hoffte sie, den Mann besänftigen zu können. Doch der Vermieter wurde von Moment zu Moment wütender. Er nahm einen der Stühle und schlug ihn auf den steinernen Boden, dass er zerbrach. »Das muss alles verbrannt werden!«, schrie er. »Die Möbel, die Betten, alles, was der Kranke je berührt hat. Wir werden die Wände neu kalken müssen, und Sie …«, Er wies mit dem Finger auf George und näherte sich ihr drohend. »Sie werden mir die Kosten erstatten.«

Auf einmal stand Chopin in der Tür, eine Wolldecke um die Schultern gelegt.

»Was ist hier los, *Jutrzenka*?«, fragte er.

Gomez wich entsetzt zurück.

»Bleiben Sie, wo Sie sind«, schrie er. »Ich werde jetzt gehen. Und wenn ich heute Abend wiederkomme, dann will ich keinen einzigen von Ihnen mehr in meinem Haus sehen. Haben

Sie verstanden? Sonst komme ich mit der Guardia Civil und lasse es räumen.«

Chopin begann zu husten, und Senyor Gomez floh zur Tür hinaus, sprang auf seinen Maultierkarren und gab dem armen Tier die Peitsche.

»Was hat der Mann denn?« Frédéric verstand noch immer kein Wort Spanisch.

»Er wirft uns aus dem Haus«, sagte George tonlos.

»Was? Aber warum denn?«

Sie musste mit den Tränen kämpfen, so sehr war sie am Ende ihrer Kräfte angelangt.

»Er denkt, du hast eine ansteckende Krankheit. Dieser idiotische Arzt hat diesen Unsinn verbreitet.«

Chopin runzelte die Stirn. Er wirkte noch besorgter als zuvor.

»Du meinst, die Schwindsucht?«

George zuckte mit den Schultern und vermied es, ihm in die Augen zu sehen. »Keine Ahnung. So etwas Ähnliches vielleicht.«

»Und … hat er recht?«

»Aber nein, Chip Chip«, erklärte George im Brustton der Überzeugung. »Das ist Unsinn. Diese Menschen hier … sie sind abergläubisch und … und völlig ungebildet. Natürlich hast du nicht die Schwindsucht. Ein bisschen Husten. Aber der ist doch nicht ansteckend. Schau uns an. Keiner von uns hustet, und wir leben seit Wochen mit dir zusammen.«

»Ein bisschen Husten?«, wiederholte Chopin und lehnte sich gegen den Türstock. »Mir geht es nicht gut, *Jutrzenka*, gar nicht gut. Wo sollen wir denn jetzt hin?«

George überlegte fieberhaft. Gomez schien es wirklich ernst zu meinen. Sie musste zu Fleury, er war der Einzige, der diesen Mann wieder zur Vernunft bringen konnte. Hastig zog sie ihre Stiefel an. Aufgrund der Kälte trug sie ohnehin tagaus tagein ihre wärmsten Männerhosen.

»Bitte leg dich wieder hin«, bat sie Frédéric. »Ich fahre mit den Kindern zu Monsieur Fleury. Amélie wird bei dir bleiben und dir etwas zu essen machen.«

Sie rief Solange und Maurice, die sich widerwillig aus ihren Decken schälten. Maurice war gerade dabei, eine Zeichnung zu kolorieren, während Solange gelesen hatte. Keiner von beiden hatte Lust, mit ihrer Mutter zum Nachbarn zu gehen, erneut um den Eselwagen zu betteln und in die Stadt zu fahren. Als sie endlich im Haus des Vizekonsuls ankamen, war es bereits Mittag. Monsieur Fleury hörte sich ihre hastig vorgebrachte Geschichte an.

»Ich rede mit ihm«, sagte er. »Machen Sie sich keine Sorgen.«

»Aber das müsste sofort geschehen«, bat George voller Angst. »Er hat gesagt, dass wir heute noch …«

Fleury beruhigte sie, ließ einen Wagen anspannen und seinen warmen Mantel bringen.

»Das wird sich alles einrenken«, erklärte er noch einmal. Dann ließ er die verzweifelte George und ihre Kinder bei seiner Frau zurück.

Maurice und Solange genossen es, am Feuer zu sitzen und heiße Schokolade zu trinken, während George keine Ruhe fand.

»Hat er das auch zu Ihnen gesagt, gestern?«, fragte sie Madame Fleury. »Ich meine, dass Monsieur Chopin die Schwindsucht hat?«

»Der Arzt? Ich weiß nicht …« George hatte das Gefühl, dass ihre Gastgeberin ihr auswich. »Möchten Sie noch Tee? Nein?« Ein unangenehmes Schweigen entstand. »Nun ja, Doktor Fernandez ist offenbar der Meinung, es könnte sich um Tuberkulose handeln«, gab sie schließlich zu. »Und sein Kollege, der vergangene Woche bei Ihnen war, sagte etwas Ähnliches. Offenbar haben sie es für ihre Pflicht gehalten, Monsieur Gomez davon zu unterrichten. Aber ganz bestimmt wird mein Mann ihn zur Vernunft bringen. Man kann nicht einfach jemanden wie Sie und Monsieur Chopin vor die Tür setzen, das geht doch nicht. Noch dazu in diesem Zustand. Sie werden sehen, er beruhigt sich wieder.«

George dachte an die Feuchtigkeit im *Son Vent*, an die Löcher im Dach. Sie wünschte selbst, sie könnten irgendwo anders wohnen. Aber wo?

Die Rückkehr des Vizekonsuls ließ auf sich warten. Seine Frau nutzte die Gelegenheit, George Sand über ihr Leben als Schriftsteller auszufragen, und obwohl sie vor Sorge kaum ruhig sitzen konnte, beantwortete sie geduldig alle Fragen. Woher sie nur ihre Ideen nähme. Und wie sie es schaffe, so produktiv zu sein. Ob ihr denn immer etwas einfiele? Vor allem die Frage, die fast jeder ihr stellte, schien Madame enorm zu beschäftigen: Ob sie in der Figur der *Lélia* sich selbst dargestellt hatte?

Endlich kam Monsieur Fleury zurück. Er wirkte abgekämpft.

»Nun, mein Lieber, da bist du ja endlich«, begrüßte ihn seine Frau. »Hast du den alten Sturkopf überzeugen können?«

»Nein«, antwortete der Vizekonsul und ließ sich erschöpft in einen Sessel fallen. »Er lässt nicht mit sich reden. Sie werden wohl oder übel sein Haus räumen müssen.«

George starrte ihn entsetzt an. Sie dachte an Frédéric, der dort im *Son Vent* in seinem klammen Bett lag und sich die Seele aus dem Leib hustete. Was um alles in der Welt sollten sie nur tun?

»Sie ziehen vorerst zu uns«, erklärte Madame Fleury und warf ihrem Mann einen vorwurfsvollen Blick zu. »So geht das doch nicht. Soll es von uns einmal heißen, wir hätten George Sand und Frédéric Chopin auf der Straße gelassen? Oh nein. Wir werden etwas viel Schöneres für Sie finden, meine Liebe. Das schreckliche Haus von diesem Gomez ist doch feucht, sie sagen, dass es überall reinregnet? Also, wenn man da nicht schon krank ist, muss man es unbedingt werden.« Die sonst so sanfte Madame Fleury redete sich direkt in Rage. »Also los, verlieren wir keine Zeit«, sie erhob sich entschlossen. »Fahren wir hinaus und holen den armen Kranken.« Sie klingelte nach ihrer Haushälterin und gab Order, Betten zu richten und Kamine einzuheizen. »Das wäre ja nochmal schöner«, erklärte sie empört. »Und du«, sagte sie zu ihrem Gatten, »du kümmerst dich um eine neue Wohnung für unsere Gäste.«

∽ ∾

Es entging George nicht, dass sie in einem Flügel des Konsulats untergebracht wurden, der am weitesten von den Räumen der Familie Fleury entfernt lag. Fürchteten denn auch diese guten Leute, von Chopin angesteckt zu werden? Es brauchte fast zwei Tage, bis diese Zimmer warm wurden, denn sie waren lange nicht benutzt worden. Trotzdem empfanden sie es alle als Wohltat, sich hier ausruhen zu dürfen.

»Ich möchte nach Hause, Madame«, erklärte ihr am nächsten Morgen ihr Hausmädchen Amélie. »Bitte seien Sie mir nicht böse, aber ich halte es hier nicht mehr aus.«

»Du willst uns im Stich lassen?« George konnte es nicht glauben.

»Sie haben mir etwas anderes versprochen«, entgegnete die junge Frau. »Einen milden Winter unter südlicher Sonne. Ich wusste nicht, dass wir einen Todkranken zu pflegen haben. Ich bin keine Krankenschwester. Außerdem haben Sie schon wieder keine Bleibe.«

»Aber im Moment gehen doch gar keine Schiffe?«

»Das ist mir egal«, brach es aus Amélie heraus. »Lieber bleibe ich bei Madame Fleury, bis die wieder fahren. Aber ich möchte besser heute als morgen aus ihren Diensten austreten.«

Tief enttäuscht entließ George sie, was sollte sie auch sonst tun? Madame Fleury war die Sache sichtlich unangenehm.

»Ich brauche eigentlich gar kein Dienstmädchen«, versicherte sie George. »Aber da sie so unglücklich zu sein scheint …«

»Ist schon in Ordnung«, erklärte George. »Es ist sehr freundlich von Ihnen, dem Mädchen diese Möglichkeit zu geben. Sie hat in den letzten Wochen ohnehin kaum Motivation gezeigt, sich in unserer Familie zu engagieren.«

Frédéric erholte sich ein wenig, doch George hatte noch eine Menge Scherereien mit Gomez auszustehen. An einem Nachmittag, als der Regen nachgelassen hatte, machte er seine Drohung wahr und entfachte im unteren Garten des *Son Vent* ein riesiges Feuer, worauf er alles werfen lassen wollte: Matratzen, Betten, Tisch und Stühle, die Wäsche, die sich in den Schränken befunden hatte, ja sogar die Schränke selbst. Sogar das Kruzifix, das an der Wand des Schlafzimmers gehangen hatte. Monsieur Canut hatte davon Wind bekommen und George benachrichtigt, und so war sie gemeinsam mit seiner Frau zur Villa gefahren, und da sie ohnehin für alles bezahlen musste, hatte sie gerettet, was zu retten war: Die Wäsche und das Geschirr, Besteck, Töpfe und Karaffen und vor allem das Klavier, das auch die Gemeinde nicht mehr zurückhaben wollte. Wer wusste schon, wie ihre künftige Wohnung eingerichtet sein würde, wenn sie denn eine fanden? Als sich nichts mehr in der *Villa Son Vent* befand, ließ Senyor Gomez die Wände und Decken frisch kalken. Dann erschien er im Konsulat und präsentierte George Sand die Rechnung.

»Haben Sie auch nicht vergessen, bei der Gelegenheit das Dach abdichten zu lassen?«, fragte ihn George sarkastisch. »Wie schön, dass Sie auf unsere Kosten Ihr marodes Haus sanieren konnten.«

»Wenn Sie sich weigern zu zahlen, übergebe ich alles meinem Advokaten«, gab er zornig zurück. »Sie brauchen es bloß zu sagen.«

Sie bezahlte, was der Mann verlangte. Ihr fehlte die Kraft, gegen ihn anzukämpfen. Es wäre wohl ohnehin das Beste, es zu halten wie ihr Hausmädchen und in Kürze abzureisen. Sobald sich Frédéric besser fühlte, würden sie mit Freuden das Dampfschiff besteigen und dieser Insel den Rücken kehren.

Chopin erholte sich tatsächlich, konnte das Bett verlassen und an dem Klavier von Madame Fleury weiterkomponieren. Alle gingen auf Zehenspitzen, wenn die zwischen Dur und Moll changierende Melodie im getragenen Dreivierteltakt durch die Räume des Konsulats klang.

»Eine weitere Mazurka«, verriet Frédéric beim Abendessen auf Madame Fleurys Frage, woran er da gerade arbeite. »Falls ich die Kraft habe, sie jemals zu vollenden.«

Ein betretenes Schweigen folgte, und George wurde es bang ums Herz. Sollte es wahr sein, was diese dummen Ärzte erzählten? Würde sie die Liebe ihres Lebens an diese Krankheit verlieren, vor der sich hier alle so sehr fürchteten?

»Das … ist ein Stück aus ihrer polnischen Heimat, nicht wahr?« George sah dankbar zu Monsieur Fleury, der mit seiner Frage die lastende Stimmung gebrochen hatte. Und während Frédéric erklärte, dass es sich in der Tat um einen langsamen Tanz aus der Provinz Masowien östlich von Warschau handelte, der große Ähnlichkeit mit einem Wiener Walzer hatte, beschloss sie, alles dafür zu tun, damit er wieder gesund wurde.

∽ ∼

An eine Heimreise war jedoch nicht zu denken. Über der Insel tobten Winterstürme, das Meer war aufgewühlt, die Schiffe blieben vorerst vor Anker.

An einem dieser Tage suchte George einmal wieder den Bankier, Monsieur Canut, auf, um Geld abzuheben. Auch ihm war ihre Vertreibung aus *Son Vent* natürlich zu Ohren gekommen, ganz Palma sprach davon, und er erkundigte sich besorgt nach Frédérics Befinden.

»Es geht ihm deutlich besser«, antwortete George. »Aber wir sind wieder auf der Suche nach einer Unterkunft. Es ist zwar schrecklich nett von Madame und Monsieur Fleury, uns Obdach zu gewähren. Aber auf Dauer können wir ihnen natürlich unmöglich zur Last fallen.«

Der Bankier legte seine Stirn in nachdenkliche Falten.

»Wenn es Ihnen nicht zu abgelegen ist«, begann er, »dann hätte ich vielleicht etwas für Sie. Meine Frau findet zwar, dass es zu wenig Komfort hat. Aber entscheiden Sie doch einfach selbst.«

George horchte auf.

»Sie hätten ein Haus für uns?«

Canut schüttelte den Kopf.

»Nein«, sagte er und schmunzelte. »Kein Haus. Eine Kartause.«

Im Orden der Kartäuser, das wusste George, war das Prinzip der Einsiedelei mit dem Leben in einer religiösen Gemeinschaft verbunden worden. *La Grande Chartreuse* in der Nähe von Grenoble war die erste Gründung dieser Art, von Otto von Köln im elften Jahrhundert errichtet. Die Zellen in einem solchen Kloster waren demnach lauter kleine, in sich abgeschlossene Einsiedlerwohnungen mit einem Raum fürs Gebet, einem weiteren zum Schlafen, einer eigenen Kochstelle und meist sogar einer eigenen Werkstatt, je nach Beruf des Mönchs. Und nun erfuhr sie, dass es auch hier auf dieser Insel eine solche Kartause gab.

»Aber wo sind die Kartäuser?«, fragte George den Bankier.

»Die sind alle fort«, antwortete Canut ausweichend. »Das Gebäude mit den Wohnzellen der Mönche, eigentlich alles, bis auf die Kirche und die Sakristei, stand zum Verkauf. Da hab ich zugegriffen. Möchten Sie es sich ansehen? Im Augenblick wohnt ein Ehepaar vom spanischen Festland in den besser erhaltenen Zellen. Der Rest ist ziemlich verwahrlost.«

»Und was ist mit dem spanischen Paar?«, fragte George.

»Das hat beschlossen, die Insel zu verlassen.« Canuts Miene war undurchdringlich. »Also, wirklich luxuriös ist es nicht«, fügte er hinzu und ordnete die Papiere auf seinem Schreibtisch. »Aber wenn Sie mich fragen: Es ist romantisch. Und die Landschaft ausgesprochen schön. Wild und naturbelassen. Man hat einen wundervollen Blick von dort ...«

»Das ist auch das Einzige, was daran wirklich schön ist«, fiel Madame Canut ein, die unbemerkt eingetreten war. »Ganz ehrlich, mich würden keine zehn Pferde in dieses Gebirge bringen.«

»Es war immerhin mal ein Königspalast«, wandte ihr Mann ein, »ehe es zur Kartause wurde.«

»Darf ich Sie zu einer Tasse Tee einladen, Madame?« Madame Canut tat so, als hörte sie nicht, was ihr Mann sagte.

»Oder soll ich anspannen lassen, und wir fahren hinaus nach Valldemossa?«, warf ihr Gatte ein. »Der Regen hat aufgehört, und wenn ich mich nicht irre, kommt sogar die Sonne heraus.«

George entschied sich für Letzteres. Sie wollte diesen Ort sehen, den selbst ein nüchterner Geldmensch wie Canut als »romantisch« bezeichnete. Und so fuhr sie gemeinsam mit dem Bankier in dessen Kutsche wieder einmal nach Norden, vorbei an den Ansiedlungen, die sie bereits kannte, überquerte die Brücke über den immer noch reißenden Gebirgsbach, der an ihrer ehemaligen Bleibe vorüberdonnerte. Immer höher hinauf ging die Fahrt in die Berge, in denen sie Wanderungen unternommen hatten, ehe das schlechte Wetter die Landschaft völlig verwandelt hatte.

Dreieinhalb Stunden dauerte die Fahrt, und spätestens, als sie nach zwei Drittel den Feldweg verließen, den man hier »Straße« nannte, und einem in den Fels geschlagenen, ausgesetzten Pfad folgten, befielen George Zweifel, ob es vernünftig war, so weit von der Hauptstadt entfernt mitten im Gebirge Quartier zu beziehen. Mal führte der Weg an steilen Abgründen entlang und war kaum breit genug für einen Wagen, dann wieder schlängelte er sich durch eine enge Schlucht direkt neben einem Gebirgsbach. Und doch konnte sie nicht anders als staunen angesichts dieser monumentalen Landschaft, sich nicht sattsehen an den Felsformationen und überraschenden Ausblicken.

»Gleich sind wir da«, sagte Monsieur Canut. Sie sah auf, und ihr Herz schlug heftiger. Denn vor ihnen öffnete sich ein enges Tal zu einem wahren Frühlingsgarten.

Am Fuße von bewaldeten Höhenzügen, die talwärts in fruchtbare Gartenterrassen übergingen, lag wie ein Adlernest auf einer Anhöhe eine kleine ockerfarbene Ansammlung von Häusern, Dächern und Zinnen. Auf einer benachbarten Terrasse, vom Ort ein wenig abgesetzt, erkannte George die langgestreckte, einstöckige Anlage des Klosters, umgeben von Zypressen und Orangenbäumen. Hier befand sich eine zweite Kirche mit zwei Türmen, die unterschiedlicher nicht sein konnten: einer viereckig und trutzig, ganz offensichtlich nicht zu Ende gebaut, der andere elegant und schmal mit einem blauverzierten Dach. Der Bankier warf ihr einen prüfenden Blick zu, doch George schwieg. Das alles war viel zu schön, um wahr zu sein. Sie erinnerte sich daran, was Madame Canut gesagt hatte, dass die Umgebung das einzig Schöne an der ganzen Sache war. Und so beschloss George, auf der Hut zu sein. Denn eine weitere Katastrophe konnten sie sich angesichts Frédérics Gesundheitszustands nicht leisten.

Als sie das Dorf durchquerten, kamen Kinder aus den Häusern gerannt und liefen schreiend hinter ihnen her. Hier und dort erschienen Frauengestalten in den Türen, offenbar kam hier selten ein Fremder vorbei. Das letzte Stück musste man zu Fuß gehen, es war unmöglich, mit dem Wagen den steilen, gepflasterten Weg bis ganz vor die Kartause hinaufzufahren. Doch das störte George nicht. Im Gegenteil sie genoss während des Aufstiegs den Blick auf die Umgebung. Es schien ihr, als habe sie nie etwas Heitereres und zugleich Melancholischeres gesehen als diese Landschaft mit ihren Zypressen und Steineichen,

Johannisbrotbäumen und Pinien, Pappeln und Olivenbäumen, nie zuvor war ihr bewusst geworden, wie viele Schattierungen der Farbe Grün die Natur zu bieten hatte, wie unterschiedlich Bäume in Wuchs und der Form der Blätter sein konnten. An Wasser schien kein Mangel, überall plätscherte und rauschte es unter dem dichten Wuchs von Büschen und Gräsern. Am schönsten aber empfand sie die tiefgrüne Bergkette hinter der Kartause, die auf beiden Seiten in Hügeln auslief und diesen Ort trichterförmig zu umarmen schien. Die Mönche hatten dieses Tal am Ende der Bergkette in einen fruchtbaren Garten verwandelt und in unermüdlicher Arbeit Terrassen angelegt. Und auf der ganz oben befand sich die langgestreckte Anlage der Kartause.

»Im Grunde sind es drei Kartausen, die nacheinander angelegt wurden und die man irgendwann zu einer einzigen zusammengefasst hat«, erklärte Canut. »Aber nur die jüngst erbaute ist bewohnbar. Der Rest sind Ruinen.«

»Warum wohnt dann dort niemand?«

»Im Sommer kommen gerne Leute aus der Stadt hier hoch, wenn es in Palma unerträglich heiß ist«, antwortete der Bankier. »Aber natürlich gibt es Menschen, die das ganze Jahr über hier sind und nach dem Rechten sehen. Der einstige Mesmer schaut nach der Kirche, er wohnt in der Nähe der Pforte. Der Apotheker der Kartäuser versteckt sich auch noch hier irgendwo. Er konnte der Vertreibung entgehen, der arme Teufel, fragen Sie mich nicht, wie. Und dann ist da noch Maria Antonia, eine wahre Perle. Ich denke, Sie werden froh sein, sie an Ihrer Seite zu haben. Sie kann für Sie kochen und den Haushalt führen, wenn Sie das wünschen.«

Oh, das klingt vielversprechend, dachte George erleichtert, während Canut an das riesige Tor pochte. Wenn sich jemand um den Haushalt kümmerte, nachdem Amélie sie verlassen hatte, könnte sie endlich mit dem Unterricht ihrer Kinder beginnen, der über all ihren Schwierigkeiten ganz ins Hintertreffen geraten war. Von ihrem Schreibpensum, dem sie gewaltig hinterherhinkte, ganz zu schweigen.

Ein älterer Mann in einer dunkelgrauen Wolljacke, in der er fast gänzlich verschwand, öffnete ihnen, und Canut stellte ihn als den Mesner vor. Vor George öffnete sich ein langer, hoher Flur, dessen Decke in einem einfachen Kreuzrippengewölbe auslief. Der Boden, über den sie schritten, war mit abgewetzten Steinplatten belegt. Zu ihrer Linken reihte sich Tür an Tür. Auf der rechten Seite lag hinter offenen Fensterbögen mit runden Oberlichtern ein verwilderter Kreuzgang.

»Zwölf Zellen«, erklärte Canut, während sie an den Türen vorübergingen, »für zwölf Mönche. Und da drüben, auf der anderen Seite des Kreuzgangs, befinden sich zwölf Kapellen, denn jeder Kartäuser hatte seine eigene. Dort hinten sind die Zellen, die bald frei werden. Und gleich daneben wohnt Maria Antonia. Ich stelle Sie am besten gleich mal vor.«

Eine schlanke Frau mittleren Alters, der man ansah, dass sie einmal bessere Zeiten gesehen haben musste, öffnete ihnen auf ihr Klopfen. Warum es sie vom spanischen Festland vor einigen Jahren auf die Insel verschlagen hatte und wie es dazu kam, dass sie sich darauf spezialisiert hatte, den Gästen der Kartause »das Leben zu erleichtern«, wie sie es lächelnd nannte, darauf gab sie nur ausweichend Antwort. Als George sie fragte, wie sie ihre Dienste entlohnt haben wollte, schlug sie theatralisch-verschämt die Hände vors Gesicht.

»Oh, Senyora«, rief sie aus. »Ich mache das aus reiner Liebe zu Gott. Aus Freundschaft. Geld will ich keines. Das Einzige, was ich mir wünschte, wäre, falls es Ihnen nichts ausmacht, dass Sie mich an Ihren Familienmahlzeiten teilhaben lassen. Das wäre mir Lohn genug.«

Also gegen Kost, dachte George. Logis hat sie ja bereits. Sie willigte gern ein. Es würde ihrer aller Horizont erweitern, wenn sie mehr Kontakt zu einer Einheimischen hätten, auch wenn Maria Antonia nicht ursprünglich aus Valldemossa stammte.

Und Frédéric war ohnehin dafür, dass man in einer großen Familie miteinander lebte.

Inzwischen hatte Monsieur Canut bei seinen Mietern geklopft, die die Kartause bald verlassen wollten. Jetzt bat er George einzutreten, und durch einen winzigen, finstern Gang, der vom Kreuzgang durch eine schwere Tür zu erreichen war, betraten sie die ehemalige Eremitenwohnung.

Ein noch junger Mann mit einem Vollbart und wachen, ernsten Augen nickte zum Gruß, seine Frau zog ein gewobenes Schultertuch aus roter und schwarzer Wolle enger um ihre Schultern. George war gerührt von ihrer melancholischen Anmut, mit der sie sie begrüßte und sofort die Augen niederschlug. Ihr Mann lud George höflich ein, die einzelnen Räume der Zelle genauer zu besichtigen.

»Die Aufteilung ist in allen sogenannten Zellen gleich«, erklärte Canut.

Drei geräumige Zimmer mit Decken aus Kreuzrippengewölben bildeten eine Wohneinheit. Der Spanier zeigte ihr, wie man sie im hinteren Bereich durch Fensterrosetten belüften konnte.

»Der mittlere Raum diente früher dem Gebet und der Lektüre der Heiligen Schrift«, erklärte der Mann mit dem Vollbart und wies auf einen fest eingebauten, riesigen Betstuhl an der Wand. »Wir haben hier unser Wohnzimmer eingerichtet, wie Sie sehen. Hier rechts befindet sich das Schlafzimmer.«

Alles war zwar klein, aber angenehm, vor allem die Höhe der Räume vermittelte George das Gefühl, hier leichter atmen zu können. Sie besichtigte noch die ehemalige Mönchswerkstatt, die nun als Küche und Esszimmer diente. Zu ihrer großen Freude gab es sogar einen offenen Kamin.

»Er zieht nicht sehr gut«, warnte sie die Frau. »Deshalb haben wir ihn nicht benutzt.«

»Da Sie zu viert sind«, warf Canut ein, »könnten Sie die Zelle nebenan dazu mieten. Monsieur Chopin und Sie brauchen ja sicherlich jeder ein Arbeitszimmer für sich allein. Wir werden alles so herrichten lassen, wie Sie es benötigen. Ich werde Maria Antonia anweisen, das zu arrangieren.«

»Das wäre schön«, antwortete George wie benommen und folgte dem Paar durch das hintere Zimmer hinaus in einen Garten. Jeder Kartäuser hatte hier seine eigene kleine Parzelle. Die Beete waren verwildert, offenbar hatte sich schon lange keine sachkundige Hand mehr um sie gekümmert. Und doch erkannte George mit einem Blick, dass hier einmal über Jahrhunderte hinweg sorgfältige Gärtner gewirkt haben mussten. Granatäpfel, Orangen, Zitronen und andere, ihr unbekannte Zitrusfrüchte wuchsen hier in mit gelbem Stein eingefassten Beeten, in denen wilde Nelken wuchsen, Pelargonien, Klivien, Lorbeer und Gamander. Das Schönste jedoch war die Aussicht über die hüfthohe Naturmauer hinweg Richtung Nordwesten. Zwischen den abfallenden Hängen zweier Bergrücken der Tramuntana öffnete sich der Blick hinunter auf die Ebene und das Meer. Und direkt unter ihr fächerte sich Terrasse um Terrasse der Orangenhain auf, den sie während ihres Aufstiegs zur Kartause schon gesehen hatte.

»Wie zauberhaft!«, entfuhr es ihr. Rechter Hand floss in einem gemauerten Wasserbecken kristallklares Wasser durch den Garten und ergoss sich an seinem Ende in die untere Terrasse.

»Sie sind also interessiert?«, fragte sie der Bankier, der neben sie getreten war.

»Ja, das bin ich«, antwortete sie. So schlicht die Räume waren, so strahlten sie doch eine unglaubliche Harmonie aus. »Hier werden wir wohl endlich Ruhe finden.« Und wie zur Bestätigung rissen die Wolken auf, und die Wintersonne goss ihr magisches Licht über die Landschaft.

»Wie sieht es denn mit dem Mobiliar aus?«, erkundigte sich George.

»Die gehören alle den Herrschaften«, antwortete Canut. »Wenn Sie möchten, frag ich sie, ob sie sie Ihnen verkaufen

möchten. Ich kann mir nicht vorstellen, dass sie das alles mit-
schleppen wollen.«

Der Bankier lag richtig, die beiden spanischen Flüchtlinge,
für die George sie hielt, machten ihr ein mehr als faires Angebot, zu dem sie ihr die Betten, Tische, Stühle und Schränke
überlassen wollten. Sogar ein kleiner Sekretär befand sich unter den Möbeln. Sie wurden rasch handelseinig. Und ehe sie es
sich versah, hatte sie gleich zwei dieser Wohnungen gemietet,
die den Kartäusern einst als Zellen gedient hatten.

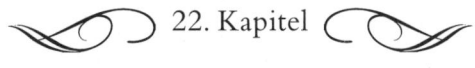

22. Kapitel

VALLDEMOSSA, MALLORCA,
MITTE DEZEMBER 1838

Der Umzug war an einem Tag vollzogen. Canut hatte sie mit einem Bauern namens Senyor Donés bekannt gemacht, der gewöhnlich die Besucher in seiner Kutsche gegen ein Entgelt nach Palma fuhr, und der nun den Transport ihrer wenigen Dinge besorgte, die sie aus dem *Son Vent* gerettet hatten. Zusammen mit den von den vorigen Mietern übernommenen Möbeln richteten sie sich in der Kartause ein. Darunter befand sich ein bequemes Sofa mit großen Leinenkissen, die mit Schafwolle gefüllt waren, das bald bei den Kindern äußerst beliebt war, passende Sessel und bessere Betten, als sie bislang auf ihrer gesamten Reise angetroffen hatten, die wenigen Nächte unter dem Dach des Vizekonsuls einmal ausgenommen.

Frédéric betrachtete alles staunend aus seinen großen, graublauen Augen und hatte keinerlei Einwände. Die Vorstellung, in den Räumen zu wohnen und zu arbeiten, in denen Generationen von Mönchen in schweigender Kontemplation zwar Wand an Wand, aber jeder in absoluter Einsamkeit gelebt hatten, faszinierte ihn, und bereits am Tag nach ihrem Einzug begann er, zu komponieren. George und die Kinder waren noch damit beschäftigt, Kisten auszupacken und ihre persönlichen Gegenstände in den Räumen zu verteilen und so anzuordnen, dass sie ihnen ein Gefühl von Zuhause vermittelten, als die ersten Töne des alten Klaviers, das sie der Zerstörungswut des Senyor Gomez entrissen und bis hierher ins Gebirge verfrachtet hatten, durch das ehrwürdige Gebäude klangen.

»Hört nur«, sagte George und ließ die Hände sinken. »Ist das nicht wundervoll?«

Die neue Umgebung schien Frédéric bestens zu bekommen. Seine produktivste Zeit in diesem Winter begann. Die perlenden, mal heiteren, dann wieder schwermütigen Préludes erfüllten die Stille der Kartause. Préludes waren ursprünglich nichts anderes gewesen, als eine improvisierte Einleitung eines Musikers in der Tonart und mit Motiven des eigentlichen Stückes wie beispielsweise eines Kirchenchorals. Johann Sebastian Bach, den Frédéric sehr bewunderte und dessen Noten er stets mit sich führte, hatte sie jeweils seinen großen Fugen vorangestellt, wie ein Bravourstück zum Warmwerden, um die Finger geläufig zu machen und an die entsprechende Tonart zu gewöhnen. Frédérics Préludes jedoch waren mehr als nur Vorspiele, sie waren eigenständige Werke, ihnen folgte kein anderes, gewichtigeres Stück, sie standen für sich und eröffneten dem Zuhörer einen Klangraum, in dem seine Gedanken und Empfindungen auf Reisen gehen konnten. Wie sein großes Vorbild wollte er Préludes in jeder der zwölf Tonarten, und zwar in Dur wie in Moll, also vierundzwanzig an der Zahl zu einem großen Zyklus zusammenfassen. So systematisch er dies allerdings erdacht hatte, so frei und emotional entfaltete sich jedes einzelne Stück.

»Das klingt wie das Rauschen unseres Baches«, sagte Solange einmal hingerissen.

»Das kommt dir nur so vor«, widersprach ihr geliebter Chip Chip. »Meine Musik bildet keine Naturgeräusche ab. Sie steht für sich.«

»Aber sie bildet doch Gefühle ab?«, wagte George einzuwenden. Frédéric jedoch runzelte unwillig die Stirn.

»Was habt ihr nur immer mit dem Abbilden«, sagte er unwirsch. »Musik ist etwas Abstraktes. Sie imitiert nicht.« Und dabei blieb er und keiner wagte mehr, ihm zu widersprechen, auch wenn sie alle nicht anders konnten, als alles Mögliche aus diesen wundervollen Kompositionen herauszuhören: den Gesang eines Vogels, die rhythmischen Huftritte eines Esels, das einsame Lied eines Hirten und immer wieder Wasser, rauschend, tropfend, plätschernd.

Die Kartause mit ihren verwilderten Gärten und den angrenzenden Ruinen war viel zu faszinierend, als dass sich Maurice und Solange auf den Unterricht mit ihrer Mutter konzentrieren konnten. Oft erlagen sie der nahezu magischen Anziehungskraft dieses verwunschenen Ortes und verschwanden für Stunden. Mitunter blieb George beinahe das Herz stehen, wenn sie in den Garten trat und die beiden wie zwei Kätzchen in den alten Gemäuern herumklettern sah. Aber alles Zurechtweisen nützte nichts, sie musste einsehen, dass nichts aufregender sein konnte, als immer neue Kammern und Nischen zu entdecken, Gewölbe zu erkunden und dabei »Schätze« zu bergen wie Reste einer Verzierung, Splitter farbigen Glases oder Steine, an denen noch winzige Reste einer fein ziselierten Steinmetzarbeit zu erkennen waren. Maurice versicherte ihr, dass er mit seinen fünfzehn Jahren alt genug sei, um auf sich und seine kleine Schwester aufzupassen, sie seien ganz bestimmt umsichtig und würden nichts riskieren.

»Hast du denn gar keine Schmerzen mehr in deinen Gelenken?«, fragte sie ihn besorgt.

»Nein!«, antwortete er gut gelaunt. »Mir ging es schon lange nicht mehr so gut.«

Erleichtert überließ George die beiden dem unwiderstehlichen Abenteuerspielplatz, den die ausgedehnte Anlage der ehemals drei Kartäuserklöster ihnen bot.

Eine Zeit lang hellte es auf, das Wetter wurde freundlich, ein strahlend blauer Himmel wölbte sich über das zauberhafte

Tal von Valldemossa, die Sonne brachte die durch den Regen frisch ergrünte Vegetation zum Leuchten.

Ehe George es sich versah, hatte Frédéric still und heimlich Freundschaft geschlossen, und zwar mit dem ehemaligen Apotheker der Kartäuser, der, wie Canut erzählt hatte, der Vertreibung der Mönche entgangen war. Obwohl der kein Wort Französisch und Frédéric ebenso wenig Spanisch sprach, schienen die beiden sich zu verstehen. Der ehemalige Kartäuser lebte scheu wie ein Hase in einer Zelle außerhalb der »neuen« Kartause in der Nähe der Klosterpforte. Seine Eingangstür war hinter einem riesigen Rizinusbusch halb verborgen, und wäre er nicht Frédéric einmal bei einem seiner Spaziergänge in der Abenddämmerung zufällig über den Weg gelaufen, hätten sie seine Anwesenheit womöglich überhaupt nicht bemerkt. Doch während er vor George sofort das Weite suchte, schien er zu dem Musiker Zutrauen gefasst zu haben. Er schenkte ihm Quecken und Eibischwurzeln gegen seinen Husten, und hin und wieder, wenn der Mesner Frédéric die Klosterkirche aufschloss, damit er auf der Orgel spielen konnte, sah man ihn in eine der dunklen Kirchenbänke huschen, wo er dem Spiel seines »Freundes« hingebungsvoll lauschte. Er war es auch, der Frédéric eine Zange besorgte, mit deren Hilfe es ihm gelang, das alte Klavier zu stimmen.

Wann immer es das Wetter erlaubte, erkundete George die Umgebung und genoss es, endlich wieder kräftig auszuschreiten, wobei sie wie stets bei solchen Gelegenheiten Männerkleider trug. Wenn ihr jemand aus dem Dorf begegnete, grüßte sie freundlich, inzwischen an die schreckhaft aufgerissenen Augen der Einheimischen gewöhnt und an die Kinder, die ihr bei jeder Gelegenheit nachliefen, jedoch sofort davonstoben, drehte sie sich zu ihnen um. Selten begleitete sie Frédéric, die Krankheit hatte ihn geschwächt, und von den Bergen wehte auch bei mildem Wetter ein kalter Wind. Doch es dauerte nicht lange, und auch diese Schönwetterphase war wieder zu Ende und der

Nebel senkte sich über die Landschaft, hüllte auch die Kartause von Valldemossa ein wie ein feuchtes Tuch. George gelang es, bei einem Schäfer, den sie bei einer ihrer Erkundungsgänge kennenlernte, einen ganzen Stapel wunderschöner, makellos weißer Schaffelle zu erwerben, die sie großzügig in den Zellen verteilte. Vor allem Frédérics Arbeitsplatz am Klavier stattete sie damit aus, denn der unebene Boden aus alten, ehemals glasierten Ziegelsteinen war stets kalt.

Und da der Kamin, wie von ihrer Vormieterin vorhergesagt, schlecht zog und die Zelle stattdessen mit Rauch erfüllte, beschloss George, auch hier weder Kosten noch Aufwand zu scheuen. Sie ließ sich von Monsieur Canut den besten Schlosser der Insel empfehlen und gab einen soliden Eisenofen in Auftrag. Wann sie den allerdings erhalten würden, das wusste der mallorquinische Himmel.

∽∾

Es kam die Vorweihnachtszeit, und Frédérics Husten wurde wieder schlimmer. George hatte bei ihrem letzten Besuch in der Hauptstadt einige wunderschöne, in traditionellen Mustern gewebte Decken aus Schafwolle erstanden. Solange behauptete zwar, sie würden kratzen, Chopin jedoch trug stets eine davon um seine Schultern. Trotz der Heilkräuter aus dem Fundus des Apothekers ging es ihm von Tag zu Tag schlechter. Seine Wangen fielen ein, sein Teint wurde noch blasser, und seine Augen, die George so liebte, bekamen einen fiebrigen Glanz.

»Es geht schon«, sagte er stets auf ihre besorgten Fragen. Ganz in seiner Welt der Klänge eingesponnen, saß er stundenlang am Klavier und komponierte.

»Was schlagen Sie vor, was wir an Weihnachten zu Abend essen?«, fragte George Maria Antonia. Der Speisezettel der Haushälterin war nicht gerade vielseitig, aber das lag auch an der geringen Auswahl an Lebensmitteln, die hier von den Bauern zu bekommen waren. Zwiebeln, Knoblauch, in der Sonne getrocknete Paprika und dunkles Maismehl gab es reichlich, doch hing ihnen das inzwischen allen zu den Ohren raus. Und mit Stockfisch brauchte sie ihren Kindern erst gar nicht zu kommen.

»Ich könnte versuchen, ein Spanferkel zu kriegen«, schlug Maria Antonia vor. »Das wird allerdings nicht billig werden ...«

»Das ist eine gute Idee«, ermutigte George sie. Nichts war hier wirklich »billig«, und sie hatte seit Langem den Verdacht, dass die Haushälterin entweder von dem Geld, das sie ihr zum Einkaufen gab, etwas abzweigte, oder die Bauern überhöhte Preise verlangten. Wahrscheinlich lag die Wahrheit in der Mitte. Und doch hatten Frédéric und sie beschlossen, gute Miene zu diesem Spiel zu machen, denn sie nahmen an, dass es allen Besuchern so erging, seien sie nun aus Palma, aus Barcelona oder wie sie aus dem Ausland. Für sie war das Leben hier trotz allem noch viel günstiger als in Paris.

Maria Antonia fragte, ob sie zum Weihnachtsessen zwei alleinstehende Freundinnen aus dem Dorf einladen durfte, und auch dagegen hatten sie nichts einzuwenden. Frédéric war ohnehin dafür, das Fest der Gnade wie eine große Familie zu begehen, und Georges Herz wurde ganz weich, wenn sie ihn so reden hörte.

Damit es wirklich etwas Besonderes würde, fuhr George mit den Kindern nach Palma, was jedes Mal ein richtiger Tagesausflug war, um dort für die Festtage einzukaufen. Sie brachte aus der Hauptstadt Muskatellerwein mit, feines, weißes Mehl, Zucker und Butter, denn sie hatte das einheimische Olivenöl ziemlich satt. All das, was in Paris so selbstverständlich war, erwies sich hier als Rarität. Sogar einen dicken Block dunkler Schokolade hatte sie von Madame Fleury bekommen und versteckte ihn in ihrem Koffer vor den Kindern, um sie damit zu überraschen. Maria Antonia bereitete auf typisch Mallorquinische Art daraus am Weihnachtsmorgen einen duftenden Kakao zu, der so sämig war, dass der Löffel darin stecken blieb.

»Der verstorbene König, Gott habe ihn selig, hat den immer ganz genau so getrunken, wenn er auf unsere Insel kam«, beteuerte Maria Antonia stolz.

»Das ist ja an sich schon eine ganze Mahlzeit«, stöhnte George, doch die Kinder tranken die süße Köstlichkeit und leckten heimlich sogar noch ihre Schalen aus.

Zum Festtagsessen versuchte Frédéric, auch seinen Apotheker-Freund einzuladen, doch der war viel zu scheu, um sich zu der Tischrunde zu gesellen. George füllte einen Teller mit dem Festessen und Frédéric brachte es ihm mit einer Flasche Muskatellerwein in seine Klause.

∽ ∾

Das neue Jahr begann ruhig bei ihnen in den Bergen. Um Mitternacht, als alle anderen bereits tief und fest schliefen, hielt George einsame Rückschau auf das vergangene Jahr. Sie hatte eine Novelle und drei Romane veröffentlicht, der erste für das neue Jahr war bereits zur Hälfte geschrieben. Ihre Position an der Spitze der französischen Literaten war unumstritten. Ihr bislang so stürmisches Liebesleben hatte in der Verbindung mit Frédéric endlich friedvolle und harmonische Erfüllung gefunden. Trotz aller Anfangsschwierigkeiten hatte sie die besten Hoffnungen, dass die Entscheidung, ihren Lebensmittelpunkt für eine Weile in den Süden zu verlegen, sich als richtig erweisen würde. Zumindest Maurice war von seinen rheumatischen Schmerzen offenbar geheilt. Jetzt musste es nur noch Frédéric besser gehen. Wenn erst der Frühling käme, würde sicher auch er sich erholen.

Am 10. Januar 1839 erreichte sie die Nachricht, dass das so lange ersehnte Klavier im Hafen von Palma de Mallorca eingetroffen sei. Frédéric lebte sichtlich auf.

»Ach, ist das schön!«, rief er aus. »Endlich.« Und sofort machten sie Pläne, das Instrument so schnell wie möglich in die Kartause zu transportieren. Zum ersten Mal seit ihrem Einzug fuhr auch Frédéric mit nach Palma, dieses Mal ließ er sich die beschwerliche Fahrt nicht ausreden.

Im Lager des Zollamts stand das gute Stück, fachgerecht in eine Holzkiste verpackt. Mitnehmen durften sie es allerdings nicht.

»Das muss verzollt werden«, erklärte der Beamte und studierte stirnrunzelnd die mitgeschickten Papiere der Firma Pleyel.

»Natürlich«, antwortete George. »Wieviel kostet das?«

Statt zu antworten, vertiefte sich der Zollbeamte immer mehr in die Unterlagen.

»Da steht kein Kaufpreis«, sagte er schließlich.

»Weil es ein Geschenk an Monsieur Chopin ist.«

Der Beamte sah sie ungläubig an.

»Ein Geschenk? Ein so kostbarer Gegenstand?«

»Monsieur Chopin ist Komponist«, begann George zu erklären. »Er braucht das Instrument zum Arbeiten und …«

»Eben«, unterbrach sie der Mann. »Umso unglaubwürdiger ist es, dass das ein Geschenk sein soll. Was ist dieses … dieses Klavier denn wert? Das steht nirgendwo.«

»Tausend französische Franc«, antwortete Frédéric und George wäre ihm am liebsten auf die Zehen getreten. Chip Chip war einfach zu ehrlich.

»Sieh mal einer an.« Dass der Zollbeamte nicht durch die Zähne pfiff, war alles. »Und das wollen Sie einfach so als Geschenk einführen?«

»Wir werden es auch wieder ausführen, wenn unser Aufenthalt hier zu Ende sein wird.«

»Und wann wird das sein?«

»Das wissen wir noch nicht.« George fühlte, wie Ungeduld in ihr aufstieg. Warum nur war auf dieser Insel alles so unsäglich kompliziert? Doch sie riss sich zusammen, erinnerte sich an das Prozedere nach ihrer Ankunft, als sie ihr gesamtes Gepäck verzollen musste. Der Beamte hatte sich inzwischen erhoben.

»Das wird mein Vorgesetzter entscheiden«, sagte er. »Aber der ist heute nicht da.«

»Dann kommen wir morgen wieder«, schlug Frédéric vor. Es war ihm deutlich anzumerken, dass er es kaum erwarten konnte, sein Klavier endlich mitnehmen zu können.

»Morgen ist er auch nicht da«, beschied ihm der Mann. »Und jetzt entschuldigen Sie mich. Es ist Mittagspause.«

George trat ihm in den Weg.

»Bitte hören Sie, Senyor«, begann sie. »Lassen Sie uns die Sache doch einfach unbürokratisch lösen. Nennen Sie uns eine Summe und wir werden sie bezahlen.«

Der Beamte warf ihr einen listigen Blick zu.

»Nun gut«, meinte er. »Weil Sie es sind, ausnahmsweise. Zahlen Sie tausend französische Francs und nehmen Sie das Ding mit.«

George glaubte, ihren Ohren nicht zu trauen.

»Tausend Francs?«, rief sie aus. »Aber so viel kostet das gesamte Instrument ...«

»Eben«, gab der Mann zurück und klappte demonstrativ sein Schreibpult zu. »Und da Sie es geschenkt bekommen, ist es nur recht und billig.«

»Wie bitte?« Sie war laut geworden. Die Unverschämtheit dieses Mannes brachte sie in Wallung. »Das können Sie nicht verlangen, das ist ...«

»Gut«, antwortete der Beamte. »Dann warten wir auf die Rückkehr meines Vorgesetzten.«

»Und wo befindet sich der?«

»Auf dem Festland«, war die Antwort.

George sah Frédérics enttäuschtes Gesicht und überlegte fieberhaft, was sie tun könnte.

»Tausend unbürokratische Francs«, wiederholte der Zollbeamte und hantierte mit einem großen Schlüsselbund herum, »und das Ding gehört Ihnen.«

»Nein«, antwortete George entschlossen. Tausend Franc waren ein Vermögen. Es war das Viertel ihres gesamten Jahreseinkommens. »Wir werden bezahlen, was rechtens ist. Vielleicht kann uns ja der Vizekonsul …«

»Oh«, höhnte der Mann und scheuchte sie aus seinem Büro. »Laufen Sie ruhig zu Ihrem Vizekonsul. Aber in unsere Zollgeschäfte lassen wir uns von euch Franzosen nicht reinreden. Denken Sie daran. Mein Vorschlag war vollkommen unbürokratisch. Gut möglich, dass mein Vorgesetzter zu der Ansicht gelangt, das Instrument sei viel mehr wert, als das, was Sie behaupten. Oder dass es überhaupt nicht eingeführt werden darf.«

Draußen auf dem zugigen Pier beratschlagten sie niedergeschlagen, was sie tun könnten. Frédéric wäre am liebsten wieder nach Hause gefahren und hätte sich in seiner Zelle vergraben. Doch George schlug vor, zuvor bei ihrem Bankier vorzusprechen.

»Wenn wir wirklich so viel Zoll für das Klavier bezahlen müssen«, meinte sie, »muss ich ihn ohnehin um einen neuerlichen Kredit bitten.« Im Stillen hoffte sie, dass der Bankier, der bislang in vielen Dingen so hilfreich gewesen war, auch in dieser Angelegenheit eine Lösung wusste.

»Ich rate Ihnen, zu verhandeln.«

Canut reichte ihr seine Zigarrenkiste, und obwohl sie wusste, wie sehr Frédéric es hasste, wenn sie rauchte, konnte sie nicht widerstehen.

»Sicher«, antwortete sie. »Das haben wir ja versucht. Er hat uns regelrecht aus seinem Büro geworfen. Mittagspause!«

Sie ließ sich von dem Bankier Feuer geben und paffte die lange Zigarre vorsichtig an, bis der gerollte Tabak an der Spitze wirklich glühte.

Canut lachte leise. »Das ist typisch und gehört zum Spiel.«

»Spiel?«, fragte Frédéric erstaunt.

»Natürlich.« Ihr Gastgeber lehnte sich in seinem Ledersessel zurück und schlug die Beine übereinander. »Sie dürfen denen nicht zeigen, wie wichtig Ihnen das Instrument ist. Je größer Ihr Interesse, je höher der Preis. Erfährt er erst, dass Sie es für Ihre Arbeit benötigen ...«

»Das weiß er bereits«, sagte George mit einem Stöhnen.

Canut hob die Augenbrauen und schüttelte lächelnd den Kopf. »Nun, dann dauert es eben länger. Sie werden Ihr Interesse verlieren. Jedenfalls so tun, als ob«, fügte er hinzu, als er Frédérics verständnislose Miene sah. »Und eines Tages gehen sie im Preis runter.«

»Gibt es denn keine Vorschriften?«, fragte George ungehalten. »Ist das nicht geregelt? Kann hier jeder Zöllner verlangen, was ihm gerade passt?«

»Was glauben Sie, wie oft hier ein Pianoforte ankommt?«, gab Canut zu bedenken. »Soviel ich weiß, gibt es genau drei Instrumente auf der Insel. Das eine hat man Ihnen geliehen, das zweite steht bei Madame Fleury und das dritte gehört meiner Frau. Für solche Gegenstände gibt es keine Listen. Und selbst wenn es so etwas gäbe ...« Er breitete beide Arme aus und ließ sie wieder auf die Armlehne fallen. »Wer sollte das kontrollieren? Nein. Sie werden so tun müssen, als sei es Ihnen vollkommen gleichgültig, ob man dieses Ding wieder zurückschickt oder im Zollamt verschimmeln lässt, wenn Sie nicht wollen, dass man Ihnen die Haut bei lebendigem Leibe abzieht.«

Also fuhren sie wieder in die Berge und taten eine Weile so, als wäre ihr Interesse an dem Klavier erloschen. Doch lange hielt es Frédéric nicht aus. Drei Wochen später, als George ohnehin wieder ihr Quantum Text an ihren Verleger absenden musste, machten sie einen erneuten Vorstoß, diesmal in Begleitung von Monsieur Fleury. Inzwischen war auch der Zollinspektor höchstpersönlich auf die Insel zurückgekehrt, doch wenn George gehofft hatte, dass dieser umgänglicher sei, so sah sie sich enttäuscht.

Ein Feilschen hob an, wie George es noch nie erlebt hatte. Am Ende willigte Frédéric ein, vierhundert Francs Zollgebühren zu bezahlen, und das Pianoforte wurde endlich freigegeben. Von der Klaviermanufaktur fachgerecht in eine Holzkiste verpackt, wurde es nun unter Aufsicht des Komponisten auf einen Maultierkarren verfrachtet und mit Seilen befestigt. So trat es den Weg ins Gebirge an, und sie hatten Glück, der Himmel blieb an diesem Nachmittag trocken.

In Valldemossa glücklich angekommen, trommelte der Mesmer drei kräftige Männer zusammen, die mit ihm gemeinsam das kostbare Stück in Frédérics Zelle trugen und das alte Klavier vorerst im Flur der Kartause deponierten, bis man sich darüber einig war, was damit geschehen sollte.

An diesem Abend spielte Frédéric bis in die Nacht hinein, jede einzelne seiner neuen Kompositionen ging er an diesem Meisterinstrument durch, korrigierte hier und dort eine Passage und fügte an anderen Stellen Triller und andere Verzierungen hinzu, die auf dem alten Instrument gar nicht ausführbar gewesen waren. Am nächsten Morgen saß er bereits in aller Frühe an dem Klavier, und es klang so wundervoll, dass ein Schreiner, den sie beauftragt hatten, ein paar Bücherregale an den Wänden zu befestigen, seine Arbeit vergaß und sich stattdessen hinter den Musiker stellte und mit fast aus dem Kopf quellenden Augen und offenem Mund lauschte. Sogar Maria Antonia setzte sich zu ihnen, und ihre Miene wurde andächtig.

George Sand aber hörte und sah. Ihr Herz blühte auf angesichts des Zaubers, der jeden erreichte, sei er nun ein einfacher Handwerker, ein einsamer, verbitterter Kartäuser, ein unbefangenes Kind oder gar eine einsame Seele wie Maria Antonia. Angesichts seiner Musik waren sie alle gleich, erlagen seiner Poesie und Originalität, dieser vollkommenen Freiheit und absoluten Klarheit der Töne und Harmonien. Dann fand auch sie endlich Frieden, George Sand, Frédérics *Jutrzenka,* die glaubte, für alles verantwortlich zu sein und sich um alles kümmern zu müssen, für Gerechtigkeit zu sorgen und vor allem dafür, dass ihre Liebe nicht schon wieder angesichts einer schweren Krankheit litt. Wenn Frédéric Chopin spielte, dann war alles gut. Auch das, was eigentlich überhaupt nicht gut war, erhielt seinen Platz im Universum seiner Klänge. Und schließlich, so sagte er oft, waren ihre Liebe und die Kraft des Verzeihens alles, was letztendlich zählte.

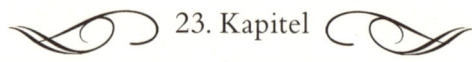

23. Kapitel

VALLDEMOSSA, MALLORCA,
ANFANG JANUAR – ENDE FEBRUAR 1839

Der Ofen kam, wurde eingebaut und wärmte endlich die
Klostermauern. Doch mit der Wärme entstand eine neue
Qual für Frédéric – ein schlimmer Gestank. Der Maurer,
der das Loch für das Ofenrohr schlug und anschließend mit
Lehm verkleidete, verwendete dafür nach alter Inseltradition
eine Art Mörtel aus Stroh vermischt mit einer großen Menge
Schafsdung, und zu ihrer aller Verzweiflung stank es die nächsten Wochen bestialisch, sobald sie den Ofen zum Glühen
brachten.

»Ach was«, wiegelte der Handwerker ab, den sie dazu befrag-
ten. »Spätestens im nächsten Winter hat sich der Geruch ver-
flüchtigt. Bis dahin ist alles gut durchgetrocknet. So machen
wir das seit Jahrhunderten, Senyora. Es ist das beste Material,
das es gibt.«

Frédérics Freund, der Apotheker, der seine Scheu über-
wand und ihn hin und wieder besorgt besuchte, brachte einige
Brocken Benzoeharz und zeigte ihnen, wie sie diese in einer
Räucherschale langsam verglühen lassen konnten, damit der
balsamisch wohltuende Duft den üblen Gestank überdeckte.
Doch half das nur bedingt.

Frédéric verlor immer mehr an Gewicht, und da der Apotheker Ziegenmilch als Stärkungsmittel empfahl, ließ Maria
Antonia auf Georges Bitte hin täglich von einem Ziegenhirt

einen Krug davon bringen, ja, George ging sogar so weit, kurzentschlossen eine Ziege zu kaufen, die zur Freude der Kinder das wuchernde Gestrüpp zwischen den Ruinen abknabberte. Dennoch wurde Frédéric immer dünner, was ihn nicht daran hinderte, unermüdlich weiterzuarbeiten.

Seine Préludes waren vollendet und unterwegs an seinen Verleger, jetzt komponierte er eine Ballade, deren sich langsam entfaltende Melodie, unterbrochen von seinem heiseren Husten, an manchen Tagen George beinahe das Herz zerriss.

Mitunter wurde sie in diesem Winter auf Mallorca von einer unrettbar melancholischen Stimmung ergriffen. Der Regen fiel unaufhörlich aus dem grau verschleierten Himmel. Unablässig rauschte er auf das Dach der Kartause, tropfte von den Arkaden des Kreuzgangs, gluckerte durch die Bewässerungsbecken der Gärten. Wenn sie nicht gerade der Hauswirtschafterin auf die Finger schaute, die mehr und mehr Geld ausgab für immer weniger Lebensmittel, ihre Kinder unterrichtete oder nach Frédéric sah, vergrub sie sich in den religionsphilosophischen Roman, an dem sie gerade schrieb, und für den die wolkenumhüllten Klostermauern keine bessere Kulisse abgeben konnten. In »Spiridion« erzählte sie die Geschichte eines Novizen, der in dem Kloster, in dem er sein Gelübde ablegen will, mit der Zeit immer rätselhafteren Geheimnissen auf die Spur kommt. Auf der Suche nach tiefen Wahrheiten des Glaubens gerät er nicht nur in verwirrende Krisen, sondern enthüllt nach und nach verborgene Machenschaften der Mönche.

Manchmal versuchte George, sich vorzustellen, was die einfachen Leute hier zu ihren Gedanken sagen würden, und deshalb wunderte sie sich zunächst nicht, als sie eines Tages während eines Spaziergangs beinahe ein Stein am Kopf traf. Hinter dem Gebüsch am Wegrand sah sie gerade noch zwei kleine Gestalten davonhuschen. Als auch ihre Kinder von solchen Vorkommnissen berichteten, begab sie sich jedoch empört zum

Bürgermeister des Ortes, um sich zu beschweren, und als sie diesen nicht antraf, zum Pfarrer.

»Das sollten sie wirklich nicht tun, diese Kinder«, erklärte der Mann und hob theatralisch die Hände. »Sagte nicht unser Heiland bereits: ›Wer werfe den ersten Stein?‹ Aber Sie dürfen sich auch nicht wundern. Sehen Sie sich doch mal an!« Er wies mit dem Finger angewidert auf ihre Hosen. »So zeigt sich kein gottesfürchtiges Weib in der Öffentlichkeit. Außerdem ist mir zu Ohren gekommen, dass Sie und dieser Musiker, mit dem sie zusammenleben, gar nicht verheiratet sind. Und die Kinder? Sind die überhaupt getauft?«

»Natürlich sind meine Kinder getauft«, platzte es aus George heraus. »Was glauben Sie denn!«

»Nun, ich glaube, dass Sie sich nicht an die Regeln halten, die unser katholischer Glaube uns vorschreibt«, antwortete der Geistliche streng. »Beim Gottesdienst habe ich sie jedenfalls noch nicht gesehen. Sie sind nicht verheiratet. Sie tragen Männerkleidung und erlauben dasselbe ihrer Tochter. Wer weiß, was Sie heimlich sonst noch so treiben. Und das auch noch hinter geweihten Mauern! Gute Christen verhalten sich anders. Ja, es ist wahrlich eine Schande …«

George hatte genug gehört. Ohne Gruß verließ sie das Pfarrhaus. So sah man das also hier. Sie galten als gottlos, schlimmer, als Heiden. Und sie fragte sich, wie sie hatte glauben können, in einer Umgebung, die noch viel rückständiger war als das Berry, Frieden und Erholung finden zu können.

In der folgenden Nacht hustete Frédéric so stark, dass George eine Petroleumlampe anzündete und ging, um Maria Antonia zu wecken, und sie zu bitten, einen Eibischwurzel-Aufguss zu machen. Als sie zurückkam, sah sie ihn fassungslos auf der Bettkante sitzen und sein Taschentuch anstarren.

»Was hast du?«, fragte sie erschrocken.

Er zeigte ihr das blütenweiße Tuch. In seiner Mitte war ein

großer leuchtend roter Fleck. Blut. Kraftlos ließ er sich wieder ins Bett fallen.

»Langsam glaube ich selbst, dass es die Schwindsucht ist«, keuchte er und rang um Atemluft. »Ich werde sterben, *Jutrzenka*.«

»Nein«, widersprach George entschlossen. »Das darfst du nicht denken. Deine Lungen sind angegriffen. Das ist alles. Und bei diesem Wetter ist das auch kein Wunder.« Sie nahm das Taschentuch und wollte es in den Abfallkorb werfen, besann sich dann und wickelte es zuvor in einen alten Strumpf, den sie ohnehin nicht mehr tragen wollte. Es war nicht notwendig, dass Maria Antonia oder sonst jemand das blutige Tuch sah. Es wurden schon genug schlimme Dinge über sie erzählt.

Dann ging sie selbst nach dem Aufguss sehen und schickte die schlaftrunkene Haushälterin wieder ins Bett. Sie fügte dem krampflösenden Tee einen großen Löffel von dem Honig hinzu, den sie in ihrem Schreibpult versteckt hielt, und brachte Frédéric einen Becher davon.

»Ist dir warm, mein Herz?«, fragte sie.

Er nickte, hustete wieder.

»Mir ist nicht warm. Mir ist glühend heiß.«

Sie legte ihre Hand auf seine Stirn. Kein Zweifel, Frédéric hatte hohes Fieber.

»Wir brauchen Fleisch für eine Brühe«, erklärte sie Maria Antonia. »Können Sie ein Hühnchen besorgen? Oder besser zwei?« Ihr war eingefallen, wieviel die Haushälterin immer für sich und ihre Freundinnen abzuzweigen pflegte. »Haben Sie heute die Ziege schon gemolken?«

»Die gibt fast nichts mehr«, antwortete Maria Antonia. »Ich glaube, ihre Zeit ist vorüber.«

»Monsieur braucht etwas Stärkendes«, sagte sie.

»Was hat Monsieur überhaupt?«, erkundigte sich Maria Antonia besorgt. »Dieser schlimme Husten, das kommt mir alles sehr verdächtig vor. Er wird uns doch nicht alle anstecken?«

»Nein«, antwortete George. »Ich lebe mit ihm zusammen und bin kerngesund.«

»Aber die Kinder«, wandte die Haushälterin ein. »Finden Sie es nicht riskant, sie dem auszusetzen?«

»Hören Sie«, begann George und ermahnte sich innerlich zur Ruhe. »Monsieur Chopin hat Husten. Damit ist er nicht der Einzige auf dieser Welt, nicht wahr? Und jetzt wäre es sehr nett von Ihnen, wenn Sie die Güte hätten, die Einkäufe zu erledigen.«

Doch Maria Antonia kam mit leeren Händen zurück. Es sei Winter und die Bauern benötigten ihre Vorräte selbst, berichtete sie. George bemerkte wohl, dass ihr die Haushälterin dabei nicht in die Augen blickte.

»Sie können ruhig ehrlich mit mir sein«, sagte George. »Wollen die Bauern uns nichts mehr verkaufen? Oder haben sie wirklich nicht mehr genug?«

Maria Antonia druckste ein wenig herum. Doch schließlich brach es aus ihr heraus.

»Der Priester sagt, sie seien gottlos«, erklärte sie. »Und … und dass Sie kein Recht hätten, in der Kartause zu leben. Immerhin ist dies ein Kloster.«

Maria Antonia schluckte und sah zum Fenster hinaus. Es regnete, so, wie fast jeden Tag.

»Und deshalb wollen sie uns nichts mehr verkaufen?« Die Spanierin zuckte mit den Schultern und machte sich am Spülstein zu schaffen. George ging nachsehen, was noch in der Speisekammer war. Ein kleiner Rest Weizenmehl, der vom Weihnachtsfest übrig geblieben war. Und vielleicht ein halbes Pfund getrockneter Bohnenkerne. Etwas Kaffee und zwei verschrumpelte Zwiebeln. Sie ging zurück in die Küche, wo Maria Antonia den letzten Tonteller abtrocknete. »Und Sie?«, fragte George. »Werden Sie mit uns hungern?«

Die Haushälterin antwortete nicht gleich. Sie räumte umständlich das Geschirr weg, dann drehte sie sich zu George um.

»Ich bin dieser Tage bei meinen Freundinnen eingeladen«, erklärte sie. Wenig später verließ sie die Kartause.

George verstand die Botschaft wohl. Ging man im Dorf tatsächlich so weit, sie aushungern zu wollen? Doch so leicht würde sie es ihnen nicht machen. Sie würde sich nicht schon wieder vertreiben lassen. Nicht nach all den Anstrengungen, die sie unternommen hatte, um das Leben in dieser wundervollen, abgeschiedenen Kartause für sie erträglich zu machen. Sie wollte nicht umsonst ein Pleyelklavier hierhergebracht, einen Ofen eingebaut und eine Menge Geld für Einrichtung und Ausstattung ausgegeben haben, nur, weil diese Bergbewohner einer rückständigen Insel sie für gottlos hielten. Umgehend begab sie sich zu Senyor Donés und mietete sein Fuhrwerk für den folgenden Tag. Dann würde sie eben regelmäßig in die Hauptstadt fahren und dort Großeinkäufe tätigen.

Am nächsten Morgen war der Regen heftiger als je zuvor.

»Willst du tatsächlich los?«, fragte Frédéric sie, während er seinen Eibischtee mit dem letzten Rest Honig trank. »Bei diesem Wetter?«

»Ja, es muss sein«, erklärte George.

»Ich begleite dich«, sagte Maurice und zog seine Stiefel an. »Es ist besser, wir sind zu zweit, Maman.«

»Ist das nicht zu gefährlich?«, wandte Chopin ein. »Wenn ich an den schmalen Steig denke, der in den Felsen gehauen wurde, und an den Abhang ...«

»Mach dir keine Sorgen«, versuchte George, ihn zu beruhigen und legte ihren Arm um seine Schultern. Wie mager er geworden war. »Senyor Donés kennt sich hier bestens aus.«

»Endlich mal ein richtiges Abenteuer«, strahlte Maurice.

»Ein Abenteuer?«, fragte Solange. »Dann will ich auch mitkommen.«

Mit Mühe gelang es George, ihrer Tochter das auszureden.

»Einer muss auf Chip Chip aufpassen«, war schließlich das Argument, das sie überzeugte.

»Das stimmt«, pflichtete Frédéric ihr bei und schenkte dem Mädchen ein Lächeln. »Ihr könnt mich unmöglich alle allein lassen.«

Auf der Hinfahrt deckten sie sich mit einer aus vielen Ziegenfellen zusammengenähten, intensiv nach Tierfett riechenden Plane zu und gelangten somit halbwegs trocken in die Hauptstadt. Senyor Donés hatte wegen des schlechten Wetters eine andere Route gewählt, die George noch nie zuvor gefahren war, und so gestaltete sich die Fahrt zwar fast eine Stunde länger als sonst, jedoch abwechslungsreich und nährte Maurices Abenteuerstimmung. Wie jedes Mal, wenn sie in Palma waren, statteten sie sowohl Madame Fleury als auch Madame Canut einen Besuch ab und kauften reichlich Vorräte ein.

Auf dem Rückweg mussten sie allerdings auf der Schlechtwetter-Alternativroute, wie Maurice sie nannte, umkehren, da ein Erdrutsch den Fahrweg an einer Stelle vollkommen verschüttet hatte. Fluchend spannte ihr Fuhrmann das Maultier ab, und George und Maurice packten mit an, um auf der schmalen Piste den Wagen zu wenden. Es blieb ihnen nichts anderes übrig, als einige Meilen zurückzufahren, um schließlich kurz vor der Hauptstadt auf den altbekannten Pfad zu treffen.

Es war schon spät, als sie die Gegend um Etablisment hinter sich ließen und in die wolkenverhangenen Berge eintauchten. Der Regen strömte nun so dicht, dass sie sich vorkamen wie in einer Unterwasserwelt. An dem Abschnitt, wo ihr Weg in der Schlucht dem Lauf des Gebirgsbachs folgte, war dieser derart angeschwollen, dass er über sein Bett getreten war und nun auch den Fahrweg überschwemmt hatte, sodass sich das arme Maultier in einem reißenden Strom vorankämpfen musste.

»Wir sollten die Lebensmittel höher lagern«, schrie George Senyor Donés zu, doch der war viel zu sehr damit beschäftigt, sein Zugtier anzutreiben. Von nun an ging es im Schneckentempo voran, und irgendwann mussten sie aussteigen und versanken bis zu den Knien im Wasser. Innerhalb weniger Minuten waren sie vollkommen durchnässt. Die Räder des Wagens verkeilten sich immer wieder. Maurice stemmte sich gegen das Fuhrwerk, lachte und war guter Dinge, genau so ein Abenteuer hatte er sich wohl gewünscht, und George ließ sich von ihm anstecken. Als sie endlich die Schlucht hinter sich hatten und es steil bergauf ging, war das Zugtier so erschöpft, dass es den Wagen samt seiner Ladung gerade noch ziehen konnte. Senyor Donés führte das Tier am Zügel, und George sah ein, dass es Schinderei gewesen wäre, gemeinsam mit Maurice auf die Kutsche zu steigen.

»Was halten Sie davon«, schlug sie Senyor Donés vor, »wenn mein Sohn und ich zu Fuß vorausgehen? Dann ist die Last leichter.«

»Finden Sie denn allein nach Valldemossa?«, fragte der Mann zweifelnd zurück.

»Ich denke schon«, antwortete George. Sie war diese Route viele Male gefahren. Die Entfernung betrug noch vielleicht vier oder fünf Meilen, zu Fuß wären sie auf alle Fälle eher zu Hause. »Und Sie?«, erkundigte sie sich. »Kommen Sie allein zurecht?«

Der Mann grinste und machte eine wegwerfende Handbewegung. Noch immer trug er einen inzwischen völlig durchnässten, krummen Zigarillo im Mundwinkel. Von seiner Hutkrempe flossen Rinnsale herab. »*Claro*«, antwortete er. »Gehen Sie nur. Ich bringe Ihre Sachen morgen früh ins Kloster.«

George packte einen Laib Brot in Maurices Rucksack, ein Töpfchen mit Honig und den kostbaren Schinken in ihren eigenen. Maurice hatte ein Klappmesser dabei, das Chip Chip ihm geschenkt hatte, damit schnitten sie sich Stöcke zurecht, und los ging es durch die Nacht. Endlich klarte der Himmel auf und der fast volle Mond beleuchtete die Passage über dem Felsensteig. Dennoch dauerte es fast vier Stunden, bis sie die

Lichter von Valldemossa sahen, die wenigen, die zu so später Stunde noch leuchteten.

Hunde schlugen an, als sie das Dorf durchquerten. Als sie endlich den langen, geschwungenen Aufstieg zur Kartause hinter sich hatten, zitterte Maurice vor Müdigkeit. George stieß das schwere Tor auf und hörte zu ihrem Erstaunen schon von hier den Klang von Klaviermusik. Es war eine seltsame Melodie, die hauptsächlich auf einem, immer wiederkehrenden Ton verharrte, wie das unheimliche Klopfen eines Geistes, oder das Tropfen von Regen, darüber Akkorde in düsteren Harmonien …

»Ist Chip Chip denn immer noch wach?«, fragte Maurice überrascht.

Im Flur vor ihrer Zelle zogen sie ihre Stiefel aus und mussten lachen, als mehr als ein Liter Wasser aus jedem von ihnen herausquoll. Aus ihren Kleidern flossen Rinnsale. George öffnete die Tür zu Frédérics Arbeitszimmer.

»Wir sind endlich da!«, rief sie und erschrak.

Ihr Geliebter war so bleich wie noch nie, als er sein Spiel jäh unterbrach und sich zu ihnen umblickte, die Augen weit aufgerissen, den Mund vor Schreck geöffnet.

»Oh mein Gott«, rief er aus. »Wie seht ihr denn aus! Ich dachte ernsthaft, euch wäre etwas zugestoßen.« Er stand auf. Die Wolldecke glitt von seinen Schultern und fiel zu Boden. Sein Hemd hatte vorne auf der Brust Blutflecken. Er hustete, fuhr sich mit der Hand über die Augen, schwankte und stützte sich am Klavier ab.

»Es ist alles gut«, versicherte ihm George, »uns ist nichts passiert«. Und trat rasch auf ihn zu, um ihn zu stützen.

Sie sorgte dafür, dass sich Frédéric umgehend ins Bett legte, dann zog sie ihre nassen Kleider aus, hüllte sich in ihren Schlafrock, half ihrem Sohn, sich abzutrocknen, sah nach ihrer Tochter, die tief und fest schlief, und erst als Maurice sich ebenfalls hingelegt und sofort eingeschlafen war, kümmerte sie sich um den Kranken. Sie half ihm, sein verschwitztes und blutverschmiertes Hemd auszuziehen, erhitzte Wasser und wusch seinen mageren Körper. Dann legte sie sich zu ihm und wärmte ihn. Von der Anstrengung der Wanderung war ihr warm für zwei. Immer wieder wollte er wissen, was ihnen zugestoßen war, und als er endlich begriff, dass alles gut gegangen und sie wirklich und wahrhaftig gesund heimgekehrt waren, fing er an zu weinen wie ein kleines Kind.

»Ich hatte solche Angst um dich, *Jutrzenka*«, wimmerte er. »Du mutest dir viel zu viel zu. Und alles nur, damit wir etwas zu essen haben. Ich wünschte, wir wären zu Hause, meine Liebste. Diese Insel ist ein Albtraum.« Wieder schüttelte ihn ein Hustenkrampf, sein Atem ging pfeifend und es brauchte Minuten, bis er wieder richtig Luft bekam. »Ich brauche einen vernünftigen Arzt«, flüsterte er schließlich. »Hier gehe ich zugrunde.«

In derselben Nacht fasste George einen Entschluss. Sie mussten abreisen. Nicht, weil es ihr hier nicht gefiel. Auch nicht, weil die Einheimischen sie nicht willkommen hießen. Sie war überzeugt davon, dass sie es schaffen könnten, sich hier so einzurichten, dass sie mit Freuden in dieser wundervollen Umgebung leben und arbeiten könnten. Die Menschen würden sich früher oder später an sie gewöhnen, so, wie man sich an alles gewöhnte, wenn es nicht mehr neu und fremdartig war. Wenn erst der Frühling käme, das hatten ihr sowohl Madame Fleury als auch die Frau des Bankiers immer wieder versichert, dann würde hier ein ganz anderes Leben beginnen. Inzwischen war es Februar, das Schlimmste hatten sie bereits hinter sich, da war sie sich sicher. Bald würde der Regen aufhören, die Sonne alles erwärmen, Blumen würden sprießen und in lauen Nächten ihr Duft in die Kartause wehen.

Aber sie durfte nicht egoistisch sein. Ihr Geliebter hatte recht.

Das Risiko für seine Gesundheit war zu groß. Er brauchte seine Ärzte, brauchte Medizin, eine bequemere Umgebung, fachmännische Pflege.

Sie lauschte auf den rasselnden Atem des Mannes, den sie so sehr liebte. Er war endlich eingeschlafen. Inständig hoffte sie, dass seine Krankheit ihm wenigstens ein paar Stunden der Ruhe gönnen würde.

Und wenn es doch die Schwindsucht ist? Machte sie sich etwa etwas vor, weil sie den Gedanken, diese Liebe bald zu verlieren, nicht ertrug?

Sie schob diesen schrecklichen Gedanken ganz schnell wieder von sich. Das war unmöglich. Sie hätte sich längst angesteckt, wenn dem so wäre. Aber sie war gesund. Die nächtliche Tour hatte sie zwar körperlich ermüdet, und doch war sie hellwach. So, wie immer. Eigentlich könnte sie aufstehen und noch ein paar Seiten schreiben, doch sie ließ es. Sie würde Frédéric wecken, und das kam nicht infrage.

Die Monate auf dieser Insel hatten sie auf eine Weise zusammengeschweißt, wie es in Paris niemals möglich gewesen wäre. Willst du jemanden kennenlernen, dann unternimm eine Reise mit ihm, hatte ihre Großmutter einmal gesagt. Wie recht sie gehabt hatte. Vermutlich hätte George auch Alfreds dunkle Seite nie so intensiv erlebt, wären sie nicht miteinander gereist. Doch mit Frédéric war es etwas ganz anderes, gemeinsam mit den Kindern waren sie zu einer Familie geworden. Würden sie sich das Gefühl der Zusammengehörigkeit bewahren können?

Sie dachte daran, wie tapfer Maurice gewesen war. Seit Langem klagte er nicht mehr über die rheumatischen Schmerzen in seinen Gelenken. Ihm zumindest war der Aufenthalt hier bekommen.

Es hatte gutgetan, die eigenen Grenzen auszuloten. Doch jetzt war es genug. Wäre sie allein mit ihren Kindern, sie hätte es sich gut vorstellen können, hier noch mindestens bis zum Herbst zu bleiben.

Aber sie war nicht allein. Sie waren eine Familie und das Wohl ihres Gefährten ging über alles.

Sobald Frédéric dazu in der Lage sein würde, war es an der Zeit, die Zelte hier abzubrechen und nach Frankreich zurückzukehren. Er war der erste ihrer Gefährten, den sie einladen würde, mit ihr in Nohant zu leben. Dort würde er wieder zu Kräften kommen.

Die Abreise jedoch gestaltete sich schwieriger, als gedacht. Das Wetter wurde nicht besser und Frédérics Zustand ebenso wenig. Dass er Blut hustete, verbreitete sich trotz Georges Umsicht irgendwann doch im Ort. Zuerst verschwand Maria Antonia. Dann stand der Bürgermeister vor der Tür.

Sie hatten das alles schon einmal erlebt. Auch Senyor Donés, der schließlich gutes Geld an ihr verdient hatte, weigerte sich auf einmal, den Kranken zu transportieren. Er hatte doch tatsächlich Sorge, sein klappriges Gefährt könnte verseucht werden. Am Ende musste sich Frédéric auf einen Eselskarren legen, den George mit einer Matratze gepolstert hatte. So schaffte man den Komponisten von Valldemossa fort und verbrannte den Karren danach.

Im Vizekonsulat erhielten sie ein zweites Mal Asyl, ehe sie das Schiff besteigen konnten, das sie von der Insel brachte. Um das Klavier von Pleyel wieder ausführen zu dürfen, begann beim Zoll erneut eine schier endlose Schacherei.

»Dann werft es doch einfach ins Meer«, schrie sie irgendwann die Männer an, als sie am Ende ihrer Nerven angelangt war. Sie wurde ernsthaft darüber belehrt, dass dies nicht erlaubt sei. Man könne nicht alles, was einem lästig war, einfach ins Meer kippen, wo käme man denn da hin.

»Warum verkaufen wir es nicht?«, schlug Chopin vor.

Sie boten es weit unter Preis an, und tatsächlich gab es ein paar Familien, die für ihre Töchter gern ein Klavier angeschafft hätten.

»Aber doch nicht von einem Tuberkulosekranken«, hieß es überall. »Wir holen uns doch nicht den Tod ins Haus.« George konnte es nicht fassen, wie borniert diese Menschen waren.

Madame Canut, die sich nicht vor der Ansteckung fürchtete, hatte schließlich die rettende Idee. Sie verkaufte einer Bekannten ihr eigenes, viel minderwertigeres Klavier und übernahm mit Freuden das kostbare Instrument. Canut erklärte sich bereit, einen angemessenen Preis an die Firma Pleyel zu überweisen, und alle atmeten auf.

»Nun werden wir unseren Enkeln erzählen können, dass auf diesem Instrument kein Geringerer als Frédéric Chopin gespielt und komponiert hat«, erklärte Hélène Canut voller Stolz.

∽∾

Es war ein stürmischer Abend, als sie endlich das Dampfschiff bestiegen – und mit ihnen gingen auch einhundert Schweine an Bord. Die Überfahrt wurde für sie alle zum Albtraum, denn die Tiere wurden seekrank, und um sie davon abzulenken, hatten die Mallorquiner eine ganz eigene Methode: Sie peitschten die Tiere regelmäßig durch, sodass sie ununterbrochen schrien, mal vor Seekrankheit, mal vor Schmerz. Halb tot musste man Chopin in Barcelona von Bord tragen.

Sie gaben sich alle die größte Mühe, der Konsul Louis Édouard Gauttier du Lys d'Arc samt Gattin, der französische Arzt, der sie aufsuchte und Frédéric seit Langem endlich Medizin verabreichte, die ihm tatsächlich ein wenig Linderung verschaffte. Sobald es ihm möglich war, schifften sie sich nach Marseille ein. Hier war vorerst Endstation. Der dortige Arzt verbot ihnen die Weiterreise. Zuerst musste der Kranke sich erholen und zu Kräften kommen.

Ausgerechnet Marseille. George bewahrte keine guten Erinnerungen an diese Stadt. Hier hatte das Ideal ihrer Liebe zu Alfred die ersten Risse bekommen. Hier war sie krank geworden, und er war zu anderen Frauen gegangen, während sie abwechselnd frierend und schwitzend im Bett gefiebert hatte.

Frédéric sollte es niemals so ergehen wie ihr damals. Sie pflegte ihn hingebungsvoll, daneben unterrichtete sie ihre Kinder in Geographie, Landeskunde, Mathematik und Literatur. Und schrieb. »Ein Winter auf Mallorca« lautete der Titel ihres neuen Werkes. Schließlich hatte es sich schon früher bewährt, das, was sie erlebt hatte, in Fiktion zu verwandeln.

Es tat gut, sich all den Groll von der Seele zu schreiben. Erst jetzt wurde ihr bewusst, wie sehr man sie auf dieser Insel verletzt hatte. »Man kann mich am härtesten treffen«, schrieb sie, »wenn man ein Wesen schlecht behandelt, das ich liebe. Das schmerzt mich mehr, als jede Grausamkeit gegen mich selbst.«

Es wurde Frühling. Marseille war zwar nicht Valldemossa und auch nicht Venedig, und doch tat das milde Wetter seine Wirkung. Langsam, ganz langsam erholte sich Frédéric.

Und im Mai konnten sie endlich weiterreisen. Nicht nach Paris, das hatten sie in den langen Wochen seiner Rekonvaleszenz gemeinsam beschlossen. Sondern nach Nohant.

Dort würden sie sich alle von den Strapazen des Winters erholen. Und zwar die ganze Familie. *Moja rodzina,* wie Chip Chip es so zärtlich in seiner Muttersprache sagte.

EPILOG

Nohant, August 1839

Die Nachtigall sang. George ließ die Feder sinken und lauschte. Sie trat ans Fenster und sah in der hellen Mondnacht eine Gestalt im Garten. Unverkennbar die Silhouette von Frédéric Chopin.

Sie verließ ihr Zimmer. Schon lange musste sie nicht mehr in dem winzigen Boudoir ihrer Großmutter hausen, in das nur eine Hängematte gepasst hatte. Jetzt bewohnte sie die beiden großzügigen Räume im Erdgeschoss, die sie hatte vollständig renovieren lassen, nichts erinnerte mehr an die Zeit, als Casimir Dudevant hier den Hausherrn gespielt hatte.

Nohant war endlich zu ihrem Heim geworden, und sie genoss dies auf eine Weise, wie sie es nie für möglich gehalten hatte. Schließlich war *La Maison*, wie sie das Schlösschen nannte, während ihrer Kindheit im Besitz der Großmutter gewesen, danach hatte ihr Ehemann die Hand daraufgelegt. Jetzt aber, im Alter von bald fünfunddreißig Jahren, war sie hier angekommen. Ein Ort der Kreativität sollte der ehemalige Adelssitz werden, an dem nicht nur sie und Frédéric in Ruhe arbeiten konnten, sondern auch ihre Künstlerfreunde, die das Bedürfnis verspürten, der pulsierenden Aufgeregtheit der Hauptstadt für eine Weile zu entfliehen.

»Mein Kompliment, George«, hatte Gustave Papet neulich zu

ihr gesagt, als er von seinem Familiensitz herübergekommen war, um routinemäßig Frédérics Lungen abzuhören und einen Kaffee mit ihr zu trinken. »Deine Kinder gedeihen prächtig, das Haus besitzt wieder eine Seele, und auch dein Herz scheint endlich Ruhe gefunden zu haben, *n'est-ce pas?*« George antwortete mit einem Lächeln. Wie gut ihr alter Freund sie doch kannte. Doch Gustave war noch nicht fertig. »Außerdem hast du es geschafft, dir einen Platz an der Spitze der erfolgreichsten Schriftsteller ganz Europas zu erobern. Und das als Frau. Kompliment!«

Gustave hatte recht. Ihre Romane erzielten Auflagen, von denen sie niemals zu träumen gewagt hatte. Ja, sie war glücklich. Und als sie nun in der sternenklaren Sommernacht neben Frédéric trat und dem Gesang der Nachtigall lauschte, füllte dieses noch immer ungewohnte Gefühl sie vollständig aus.

»Eine wundervolle Nacht, nicht wahr, *Jutrzenka?*«, flüsterte Frédéric, als sie neben ihn trat, und legte seinen Arm um sie.

Seit einigen Wochen fühlte er sich fast wieder gesund. Die schlimmen Wochen auf Mallorca, als er Blut gehustet und vor Fieber geglüht hatte, erschienen ihr wie ein ferner Albtraum. Seit Gustave Papet seine Behandlung übernommen hatte, ging es ihm von Woche zu Woche besser. Ein wundervoll milder Frühling, ein sonnendurchfluteter Sommer und die gute Luft auf dem Lande taten das ihre dazu. Und sicher auch die Ruhe, der bescheidene Komfort, den *La Maison* zu bieten hatte, und die Wertschätzung, die hier jeder dem Komponisten entgegenbrachte. Sie hatte ihm das schönste Zimmer des Hauses gegeben, im ersten Stock gelegen mit Fenster zum Garten und einer Aussicht über die sich weit in der Ferne verlierenden Felder des Berry. Camille Pleyel hatte es sich nicht nehmen lassen, seinem erfolgreichen Komponisten, dessen Klavierstücke sich als Druckausgaben in ganz Europa ausgezeichnet verkauften, einen seiner schönsten Flügel zu schicken, der nun im Salon stand. Hier pflegte Frédéric zu arbeiten, schrieb Meisterwerk um Meisterwerk, und seine Klänge erfüllten das gesamte Haus und verzauberten alle, die sie hörten.

»Wie spät ist es?«, fragte Chopin, als die Nachtigall schwieg.

»Ich weiß nicht«, antwortete George. »Vielleicht ein Uhr?«

Sie sah hinüber zu der Stelle, wo einst die alten Stallungen gestanden hatten. Hier schimmerten nun die Glasscheiben des Künstlerateliers im Mondlicht, das sie für Eugène Delacroix erbaut und eingerichtet hatten. Der Maler und Frédéric hatten sich herzlich miteinander angefreundet, Eugène verbrachte nun schon den dritten Monat bei ihnen. Im Augenblick arbeitete er an einem Doppelporträt von ihnen beiden. Außerdem war Maurice offiziell sein Schüler geworden und malte und zeichnete täglich viele Stunden in dem wunderschönen, lichtdurchfluteten Atelier. Liszt und Marie d'Agoult würden morgen eintreffen. Auch Balzac hatte sich angesagt.

Und genau so hatte George Sand es sich seit Langem erträumt.

»Wenn Sie nicht mehr nach Paris kommen«, hatte die Gräfin lachend gesagt, »dann muss Paris eben zu Ihnen kommen.«

Dabei fuhr sie durchaus hin und wieder nach Paris. Die Wintersaison musste Chopin in der Hauptstadt verbringen, seine illustren Schülerinnen unterrichten und in den angesagten Salons Klavierabende geben. Schon jetzt stapelten sich die Einladungen auf seinem Sekretär. Dann würde auch sie sich in seiner Nachbarschaft eine Wohnung nehmen.

So vieles hatte sie aus der Vergangenheit gelernt. Vor allem, auf ihre eigenen Bedürfnisse und ihre Unabhängigkeit zu achten. Sie war durch und durch Künstlerin und brauchte Freiräume, und Frédéric ging es ebenso. Aus diesem Grund hatten sie auch hier in Nohant getrennte Zimmer.

»Hast du noch nicht geschlafen?«, fragte George ihn.

»Doch«, antwortete Frédéric. »Die Nachtigall hat mich geweckt. Ich hab sie lange nicht mehr gehört.«

Arm in Arm gingen sie zurück ins Haus. Vor Georges Gemächern hielt sie inne, doch er ließ ihre Hand nicht los. Im milchigen Licht des Mondes, das durch die Fenster der Diele schien, sah sie seine ausdrucksvollen Augen auf sich ruhen.

»Komm«, sagte er. Und zog sie die Treppe hinauf.

In seinem Zimmer öffnete er ihren Schlafrock und lachte leise auf, als sie im Hemd und in den gelben Pyjamahosen aus Seide vor ihm stand, die sie immer zum Schreiben trug, weil sie so schön bequem waren und sie sonst so leicht fror. Seine feingliedrigen Hände streiften ihr beides ab.

»Eine Frau wie dich findet man in ganz Frankreich nicht ein zweites Mal«, flüsterte er an ihrem Ohr.

Sie lächelte.

»In ganz Frankreich?«, gab sie zurück und schmiegte sich an ihn. »Auf der ganzen Welt nicht, mein Liebster.«

NACHWORT

Ein Roman über die faszinierende Schriftstellerin George Sand kann immer nur einen Ausschnitt ihres langen und ereignisreichen Lebens abbilden. Wer ihr persönlich begegnete, hat sie niemals wieder vergessen. Die einen beschimpften sie als Mannweib, das wider die Natur lebte, die anderen bewunderten ihre Schaffenskraft, ihre Großzügigkeit und Originalität sowie den Mut, mit dem sie ihre Überzeugungen öffentlich machte, an denen sie auch unter extremer Anfeindung festhielt. Mitten in den Konflikt zwischen Arbeiterklasse und Adel hineingeboren und aufgewachsen unter Bauernkindern hatte sie von früher Jugend an ein politisches Bewusstsein für die sozialen Ungerechtigkeiten, das sich in reiferen Jahren in einem mutigen und nicht immer ungefährlichen Engagement für eine grundlegende Veränderung der Gesellschaft niederschlug. Sie stand den Ideen der Revolutionäre nah, verabscheute jedoch Gewalt in jeder Form, und benutzte im sogenannten »Zweiten Kaiserreich«, als der Staatspräsident Louis Napoleon Bonaparte gewaltsam die Macht an sich riss und sich zum Kaiser ausrufen ließ, ihre adelige Herkunft, um mehreren zum Tode verurteilten Bekannten das Leben zu retten.

Auch in ihrer Liebe war sie unbedingt und kompromisslos, waghalsig und verschwenderisch. Ihre Partner waren so verschieden wie nur möglich. Wie ist es diesen später ergangen?

Jules Sandeau hat nie geheiratet. Nach der Trennung von George Sand war er einige Zeit lang Privatsekretär Honoré de Balzac. Über das Ende dieser Tätigkeit gibt es widersprüchliche Berichte: Die einen führen Balzacs ausbeuterische Haltung gegenüber den Jüngeren als Grund an, die anderen schildern Jules als phlegmatisch und behaupten gar, er habe bei seinem überstürzten Auszug aus der Rue Cassini No. 1 Balzac eine Menge Schulden hinterlassen. Wie dem auch sei, Jules Sandeau fand bald darauf eine Stelle als Bibliothekar in der *Bibliothèque Mazarine*, ein paar hundert Meter von der Mansarde entfernt, die er einst mit George Sand bewohnte. Er schrieb Romane und Theaterstücke, meist gemeinsam mit einem Kollegen. Ironischerweise wurde er 1858 in die *Académie française* aufgenommen, eine Ehre, die weder Balzac noch George Sand je zuteil wurde. Jules erreichte dasselbe Alter wie seine erste und vielleicht einzige große Liebe und starb 1883 mit 72 Jahren.

Auch Alfred de Musset ging nach dem Bruch mit George Sand keine ernsthafte Beziehung mehr ein. Die Jahre bis zu seinem frühen Tod 1857 waren geprägt von schweren gesundheitlichen Krisen, sowohl physischer als auch psychischer Natur, die durch Phasen sexueller Exzesse und durch Drogenmissbrauch noch verschlimmert wurden. Fünf Jahre vor seinem Tod wurde er ebenfalls in die *Académie française* gewählt.

George Sands Glück an der Seite des Komponisten Frédéric Chopin währte deutlich länger als die früheren Beziehungen, ihre unglückliche Ehe einmal ausgenommen. Doch auch diese Lebensgemeinschaft ging nach neun Jahren in die Brüche. Die Gründe für das Scheitern dieser Liebe sind komplex. So sehr die beiden sich liebten, so verschieden waren doch ihre Charaktere, und es brauchte eine Menge gegenseitiger Rücksichtnahme, vor allem vonseiten George Sands. Wesentlichen Anteil am tragischen Bruch zwischen den beiden hatte Solange, die – aus welchen Gründen auch immer – ihre Mutter bei Chopin, der sich gerade ohne sie in Paris aufhielt, verleumdete und fälschlicherweise der Untreue bezichtigte. Statt George Sand die Gelegenheit zu geben, die Sache aufzuklären, trennte er sich brüsk von seiner langjährigen Partnerin, die wiederum viel zu stolz war, um sich zu rechtfertigen, wo es ihrer Meinung nach nichts zu rechtfertigen gab. Zwei Jahre später starb Chopin an den Folgen seiner Lungenkrankheit, ohne dass die beiden sich je ausgesprochen hätten, abgeschirmt von Freunden, die gegen seine frühere Lebensgefährtin Partei ergriffen hatten.

Und Marie Dorval? Bis zum viel zu frühen Tod der Schauspielerin 1849 im Alter von nur 51 Jahren blieben die beiden Frauen enge Freundinnen, trösteten sich in schweren Zeiten und waren immer füreinander da. George unterstützte Marie auch finanziell, wann immer es nötig war. Und trotz ihrer jahrelangen Triumphe als eine der gefeiertsten Darstellerinnen des 19. Jahrhunderts, waren Maries letzte Lebensjahre von Armut geprägt. Ihr Tod traf George Sand tief.

Auch die ideale Liebe zwischen Franz Liszt und Marie d'Agoult währte nicht ein Leben lang. Nach fünf Jahren intensiver Liebe und weiteren fünf Jahren des sich steten Auseinanderlebens trennten sich die beiden endgültig. Die drei gemeinsamen Kinder Blandine, Cosima – die später Richard Wagner heiraten sollte – und Daniel litten wohl am meisten unter der Trennung ihrer Eltern, sie wurden Opfer von Machtspielen, durften ihre Mutter jahrelang nicht sehen und wuchsen stattdessen bei fremden Menschen auf.

George Sands Verhältnis zu ihren Kindern war, zumindest was den Einfluss von Casimir Dudevant anbelangte, weitgehend unbelastet. Zu Maurice hatte George zeit ihres Lebens ein gutes Verhältnis, auch wenn er sich mit zunehmendem Alter als Herr auf Nohant gebärdete und seiner Mutter vorschreiben wollte, mit wem sie zusammenleben sollte und mit wem nicht. George löste diesen Konflikt elegant: Sie überschrieb ihrem Sohn *La Maison*, kaufte sich in Palaiseau bei Paris ein anderes Haus und lebte mit ihrem Lebensgefährten bis zu dessen Tod dort.

Maurice wurde Illustrator und verfasste einige Romane. Er teilte mit seiner Mutter die Begeisterung für das Puppentheater und beschäftigte sich intensiv damit, vor allem, nachdem George den großen Salon im Haus in Nohant zu einer professionellen Puppenbühne hatte umbauen lassen. Sein Standardwerk über die Figuren der Commedia dell'arte mit wundervollen Illustrationen aus seiner Hand begleitet mich übrigens seit meinem Studium der Theaterwissenschaft.

Mit Maurices Ehefrau Lina Calamatta verstand George Sand sich prächtig, und die beiden Enkelinnen Aurore und Gabrielle wurden zur Freude ihres Alters.

Solange dagegen entwickelte einen recht schwierigen Charakter. Die Intrige gegen ihre eigene Mutter war nicht ihre einzige, die ein Liebesglück zerstörte. Als George Sand noch zu den Zeiten ihrer Beziehung mit Chopin eine verwaiste Verwandte in ihrem Haus aufnahm, reagierte Solange eifersüchtig. Sie ging sogar so weit, der entfernten Cousine ein Verhältnis zu ihrem Bruder Maurice anzudichten und sorgte auf diese Weise dafür, dass sich der Bräutigam der jungen Frau zurückzog und die schon feststehende Hochzeit absagte.

Solange selbst heiratete mit 19 Jahren den um 14 Jahre älteren Bildhauer Auguste Clésinger, von dem sie wenige Jahre später wieder geschieden wurde. Während ihrer kurzen Ehe brachte sie zwei Töchter zur Welt, beide starben im Kindesalter. Im Laufe ihres späteren Lebens veröffentlichte sie zwei Romane und half nach dem Tod der Mutter ihrem Bruder bei der Herausgabe von deren umfangreicher Korrespondenz.

La Maison, George Sands Anwesen in Nohant, gehört heute zu den *monuments nationaux de France* und kann besichtigt werden. Hier, wie im *musée de la vie romantique* in Paris, wo sich einige persönliche Gegenstände, Manuskripte, Möbel, Porträts und eine Büste der Schriftstellerin befinden, kann man den Geist ihrer Zeit und ihres Wirkens noch heute deutlich spüren.

Bei meiner Arbeit, die Jahre zwischen 1831 und 1839 zu rekonstruieren, half mir ein ganzes Bücherregal voller wunderbarer Literatur. Vor allem George Sands Autobiographie *Histoire de ma vie*, die sie von 1847 bis 1854 schrieb und wie die meisten ihrer Romane zunächst in mehreren Teilen in einer Zeitschrift (in diesem Fall *La Presse*, von Buloz hatte sie sich bald nach Ablauf ihres Vertrags getrennt) veröffentlichte, ehe sie 1855 als Buchausgabe erschien, ist eine unschätzbare, wenn auch nicht immer verlässliche Quelle. Da George Sand zeit ihres Lebens absolut diskret war, erzählt sie darin so gut wie nichts über ihre Liebesbeziehungen. Auch blieb sie nicht immer bei der Wahrheit, wohl, um ihren eigenen Ruf und den von Freunden zu schützen. Wer mag es ihr verübeln, wenn sie hier und dort ein paar Begebenheiten zu ihren Gunsten schönte oder möglicherweise auch ungenau erinnerte? Glücklicherweise aber schrieb sie täglich Briefe an ihre Kinder und Freunde, in denen sie ausführlich über das gerade Erlebte berichtete. Soweit in diesem Roman Briefe und Werke in Auszügen zitiert sind, so habe ich sie selbst aus dem Französischen frei übersetzt. Die drei Zitate, die ich als Motto vor die drei Teile des Romans gesetzt habe, stammen übrigens alle von George Sand selbst.

Von der umfangreichen Sekundärliteratur über George Sand, die mir half, ihr bewegtes Leben zu rekonstruieren, möchte ich besonders die Biographie von Marine Reid *George Sand* (Éditions Gallimard, Paris 2013) und die ausgezeichnete Material-Dokumentation *Sand & Musset. Les enfants du siècle* von Jean-Pierre Guénon, Diane Kurys und Roselyne de Ayala (Édition de la Martinière, Paris 1999) hervorheben. Wer Lust bekommen hat, in Paris selbst auf George Sands Spuren zu wandeln, dem wird das schmale Bändchen *Le Paris de George Sand* von

Claire Le Guillou (Édition Alexandrines, Paris 2017) ein verlässlicher Führer voller gut recherchierter Informationen sein.

Viele ihrer Romane sind heute noch erhältlich und nach wie vor spannend zu lesen und überaus aktuell, auch wenn sich an der Situation von uns Frauen inzwischen glücklicherweise sehr viel geändert hat – nicht zuletzt dank des Einsatzes starker und mutiger Frauen wie George Sand.

DANK

Schon als junges Mädchen hat mich die Figur der George Sand fasziniert. Hin- und hergerissen zwischen Bewunderung für diese außergewöhnliche Frau und doch auch irritiert von den abfälligen und sogar gehässigen Äußerungen ihrer Gegner, vor allem aus dem Umkreis von Frédéric Chopin, dessen wundervolle Werke ich am Klavier übte, hatte ich schon früh den Wunsch, dieser interessanten und komplexen Persönlichkeit auf den Grund zu gehen.

Mein Dank geht an den Aufbau Verlag und an Anne Sudmann dafür, dass mir die Aufgabe, ihre Geschichte als Roman zu erzählen, anvertraut wurde.

Meiner Agentin Petra Hermanns danke ich für Rat, Tat und ihre Begeisterung, mit der sie mich stets begleitet. Meiner Schwester Brunhilde Rygiert danke ich, dass sie meine Manuskripte stets verschlingt, sobald ich sie frage, ob sie meine Testleserin sein möchte, und mir die beste Rückmeldung dazu gibt. Vor allem aber danke ich meinem Mann, dem Schriftsteller Daniel Oliver Bachmann, der in den vergangenen Monaten nicht nur mit mir zusammenlebte, sondern auch mit George Sand und all ihren Gefährten. Danke für deine Geduld, für dein großes Herz und stets offenes Ohr.

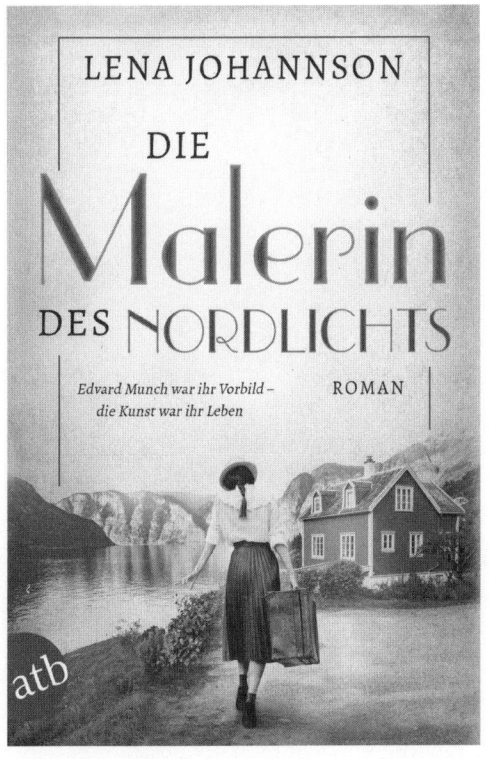

LENA JOHANNSON

DIE
Malerin
DES NORDLICHTS

*Edvard Munch war ihr Vorbild –
die Kunst war ihr Leben*

ROMAN

atb

KAPITEL 1

Kristiania 1922

Lilla nahm Signes Hand und zog sie hinter sich her, von der Rosenkrantzgate zielstrebig in die Karl Johans Gate. Immer mehr Menschen drängten sich auf den Gehwegen und auf der Straße. Signe wäre lieber umgedreht, doch sie konnte sich Lillas festem Griff ebenso wenig entziehen wie deren Begeisterung.

»Sieh nur, diese Farben!«, rief Lilla gegen das Lachen und Jubeln der Passanten an. In der Tat, welche Pracht. Der Flieder malte violette Tupfer in das dunkle Grün der Sträucher, die den breiten Boulevard säumten. Männer, Frauen und Kinder trugen ihre Trachten, schwarz mit roter und weißer Stickerei, dazu Silberknöpfe, grüne und blaue mit Blumen bestickte Kleider über gestärkten Blusen und schneeweißen Strümpfen.

»Das Schloss strahlt wie das einer Eiskönigin. Der hellblaue Himmel und überall die Fahnen. Rot wie Liebe und Leidenschaft, Blau wie Treue und die kalte Schulter.« Lilla warf den Kopf in den Nacken und ließ ihre weißen Zähne sehen, als sie lachte. Der Umzug war schon durch, wenigstens das, die ersten Schaulustigen gingen bereits wieder. Das Gedränge würde sich auflösen. Die einen machten sich auf den Weg nach Hause, die anderen würden den Nationalfeiertag mit viel Alkohol – nicht offiziell natürlich – und Musik begehen, bis er Geschichte war.

»Deine Schulter ist doch gar nicht so blau, dafür umso käl-
ter.« Signe stolperte hinter der ungestümen Lilla her.

»Was sagst du?«, brüllte die.

»Wie vielen jungen Kerlen hast du in diesem Frühjahr schon
das Herz gebrochen?«

»Gute Idee«, erwiderte Lilla mit einem verschmitzten Lächeln. Ihre Nase kräuselte sich, die Sommersprossen darauf begannen zu tanzen. »Lass uns ins Grand Café gehen und sehen,
ob jemand da ist, den man verrückt machen kann.«

Signe entzog ihr die Hand. »Nein, Lilla, heute nicht. Ich will
noch an meinem Bild für die Herbstausstellung arbeiten.« Signe
Munch war mit ihren achtunddreißig Jahren weit davon entfernt, ein junges Mädchen zu sein. Trotzdem, wann immer sie
an die Herbstausstellung dachte, flatterte ihr Inneres, als sei sie
ein Backfisch ohne jegliche Lebenserfahrung. Kein Wunder, die
Präsentation zeitgenössischer Kunst war in Kristiania ein jähr-
liches Ereignis mit großem Gewicht. Endlich durfte sie dabei
sein. Es war weiß Gott ein langer Weg gewesen, doch nun war
es so weit, einige ihrer Bilder würden neben denen der ganz
Großen hängen! Als Künstlerin war Signe ein Backfisch, und
ihre Teilnahme an dieser Ausstellung war der erste Schritt, die
Reife zu erlangen, die eine Malerin von achtunddreißig Jahren
längst haben sollte.

»Heute nicht. Das sagst du immer.« Lilla zog einen Flunsch.
»Wer malen will, muss sehen. Mehr als seine vier Wände.« Sie
strich sich die beinahe weißblonden kinnlangen Haare hinter
das Ohr.

»Also schön, ein Kaffee kann wohl nicht schaden.«

Kaum hatten sie das Grand Café betreten, bereute Signe ihre Entscheidung. Tief dröhnende und schrille Stimmen vereinigten sich zu einem kaum erträglichen Brei, als würden sämtliche Instrumente des Philharmonischen Orchesters gleichzeitig unterschiedliche Konzerte spielen. Unmöglich, ein sinnvolles Gespräch mit Lilla zu führen. Was aber sollte man in einem Café anfangen, außer ein Gespräch zu führen, wenn man nicht allein war? Sie zupfte ihre Freundin am Ärmel, doch die hatte bereits einen Kellner becirct, der sie zu einem der letzten freien Tische führte. Während sich Lilla geschmeidig und geschickt zwischen den Menschen in den feinen Kleidern hindurchmanövrierte und kokett lachte, wenn sie sich gar zu eng an einen Herrn schmiegen musste, um zwischen zwei Tischen hindurchzuschlüpfen, war es Signe unangenehm. Sie neigte sich weit zu einer Seite, um einer übergroßen Hutkrempe auszuweichen, dabei streifte sie den Rücken einer Dame und wäre fast einem älteren Herren in die Arme gestolpert. Das Orange der Tapeten stach in Signes Augen, Hitze staute sich unter der Holzdecke und nahm ihr den Atem. Wenigstens stand der kleine quadratische Tisch direkt am Fenster. Sie konnte Familien und Paare draußen auf der Karl Johans Gate flanieren sehen. Fröhliche Kinder, unbeschwert, Vater und Mutter an ihrer Seite.

»Nun schau doch nicht aus der Wäsche wie eine Kuh, die man zur Schlachtbank führt.« Lilla rückte das rote Sesselchen nah an das von Signe, um weniger schreien zu müssen. »Ich sollte eine Flasche Champagner bestellen, was denkst du?«

»Was ich dann denke? Dass du komplett den Verstand verloren hast.«

Lilla lachte laut, ein Herr am Nebentisch sah zu ihr herüber.

»Die Bohèmiens haben es uns doch vorgebetet«, sagte sie unbekümmert, »wir sollen uns von unseren Eltern lossagen und in Armut leben. Jedenfalls so ähnlich. Eine Flasche Champagner kostet ein Vermögen, das ich nicht besitze. Aber meine Eltern. Ich könnte womöglich zwei Fliegen mit einer Klappe schlagen.«

»Ich bleibe trotzdem bei Kaffee.«

Signe wusste nie, wann Lilla es ernst meinte. Sie hatten sich auf der Kunstakademie kennengelernt. Nicht nur achtzehn Jahre trennten sie, sondern im Grunde ihr ganzes Leben. Und doch waren sie Freundinnen geworden.

»Kaffee!«, sagte Lilla abfällig. »Signe, du bist frei. Wann willst du das endlich feiern? Es ist dein erster Sommer als freie Frau. Zeit, dich wieder zu verlieben, denkst du nicht?« Lilla sprach für Signes Geschmack viel zu laut. Selbst bei diesem Geräuschpegel, musste der Herr am Nachbartisch einige Brocken verstanden haben. Sein süffisantes Grinsen bestätigte Signes Vermutung.

»Nein, danke. Schon gar nicht in einen Mann, den man im Grand Café kennenlernen könnte.« Sie warf dem Nachbarn einen direkten Blick zu. Er wandte sich ab.

»Seit deiner Scheidung hockst du nur noch vor deiner Staffelei«, beharrte Lilla.

»Natürlich! Ich habe mich ja für meine Malerei scheiden lassen. Was sollte ich also sonst tun?«

»Du solltest feiern. Ich warte seit Monaten darauf, dass du mich einlädst.«

»Es gibt nichts zu feiern, Lilla, es ist kein Triumph.«

»Wie bitte? Selbstverständlich ist es ein Triumph. Du hast dir die Kunst zurückerobert, du hast dich von deinen Ketten befreit. Weißt du denn nicht, wie sehr ich dich bewundere?« Lilla sprach immer ein bisschen zu schnell. Schon beim Zuhören bekam man Atemnot. Und sie hatte ein Kieksen in der Stimme, das nicht zu ihr passte.

»Du bewunderst mich?«

Absurd! Lilla war ein Geschöpf, das man nur verehren konnte. Sie hatte nie Ketten gekannt, nahm sich, was immer sie wollte, tat, wonach ihr der Sinn stand. Ohne dabei andere zu verletzen, sofern es sich vermeiden ließ.

»Natürlich. Du bist du. Du hast darum gekämpft, hast dich verpuppt, wirst endlich zum Schmetterling.« Der Kellner kam, Lilla bestellte zwei Kaffee, als hätte sie nie über etwas anderes nachgedacht, und sprach sofort weiter: »Eine Munch bist du wieder, keine Landmark mehr.«

Signe schauderte. Der Name Landmark hatte sich nie richtig angefühlt. Sie war sechsundzwanzig gewesen, als sie Johannes das Jawort gegeben hatte. Sie fühlte sich damals, als habe man sie in ein Schauspiel gesteckt, in dem sie eine Ehefrau spielen musste. Sie unterschrieb mit einem fremden Namen. In ihrem Herzen war Signe nie Frau Landmark geworden.